财税新征程

中国新阶段财税改革与取向

陈昌盛 冯俏彬 等著

New Journey of Public Finance

Fiscal and Taxation Reform and Orientation in the New Stage of China's Development

中国发展出版社
CHINA DEVELOPMENT PRESS

图书在版编目（CIP）数据

财税新征程：中国新阶段财税改革与取向/陈昌盛等著．—北京：中国发展出版社，2020.11

ISBN 978-7-5177-1145-2

Ⅰ.①财…　Ⅱ.①陈…　Ⅲ.①财税—财政改革—研究—中国　Ⅳ.①F812.2

中国版本图书馆 CIP 数据核字（2020）第 214542 号

书　　名：财税新征程：中国新阶段财税改革与取向
著作责任者：陈昌盛　冯俏彬　等
出 版 发 行：中国发展出版社
联 系 地 址：北京经济技术开发区荣华中路 22 号亦城财富中心 1 号楼 8 层（100176）
标 准 书 号：ISBN 978-7-5177-1145-2
经　销　者：各地新华书店
印　刷　者：北京市密东印刷有限公司
开　　本：710mm×1000mm　1/16
印　　张：32
字　　数：398 千字
版　　次：2020 年 12 月第 1 版
印　　次：2020 年 12 月第 1 次印刷
定　　价：128.00 元

联 系 电 话：（010）68990642　68990692
购 书 热 线：（010）68990682　68990686
网 络 订 购：http：//zgfzcbs.tmall.com
网 购 电 话：（010）68990639　88333349
本 社 网 址：http：//www.develpress.com
电 子 邮 件：fazhanreader@163.com

DRC

2020

国务院发展研究中心研究丛书

“财税新征程：中国新阶段财税改革与取向”课题组

课题负责人：

陈昌盛　国务院发展研究中心宏观经济研究部部长、研究员

冯俏彬　国务院发展研究中心宏观经济研究部副部长、教授

课题组成员：

魏加宁　国务院发展研究中心宏观经济研究部原巡视员、研究员

许　伟　国务院发展研究中心宏观经济研究部副部长、研究员

张俊伟　国务院发展研究中心宏观经济研究部副巡视员、研究员

文宗瑜　中国财政科学研究院公共资产研究中心主任、研究员

戴　慧　国务院发展研究中心宏观经济研究部三级调研员、副研究员

王莹莹　国务院发展研究中心宏观经济研究部三级调研员、助理研究员

江　宇　国务院发展研究中心宏观经济研究部四级调研员、副研究员

兰宗敏　国务院发展研究中心宏观经济研究部四级调研员、副研究员

李承健　国务院发展研究中心宏观经济研究部研究室副主任、副研究员

杨光普　国务院发展研究中心宏观经济研究部副研究员

雷潇雨　国务院发展研究中心宏观经济研究部研究室副主任、助理研究员

范建军　国务院发展研究中心宏观经济研究部原一级调研员、研究员

唐　滔　中国人民银行研究局财政税收研究处处长

总　序

为决战决胜全面建成小康社会
贡献高端智库更大智慧和力量

2020 年是全面建成小康社会决战决胜之年和“十三五”规划收官之年。面对突如其来的新冠肺炎疫情，在以习近平同志为核心的党中央坚强领导下，全国人民以习近平新时代中国特色社会主义思想为指导，坚决贯彻落实中央各项方针政策，紧扣全面建成小康社会目标任务，统筹推进疫情防控和经济社会发展工作，迎难而上、奋力拼搏，决战决胜全面建成小康社会，确保如期全面建成得到人民认可、经得起历史检验的小康社会。

小康社会是中华民族对幸福生活的千年期盼，全面建成小康社会是中国共产党的奋斗目标和庄严承诺。党的十八大以来，以习近平同志为核心的党中央顺应我国经济社会新发展和广大人民群众新期盼，提出了全面建成小康社会新的目标要求，赋予了“小康”更高的标准、更丰富的内涵、更全面的要求。全面建成小康社会，是“两个一百年”奋斗目标的第一个百年奋斗目标，是中国共产党向人民、向历史作出的庄严承诺，是中国特色社会主义进入新时代的重大历史任务，也是乘势开启全面建设社会主义现代化国家新征程、实现中华民族伟大复兴中国梦的重要里程碑，具有十分重要的实践意义、历史意义和世界意义。在习近平新时代中国特色社会主义思想指引下，我国决战全面建成小康社会生动展开、决胜在即。

一是经济迈向高质量发展。习近平总书记指出，我国经济已由高速增长阶段转向高质量发展阶段，正处在转变发展方式、优化经济结构、转换增长动力的攻关期。以经济建设为中心是兴国之要，经济迈向高质量发展是全面建成小康社会的重要物质基础。党的十八大以来，我国积极推进一系列体制机制改革和政策创新，大力推动经济发展质量变革、效率变革、动力变革，经济高质量发展取得了显著成效。2012～2019 年，我国经济增长平均速度达到 7.0%，在世界主要经济体中保持领先，持续成为推动世界经济增长的动力源。2019 年，我国 GDP 达到 990865 亿元，接近 100 万亿元，人均 GDP 按年平均汇率折算达到 10276 美元，标志着我国经济发展迈上了新的台阶。同时，产业结构持续优化，制造业内部结构升级趋势明显，化解产能过剩取得实效，供给体系质量逐步提高。

二是创新驱动成效显著。习近平总书记强调，创新是引领发展的第一动力。全面建成小康社会，解决我国发展面临的突出短板问题，守住安全底线，提高发展的平衡性、包容性和可持续性，根本的出路唯有实现创新驱动。党的十八大以来，我国持续加大创新资源投入，通过全面深化改革不断释放和激发全社会的创业创新热情，自主创新能力显著增强，创新型国家和人才强国建设取得决定性进展。2012～2019 年，全社会研发经费投入从 10298 亿元增长到 21737 亿元，7 年间翻了一番，目前研发经费支出占 GDP 比重已达到 2.19%，超过欧盟 15 个初创国家平均水平。持续投入结出了累累硕果，我国在基础研究、前沿技术等领域取得诸多重大突破，产生一批在世界上叫得响、数得着的重大成果。创新对经济社会发展的引领力不断增强，全员劳动生产率稳步提高，2019 年已达到 115009 元/人。科技与经济深度融合，智能制造、无人配送、在线消费、医疗健康等新产业新业态新商业模式持续高速发展，对经济社会发展的支撑作用不断增强，不少领域在全世界处于领先水平，这一点在新冠肺炎疫情暴发期间表现得尤为突出。

三是发展协调性明显增强。习近平总书记指出，现代化建设各个环节、各个方面要协调发展，不能长的很长、短的很短。协调发展是全面建成小康社会的应有之义。从发展目标上说，协调就是要让全体人民共享发展的成果；从发展手段上说，协调就是要扬长避短，既要巩固和厚植原有优势，也要着力破解难题，补齐短板，克服“木桶效应”，从而提高整体发展质量，挖掘发展潜力，增强发展后劲。党的十八大以来，我国一系列重点发展战略举措都体现了协调发展的理念，取得了明显成效。在区域协调发展方面，我国提出了京津冀协同发展、长江经济带发展、粤港澳大湾区建设、长三角一体化发展、黄河流域生态保护和高质量发展等重大战略，持续支持革命老区、边疆地区、贫困地区加快发展，不断缩小地区发展差距。2019 年我国东部地区人均 GDP 是西部的 1.76 倍，比 2012 年下降了 0.08 倍。反映 31 个省区市人均 GDP 不均等程度的基尼系数从 2012 年的 0.237 下降到 2019 年的 0.235。在城乡协调发展方面，着力实施乡村振兴战略，坚持工业反哺农业、城市支持农村和多予少取放活的方针，促进城乡资源均衡配置，加快推进农业农村现代化步伐。2019 年城镇居民人均可支配收入是农村居民的 2.64 倍，比 2012 年明显下降。

四是人民生活水平和质量普遍提高。习近平总书记强调，让老百姓过上好日子是我们一切工作的出发点和落脚点。全面建成小康社会，人民是最终的阅卷人，必须坚持以人民为中心的发展理念，紧紧抓住人民最关心最直接最现实的利益问题。2013～2019 年，我国全年城镇新增就业人数都在 1300 万人以上，在一个有 14 亿人口的大国实现了比较充分的就业。2012～2019 年，我国居民人均可支配收入从 16510 元增长到 30733 元，收入分配差距问题有所缓解，中等收入人口比重持续上升，经济增长和社会发展成果真正被广大人民共享。截至 2019 年底，全国参加城镇职工基本养老保险的有 43482 万人，参加城乡居民基本养老保险的有 53266 万人，参加基本医疗保险的有 135436 万人。作为一个发展中国家，我国建成了全世界覆盖面最广的社会保障网，有效解除了广大人民的后顾之忧。全面小康是惠及全体人民的小康，是没有一个人掉队的小康，其中最艰巨的是打赢精准脱贫攻坚战。习近平总书记多次强调，小康不小康，关键看老乡。2012～2019 年，我国年末贫困人口从 9899 万人减少到 551 万人，连续 7 年年均减贫 1000 万人以上，9000 多万人已经稳定脱贫，贫困发生率从 10.2% 降到 0.6%，脱贫攻坚取得了决定性成就。这是人类减贫史乃至发展史上前无古人的壮举。

五是国民素质和社会文明程度显著提高。习近平总书记指出，只有物质文明建设和精神文明建设都搞好，国家物质力量和精神力量都增强，全国各族人民物质生活和精神生活都改善，中国特色社会主义事业才能顺利推向前进。党的十八大以来，中国梦和社会主义核心价值观深入人心，已经内化为人们的精神取向、外化为人们的自觉行动，成为当代中国精神的集中体现，凝结着全体人民共同的价值追求。随着对教育、卫生等公共事业的持续投入，2018 年我国劳动年龄人口的平均受教育年限达到 10.63 年，人均预期寿命达到 77 岁，国民思想道德素质、科学文化素质、健康素质明显提高，为创建知识型、技能型、创新型劳动者大军提供了坚实人力基础。特别是在2020年初新冠肺炎疫情暴发后，习近平总书记亲自指挥、亲自部署，始终把人民群众生命安全和身体健康放在第一位，带领全党全国人民打响疫情防控的人民战争、总体战、阻击战，并迅速扭转局面，取得疫情防控持续向好态势，有力保障了人民健康安全。

六是生态环境质量总体改善。习近平总书记强调，环境就是民生，青山就是美丽，蓝天也是幸福。良好的生态环境是最公平的公共产品和最普惠的民生福祉，是全面建成小康社会的重要内容，否则，就会影响小康社会的“成色”。党的十八大以来，我国明确实行了最严格的生态环境保护制度，逐步健全了以主体功能区制度为核心，以源头预防、过程控制、损害赔偿和责任追究为主要内容的生态文明制度体系。党的十九大提出要坚决打好污染防治攻坚战，以改善生态环境质量为核心，以解决人民群众反映强烈的突出生态环境问题为重点，围绕污染物总量减排、生态环境质量提高、生态环境风险管控三类目标，全面推进蓝天保卫战，着力打好碧水保卫战，扎实推进净土保卫战，大力开展生态保护和修复，强化生态环境督察执法，保证党中央关于生态文明建设决策部署落地生根见效。由于这些努力，近年来我国环境质量改善速度之快前所未有，生态环境发生了历史性、转折性和全局性的变化。空气质量明显改善。2019年，在监测的337个地级及以上城市中，空气质量达标的城市占46.6%，比最近可比的2015年提高了25个百分点；全国细颗粒物（PM2.5）未达标地级及以上城市的年平均浓度为40微克/立方米，比2015年下降了29.8%。水环境质量明显好转。全国地表水Ⅰ－Ⅲ类水体比例达到70%以上，劣Ⅴ类水体比例控制在5%以内。能源资源消费更加集约。2019年，每万元国内生产总值用能量为0.49吨标煤，比2012年下降了24.5%；每万元国内生产总值用水量67立方米，比2012年下降了38.8%。

七是各方面制度更加成熟更加定型。习近平总书记指出，新时代改革开放具有很多新的内涵和特点，其中很重要的一点就是制度建设分量更重，改革更多面对的是深层次体制机制问题，对改革顶层设计的要求更高，对改革的系统性、整体性、协同性要求更高，相应地，建章立制、构建体系的任务更重。全面小康是我国近现代发展史上的一次重大历史变革，其建成、巩固以及在此基础上开启我国社会主义现代化国家建设新征程，都要依靠沿着正确方向深化改革形成的成熟定型的国家制度和国家治理体系。党的十八届三中全会开启了全面深化改革、系统整体设计推进改革的新时代。近几年来，我国坚持和完善党的领导制度体系、人民当家作主制度体系、中国特色社会主义法治体系、中国特色社会主义行政体制、社会主义基本经济制度、繁荣发展社会主义先进文化的制度、统筹城乡的民生保障制度、共建共治共享的社会治理制度、生态文明制度体系等，主要领域的基础性制度体系基本形成，重要领域和关键环节改革成效显著，按制度办事、依法办事意识普遍提高，运用制度和法律治理国家的能力显著增强，各方面制度优势正不断转化为管理国家的效能，为全面建成小康社会提供了强大制度保障。

在决战决胜全面建成小康社会的宏伟征程中，国家高端智库肩负着光荣而重大的职责使命。今年以来，国务院发展研究中心深入学习贯彻习近平新时代中国特色社会主义思想，深入学习贯彻习近平总书记重要指示批示精神和党中央决策部署，扎实开展“不忘初心、牢记使命”主题教育，不断增强“四个意识”、坚定“四个自信”、做到“两个维护”，党的建设自觉性主动性和初心使命意识进一步增强，为党咨政、为国建言的质量进一步提高，支撑主责主业、服务中央决策的能力进一步提升，政务运转和服务保障工作进一步提效，国际交流合作机制进一步深化，“智库创新工程”带动智库体制机制建设实现新的突破，国家高端智库建设迈上新的台阶。

过去一年，我们围绕经济社会发展全局性、战略性、前瞻性、长期性和重点热点难点问题开展深入研究，推出一大批高质量研究报告，进一步提高了服务中央决策的能力和水平，共完成几十项中央交办重大课题，高质量完成长江三角洲区域一体化、海南自由贸易港制度与政策体系等多项重大研究任务。

呈现在读者面前的这套“国务院发展研究中心研究丛书2020”，就是一年多来中心部分代表性成果的集中展示。本年度丛书计划出版10余部著作，其中包括国务院发展研究中心重大研究课题报告和研究部（所）承担的重点研究课题报告。这也是“国务院发展研究中心研究丛书”自2010年至今连续第11年出版。11年来，丛书累计出书150余种，受到社会各界读者，特别是中央和地方各级领导同志以及政策咨询研究机构工作人员的高度关注和广泛好评，成为我国智库业界的知名出版物。在此，我谨代表国务院发展研究中心和丛书编委会，向广大读者表示真诚的感谢，希望丛书继续得到领导、专家、读者们的关心、指导和帮助。

当前，我国正站在一个开启全面建设社会主义现代化国家伟大征程的新起点上。国务院发展研究中心将更加紧密地团结在以习近平同志为核心的党中央周围，继续深入学习习近平新时代中国特色社会主义思想，全面贯彻党的十九大和十九届二中、三中、四中全会精神，不忘初心、牢记使命，唯实求真、守正出新，持续提高综合研判和战略谋划能力，加快智库体制机制创新，着力深化国际交流合作，奋力开拓国家高端智库建设新局面，为推进国家治理体系和治理能力现代化、决战决胜全面建成小康社会、实现“十三五”完美收官和“十四五”顺利开局、向第二个百年奋斗目标进军，贡献更大的智慧和力量！

2020 年 8 月 17 日

（作者为国务院发展研究中心党组书记、研究员）

前言

长期以来，国务院发展研究中心宏观经济研究部致力于服务中央宏观决策，研究分析宏观经济形势，财政、货币等宏观调控政策，研究财税制度和改革，研究支持宏观决策的新方法、新工具和新模型，并提出相关政策建议。财政作为国家治理的基础与重要支柱，在推进国家治理体系和治理能力现代化、促进经济社会健康发展方面，有着举足轻重的作用。自2017年起，宏观经济研究部连续三年将财政改革与发展作为重点课题，组织人力进行了集中研究。现在呈现在各位读者面前的这本书，就是宏观经济研究部连续三年研究的主要成果。

"建设一个现代化的中国"远可溯至鸦片战争以前，近可聚焦于党的十八大以来。以党的十八届三中全会《关于全面深化改革若干重大问题的决定》为标志，我国财政建设目标从公共财政模式切换到现代财政制度，因为财政是国家治理的基础和重要支柱，科学的财税体制是优化资源配置、维护市场统一、促进社会公平、实现国家长治久安的制度保障。一般认为，现代财政制度主要包括财政收入、财政支出、中央与地方的关系三个方面的现代化，具体表现为以下三个方面：一是建立完整、规范、透明、高效的现代政府预算管理制度；二是要建设有利于科学发展、社会公平、市场统一的税收制度体系；三是要健全中央和地方财力与事权相匹配的财政体制。经过各方的艰苦努力，以上三个方面的财税改革都取得了显著成绩，我国现代财政制度有望基本建成。

2020年是一个极其重要的年份，我国将全面建成小康社会、实现第一个百年奋斗目标，同时将乘势而上开启全面建设社会主义现代化国家新征程、向第二个百年奋斗目标进军。2020年之后，我国财税改革应如何深入？其主要取向是什么？基本任务有哪些？……都需要进一步深入研究。

本书主要面向2020年之后新阶段的财税改革。我们认为，在我国现代财政制度基本建立之后，仍然要继续以“现代化”作为引领和基本取向，拓宽现代财政制度的范围，提高现代财政制度的质量。这是因为，尽管学界对于“现代”“现代化”的概念理解各不相同，但如果从提取最大公约数的角度看，“现代化”是一个持续进步的、不可逆转的进化过程，体现了为未来而生、向未来而“新”、未来已来的精神实质。面向现代化，不仅为我们提供了一个看待历史与现实的方式，更把我们生存与奋斗的意义同时纳入时间的轨道、时代的位置和未来的目标之中。以此而言，财税现代化与中国现代化一样，是对新发展阶段的适应性战略调整，同时也将是一个长期的、动态的、不断改进的历史发展过程。

全书分为总论和三个篇章。总论部分集中阐述了我们对于财政现代化的有关理解，即“到2035年，基本建成适应完善和发展中国特色社会主义制度、推进国家治理体系和治理能力现代化的需要，符合法治、公平、促进竞争、国家能力、可持续以及善治原则的财政税收体系，使这一财政税收体系成为促进经济高质量发展、促进国家治理体系和治理能力现代化、促进基本公共服务均等化和人民共同富裕、促进人与自然可持续发展、促进我国和世界各国共同发展的有力工具”，初步提出了一个面向现代化新征程的财税制度与改革框架。

第一篇是“财政收入制度改革”，其中包括8个专题研究。我们的基本观点是，一个现代化的财政收入体系不应当仅限于一般公共预算收入，而应当包括税收、政府性基金、国有资本（资源）、社会保险等所有与政府公权力相关的收入，即“政府收入”。这一收入体系的基本特点可概括为16个字，即“法律完备、结构简单、税源稳定、激励相容”。在此基础上，我们提出要通过创新制度安排，形成控制社会总负担的刚性约束机制，要按税、费、租、价对现有政府收入体系进行重整，先“各归其道”，再“各归其管”，分别整理、制定相应的管理制度，形成税、费、租、价并行但相互既有区别又有联系的政府收入格局。

第二篇是“财政支出结构的镜鉴与改革”，其中既有对美国、英国、德国、日本等国财政支出结构的比较分析，也有对优化我国财政支出结构的专题研究。主要观点是：为了财政可持续发展，需要控制好财政支出过快增长的势头，同时应加快调整优化财政支出结构，减少低效投资和企业补贴，保持合理水平的一般公共服务支出，加强科学技术和住房保障等方面的投入，要减少财政补贴的惯性，增强财政补贴的收放自如程度，使有限的财政补贴发挥更大的作用。

第三篇是“财政体制与财政管理改革”。这部分内容涉及众多当前比较热门的财政改革议题，如中央与地方的收入分配关系、财政透明度建设、PPP、地方政府性债务管理改革等。与常规的财政研究有所不同的是，这部分内容基于宏观经济研究部相关人员对于我国宏观经济的研究与长期跟踪，因此其视角与研究结论更多地体现出宏观和整体特征。

本书的主要作者均为宏观经济研究部研究人员，包括陈昌盛、冯俏彬、魏加宁、许伟、张俊伟、戴慧、王莹莹、江宇、兰宗敏、李承健、杨光普、雷潇雨、范建军等。部分研究助理也参与了本书的写作，包括唐滔、陈凯、秦韶聪、孙萌、霍德鑫、胡坤、钟佳睿、姜茗予、张励洁、朱一凡、贾宇宁、孙天琪等。在此特别致谢中国财政科学研究院的文宗渝研究员，他应邀协助我们完成了国有资本收入管理部分的研究。冯俏彬、李承健、陈凯等承担了本书的编辑工作，王莹莹负责与中国发展出版社的沟通协调，中国发展出版社对本书的出版提供了专业支持。在此一并致谢！

财政作为国家治理的基础与重要支柱，所涉及议题众多，所牵涉的领域宽广，引出的问题也比较复杂，很多均涉及相关的体制机制改革。相对于此，本书的研究虽然秉持“现代性”“前沿性”的意图，但一些研究结论可能仍然是阶段性的、不完全成熟的。之所以不揣冒昧将其结集出版，主要意图是抛砖引玉，期望通过本书进一步聚焦社会各方面对于财政改革与发展的关注，并共同致力于我国财政现代化的相关研究。

目　录

总论篇

总报告一

总报告二

财政收入制度改革篇

专题报告一

专题报告二

专题报告三

专题报告四

专题报告五

专题报告六

专题报告七

专题报告八

专题报告九

财政支出结构的镜鉴与改革篇

专题报告十

专题报告十一

专题报告十二

财政体制与财政管理改革篇

专题报告十三

专题报告十四

专题报告十五

专题报告十六

专题报告十七

专题报告十八

专题报告十九

总 论 篇

总报告一

面向现代化的财税改革

财政是国家治理的基础和重要支柱。我国历来重视财政制度建设和改革，历次重大财税体制改革都为推动经济社会发展作出了重要贡献。党的十八届三中全会确定全面深化改革目标是完善和发展中国特色社会主义制度，推进国家治理体系和治理能力现代化。党的十九大确定了到2035 年基本实现现代化、2050 年实现现代化并建成富强民主文明和谐美丽的社会主义现代化强国的目标。与之相适应，我国财税改革的目标是建立与国家治理现代化相匹配的现代财政制度。现代财政是伴随着现代国家的构建过程产生的，在回顾近代以来国家职能和财政体制有关历史和理论的基础上，我们提出了建设现代财政的基本特征和原则，并针对财政收入、财政支出、央地关系、预算管理、债务管理等方面存在的问题，提出了面向现代化的财税改革的总体框架，并对近期改革重点和突破口提出建议。

一、面向现代化的财税改革的内涵与特征

（一）现代国家与现代财政

现代化财税体系是伴随着近代以来现代国家的产生和成熟而逐步

形成的，同现代国家的建构相适应，同时促进国家体制的发展和成熟。

在前现代社会，国家财政和皇室财政没有清晰界限，不存在现代意义上的国家财政。工业革命以来，随着欧洲封建社会的瓦解，约束王权、规范公共权力、保护个人财产的思想不断传播，促进了资本主义生产关系的逐步形成。在资产阶级革命过程中，财政往往成为革命的导火索，扮演了构建新型的国家和公民关系的先行者角色。如英国的“光荣革命”、美国的独立战争都是缘于税收权力之争引发抗争，并逐步演化出来的国家建构过程。这一时期，主流经济学理论认为国家的主要职能是“守夜人”，承担维护国家安全和秩序、保护产权等基本职责，财政在国家治理中的作用有限。随着资本主义生产关系的形成和竞争的加剧，部分国家实行了重商主义的税收政策。主张政府征税与人民纳税是一种政治契约行为，国家应积极发展对外贸易，政府应积极干预经济生活，并采用相应的保护关税政策。

19 世纪末期，随着资本主义国家内部社会矛盾逐步加剧，在全球范围内的竞争也日趋激烈，各国普遍加强了国家的职能。德国、日本等资本主义国家以及第二次世界大战后的韩国、新加坡等追赶型国家，通过发挥国家力量和市场机制相结合，实现了经济赶超。“大萧条”和第二次世界大战之后，西方逐步接受凯恩斯主义经济思想，通过加强国家的财政税收职能，兴办公共工程、举办失业和养老保险、实行高额累进税、兴办国有经济等。到 1969 年，美国政府的福利开支已经占到国民生产总值的 14.1%。欧洲国家从 20 世纪 50 年代起普遍建立了被称为“从摇篮到坟墓”的社会福利制度。这一时期的财政职能，从“守夜人”扩展到经济社会生活的许多方面，财政和税收改革缓解了经济高速发展带来的社会矛盾，使全球经济出现了长期的稳定和繁荣的局面，同时也逐步塑造了新型的国家和社会关系。韩国、新加坡等后发现代化国家强化政府组织功能，实现了经济快速赶超。与发达国家相比，陷入“贫困陷阱”的国家，往往受制于“财政陷阱”，缺乏最基本的财政能力。

20 世纪 70 年代以来，发达国家出现“滞涨”危机，部分国家对第二次世界大战之后“大政府”和福利国家的模式进行了反思，普遍实施了新自由主义取向的改革，主要特点是放松对资本的管制，鼓励资本在全球流动，实行国有部门私有化，降低宏观税收水平，强调更多转向更透明、更可持续的、善治的财税制度。

（二）面向现代化的财税改革的原则

在长期历史进程中，世界各国在构建现代化财税制度方面，进行了有益的探索，形成了一些共同认识和经验。我们将其概括为如下六个原则。

一是法治原则。基于契约论的国家理论和西方宪政理论“无代表不纳税”原则，国家是公民之间自由达成契约的结果，税收制度是体现国家和公民经济关系的一个关键制度安排。但是政府的行动和征税权必须受到法律的限制，没有纳税人选出的代表审议，纳税人就有权不纳税；未经纳税人的同意，政府就无权征税。因此，无论什么性质的国家，都会用法治办法规范税收行为。

二是公平原则。从历史上看，财政在维护社会公平方面的职能是不断扩展的。首先是机会公平。财税制度的合理安排，有利于构建统一流动的市场，提供必要的公共服务，保障人人享有共同发展的基本能力，促进区域之间公平发展，实现机会公平。其次是规则公平。财税制度通过提供公共产品、校正外部性、弥补信息不对称等途径，提高市场有效性，实现规则公平。最后是结果公平。财政是调节收入分配的重要途径，从税收方面可以通过调节税基和税率来调整各类群体的税收负担，从而达到结果公平的目标。

三是促进竞争原则。有利于促进竞争的财税制度是市场经济必备的基础设施和先决条件。首先是促进要素和产品的流动，构建统一市场。税收的统一性、严肃性是生产要素和产品自由流动的前提，应当通过建立公平统一的财税体制优化资源配置、维护市场统一、促进公平竞争。减少政策因所有制差异、规模差异、行业差异而产生的差别待遇，降低对市场主体的扭曲。制定科学合理的税制结构，以更低的征管成本和效率损失，实现财政收入目标。其次是有利于扩大开放。根据平等互利和对等原则争取税收上的互惠优待；根据本国的需要和自力更生的要求，规定差别较大的关税税率，调节进出口产品的品种和数量；对某些出口商品实行减免税和退税政策，以增强其在国际市场上的竞争能力；根据发展生产和技术革新、利用外资的需要，实行税收上的优惠政策，以利于引进外国先进技术和吸收外国资金；对外国人在本国取得的收入，视不同情况进行必要调节，以维护国家主权，增加财政收入。最后是有利于激励全社会发展活力。财税政策应当有利于鼓励创业创新、诚实劳动，抑制投机等不合理收入。充分激发调动各方积极性，共同为国家治理和经济社会发展贡献力量，发挥各自优势，形成良性互动。

四是国家能力原则。国家能力是社会稳定和秩序的基本保障。保持国家在维护秩序中的基本职能，是推动国家治理能力现代化过程中不可或缺的。国家只有具备一定的财政资源，才能履行管理宏观经济、提供公共服务、引导社会预期、应对重大风险等职能。国家治理能力强则经济社会发展进步快，相反，那些陷入“贫困陷阱”的国家往往缺乏国家能力。财税制度是国家能力的重要基础，财税改革应当有助于增强国家能力，提高治理效能，推动国家治理体系和治理能力现代化。

五是可持续原则。财税制度涉及国家、集体、个人的利益分配，涉及当期和未来之间的利益分配，关系国家的长治久安。一方面是保障财政本身的可持续性。财政是国家治理的基础和重要支柱，国家长治久安要求财政长期可持续，长期实现财政收入总体平衡。公共财政资源既能满足当代人对公共产品和服务的需要，又不会妨碍下代人满足其需求的能力。另一方面是通过财税改革保障经济社会可持续发展。我国经济步入新常态，财税改革也要与之适应，通过财政加大对基础研究、技术创新、民生短板、环境保护等领域的投入，增加整体经济社会的发展后劲和动力。

六是善治原则。20 世纪 90 年代以来，许多国际组织对“善治”提出过基本原则，总的来说包括合法性、透明性、责任性、法治、回应、有效、分权制衡等原则。概括地说，善治就是使公共利益最大化的社会管理过程，其本质特征是政府与公民对公共事务的合作管理，是政府与市场、社会的一种新型关系。财政作为国家治理的基础，应当充分体现善治的各项原则。财税制度通过法律确定，维护严肃性和稳定性；推进财税过程公开透明，接受社会监督；财税制度充分体现政府对社会和公民的责任，及时回应社会和公民的发展要求；财税制度要体现国家、社会和个人之间的制衡，鼓励公民表达公共利益，将有序的公民参与纳入财政决策之中。建立政府、企业、社会的合作互补关系，共同为社会提供高质量的公共服务。

（三）财税改革与中国的国家治理现代化

我国自古就十分重视治国和理财。古人说：“财者，为国之命而万事之本。国之所以存亡，事之所以成败，常必由之。”历史上多次变法都是围绕财政税收进行的，财政危机也是王朝更替的主要原因之一。在封建社会，自然经济占统治地位，但商品经济已有一定程度的发展。与封建社会生产力和生产关系的状况相适应，封建制国家财政收入的基本形式是按土地、人口征收的财产税和人头税；税收征收形式以实物为主，力役为辅；随着商品货币经济的发展，税收形式逐渐由力役和实物形态向货币形态转化；封建制国家的皇室收支与国家财政收支没有完全分开，但在封建社会末期产生了国债和国家预算等财政范畴。

税收能力对国家能力的限制，既是我国封建社会长期稳定均衡的原因，也是近代以来衰败落后的一个根源。同西欧不同，中国封建社会农民和地主之间的人身依附关系并不强，自耕农小土地所有制是一种主要的土地所有制，维护小农稳定、防止土地兼并，是封建王朝延续统治的前提。为了维护稳定，封建王朝往往会主动弱化国家能力，轻徭薄赋、减少税收。这些特点，在封闭的封建社会条件下，有利于长期稳定。但是，一旦受到外部冲击，就难以应对。封建社会财政的规模未超过 GDP 的4%。清朝中叶之后，地方势力坐大，中央权威迅速销蚀。据估计，19 世纪后期，清朝政府收入总额约占 GDP 的7.5%，而中央政府所得的份额仅为3%①。到1936 年，国民党政府的预算仅有 GDP 的8.8%，是一个十分典型的弱政府。

新中国成立以后，大一统财政制度为国家在一穷二白基础上迅速积累原始资本提供了可能和便利。依托强有力的组织体系、高度的政治认同感、公有制为主体的经济基础，政府迅速解决了统一财政经济

---

① 马敏：“现代化的‘中国道路’”，《新华文摘》2017 年第3 期，第58 ~61 页。

的问题，建立了一套成本低、有效率而又相对公平的税收体系，使中国的财政能力超过同等发展水平的其他国家，避免了大多数发展中国家为之困扰的财政和债务陷阱。改革开放以来特别是1994年实施的工商税制和分税制财政体制改革，建立了适应社会主义市场经济的财税体制的基本框架，调动了各方积极性，国家财政实力不断壮大，财政宏观调控机制不断完善，对推动建立社会主义市场经济体制、促进对外开放、维护社会和谐稳定发挥了重要作用。回顾新中国成立以来70年的发展历程，财政制度对国家发展发挥了巨大作用，每一次财政制度的重大调整都为国家富强注入新动力。计划经济时期，财政收入主要来自国有部门，财政支出主要投向国有部门。1978年，全国财政收入的86.8%来自国有部门的缴款，全国财政支出的85.6%用于国有部门。财政收支活动主要在国有部门系统内部完成，主要在城市区域内部完成，主要围绕着生产建设领域而进行。改革开放以来，我国财税体制发生了深刻变化，从国有制财政走向多种所有制财政。财政的覆盖范围跃出国有部门的局限，延伸至包括国有和非国有在内的多种所有制部门。从城市财政走向城乡一体化财政。财政的覆盖范围跃出城市区域的局限，延伸至包括城市和农村在内的所有社会成员。从生产建设财政走向公共服务财政。财政支出跃出生产建设支出的局限，延伸至包括基础设施建设、社会管理、经济调节和改善民生等众多的公共服务事项。

2013年，党的十八届三中全会提出“全面深化改革的总目标是完善和发展中国特色社会主义制度，推进国家治理体系和治理能力现代化”“财政是国家治理的基础和重要支柱，科学的财税体制是优化资源配置、维护市场统一、促进社会公平、实现国家长治久安的制度保障”。党的十九大提出，建设现代化经济体系要加快完善社会主义市场经济体制，其中，要“加快建立现代财政制度，建立权责清晰、财力协调、区域均衡的中央和地方财政关系。建立全面规范透明、标准科学、约束有力的预算制度，全面实施绩效管理。深化税收制度改革，健全地方税体系”。这意味着当前财税改革是面向建设现代化经济体系的财税改革。所以，面向现代化的财税改革，就是要建立面向国家治理体系和治理能力现代化、现代化经济体系的现代财政制度。

根据上述对历史和财税发展基本经验的回顾，我们提出面向现代化的财税改革的主要内涵是：到2035年，基本建成适应完善和发展中国特色社会主义制度、推进国家治理体系和治理能力现代化的需要，符合法治、公平、促进竞争、国家能力、可持续以及善治原则的财政税收体系，使这一财政税收体系成为促进经济高质量发展、促进国家治理体系和治理能力现代化、促进基本公共服务均等化和人民共同富裕、促进人与自然可持续发展、促进我国和世界各国共同发展的有力工具。

二、财税改革的进展与成效

改革开放以来，我国财税改革与经济体制改革同步同行，可以将财税改革划分为改革探索、初步适应社会主义市场经济体制、完善公共财政体制、建设适应现代化经济体系和国家治理现代化的财税体制四个阶段。

1978～1992年为改革探索阶段。改革开放初期，财税改革首先从分配关系着手，理顺政府与企业、中央政府与地方政府的关系，放权让利，激发各类主体的活力和改革动力，打破或改变“财权集中过度、分配统收统支，税种过于单一”的传统体制格局。在中央与地方的财政分配关系上实行“分灶吃饭”，打破了原来财政统收统支、“吃大锅饭”的局面，增强了地方的财权和财力，也激发了地方政府促进经济发展的积极性。在国家与企业的分配关系上实行“利改税”，确定了税收在国家财政收入中的主体地位，一定程度上解决了政府与企业之间的分配问题，是中国财税体制走向市场化的起点，也是推动改革开放整体进程中的关键一步。税收制度着眼于实行“复税制”，建立起以流转税、所得税为主体，其他税种相配合的多税种、多环节、多层次征收的复税制体系。这一时期，初步实现了提高对地方和企业的激励、促进竞争的目标。

1992～2002年建立适应社会主义市场经济的财税体制。1992年10月，党的十四大正式确立社会主义市场经济体制的改革目标，也为财税改革提出了新要求。按照“统一税法、公平税负、简化税制、合理分权”的原则，建立增值税为主体、消费税和营业税为补充的流转税制，统一内资企业所得税、建立统一的个人所得税制等，并确定了划分中央与地方的税种和分享比例。根据中央与地方事权划分，确定各级政府支出范围，并按财权与事权相统一的原则，进行税收返还和转移支付。此轮改革的重点是解决政府间财政关系，通过统一税法、简化税制和合理分权的举措，“两个比重”持续下降的局面得以扭转，中央的宏观调控能力得到增强，新体制还推动了统一市场的形成，促进了经济结构的调整与优化。这一阶段，随着社会主义市场经济体制的建立，财政在提供公共产品、弥补市场失灵方面的公共性职能开始强化，财政支出由专注生产建设领域逐步扩展至整个公共服务领域。这一时期，实现了提高国家能力、增强财税体制公平性、促进公平竞争、促进要素流通和构建统一市场等目标。

2002～2012年继续完善公共财政体制。2002年11月8日，党的十六大召开，明确了市场在资源配置中的基础性作用，强调要“健全统一、开放、竞争、有序的现代市场体系”。为促进社会主义市场经济体制继续完善，我国继续完善公共财政体制，以合理界定政府与市场职能为前提，大大增强了财政收支的“公共性”。税制改革维持了1994年分税制财政体制的基本框架，进一步促进了税收公平、增强了市场统一；2006年在全国范围内彻底取消农业税；2007年结束了企业所得税法律制度对内外资分立的局面；2008年通过提高成品油消费税税额替代公路养路费等“六费”；2009年启动生产型增值税转变为消费型增值税改革；2010年在新疆率先进行资源税改革；还多次修订个人所得税法。财政支出方面，缩减了经济事务支出和一般公共服务支出的比例，对“三农”和涉及民生的教育、医疗、就业和社会保障支出逐步增大，对于这一阶段的经济发展和福利提升起到了重要作用。优化央地关系，加大对地方财政的转移支付力度，特别是对中西部地区、民族地区、革命老区、边疆地区、贫困地区的转移支付，一般性转移支付占比进一步提高，特别是以促进地区间基本公共服务均等化为目标，按统一公式分配给地方的均衡性转移支付占比显著提高，并从严控制、清理整合专项转移支付项目。全面推进全口径预算管理体系，各级政府所有非税收入全部纳入预算管理，全面取消预算外资金，初步建立政府收入的四本账。这一时期，财税建设的法治化程度提高，“建设财政”向公共财政大幅度转型，财税改革还有力促进了“入世”之后我国对外经济关系的发展，同时也体现了提高国家能力、促进公平竞争、促进要素流通和构建统一市场等目标。

2012年以来的财税体制改革。优化税制结构，“营改增”改革全面实施打通了商品和服务的增值税抵扣链条，实施煤炭、稀土、钨等资源税从价计征改革，降低关税税率，扩大对外贸易，实施综合个人所得税改革，降低居民税收负担。2014年8月，新预算法出台，标志着我国建立全面规范、公开透明的现代预算管理制度迈出了决定性的一步。修改后的预算法确立了全口径政府预算体系，确立了预算法定、公开透明、讲求绩效等重要预算原则，对细化预算编制、加强预算审批、规范预算执行、严肃预算调整、严格预算监督等作出明确规定。税收征管体制建设和改革不断推进，降低征税成本，提高征管效率，增强税法遵从度和纳税人满意度。这一时期，财税制度改革成为全面深化改革的重要组成部分，改革的力度和广度继续加大，财税改革的法治原则、可持续原则、促进竞争原则、善治原则、公平原则等都得到了充分体现。

我国的财政税收改革，为改革开放和全面深化改革起到了支撑性作用，初步建立了适应社会主义市场经济体制和中国特色社会主义大国治理体系的财政税收体系，不断调整和规范国家、集体、企业与个人之间的分配关系，强化了国家治理能力，促进社会公平正义，推动新发展理念的实施，对于全国统一市场形成、促进经济增长、增进人民群众的获得感具有重要意义。

三、当前财政运行基本情况与主要问题

40 年来，财税体制改革取得了重大成就，但与党的十八届三中全会确立的目标“建立现代财政制度”仍有一定差距，党的十九大再次强调“加快建立现代财政制度”，对财税改革提出了明确要求，对照财税改革的总体要求和“法治原则、公平原则、促进竞争原则、国家能力原则、可持续原则、善治原则”，目前税制结构不尽合理、财政支出效率偏低、央地关系未理顺、预算管理成效不理想、债务管理压力加大等问题突出。

第一，税制结构不尽合理。当前我国宏观税负相对合理，但法治化水平不足、税制结构复杂、名义税率较高、收入再分配功能有限、激励引导性不够。法治化水平不足体现在一些税种尚未通过全国人大立法，一些税种征收过程中也未严格按照税法执行。税制结构复杂、名义税率较高体现在我国宏观税负低于同期经合组织（OECD）国家的平均水平，但是我国名义税率偏高、税收种类多，而且税收缴纳和征管成本较高，企业的非税和隐形负担偏重。收入再分配功能有限体现在间接税强、直接税弱，边际消费倾向高的中低收入阶层实际上承担了更高的间接税负担，直接税中劳动报酬税负重，资本和财产税负轻，使主要依靠工资收入的工薪阶层税收负担更重。激励引导性不够体现在以增值税和企业所得税为主体的税收体系鼓励地方政府注重招商引资，对企业关注度高而对人的关注度较低，为适应经济社会发展要求，税制结构需要引导地方政府增强对人的关注，引导地方政府改善公共服务、保护环境和吸引人口集聚。

第二，财政支出效率偏低。当前财政支出不够透明、支出结构不尽合理、带动作用变差、支出方式不恰当。财政支出不够透明体现在对财政资金使用细节公示不足，例如，财政补贴具体的对象有哪些都未公布。支出结构不尽合理体现在经济事务占比偏高、公共服务供给不足，与 OECD 国家相比，中国的经济事务支出占财政支出的 27.7%，排位第一，超过第二名 9.5 个百分点。地方财政支出占比过高，地方财政支出占全部财政支出的比重提升至略高于 85% 的水平，地方政府承担了主要的财政支出责任。带动作用变差体现在财政资金的经济效益减弱，随着硬件基础设施日趋完善，新增政府投资对经济的直接和间接贡献都有所减弱，财政支出的边际贡献减弱。支出方式不恰当体现在对企事业单位的补贴持续提高，基于全国 70 余万户预算单位汇编情况，2016 年对企事业单位的补贴占比 5.4%，分别较 2007 年和 2012 年提高 3.4 个和 1.8 个百分点，呈现逐步上升态势。

第三，央地关系未理顺。中央与地方政府税收分享机制缺失、地方支出责任受到行政干预、财力不匹配、中央与地方财政激励不相容、区域间存在差异。收入分享不合理体现在地方缺乏主体税种，分税制驶向分钱制，地方财政严重依赖土地出让金收入和财政转移支付。地方支出责任过多体现在政府间事权划分不合理、不清晰，地方政府承担了一些应该由中央负责的事务，也有一些宜由地方负责的事务却由中央承担过多，还要求地方政府提供配套资金。财力不匹配体现在中央在全国财政收入中占比偏高，而地方财政承担了主要支出责任，特别是省级以下政府间财权和事权划分缺乏法律依据，法治化、规范化程度不高。各地区情况大不相同，一些地区基层政府缺乏有效的财力保障。中央与地方财政激励不相容体现在中央财政主要是维持财源总体稳定，保持财政收支平衡，增强财政可持续性，发挥好财政应有的作用，但地方财政主要是服务于地方经济社会发展，往往会进行竞争性减税、变相举债、过度举债等，与中央的激励目标不相容。区域间存在财力不平衡的差异，公共服务均等化等目标难以实现。

第四，预算管理成效不理想。预算管理上缺乏有效监督、预算执行缺乏约束力、预算编制标准不统一、预算编制标准存在不足。缺乏有效监督体现在预算公开透明的程度不够，政府预算公开缺乏统一标准，一些地方预算对外仅公布预算简表，信息披露不充分、不完整现象突出，而且人大代表和社会公众对预算报告的获取渠道不畅，以及参与其中的能力不足，导致预算公开透明整体水平偏低。预算执行缺乏约束力体现在预算调节具有一定随意性，无预算、超预算安排支出，追加、调减支出等情况时有发生，预算预备费成为地方机动财力，往往用于安排正常预算支出，应对突发事件能力不足，有些地方通过收入不入账、支出不出账等方式调节预算平衡。预算编制标准不统一体现在一般公共预算管理制度相对健全，而政府性基金预算、国有资本经营预算和社会保险基金预算则缺乏有效管理，在细节列示、公开透明等方面与一般公共预算存在很大差距。预算编制标准存在不足体现在定基预算和刚性预算的实质没有完全改变，预算编制条目粗糙，中长期预算考虑不够，各地区自行规定实施细则使标准不统一、格式不一致。

第五，债务管理压力加大。当前财政收支平衡压力加大、隐性债务化解难度大、缺乏动态平衡机制、可持续性面临挑战。收支平衡压力加大体现在财政收入增速放缓，而财政支出具有较强刚性，财政赤字率有扩张的压力，随之而来的利息偿还的压力也快速增加，进而加速了政府债务水平提高，使政府债务占 GDP 的比重趋于上升。隐性债务化解难度大体现在地方政府或有债务规模较大，例如，通过违法违规融资担保，以 PPP、政府投资基金、政府购买服务等名义变相举债。缺乏动态平衡机制体现在新官不理旧账，新任政府官员缺乏偿还前期债务的动力，往往倾向举借新债搞建设，存量债务越来越多。可持续性面临挑战体现在社会保险基金收支缺口快速扩大，其中 2016 年和 2017 年全国基本养老保险基金的征缴收入与支出缺口分别为 6504 亿元和 6211 亿元，累计结存的增长主要依靠财政补贴，财政补贴规模也在快速扩大，未来人口老龄化加剧带来的养老和医疗问题显现，以及空气、水、土壤等污染将给医疗卫生费用带来较大压力，社会保险基金收支缺口问题将更加突出。

表1　　建设现代财税的总体框架

	法治原则	公平原则	促进竞争原则	国家能力原则	可持续原则	善治原则
财政收入	完善税法体系 依法征税 清理行政性收费 公开非税收入	累进制所得税 直接税为主体	公平税率 遵从成本低 清理政府性基金 优化国企利润上缴	稳定宏观税负 收入筹集能力 税收征管信息化 财力支配能力	税收引导作用 税源稳定 完善土地出让金制度	纳税意识 增强参与感、获得感
财政支出	加强预算硬约束 执行支出计划 先批准后执行	城乡区域均等化 强化公共服务 提升社保统筹水平	减少直接参与 规范财政补贴 改革政府采购制度 改进 PPP 机制	集中力量办大事 加强重要领域支出	量入为出 绿色发展 培育新动能	激励机制 撬动作用
央地关系	事权划分法定化 税收分享机制	地方财力均等化 优化转移支付	有效竞争	中央财力保障	财权事权匹配 隔离央地财政风险	适度税收自主权
预算管理	修订宪法相关表述 预算法实施条例 公开透明 审查监督约束机制	预算执行标准统一 扩大绩效预算范围	绩效奖惩机制 公开预算考核结果	预算编制科学性 提高人大专业化水平	中长期预算 滚动预算 绩效管理信息化	参与式预算 公众参与度高 发挥好第三方作用 发挥各级人大作用
债务管理	债务发行管理 应急处置预案 市场化法制化化解	风险主体责任 地方政府信用评级 防范地区间风险外溢	考核预算管理成效 防范刚性兑付	危机应对能力	安全债务水平 政府资产负债表 编制财政风险报告 社会保障改革	内生自我平衡 国家融资担保基金

四、面向现代化的财税改革的总体框架和支柱

针对现存的税制结构不尽合理、财政支出效率偏低、央地关系未理顺、预算管理成效不理想、债务管理压力大等问题，应按照“法治原则、公平原则、促进竞争原则、国家能力原则、可持续原则、善治原则”，在维持宏观税负和中央财力集中度基本稳定的前提下，深化税收制度改革，优化财政支出效率，改善中央和地方财政关系，完善预算制度和全面实施绩效管理，增强中长期财政稳定性和可持续性，建立现代化财税体制，适应现代化经济体系，支撑国家治理体系和治理能力现代化，推动新时代高质量发展。

建设“法律完备、结构简单、税源稳定、激励相容”的现代财政收入制度。进一步完善税收法律体系，所有税种有法可依，有法必依，清理行政性收费，公开非税收入。简化税制结构，降低名义税率，清理政府性基金，降低遵从成本，对各类企业设计公平税率，营造公平竞争环境，优化国企利润上缴机制。发挥好累进制所得税和直接税的收入再分配功能，按能力纳税。维持宏观税负稳定，保障税源稳定和税收筹集能力，发挥税收引导作用，实现绿色发展等目标。确保政府具有充分的税收筹集能力和财力支配能力。提高纳税人的自觉纳税意识，提高参与感、获得感、荣誉感。

建设“依法支出、量入为出、促进发展、保障基本”的现代财政支出制度。财政支出切实按照预算执行，未经授权不得调整支出项目和金额。根据收入情况合理安排支出，提高财政资金使用效率，支持发展绿色经济，培育经济增长新动能。发挥好财政支出的修正作用，营造更加公平的环境，激发市场主体参与活力。继续发挥好集中力量

办大事的优势，加强重要领域投入力度。降低经济事务直接参与度，规范财政补贴支出，改革政府采购制度。更好地提供公共服务，推进城乡区域均等化，让人民享有同等的机会。

建设“权责法定、财力协调、区域均衡、有效竞争”的现代央地财政关系。从法律层面确定中央与地方事权和支出责任划分，尽可能减少行政干预，明确税收分享机制。促进中央与地方的财权和事权相匹配。优化转移支付，促进地方财力均等化和公共服务均等化，使各地共享发展成果。优化财力分配格局，中央财力占比保持在合理水平。给予地方适度财税自主权，形成经济调节的有力抓手。平衡好区域发展积极性和过度竞争的关系。

建设“规范透明、中期滚动、广泛参与、约束有力”的现代预算管理制度。修订宪法中预算相关表述，明确政府与人大关系、预算程序等基本性问题，尽快出台预算法实施条例，按照预算法公开相关资料供公众查阅，建立有力的审查监督约束机制，建立纠偏机制。提高预算编制科学性，提升人大代表专业化水平，把好预算编制关。编制并执行中长期预算、滚动预算，加强预算信息化建设。全面推广参与式预算，提高公众在预算编制、执行、监督、评价等过程中的参与度，提升公众认同感，发挥好专家的作用，发挥好各级人大的作用。统一预算标准和监管约束机制，扩大绩效预算覆盖范围，使各地财政在相同的标准下运行。建立有效的预算绩效奖惩机制，公开预算考核结果，形成各地执行预算的有效竞争。

建设“依法授权、责任明晰、激励有效、风险可控”的现代债务管理制度。明确地方政府债务发行权限和主体责任，建立有效的应急处置机制。强化财政风险主体责任，谁制造风险谁承担责任，完善地方政府信用评级制度。把地方债务管理情况纳入评估考核，强化化解政府债务的动力。建立债务动态平衡激励机制，有效控制风险扩张，加强国家融资担保基金的制度化建设，守住风险底线。编制政府资产负债表，编制财政风险管理报告，加快社会保险改革，将政府债务控制在安全范围，与经济增长水平相适应。有效管理和应对政府债务风险。

五、近期改革重点和突破口

按照建设现代财政的总体要求和框架设计，以及“法治原则、公平原则、促进竞争原则、国家能力原则、可持续原则、善治原则”的总体要求，未来一个时期，要在财政收入、财政支出、央地关系、预算管理、债务管理方面分步骤有重点地突破。

简化税制，降低税率，带动税收遵从成本下降。将房产税、城镇土地使用税、土地增值税、契税、耕地占用税等与土地和房产有关的税种并入房地产税，车船使用税、船舶吨税、车辆购置税、烟叶税并入消费税，取消城市维护建设税以及各种附加收费。降低企业所得税名义税率和个人所得税最高税率。全面减并非税收入，市、区（县）政府每项非税收入征收均需要省级人大以上批准。简化纳税程序，提高税收征管信息化水平，降低税收缴纳和征管成本。

将消费税和房地产税作为地方主体税种，带动税制结构改革。实施不动产登记制度，实现不动产登记全国联网，为实施房产税提供基础信息。尽快完成房地产税立法，完善相关配套制度，适时开征房地产税，并明确为市级或区县级政府主体税。按照消费地原则将国内消费税划为地方税，由生产环节改为零售环节征收，适当扩大消费适用范围，鼓励地方政府加强对消费环境的重视和改善。将房产税和消费税作为地方政府主要税收收入来源，健全地方税体系，带动税制结构改革，改善中央与地方关系。

实施“国民基础社会保障包”制度，带动社会保障制度改革。每个公民建立统一的个人社会保障卡，社会保障卡具有补贴结算功能，并实现全国范围的可携带可结算。基本养老保险基金实行全国统筹；医疗保险参保补贴实现费随人走，人口跨行政区流动时补贴由上级政府承担；中央政府对义务教育生均经费实行按在校生人数均一定额投入；对全国低保对象按人头实行均一定额补贴。

降低经济事务支出，带动财政支出结构调整优化。稳定财政支出与国内生产总值的相对比例，保持当前比例相对平稳的势头，保持宏观税负基本稳定。在此基础上，逐步降低财政支出中经济事务占比，进一步减少对经济的直接干预，将更多资源用于提高公共服务水平。减少对企事业单位的补贴，促进区域间、行业间、企业间公平竞争。

引入竞争政策评估机制，带动实现竞争中性原则。对于现行的财政支出政策，评估其效果和经济社会影响，判断是否需要及时进行调整，该退出的应及时退出，并给出退出时间表，让市场主体能够提前适应调整生产计划。对于新增的财政支出项目，需要充分评估财政支出的必要性、支出方案的合理性、支出标准的科学性。同时，引入竞争政策审查，减少对经济的干预和扭曲。总的来讲，就是要减少财政支出的惯性，增强财政支出的收放自如程度，使有限的财政支出发挥更大的作用。

完善政府采购制度，带动提高财政资金使用效率。加快加入世界贸易组织《政府采购协定》进程。改革政府采购制度，放宽准入条件，提高透明度，由当前“质次、价高、品种少、不透明”转变为

“物美、价廉、多样、透明”。一方面促进市场竞争，激励企业创新，为优质企业赋能，推动优胜劣汰，加快产业升级步伐；另一方面也提高政府采购产品质量，提高财政资金使用效率。

加快完成中央与地方事权和支出责任划分，带动中央与地方财政关系改善。在出台医疗卫生领域改革方案的基础上，加快制定出台更多分领域改革方案。合理确定中央事务、地方事务、中央与地方共同事务、中央委托事务、中央引导和鼓励性事务的边界，规范省级以下各级政府事权边界。与此对应，按事权优先原则，进一步调整优化税收划分和转移支付制度，确保各级政府财力与事权相匹配，平衡好区域间政府财力，促进区域间公共服务均等化。尤其是，明确省级以下政府间财权和事权划分，提高法治化和规范化程度，为基层政府提供有效的财力保障。

完善预算公开和预算监督制度，带动预算绩效管理取得实效。统一政府预算公开标准，提高预算信息披露的充分性和完整性，增强各界对预算报告的可获得性，建立第三方公共支出绩效评估与监督制度，提高预算公开透明的质量。强化预算执行过程中的监督和审计，增强预算调节的科学性、规范性、合法性。一般公共预算、政府性基金预算、国有资本经营预算和社会保险基金预算，执行相同的预算管理标准，接受公众监督，提高预算绩效。

提高政府债务管理和预算能力，带动提高财政可持续性。加强地方政府债务全面管理，有效控制和化解地方政府隐性负债，防范债务风险。健全政府会计制度，编制政府资产负债表。科学合理设定财政赤字率，提高预算执行约束力，做好中期预算，保持政府性债务水平总体稳定。完善社会保障制度，促进社会保障基金长期可持续运行。明确地方政府债务主体，提高地方融资活动透明度。规范地方融资平台，“开前门、堵后门”，扩大地方政府自行发债范围，并建立债务风险预警机制。启动市政收益债发行，通过资产证券化、引入保险和养老金等机构投资者拓宽地方政府融资渠道。

执笔人：陈昌盛　李承健　江　宇

总报告二

重整政府收入体系　建设现代财政制度

“现代”是与“传统”相对的一个概念，其具体内涵与历史阶段划分因不同情况而异。但公认的是，现代化指一种持续进步的、不可逆转的进化过程，体现了为未来而生、向未来而新、未来已来的精神实质。面向现代，不仅为我们提供了一个看待历史与现实的方式，更把我们生存与奋斗的意义同时纳入时间的轨道、时代的位置和未来的目标之中。

“建设一个现代化的中国”远可溯至鸦片战争以降，近可聚焦于党的十八大以来。以党的十八届三中全会《关于全面深化改革若干重大问题的决定》为标志，我国财政建设目标从公共财政模式切换到现代财政制度，因为财政是国家治理的基础和重要支柱，科学的财税体制是优化资源配置、维护市场统一、促进社会公平、实现国家长治久安的制度保障。现代财政制度包括财政收入、财政支出、中央与地方的关系三个方面的现代化，表现为在2020年之前要完成的三大重点任务，一是建立完整、规范、透明、高效的现代政府预算管理制度，二是建设有利于科学发展、社会公平、市场统一的税收制度体系，三是健全中央与地方财力和事权相匹配的财政体制。国务院发展研究中心宏观经济研究部继2018年对财政支出进行了系统研究之后，2019年度的研究重点转向面向现代化的政府收入体系研究。

一、政府收入的概念

一般情况下，财政收入与政府收入是同一个概念，都是指政府在一个时期内以各种方式取得的收入总和，相互之间可以替代。但由于种种原因，我国财政收入与政府收入无论是数量还是结构，都存在巨大差异。从财政收入扩展到政府收入，这正是本文的主线，也是我们对财政收入走向现代化的一个理解。

一般认为，基于政府相对于市场、社会的不同身份，共有四种政府收入形式。一是税收，这是政府以全社会管理者的身份，以公权力为依托，为履行社会管理和公共服务的职能需要所取得的收入，通常具有强制性、固定性、无偿性三个特征。多数情况下，税收是政府取得收入的主要方式。二是政府性收费，这是政府作为公共服务提供者，向特定对象提供特定服务所收取的费用，目的是弥补部分公共服务提供成本，抑制对于公共资源的过度使用。三是国有资本、资源收入，这是政府作为国家资源、资本的所有者，凭借所有者权力所取得的收入。四是价格收入，政府提供水、电、气、道路等公用事业时，向使用者收取的费用，也称为“使用者付费”。以上四种政府收入形式，合称“税、费、租、价”。这四种形式的收入，构成本文所言的政府收入体系。

二、现代政府收入的主要特点

（一）政府收入占国民收入的比重与政府职能范围大小成正比

一个国家在一定时间内创造出来的收入，首先要在政府、企业、居民三部门之间进行分配，这就是国民收入初次分配。受各国发展阶段不同、政府职能范围大小不同等复杂因素的影响，政府收入占国民收入的比重各不相同。分析近10年来主要国家的国民收入分配结构发现：第一，横向上看，同一时期各国政府收入占国民收入的比重差异很大。以2017年为例，挪威为24.4%、法国为15.49%、英国为11.98%、德国为10.97%、日本为10.51%、美国为6.5%。第二，纵向上看，一个国家的政府收入占国民收入的比重相对稳定。2008～2017年，挪威为23.28%、法国为14.97%、英国为11.61%、德国为10.44%、日本为9.63%、美国为6.57%。第三，大体而言，一国政府收入占国民收入的比重与该国政府职能范围大小成正比，也就是一国政府要做的事越多，需要取得的收入就越多，但与经济发展水平（以人均收入体现）并无十分显著的关系。

（二）政府收入多以税收为主，税外收入占比很小

“赋税是喂养政府的奶娘。”税收体现的是政府与市场、政府与社会的经济关系，以公权力为依托，具有强制性、固定性和无偿性三个基本特征，是政府行使各项职能的经济基础。在大多数国家和大多数情况下，税收由于法治化程度高，管理规范透明，往往是政府收入的主要形式，而且国家越发达，法治化程度越高，则税收在政府收入中的占比就越高。比如在大多数发达国家，税收占政府收入的比例通常在80%以上，有的甚至高达95%。与之形成对比的是，包括收费、基金等在内的税外收入占比很小。

（三）直接税占比较高，间接税占比较低

在漫长的农耕时代，国家税收多以直接税为主，如土地税、人头

税等。随着商品经济的发展、市场交易的活跃，人类社会由农耕文明进入了商业文明和工业文明，对销售商品和服务征收的间接税逐渐代替了直接税，一度成为税收的主要形式。但随着工业化程度的提高，以个人所得税、财产税、企业所得税为代表的直接税回归，代替了商品税为主的间接税，成为当今发达国家的主要税种。对各国税收结构的考察可以发现，当今世界上一个国家的经济越发达、人均收入越高，则直接税占比也越高，反之，大多数发展中国家都是间接税占比高于直接税。但同时需要指出的是，随着信息社会、数字经济的到来，以数字税、增值税为代表的间接税很可能再次复归并代替直接税的主体地位。

（四）管理上全口径、全过程、高度法治、高度透明

政府收入的性质是“公帑”，现代政府与人民之间存在某种形式的委托代理关系。因此政府收入需要严格管理，需要重视资金的使用绩效，需要进行严格的财政问责。具体表现为四个方面：一是全口径，即所有形式的政府收入都应当纳入预算管理；二是全过程，即对政府资金的管理应当覆盖从资金取得、申请、批准、使用、财务报告到评价、审计、问责的全流程；三是高度法治，即在政府资金管理的每一个环节，都有相应的法律、规章、制度予以规范；四是高度透明，即政府资金的使用情况应当通过年度财务报告、政府预算报告等多种形式，定期或不定期向社会公开。

三、近年来我国政府收入的基本情况与存在的主要问题

（一）近年来我国政府收入总量与结构情况

在统计意义上，我国政府收入体系主要由以下几个部分组成：税

收收入、非税收入、政府性基金收入、社会保险收入、国有资本经营收入。用公式表示如下：

政府收入 = 税收收入 + 非税收入 + 政府性基金收入（含土地出让金）+ 社会保险收入 + 国有资本经营收入

表 2 为 2011 ~2019 年我国政府收入的构成以及占比情况。

表 2　　2011 ~2019 年我国政府收入构成　　单位：万亿元

年份		2011	2012	2013	2014	2015	2016	2017	2018	2019
政府收入		17.00	18.76	21.92	23.57	24.19	26.19	30.31	31.41	35.99
税收	收入	8.97	10.06	11.05	11.93	11.06	13.04	14.44	15.64	15.79
	占比（%）	52.76	53.62	50.41	50.57	45.73	49.79	47.64	49.79	56.82
非税	收入	1.41	1.66	1.87	2.12	4.17	2.92	2.82	2.69	3.24
	占比（%）	8.29	8.85	8.53	8.99	17.24	11.16	9.30	8.56	9.00
政府性基金	收入	4.14	3.75	5.23	5.41	4.23	4.67	6.15	7.54	8.45
	占比（%）	24.35	20.00	23.85	22.95	17.49	17.83	20.29	24.01	23.47
国有资本经营	收入	0.084	0.15	0.17	0.20	0.26	0.26	0.26	0.29	0.39
	占比（%）	0.49	0.80	0.78	0.85	1.07	0.99	0.86	0.92	1.08
社会保险	收入	2.40	3.14	3.60	3.92	4.47	5.30	6.64	5.25	8.12
	占比（%）	14.11	16.73	16.41	16.63	18.47	20.23	21.91	16.72	22.56

资料来源：2011 ~2018 年《中国财政年鉴》及财政部、人力资源和社会保障部网站关于 2019 年财政收支、社会保险收支的相关信息。

从表 2 中可以看出，近年来我国政府收入的总量远超一般认为的当年财政收入总量。以 2018 年为例，我国政府收入为 31.41 万亿元，而财政收入（税收 + 非税）仅为 18.33 万亿元，两者相差 13.08 万亿元。从结构上看，上述政府收入可进一步划分为两大组成部分：一是税收收入，二是税外收入。2011 年以来，我国税收收入占全部政府收入的比重均在 50% 左右。换言之，我国近一半的政府收入是通过税收之外的各种方式取得的，且近年来税外收入的比重还有所上升，如图

1 所示。

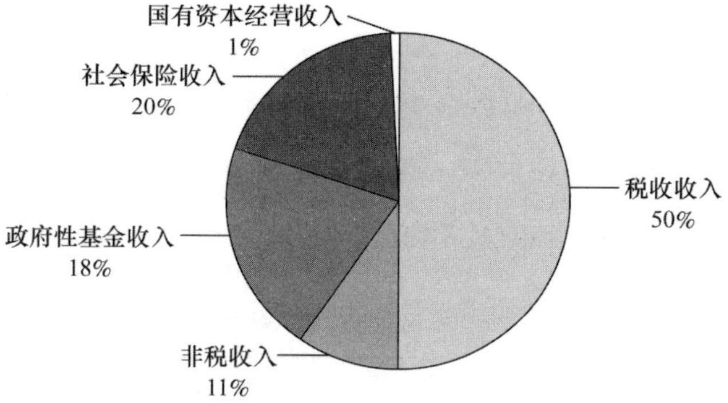

2016 年政府收入结构

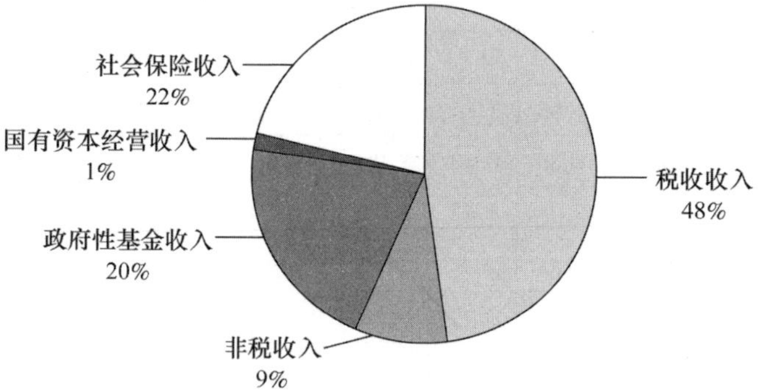

2017 年政府收入结构

图 1　2016、2017 年我国政府收入结构

资料来源：财政部、人力资源和社会保障部网站。

（二）我国政府收入体系存在的主要问题

综合来看，当前我国政府收入体系存在以下几个需要高度重视的问题。

一是就社会总负担（大口径宏观税负）而言，横向比较并不算很高，但纵向上存在内在扩张的趋势。2017 年，我国广义宏观税负 36.63%，无论是与发达经济体相比，还是与发展中经济体相比，这一数值都并非最高，而是居于中偏高的正常水平。但由于缺乏对总负担水平的控制机制，纵向上看我国宏观税负有提高的趋势（近年来的减税降费在一定程度对此有所抑制）。

二是就结构而言，税与非税，畸轻畸重。在2017年高达30万亿元的政府收入中，税收收入与税外收入各占50%左右。相较于正常的政府收入结构，税收占比过低而非税占比过高。无论是从国内还是国际上看，这一收入结构都存在严重问题。简言之，大量的政府收入经由税收之外各类费、基金、社会保险缴费、住房公积金乃至土地出让金、国有企业收入等产生，一方面缺乏严格的法律规制与约束，影响了“依法治国”精神的落实，另一方面造成来华经营的外国企业、本国企业与居民等预期不明确，财务成本难以测算以及其他高昂的交易成本，很不利于我国营商环境的优化。

三是税制结构老化，税种之间相互交叉。业内公认，我国现行税制主要形成于1994年前后，对经济社会各方面的发展与改革都曾发挥了非常重要的支持作用。但在运行20多年之后，这一税制结构已经明显老化，不同税种之间交叉重复征收明显而协调配合不足。比如，现有18种税中，土地增值税、耕地占用税、房产税、契税等都与房地产相关，却分散于5个税种，相互之间交叉重复明显。另外，随着“营改增”的全面实施，增值税已经成为我国覆盖面最广的税种，但在履行“普调”功能的同时，如何对部分高价、高利、高消费、高污染的商品服务进行有针对性的调节，这就涉及增值税与消费税的协调配合问题，但目前对此还没有考虑。

四是税、费、租、价四种收入形式相互混淆。从理论上讲，政府收入共有四种形式，即税、费、租、价，相互之间概念独立，边界清楚，且分别适用于不同的管理规则。但是，当前我国的政府收入四本账中的任何一本，都混合了不同性质的收入，“你中有我，我中有你”。以政府性基金为例，在数十项政府性基金中，既有准税收类，也有使用者付费类，还有国有资源（产）收益类，甚至还包括一些经营性服务价格所产生的收入。无独有偶，这一情形也同样见诸清理后保留下来的各级行政事业性收费清单之中。与形式上的相互混淆相比，更重要的是管理边界、管理规则上的混用与模糊。比如，社会反映强烈的残保金、社会抚养费等，都具有显著的税收属性，却冠以“费”之名，且与某些部门的支出挂钩，财政统筹不足。

四、建设面向现代化的政府收入体系

（一）总目标：建设“法律完备、结构简单、税源稳定、激励相容”的现代政府收入制度

政府收入制度是政府筹集公共资金的基本制度，同时又是国民收入分配的重要工具和经济与社会协调发展的重要调控机制，其在我国建设社会主义现代化强国中的积极作用不可忽视。构建现代化的政府收入制度同时还是对政府自身行为的一种有效约束，可以防范各级政府及其行政机构对市场机制的不当干扰，遏制政府片面追求增长速度的粗放发展模式，促进经济型政府向服务型政府的成功转变。

为适应建设现代化经济体系的需要，应按照“法治原则、公平原则、国家能力原则、可持续原则、促进竞争原则、善治原则”，构建面向现代化的收入体系。在维持宏观税负和中央财力集中度基本稳定的前提下，深化税收制度改革，改善中央和地方财政关系，增强中长期财政稳定性和可持续性。

1. 法律完备，即政府收入法定

政府收入制度是体现国家和公民经济关系的一个关键制度安排。

政府收入对现代国家起着支撑性的作用，是政府履行公共服务职能的前提条件，并且在逻辑关系上反映着国家公共权力与公民个人权利之间的关系，应当以法律形式予以规范和约束。党的十八届三中全会首次明确提出“落实税收法定原则”，十二届全国人大三次会议将税收法定原则正式载入《中华人民共和国立法法》。对我国而言，落实税收法定原则是实现坚持党的领导、人民当家作主和依法治国有机统一的具体体现。今后，还要将“税收法定”扩大到“收入法定”，所有涉及政府收入的制度，不分税与非税，都要经由全国人大立法或授权通过，以“法治”彰显现代化的内涵。

2. 结构简单，即各类政府收入的边界清晰

建立和完善既简便又能充分实现政府职能的收入制度。此原则要求在遵循政府收入制度建设的基本原则，确保制度适应各项经济、政治和社会政策需要，确保政府职能充分发挥，保护正当的社会生产和政府收入权力的前提下，适当简化收入制度，便商利民。政府收入制度的简繁是涉及政府与公民双方关系的一个重要问题。从公民方面说，总是希望制度能够尽量简化、明确，以方便生产和经营；从政府方面说，也不希望制度烦琐。因为繁政不仅扰民，而且也不利于政府部门提高收入管理效率，精兵简政和降低征收成本。所以，简化收入制度是征纳双方的共同要求。此原则要求政府收入的设计要从客观实际情况出发，设计数量较少且结构合理的收入种类、简便的征收方法、适当的环节与日期选择、简便快捷的征纳与查验手续，尽量避免或减少额外负担。但是，这种简化是在保证实现政府收入权力前提条件下的简化，而不是脱离实际地一味追求合并政府收入，使收入制度简单化。

3. 税源稳定，即税收足额、稳定、可持续

宏观税负是指一个国家的税负总水平，一般通过一个国家一定时期内税收总量占同期国内生产总值（GDP）的比重来反映。宏观税负的高低，表明政府在国民经济总量分配中集中程度的大小，也表明政府经济社会职能及财政功能的强弱。宏观税负稳定是指税收要为政府筹集足额的资金，以满足政府向社会提供公共品的财力需要，同时税收收入要相对稳定，把税收同国民生产总值或国民收入的比例稳定在一个适度水平，不宜经常变动，特别不宜急剧变动，以避免税收对经济正常秩序的冲击。此外，税收涉及国家、集体、个人的利益分配，涉及当期和未来之间的利益分配，关系国家的长治久安。保障政府收入稳定，关键是要确保税收本身的可持续性。财政是国家治理的基础和重要支柱，国家长治久安要求财政长期可持续，长期实现财政收入总体平衡，以保障公共财政资源既能满足当代人对公共产品和服务的需要，又不会妨碍下代人满足其需求的能力。我国经济步入新常态，财税改革也要与之适应，更加要注重通过面向现代化的政府收入制度保障经济社会可持续发展，以稳定的政府收入特别是稳定的税收收入，加大对基础研究、技术创新、民生短板、环境保护等领域的投入，增加整体经济社会的发展后劲和动力。

4. 激励相容，即政府收入制度设计要努力实现个人与国家、中央与地方之间利益一致

资源配置的最优化与激励措施的最优运用是同一事物的两个侧面。激励相容的机制设计既包括奖励等激励措施，体现于目标函数，也包括惩罚等约束措施，体现于约束条件。实践中往往需要激励和约束“双管齐下”。在我国，激励相容意味着要设计合理有效的机制及手段，不仅要处理好公民与国家的经济关系，还要处理好中央和地方的财政关系，以及在政府收入管理过程中落实好分权与制衡的制度安排，以保证公民追求个人利益的行为正好与政府实现公共服务职能的价值目标相吻合，解决个人利益、集体利益与社会利益之间的矛盾冲突，使公民、地方政府、中央政府等主体的行为方式、结果符合一致目标，提高政府收入管理和使用的公平与效率，真正实现公民与政府的“双赢”。简而言之，面向现代化的政府收入制度必须充分激发调动各方积极性，发挥各自优势，形成良性互动，让政府收入有效地取之于民，更好地用之于民，为国家治理和经济社会发展贡献力量。

建设“法律完备、结构简单、税源稳定、激励相容”的现代政府收入制度是我国建设面向现代化的政府收入体系的总目标，也是推进国家治理体系和治理能力现代化的必由之路。其具体要求，一是进一步完善政府收入法律体系，既要确保所有税种有法可依、有法必依，又要不断扩大“收入法定”的内涵和范围，清理行政性收费，公开非税收入；二是简化税制结构，降低名义税率，清理政府性基金，降低遵从成本，对各类企业设计公平税率，营造公平竞争环境，优化国企利润上缴机制；三是发挥好累进制所得税和直接税的收入再分配功能，按能力纳税，维持宏观税负稳定，保障税源稳定和税收筹集能力，发挥税收引导作用，实现经济社会发展目标；四是确保政府具有充分的收入筹集能力和财力支配能力，调整中央与地方财政关系，提高公民的自觉纳税意识，提高参与感、获得感和荣誉感。

（二）面向现代化的政府收入体系的主要构成

1. 主体部分：税收

税收收入是政府凭借其政治权力无偿占有的一部分社会资源或收入。现代社会中，政府所凭借的这种政治权力通常是以法律的形式表现出来的。税收由于具有固定性、强制性、无偿性，自产生之日起，就是政府收入的主要来源。马克思曾经形象地称税收是“政府的奶娘”。从数量上看，税收收入通常是一个国家最主要的收入来源，在政府总收入中应当占有绝对地位。从结构上看，我国目前以增值税为主的间接税占比过高，以所得税为主的直接税占比较低。随着我国经济社会的发展，应当由间接税为主逐渐向直接税为主转化。

2. 辅助部分：政府性收费

政府性收费是政府为提供特定社会产品和服务向特定主体收取的收入，其实质是政府提供公共服务或基础服务的成本补偿。

3. 调剂部分：国有资本（资源）收入

国有资本（资源）收入是政府以所有者身份依法取得的国有资本（资源）收益，主要包含国家出资企业分得的利润、国有资产转让收入、从国家出资企业取得的清算收入，还包括股权减持或转让收入。

4. 特殊部分：社会保险收入

社会保险收入是指为了保障保险对象的社会保险待遇，按照国家法律、法规，由单位和个人分别按照缴费基数的一定比例缴纳以及通过其他合法方式筹集的专项资金。

五、建设面向现代化的政府收入体系的主要政策建议

坦率地讲，我国现行占 GDP 36% 左右的政府收入总水平，完全能够满足政府开支需要，但前提是财政部门要对其进行统筹安排与集中管理，并在此基础上形成规范稳定的中央与地方分配关系。从实现国家长治久安的角度来讲，极有必要对我国政府收入体系实施一定程度的重整。其要点有二，一是要通过创新制度安排，形成控制社会总负担的刚性约束机制，二是要按税、费、租、价对现有政府收入体系进行重整，先“各归其道”，再“各归其管”，分别整理、制定相应的管

理制度，形成税、费、租、价并行但相互既有区别又有联系的政府收入格局。

（一）建立全国人大对社会总负担水平进行控制的相关机制

由于我国政府收入体系的复杂性与综合性，财政部门从整体上控制广义宏观税负水平的能力有待提高。本文认为，这一职责应当赋予站位更高、职责更宏观且能代表人民意愿的全国人大，可在现有全国人大财政经济委员会的职责中，增加对社会负担总水平进行宏观控制的内容。具体方法如下：一是将“税收法定”原则扩大到“收入法定”，所有的政府收入，不分税与非税，都要经由相关的法律程序确立。确属行政部门责权范围的收费，要有同级人大的明确授权。二是采用类似于债务限额、余额的做法，结合国民经济和社会发展的需要，结合我国政府职能范围的需要，以五年为期，设定社会负担总水平的“天花板”，全国人大财经委每五年对此进行回顾、调整与改革。三是引入“增减同步”机制，即为了保持总负担水平的不变，应要求政府在出台或新增一个收入项目时，减少另一个收入项目，做到增减在两个方向上的同时、同步、同量，以保持社会总负担水平的基本稳定。四是如果出现突发情况，如战争、重大自然灾害以及巨额短期需要，可不受此限制，由全国人大按程序进行立法增加政府收入来应急。

（二）整并现行税种税制

要明确税收是政府收支的主要载体。这主要包括三层含义。第一，税收占政府收入的比重应当进一步提高，可考虑结合我国到 2020 年实现国家治理体系和治理能力现代化的目标，逐渐提高这一比重到 70% 左右。为此可做两件事，一是适时推进社会保险由费改税，二是继续深化我国税制改革，进一步降低间接税比重，提高直接税比重。第二，税收应当成为政府支出的主要来源，凡是政府部门或履行政府职责的机构，其资金应当来源于主要由税收支持的公共预算资金，本部门不应当另行收取费用，经核定确需收费的，其收入要全部缴入国库。第三，要重新整理、协调各税种之间的关系。如前所言，我国税制已严重老化，不同税种之间交叉重复征收明显而协调配合不足，应当逐渐重整优化。比如，借房地产税立法之机，应当同步归并、整理土地增值税、耕地占用税、房产税、契税等相关税种，整合成为一个税种。再比如，借增值税立法之机，应当同步厘清附着其上的城建税附加、教育费附加的关系，该单列的单列，该取消的取消。另外，在推进消费税改革时，要十分关注其与增值税之间的协调关系，基于增值税“普遍征收、税负一致”的基本特点，从旁发挥“个别调节、一品一率”的功能，对部分高价、高利、高消费、高污染的商品和服务进行有针对性的税制设计。

（三）大幅度收缩行政性收费的范围

我国现有行政事业性收费体系比较庞大，经过若干轮的强力清理之后，目前已大大“瘦身”，但数量仍然不小。据财政部统计，过去几年中，中央设立的行政事业性收费已经由185项减少到51项，其中涉企收费由106项减少到33项。目前，中央管理的行政事业性收费共计49个大类、306个小项。如果再将视野放到全国，各地基于本地管理要求设立的行政事业性收费的数量更加庞大。但是，本文研究发现，在这306项收费中，其实也涵盖了准税收、行政性收费、国有资源（资产）转让收入，各类公共服务、专业服务、公用事业收入，甚至包括部分市场服务的价格收入等，因此也需要按税、费、租、价分开的原则对其进行清理。清理之后的行政性收费，应特指行政部门在履行其应尽职责时，出于抑制过度使用公共资源目的而收取的成本性费用，具体包括办理证照、许可、实施罚没、监管、诉讼以及涉外管理等。其他类别的项目，要么在清理税制时进行合并，要么转入价格部门进行管理，这样才能使行政性收费的面目清晰地呈现出来，社会各方面对其该如何管理立即就有了清楚的认知。比如，行政性收费的标准应当基于该项服务的变动成本（其人员、设施等固定成本已由财政支付）；相关成本信息应向社会公示并每年或每半年调整一次；所有的收费收入应当全部缴入国库；要完全切断其与执收部门之间的分配、使用联系，真正实现“收支两条线”等。

（四）重整政府性基金

研究表明，有“第二财政”之称的我国政府性基金同样包括了税、费、租、价四类不同性质的收入。要通过重新整理，将其中具有“准税收”和“租”性质的政府性基金调入一般公共预算，提高财政综合统筹能力。要进一步规范其中具有“使用者付费”性质的政府性基金管理。目前政府性基金中的这类项目，除了一小部分过时陈旧之外，大部分征收的必要性、合理性是比较明显的，如无线电频道占用费收入、废弃电器电子产品处理基金、核电站乏燃料处理处置基金等。对于应当保留的这类基金项目，一是在管理层面应当明确其属于“使用者付费”性质，并按“政府价格规制”原则进行管理。如要建立收费项目的核定、收费标准的定期评估与调整机制，加大成本信息的公开力度等。二是在宏观层面应当明晰化国家重大工程项目的成本补偿机制。政府性基金中有相当部分的项目表面上是某种价格收入，实质上折射了国家对重大基础设施建设项目的成本补偿机制的欠缺与不规范问题。长期以来，我国类似于南水北调、民航、铁路等重大工程建设项目的资金来源主要是财政直接支出、银行贷款等，缺口部分通过设施投入使用后的加价收入进行弥补。项目建成后的营运、管理、维护等日常支出，既有来自价格收入的部分，也有国家财政补贴的部分，相互之间的数量关系比较含混，难以明白表述。对此，应当建立、完善相应的公共定价机制，明晰化国家重大工程项目的成本补偿机制。具体而言，建设成本部分在国家投资之外，最好由中央国债资金补足差额，其还本付息的支出作为定价的“天花板”，并定期调整；对营运、维护部分的支出，则按实际发生计入成本，据实定价。

（五）扩大国有资本经营预算的范围与深度

所有者收益也就是经济学意义上的“租”，在此特指我国国有资源、国有资产所产生的收益，如土地使用权出让金、自然资源出租出让收入、国有企业出让收入等。目前，这部分收入分布于若干个方面，一是政府性基金中的国有土地使用权出让收入，二是国有资本经营预算中的各项收入，三是在行政事业性收费中也有少量收入。这部分收入是中国特色社会主义的一部分，理论上讲，庞大的国有资本、资源收入应当成为低税率、社会低负担的主要支持因素，但目前我们还远远没有做到。以国有资本经营预算为例，近年来国有企业的营业收入和利润上升都比较明显，但历年来以“所有者权益”名义上缴财政的部分仅有两三千亿元，占当年政府收入的比重不到1%。土地使用权出让收入方面，近年来其占政府性基金的比重越来越大，2018年已达到90%，事实上是地方政府的支柱财力。但这两部分收入如何与预算内财力综合协调，至今仍然是一个尚未展开深入讨论的问题。为应对2019年大减税的压力，中央已决定2020年要提高部分央企特别是金融机构上缴财政红利的比例，但即使如此，相对于国有经济的体量与效益而言，仍然是九牛一毛。土地使用权出让收入方面，其实质是常规预算与资本预算如何协调的问题，而现实中这方面的管理关系晦暗之处甚多，也需要在“各归其位”之后予以必要的阳光化和透明化处理，进而挖掘出巨大的财力空间。

（六）加快社会保险全国统筹步伐

随着我国进入快速老龄化社会，养老支出的压力越来越大，甚至正在成为影响我国财政可持续性的巨大“灰犀牛”。近年来，财政对社会保险的补贴支出也越来越大，2017 年，财政对社会保险的补贴支出为 7633.54 亿元，2018 年已经达到 1.6 万亿元之巨。另外，部分省、区、市出现养老金巨额支付缺口的消息也时有所闻，未来社会保险制度的可持续性令人忧心。目前我国社会保险制度已基本上完成了“扩大覆盖面”这一历史性任务①，今后的目标是逐步实现全国统筹。在这个十分艰难复杂的过程中，财政部门必须主动筹划，积极推动。在 2018 年党和国家机构改革方案中，已明确将社会保险费的征管职能划归到税务部门，这就走出了社会保险逐渐走向全国统筹的第一步。今后，在继续阶段性降费率的同时，应当按“名实一致、有所下降”的原则，重新核定社会保险费率。多名研究者测算表明，在“据实征收”（即按实发工资作为计费基数）的前提下，我国现行 40% 左右的费率完全可以下调到 20% 左右。与此同时，还要同步将那些事实上具有社会保险性质的财政收支项目，一并纳入费率的设计与测算之中。

---

① 2017 年党的十九大会议期间人力资源和社会保障部发布的消息称，目前我国已建立了世界上最大的社会保障安全网，养老保险覆盖超过 9 亿人，医疗保险覆盖超过 13 亿人，可以说基本上实现了全民医疗保险。

举例而言，企业反映强烈的残疾人就业保障金，现在虽然征收标准有所降低并纳入了一般公共预算统一管理，但就其实质而言，是一种“准社会保险税”，应当在设计社会保险税的税率时将其一并纳入，该取消就取消。长远而言，推进社会保险全国统筹还需要解决由费改税、相对统一征收标准和支付待遇、社会保险资金集中统一管理使用、精算平衡、稳定投资等一系列大问题，财政部门在其中应当发挥十分重要的引领和推动作用。

总之，我国36%左右的广义宏观税负水平已经能较好地满足政府的正常开支需要了，理论上不增加甚至适当降低社会负担的空间是存在的，但前提是要由财政部门对所有政府收入进行综合统筹。通过重新整理政府收入体系，还税、费、租、价以其本来面目并将其昭示于社会，将现代管理的主要原则切实覆盖其上，不仅能增进社会各方面对于政府收入体系全貌的认识，而且能够在不增加社会负担的前提下，有效提高财政部门的综合统筹能力，向结构调整要潜力，向改革发展要活力，从而大大增进财政的韧性与可持续性，短期能保证减税降费效果落到实处，长期能为实现国家的长治久安夯实坚定的基础。

执笔人：冯俏彬

财政收入制度改革篇

专题报告一

改革开放以来我国政府收入体系的发展沿革与现状

一、我国政府收入体系演变的基本脉络

新中国成立后不久，我国就借鉴苏联经验，建立起了公有制—计划经济—按劳分配“三位一体”的社会主义经济制度。由于生产资料属于公有（其中绝大部分工商业生产资料属于国有），也由于实行计划经济，由计划来协调经济运转，政府既是社会管理者，又是企业所有者（代表）和生产组织者。“一身多任”的特殊格局，使价值规律受到忽视，价格、利润等经济杠杆难以发挥应有作用。在计划经济时期，出于政府管理的方便，税制越来越简化，政企分配关系却越来越模糊；城镇职工养老、医疗乃至子女教育均由企业直接负担，职工成为“单位人”；农村集体经济也直接承担了村民救济、办学等社会职能；而政府只承担机关事业单位人员的工资、福利和社会保障。

党的十一届三中全会以来，市场在资源配置中的作用不断得到强化，直到在资源配置中发挥决定性作用。伴随着企业独立地位不断增强，政府与企业、个人（家庭）的分配关系逐渐被理顺，适应社会主

义市场经济内在要求的社会保障制度逐渐建立。在重构政府、企业、社会关系的过程中，政府财力（规模、来源、形式）也发生了深刻变化。在改革之初，政府收入的主要来源是企业上缴的税利。但随着"放权让利"改革的实施，出现了财政收入"两个比重"持续下降的局面。从1984年到1993年，财政收入占GDP的比重从22.6%持续下降到12.2%，中央财政收入占财政收入的比重更是从40.5%下降到22.0%（如表1-1所示）。一方面，"两个比重"的快速下降，导致政府宏观调控能力显著下降，为了弥补收支矛盾，政府（特别是中央政府）只能转向财政赤字。从1985年到1993年，在9年时间内，政府有8年出现财政赤字。财政政策持续宽松也为20世纪80年代后半期通货膨胀的发生、发展埋下了伏笔。另一方面，由于政府财力下降，原来由政府投资举办企业的做法难以为继，不得已推出"拨改贷"，用贷款充当资本金投入，这又为20世纪90年代大量国有企业负债率偏高、经营陷入困境埋下了伏笔。政府财力的下降还导致政府办公经费的严重短缺，这也为设立各种政府性收费和政府性基金乃至各级机关事业单位设立"小金库"、滋生腐败提供了温床。

党的十四大确立了建立社会主义市场经济体制的改革目标。根据建设社会主义市场经济的需要，中央谋划、实施了1994年的分税制改革。分税制改革是和工商税制改革紧密联系在一起的。工商税制改革确立了以增值税和营业税为主体、内资企业实行统一所得税的税收制度；而分税制改革则根据各类税收的不同特点把税收划分为中央税、共享税和地方税，从而初步理顺了政府与企业之间、中央与地方之间的收入分配关系，一举扭转了财政收入"两个比重"持续下降的局面，为推进社会主义市场改革、加强宏观调控，有效应对东南亚金融危机奠定了基础。从1993年到2002年，财政收入占GDP的比重从

表1－1　　我国财政收入“两个比重”的变动（1984～1993年）　　单位：%

年　份	财政收入占GDP比重	中央财政收入占全国财政收入比重
1984	22.6	40.5
1985	22.0	38.4
1986	20.5	36.7
1987	18.1	33.5
1988	15.5	32.9
1989	15.5	30.9
1990	15.6	33.8
1991	14.3	29.8
1992	12.8	28.1
1993	12.2	22.0

资料来源：国家统计局。

12.2%提高到15.5%，而中央财政收入占财政收入的比重也从22%提高到50%以上，中央财政收入占GDP的比重从2.68%提高到了8.54%。

市场化改革的深入，也对原有的社会保障制度产生了巨大冲击。20世纪90年代，随着买方市场的到来，许多国有企业生产经营陷入困难。为了加快国有企业改制、国有资本布局战略性调整的步伐，政府增加工作力度，明显加快了城镇职工社会保障制度改革步伐，有关社会保障基金的筹集、管理、运用的各项规章制度也日渐完善，社会保险基金预算逐步建立起来。到2012年，我国已建立起覆盖全国13亿人口的社会保障制度。仅城镇居民养老金一项，保险收入就达到20001亿元，是1995年的21倍。

市场经济改革也带来了政府职能的转型。在计划经济时期，政府不仅负责基础设施建设，还举办企业、发展生产。伴随着社会主义市场经济体制改革的深入，各级地方政府也围绕政府职能进行了大量探索。在大幅减少对生产性企业投资的同时，“城市经营”普遍流行起来。土地财政的核心，就是地方政府通过有偿出让土地使用权以筹集收入，进行开发区建设和基础设施投资以改善地区营商环境，然后再通过“招商引资”来加快地方经济、社会发展。据统计，从2000年到2018年，土地出让金收入从595亿元增加到62910亿元，增加了105倍。土地财政收入占地方一般预算收入的比重，也从9.3%增长到64.5%①。土地财政和地方债务的发展，使“吃饭靠财政、建设靠土地”成为基层地方政府财政运行的基本格局。

随着社会主义市场经济体制的初步建立，政府作为国有资本所有者的角色也逐步完善起来。在20世纪80年代“放权让利”的改革中，国有资本经营权得到强调，而所有权被不同程度虚化，由此导致出现了普遍的“内部人控制”现象，导致90年代后半期国有企业产权改革中出现了大量的权钱交易和国有资产流失现象。2003年以来，随着国资委的建立，国有企业所有人虚位的现象逐步得到扭转，政府从直接管理国有企业转向管资产与管人、管事相结合，这就为建立国有资本经营预算创造了前提。2007年，国务院发布《关于试行国有资本经营预算的意见》，标志着我国国有资本经营预算制度正式建立。国有资本经营预算建立以来，收入规模快速扩大，到2018年，国有资本经营预算收入就达到2905.79亿元，其中，中央国有资本经营预算收入1326.38亿元，地方国有资本预算收入1666.29亿元，包括中央对地方国有资本经营转移支付86.88亿元②。2018年，中央国有资本预算划归一般预算资金321.54亿元，地方国有资本预算划归一般预算资金

---

① 通过《国土资源年鉴》、国家统计局数据以及财政部2018年全国政府决算报告整理得出。2000年地方财政收入为6406.06亿元；2018年地方一般公共预算收入为167578.49亿元，包括本级收入97904.5亿元，中央对地方税收返还和转移支付收入69673.99亿元（此处仅用地方本级收入计为地方一般公共预算收入）。

② 财政部预算司：2018年全国国有资本经营收入决算表。

356.13 亿元。两者合计，占当年一般预算收入的 0.4%[①]。

基于政府收入多元化的特殊国情，2014 年修订的《中华人民共和国预算法》确立了我国“四本账”的特殊预算管理结构，明确规定：“政府的全部收入和支出都应当纳入预算。”“预算包括一般公共预算、政府性基金预算、国有资本经营预算、社会保险基金预算。”其中，一般公共预算是以税收为主体的收入，用于保障和改善民生、推动经济社会发展、维护国家安全、维持国家机构正常运转等方面的收支预算；政府性基金预算是依照法律、行政法规的规定在一定期限内向特定对象征收、收取或者以其他方式筹集资金，专项用于特定公共事业发展的收支预算；国有资本经营预算是依托国有资本收益作出支出安排的收支预算；社会保险基金预算是依托社会保险缴款、一般公共预算安排和其他方式筹集的资金，专项用于社会保险的收支预算。虽然预算有“四本账”，但分析下来，其基本的收入来源仍然是前面提及的税收收入、政府性基金收入、国有资本经营预算收入、社会保险基金收入以及债务收入等。

二、税收收入的演变及现状

改革开放以来，经过“利改税”“分税制”“统一税制”以及简化税种等一系列税制改革，我国现代化税制结构已经基本形成，初步构建起了与经济社会发展状况相适应、与税制建设内在逻辑相吻合、与强化国家治理能力相衔接的税收制度体系。现行的税收制度在组织财政收入、调节收入分配、优化经济结构、提升国家治理能力等方面

① 财政部：2018 年中央和地方预算执行情况与 2019 年中央和地方预算草案的报告。

发挥着重要作用。

（一）1978~1993 年，恢复建立复合税收体系时期

这一时期，通过建立和健全涉外税制、国营企业“利改税”和全面改革工商税制，我国初步建立起以流转税、所得税为主体，其他税种相配合的多税种、多环节、多层次的复合税收体系。到 1993 年，我国税收种类达到 37 种。

这一时期，我国税收收入迅速增长，从 519.28 亿元增加到了 4255.3 亿元，增长了 7.2 倍（如图 1－1 所示）。其中，税收收入在 1985 年和 1993 年的增长尤为明显。出现上述现象，一个重要原因是：在“放权让利”的背景下，许多地区都实行了“放水养鱼”的政策，即在完成收入指标后，地方政府便不再向企业征税，“藏富于民”，由此导致大量税收收入的流失。只是后来出台改革措施，如全面推行“包干制”或者“分税制”，地方政府为了和中央政府讨价还价以获得更大的利益，才纷纷在短期内“严格执法”，做实收入基数，从而导致收入的“跳跃式”增长。

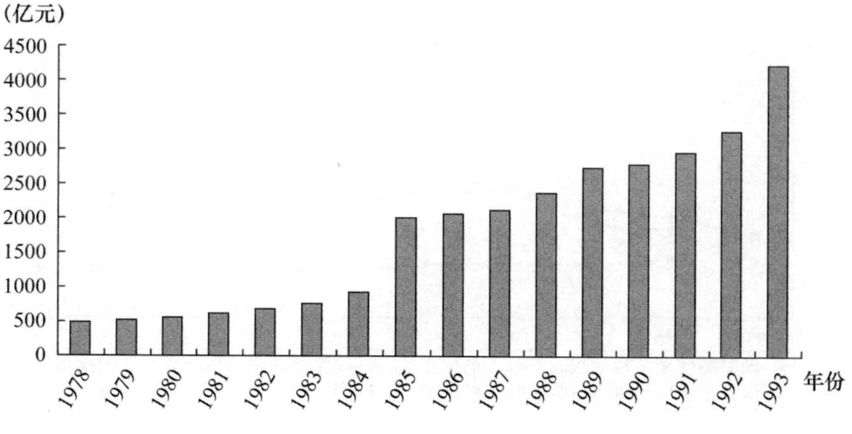

图 1－1　国家税收收入

资料来源：国家统计局。

图 1－2 和图 1－3 呈现了这一时期我国税收收入的总量和结构。从图 1－2 可以看出，增值税与营业税收入总额呈快速增长态势，而企业所得税、关税收入增长则相对平稳。从结构上看，由于广泛推行"承包制"，企业所得税收入占税收总收入的比重逐年下降；关税收入占税收总收入的比重也在下降，但下降幅度较小；而增值税、营业税收入占税收总收入的比重呈逐年上升的趋势（如图 1－3 所示）。

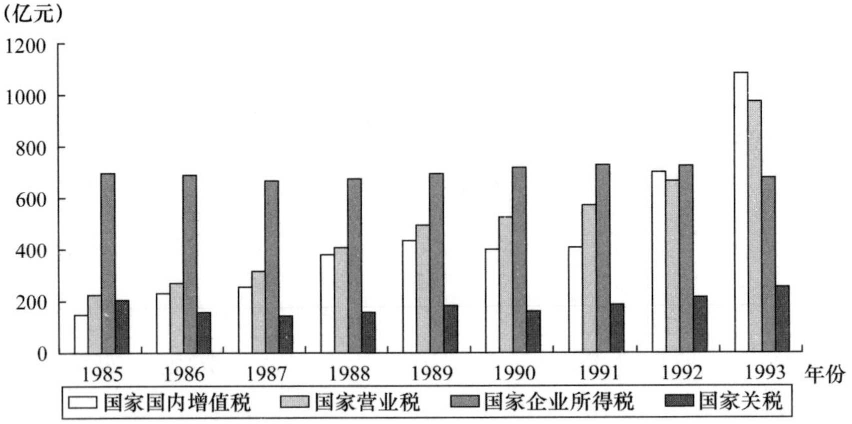

图 1－2　不同税种的税收收入

资料来源：国家统计局。

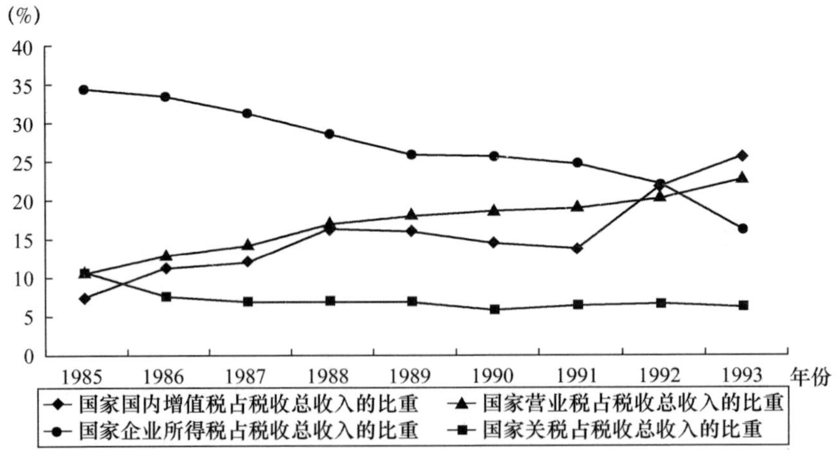

图 1－3　不同税种税收收入占税收总收入的比重

资料来源：国家统计局。

（二）1993～2002年，建立"分税制"和以流转税为主的税收制度时期

1992年10月，党的十四大正式确立社会主义市场经济体制的改革目标，这也为财税改革提出了新要求。1994年的工商税制改革，是新中国成立以来规模最大、范围最广泛、内容最深刻的一次税制改革。这次改革之后，根据经济社会发展及税制运行的情况，有关方面陆续对税收制度进行了必要的调整和完善，从而形成了适应社会主义市场经济发展需要的复合税收体系。相较改革前，改革后的税制更为简化（税种由37个减少为23个），结构趋于合理，税负趋于公平，税收筹集财政收入和调节经济的功能进一步增强。

改革后，我国税收收入维持了持续快速增长的局面。到2003年，全国税收收入超过2万亿元，较1993年增长了3.7倍。分税制后，刺激了地方政府的积极性，从而使国家税收收入规模不断扩大（如图1－4所示）。

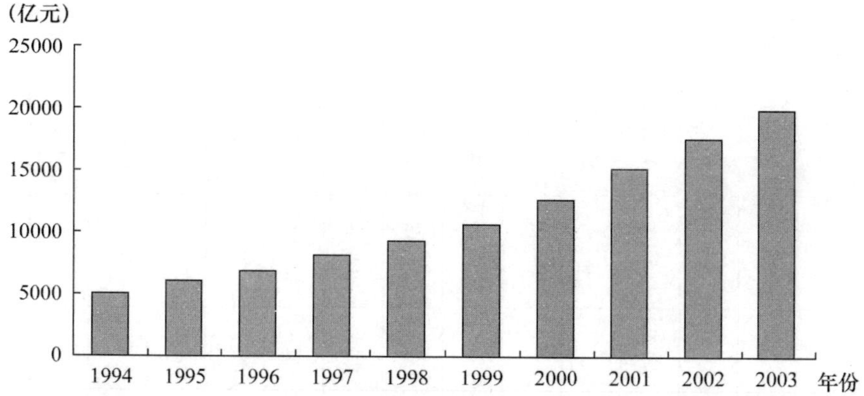

图1－4　国家税收收入（1994～2003年）

资料来源：国家统计局。

如表1－2所示，从税收收入结构看，增值税收入虽然维持了持续增长的局面，但其占税收总收入的比重在逐年下降。营业税收入占比

表 1－2　　我国税收收入与结构　　单位：亿元

年　份		1994	1995	1996	1997	1998	1999	2000	2001	2002	2003
国家税收收入		5126.88	6038.04	6909.82	8234.04	9262.8	10682.58	12581.51	15301.38	17636.45	20017.31
增值税	收入	2308.34	2602.33	2962.81	3283.92	3628.46	3881.87	4553.17	5357.13	6178.39	7236.54
	占比（%）	45.02	43.10	42.88	39.88	39.17	36.34	36.19	35.01	35.03	36.15
消费税	收入	487.4	541.48	620.23	678.7	814.93	820.66	858.29	929.99	1046.32	1182.26
	占比（%）	9.51	8.97	8.98	8.24	8.80	7.68	6.82	6.08	5.93	5.91
营业税	收入	670.02	865.56	1052.57	1324.27	1575.08	1668.56	1868.78	2064.09	2450.33	2844.45
	占比（%）	13.07	14.34	15.23	16.08	17.00	15.62	14.85	13.49	13.89	14.21
企业所得税	收入	708.49	878.44	968.48	963.18	925.54	811.41	999.63	2630.87	3082.79	2919.51
	占比（%）	13.82	14.55	14.02	11.70	9.99	7.60	7.95	17.19	17.48	14.58
个人所得税	收入	—	131.3	—	—	—	413.66	659.64	995.26	1211.78	1418.03
	占比（%）	—	2.17	—	—	—	3.87	5.24	6.50	6.87	7.08
关税	收入	272.68	291.83	301.84	319.49	313.04	562.23	750.48	840.52	704.27	923.13
	占比（%）	5.32	4.83	4.37	3.88	3.38	5.26	5.96	5.49	3.99	4.61

数据来源：国家统计局。

呈现“倒U形”的发展趋势，而企业所得税收入占比则呈“U形”变化趋势。关税收入占比变化不大，趋势较为平缓。个人所得税收入占比虽然不高，但呈现出明显的上升趋势。

（三）2002～2012年，渐进式完善税收制度时期

2002年11月8日，党的十六大召开，明确了市场在资源配置中的基础性作用，强调要“健全统一、开放、竞争、有序的现代市场体系”。为促进社会主义市场经济体制不断完善，我国继续完善公共财政体制，合理界定政府与市场职能，大大增强了财政收支的“公共性”。这一时期税制改革的举措主要包括：取消农业税、统一车船税、逐步减少或者取消原有涉外税收优惠、改进部分税种，如消费税中新增了高尔夫球具、高档手表、高档护肤品、木质一次性筷子等税目；成品油适用税额标准提升，卷烟税率提高；调整关税税目、降低关税税率；修改个人所得税；等等。在这一时期，我国税收收入延续了快速增长的局面。2012年，全国税收收入突破10万亿元大关（如图1－5所示）。

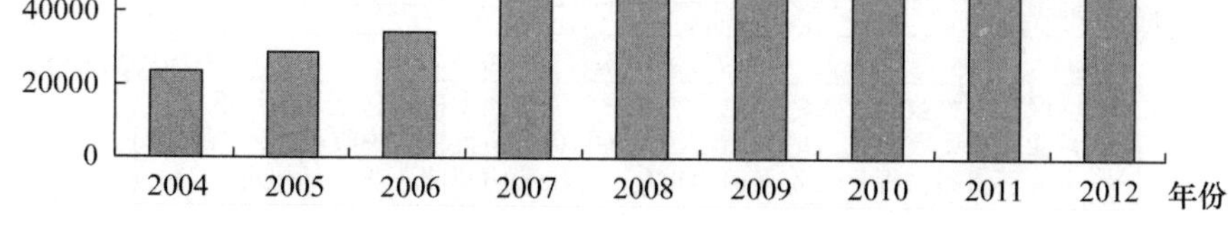

图1－5　国家税收收入

资料来源：国家统计局。

图 1－6 和图 1－7 显示了这一时期各税种收入的增长以及其在税收总收入中所占的比重。从图 1－6 可以看出，每个税种的税收收入均呈现快速增长的趋势。从图 1－7 可以看出，在快速增长的同时，税收结构也在不断优化，突出表现就是：增值税收入占税收总收入的比重逐渐降低，而企业所得税、消费税占比则呈现上升趋势。

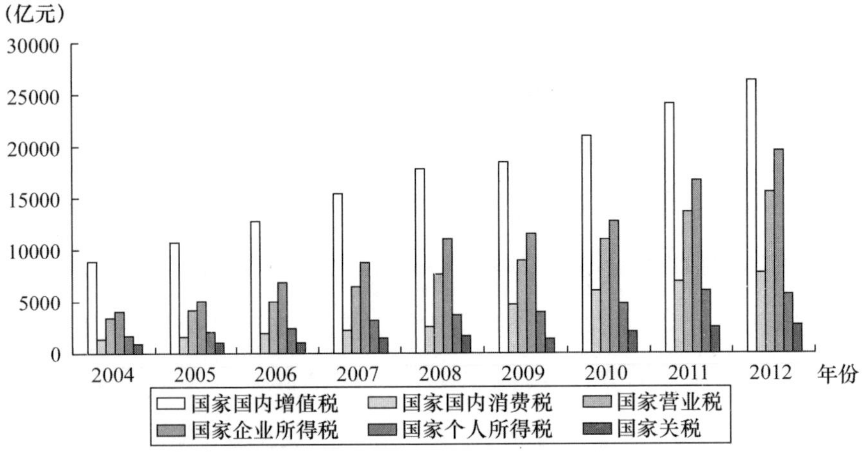

图 1－6　不同税种的税收收入

资料来源：国家统计局。

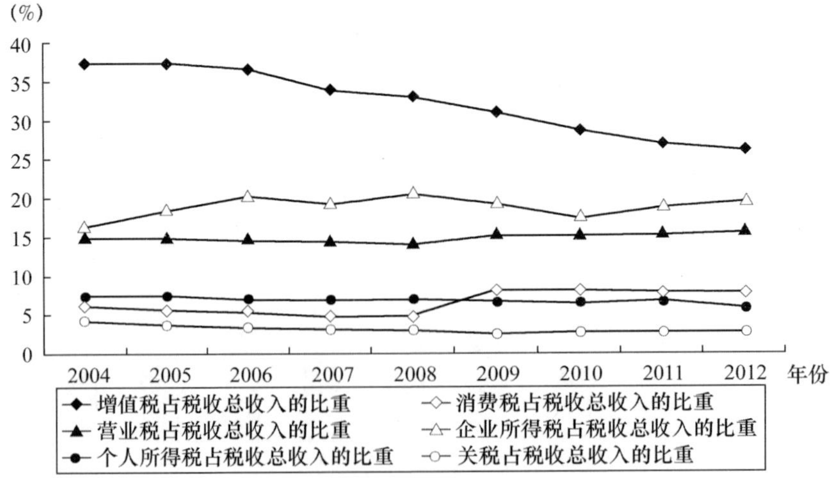

图 1－7　不同税种税收收入占税收总收入的比重

资料来源：国家统计局。

（四）2013 年以来，着眼于完善国家治理推进税制改革时期

党的十八届三中全会对全面深化改革作出总体部署。着眼于建立现代财政制度，税收制度改革深入有序推进。地方税收体系得以完善，增值税税率不断简化，消费税征收范围、环节、税率逐步调整，综合与分类相结合的个人所得税制逐步建立，资源税改革加快，同时推动环境保护费改税，税收优惠政策更加规范。

随着经济新常态的来临，降低企业负担、激发经济活力，成为供给侧结构性改革的重要内容。2013 ~ 2018 年，国家税收收入的增长速度较之前的阶段有所减缓（如图 1 – 8 所示），这既有经济增速放缓的原因，也有持续减税降费的原因。在前期“结构性减税”“减税降费”的基础上，我国于 2019 年实施了大规模的“减税降费”措施。此轮“减税降费”共涵盖了“九税三费”，不但包括企业所得税、增值税、个人所得税，而且对增值税小规模纳税人按照 50% 的税额幅度减征资源税（不含水资源税）、城市维护建设税、房产税、城镇土地使用税、印花税（不含证券交易印花税）、耕地占用税和教育费附加、地方教育附加，还包括下调城镇职工基本养老保险单位缴费比例。

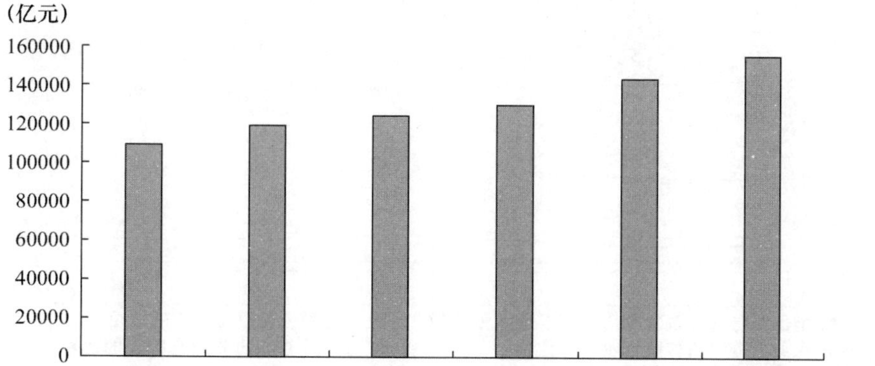

图 1 – 8　国家税收收入

资料来源：国家统计局、财政部。

从2013年开始，由于我国逐步推行“营改增”改革（改革通常伴随着减税措施），也由于推行增值税税率并轨（“三税并两税”），增值税（与营业税）收入虽然持续增长（如图1－9所示），但其占税收总收入的比重呈逐渐下降态势，而其他税种收入占比相对平稳（如图1－10所示）。这也表明，我国税制体系与税制结构在某种意义上接近于“稳定状态”。

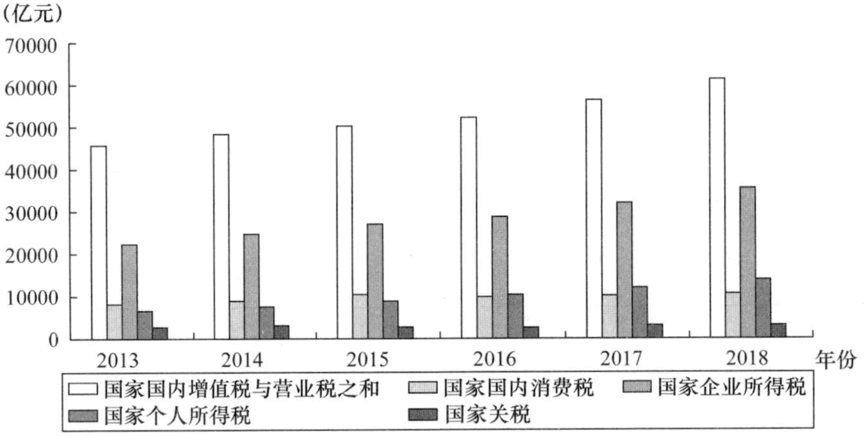

图1－9　不同税种的税收收入

资料来源：国家统计局、财政部。

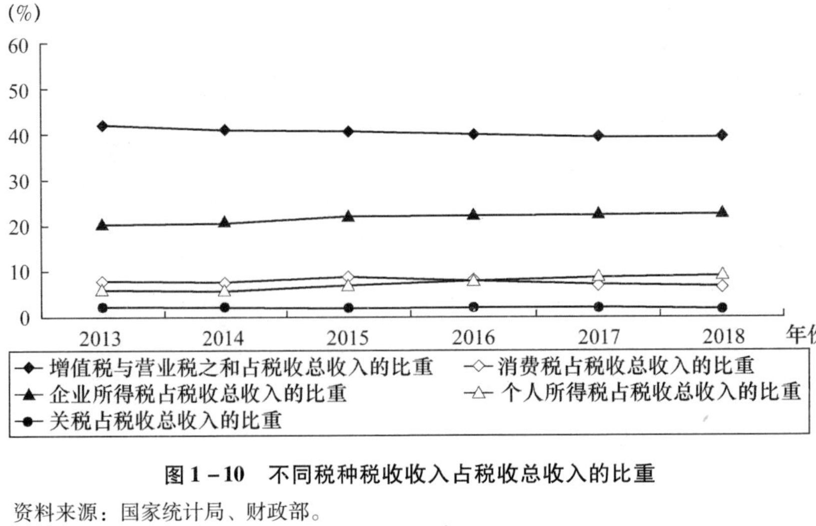

图1－10　不同税种税收收入占税收总收入的比重

资料来源：国家统计局、财政部。

三、政府性基金收入的演变及现状

国有土地使用权出让收入是政府性基金收入的一种。和其他政府性基金收入不同，土地出让金收入规模庞大，规模达数万亿元。据统计，国有土地出让金收入与国有土地收益基金收入合计占政府性基金收入的80%左右，其余20多项政府性基金收入占比只有15%～20%（如表1－3所示）。根据2018年政府性基金收入决算表，除了国有土地出让金收入之外，收入占比超过1%的基金性收入主要有国有土地收益金收入（2.71%）、彩票公益金收入（1.75%）、车辆通行费收入（1.97%）以及可再生能源电价附加收入（1.04%）4项（如表1－4所示）。

表1－3　　　　政府性基金收入结构分析

年份	政府性基金（亿元）	国有土地出让金收入（亿元）	国有土地出让金占政府性基金收入的比重（%）	国有土地收益金收入（亿元）	国有土地收益金占政府性基金收入的比重（%）
2010	36785.02	28197.70	76.66	1025.23	2.79
2011	41363.13	31140.42	75.29	1093.53	2.64
2012	37534.9	26691.52	71.11	897.32	2.39
2013	52268.75	39142.03	74.89	1259.67	2.41
2014	54113.65	40479.69	74.80	1413.89	2.61
2015	42338.14	30783.80	72.71	1024.97	2.42
2016	46643.31	35639.69	76.41	1189.57	2.55
2017	61479.66	49997.07	81.32	1770.71	2.88
2018	75479.07	62910.55	83.35	2044.16	2.71

资料来源：财政部。

表1-4　　2018年政府性基金收入决算表

项　目	决算数（亿元）	比重（%）
农网还贷资金收入	201.68	0.27
铁路建设基金收入	523.8	0.69
民航发展基金收入	435.44	0.58
海南省高等级公路车辆通行附加费收入	24.27	0.03
港口建设费收入	229.41	0.30
新型墙体材料专项基金收入	—	—
旅游发展基金收入	14.52	0.02
国家电影事业发展专项资金收入	29.03	0.04
城市公用事业附加收入	—	—
国有土地使用权出让金收入	62910.55	83.35
国有土地收益金收入	2044.16	2.71
农业土地开发资金收入	249.17	0.33
中央水库移民扶持基金收入	258.96	0.34
中央特别国债经营基金财务收入	632.68	0.84
彩票公益金收入	1321.51	1.75
城市基础设施配套费收入	2524	3.34
地方水库移民扶持基金收入	55.15	0.07
国家重大水利工程建设基金收入	288.64	0.38
车辆通行费收入	1483.52	1.97
核电站乏燃料处理处置基金收入	21.89	0.03
可再生能源电价附加收入	786.1	1.04
船舶油污损害赔偿基金收入	1.55	0.00
废弃电器电子产品处理基金收入	28.65	0.04
彩票发行和销售机构业务费收入	242.08	0.32
污水处理费收入	539.4	0.71
其他政府性基金收入	632.91	0.84
全国政府性基金收入	75479.07	100.00

资料来源：财政部。

鉴于土地出让金收入在政府性基金收入中的独特地位，这里特意把政府性基金收入分为如下两部分。

（一）行政性收费和政府性基金收入（不含土地出让金）

改革开放 40 年，我国行政性收费和政府性基金收入增长大体经过扩张阶段、治理规范阶段和大力压缩、精简阶段。

1. 扩张阶段（20 世纪 80 年代中期至 90 年代中期）

改革开放之初，由于国家财政收支矛盾较为突出，政府鼓励行政事业单位利用服务型收费进行融资。随着时间的推移，各类管理费、登记费、审批费开始增多，收费数额越来越大。1998 年，全国行政事业性收费和政府性基金有 6000 多项，规模达到 4500 多亿元，相当于当年财政收入的 46%。基本上所有政府部门都有收费项目或基金。

2. 治理规范阶段（1995～2015 年）

1995 年开始，有关部门对乱收费情况进行了清查摸底。自 1997 年起，全面治理整顿收费和进行税费改革的序幕逐步拉开，政府分期分批取消了大量不合法、不合理的收费项目，建立健全收费管理制度，实行收支两条线管理，推进农村税费改革，推进交通和车辆税费改革。

2001 年，国务院办公厅转发《财政部关于深化收支两条线改革进一步加强财政管理意见的通知》，提出非税收入概念。2004 年 7 月，进一步明确非税收入的概念和范围，正式取代“预算外资金”的提法，标志着我国在完善公共财政体系、规范政府收入机制认识上的深化。在这一时期，有关部门先后推出了一系列改革措施，包括清理和规范收费基金、强化收支两条线管理、完善国有资产有偿使用制度等。

3. 大力压缩、精简阶段（2016 年以来）

伴随着经济运行步入新常态，中央提出了“供给侧结构性改革”的应对思路。“减税降费”成为减轻企业负担、激发经济活力的重要抓手。为此，国务院采取系列措施推动减税降费。仅以 2017 年为例，在各项降费工作到位后，全国政府性基金将仅剩 21 项；涉企行政事业性收费取消或停征35项，中央涉企收费项目也将减少一半以上（剩余33项）[①]。

从2010年到2018年，政府性基金收入总体上呈持续上升态势（2012年、2015年除外），且增长幅度明显；行政事业性收费则呈现“倒U形”变化趋势。特别是近年来，受“减税降费”政策影响，行政事业性收费收入呈持续下降态势（如图1－11、图1－12所示）。

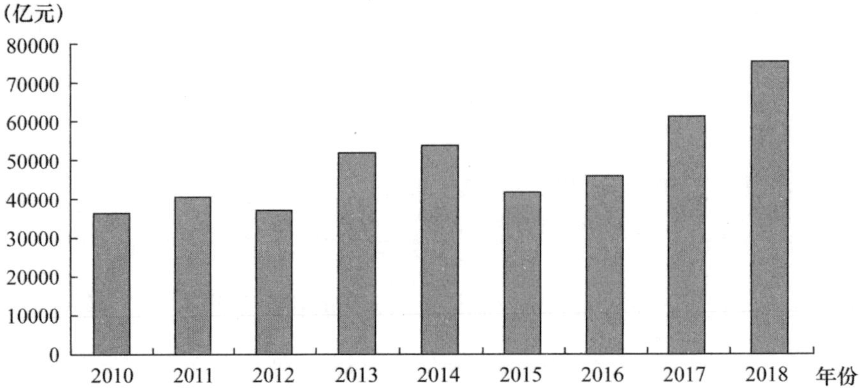

图1－11　政府性基金收入

资料来源：财政部。

（二）土地出让金收入

土地出让金是指各级政府土地管理部门将土地使用权出让给土地使用者，按规定向受让人收取的全部价款（指土地出让的交易总额），或土地使用期满，土地使用者需要续期而向土地管理部门缴纳的续期土地出让价款，或原通过行政划拨获得土地使用权的土地使用者，将土地使用权有偿转让、出租、抵押、作价入股和投资，按规定补缴的土地出让价款。土地出让金收入的发展主要经历了如下几个阶段。

---

① 中国日报网：2017“两会热词”汇总，https：//baike. baidu. com/reference/20490100/259cqNv03cWCWaA5TsBkvXbkKQfWwh-pZ9WwZT76CgwCppJyy-2m2Aoy18NlfQTcwv-WTWXWpiCRJi8R6U31bw8NZ4TDyDGGPzIt3TYIH1OTm05whAMd8wtOpHpdyg。

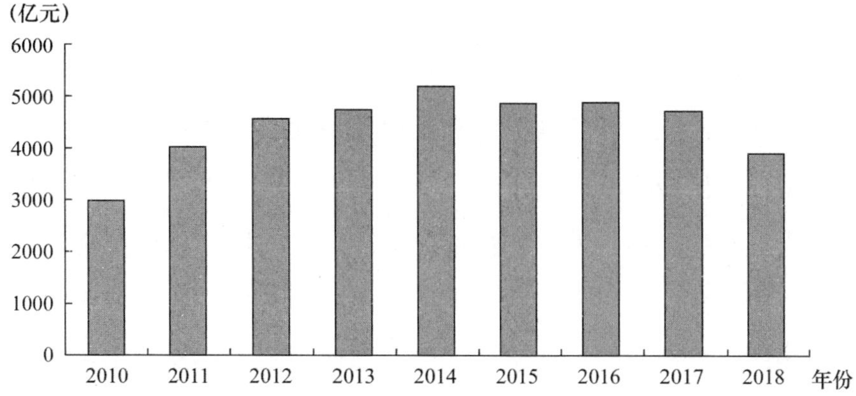

图 1－12　行政事业性收费

资料来源：财政部。

1. 1987～1994 年，萌芽探索时期

1987 年，中国开始向城镇国有土地使用者征费，作为地方税的一个变种，用于城市维护建设。此项收费归地方，中央并未分成。1989 年 5 月，国务院出台了《关于加强国有土地使用权有偿出让收入管理的通知》，规定凡进行国有土地使用权有偿出让的地区，其出让收入必须上缴财政，中央和地方四六分成。两者都主要用于城市建设和土地开发，专款专用。但是地方政府隐瞒土地出让收入的现象十分严重，中央“分成”难以落实。1992 年，财政部出台《关于国有土地使用权有偿使用收入征收管理的暂行办法》，“土地出让金”第一次出现在大众眼前，同时将上缴中央财政部分降为 5%。

2. 1995～2006 年，快速发展时期

为了规范土地使用权转让行为，1998 年第二次修订《土地管理法》，该法提到“建设单位应当有偿取得国有土地使用权”。2002 年国土资源部出台《招标拍卖挂牌出让国有土地使用权规定》，要求商业、旅游、娱乐和商品住宅等各类经营性用地，必须以招标、拍卖或者挂牌方式出让。2006 年国务院办公厅发布《关于规范国有土地使用权出

让收支管理的通知》。该通知明确了土地价款的范围："土地价款的具体范围包括：以招标、拍卖、挂牌和协议方式出让国有土地使用权所确定的总成交价款；转让划拨国有土地使用权或依法利用原划拨土地进行经营性建设应当补缴的土地价款；变现处置抵押划拨国有土地使用权应当补缴的土地价款；转让房改房、经济适用住房按照规定应当补缴的土地价款；改变出让国有土地使用权的土地用途、容积率等土地使用条件应当补缴的土地价款，以及其他和国有土地使用权出让或变更有关的收入等。按照土地出让合同规定依法向受让人收取的定金、保证金和预付款，在土地出让合同生效后可以抵作土地价款。"①1995～2000年，全国土地出让金收入年均不到600亿元。进入21世纪之后，我国经济发展迅速，经济建设紧随经济的发展，与之相对应的是，国有土地出让金收入翻倍增长，2006年土地出让金收入达到8077.64亿元，是1995年的19倍、2001年的7倍（见图1－13）。

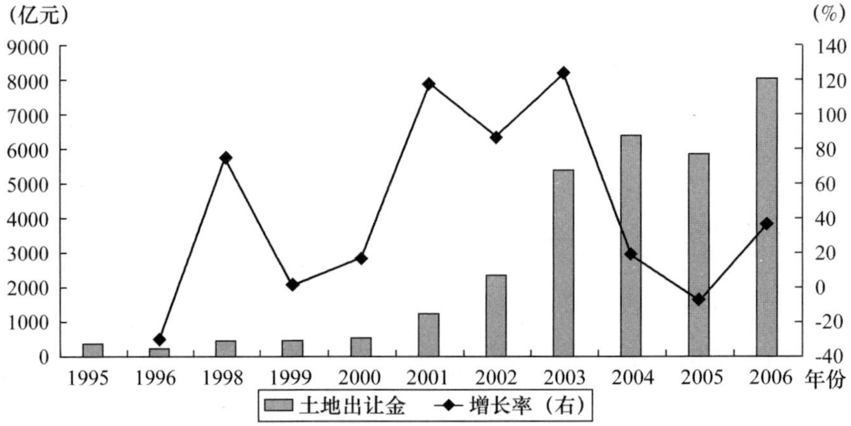

图1－13　1995～2006年土地出让金收入及增长率

资料来源：历年《中国国土资源年鉴》。

① 中国政府网，http：//www.gov.cn/zwgk/2006-12/25/content_478251.htm。

3. 2007 年以来，模式成熟发展时期

2015 年，财政部联合国土资源部出台《关于进一步强化土地出让收支管理的通知》（财综〔2015〕83 号）。该通知强调“各地区要严格土地供应合同、协议的管理，督促用地单位和个人按照合同、协议规定的期限及时足额缴纳土地出让收入。对于不按合同、协议约定期限及时足额缴纳土地出让收入的，国土资源部门不得为用地单位和个人办理国有土地使用权证，也不得分割发证。对于因容积率等规划条件调整并按规定应当补缴土地出让收入的，必须按时足额补缴”，进一步完善了土地出让金的收支管理。2007 年，我国土地出让金收入突破万亿元，到 2018 年，土地出让金收入高达 62910.55 亿元，占 2018 年 GDP 的 7%，占 2018 年财政收入的 34.3%（如图 1－14 所示）。这一时期，受宏观经济运行、房地产调控的影响，土地出让金收入增速数次起落，深刻揭示了土地财政对地方财政、投融资乃至宏观经济运行的深刻影响。

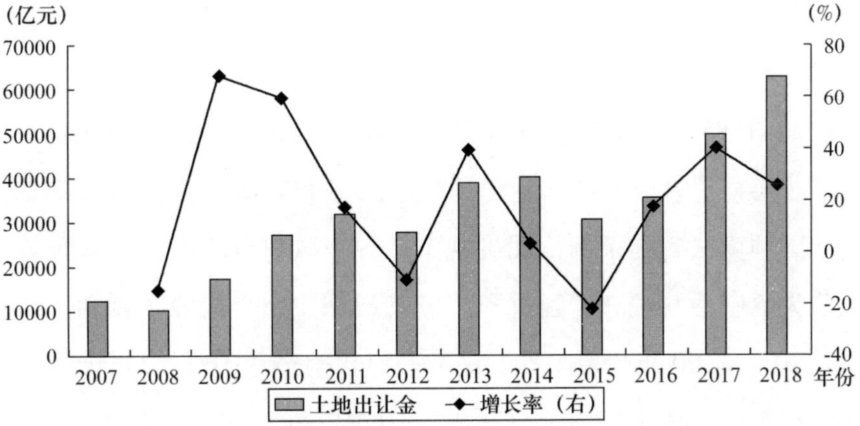

图 1－14　2007～2018 年土地出让金收入及增长率

资料来源：历年《中国国土资源年鉴》。

四、国有资产收入的演变及现状

国有资产收入是指国家凭借所有者身份依法取得的国有资产经营、出售等收入，包括经营性国有资产收入、行政事业单位国有资产收入和资源性国有资产收入。

（一）1980~1994年，政企分开、“利税分流”时期

1983年和1984年的“利改税”将国有企业上缴利润改为按照国家规定的税种和税率缴纳税款，税后利润留归企业，由此明确了“政企分开”的前进方向，通过将强制性税收和非强制性国有资产收入区分开来，为正式确立国有资产收入奠定了基础。1994年，国家推行分税制改革和工商税制改革，对国有企业实行统一税制，明确国有资产投资收入按股分红、投资分利或税后利润上缴，为政府（国有资本所有者代表）调度国有资本经营性收入、开展国有资本经营打开了政策空间。

（二）1995~2012年，逐步建立国有资本经营预算制度时期

1994年，《中华人民共和国预算法》颁布。次年出台的《中华人民共和国预算法实施条例》明确规定，各级政府预算按照复式预算编制，分为政府公共预算、国有资产经营预算、社会保障预算和其他预算。到20世纪90年代后半期，国有经济普遍经营困难，“抓大放小”、搞活国有企业，成为国有企业改革、国有资本管理改革的主要抓手。调整国有资本布局（放小）所带来的收入主要用于“国企脱困”、安置下岗职工，国有资本经营预算并没有真正建立起来。2003年，《中共中央关于完善社会主义市场经济体制若干问题的决定》明确提出：

要“建立国有资本经营预算制度”。2007 年，国务院发布《关于试行国有资本经营预算的意见》，国有资本经营预算进入实施阶段。根据该文件，国有资本经营预算收入包括应缴利润、国有股股息股利、国有产（股）权转让收入、企业清算收入以及其他收入。随着国有资本监管体制由管企业向管资本转型，以财务约束为主线的国有资本委托代理体制逐步建立，宏观政府财务、中观投资者财务、微观经营者财务三个层次的财务管理体制基本建立，三级国有资本经营预算体系框架初步确立。

（三）2013 年以来，完善国有资本经营预算管理时期

2013 年，党的十八届三中全会对全面深化改革做了全面部署。修订后的《中华人民共和国预算法》也于 2015 年经全国人大常委会审议通过。根据新修订的《中华人民共和国预算法》，国有资本经营预算是政府预算的有机组成部分。另外，十八届三中全会显著提高了国有企业上缴国有资本预算的比例以及划拨国有资本收入充实一般预算账户的资金规模，使国有资本经营预算在政府预算管理体系中的重要性明显提高。

从数据上来看，从 2012 年到 2018 年，全国国有资本经营预算收入从 1495.9 亿元增加到 2905.8 亿元，呈现出持续增长的发展趋势（如图 1－15 所示）。在国有资本经营预算收入中，国有资本经营利润收入是主要收入来源，占国有资本经营收入的 70% 以上；国有资本经营股利、股息收入，国有资本经营产权转让收入，占比呈稳步提高趋势，其占比在 12% 和 9% 左右；其他国有资本经营收入占比略有下降，占比约为 5%；国有资本经营清算收入占比一直处于 0.5% 以下（见表 1－5）。

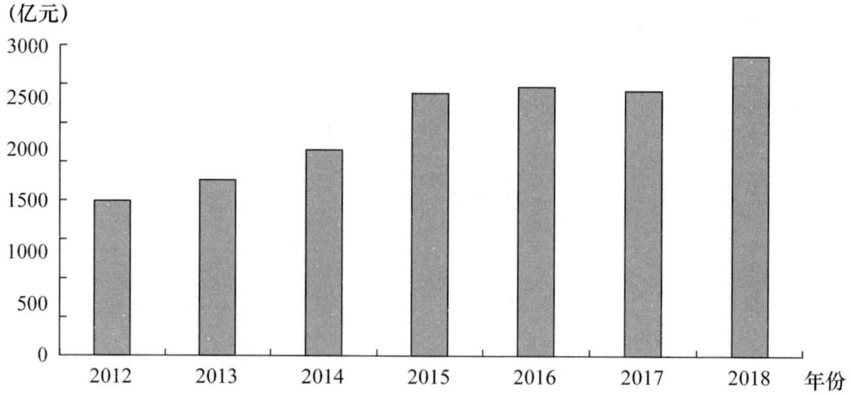

图1－15　全国国有资本经营收入

资料来源：中经网统计数据库。

表1－5　　全国国有资本经营收入结构　　单位:%

年份	全国国有资本经营利润收入占比	全国国有资本经营股利、股息收入占比	全国国有资本经营产权转让收入占比	全国国有资本经营清算收入占比	全国其他国有资本经营收入占比
2012	77.15	6.82	7.68	0.08	8.29
2013	75.18	7.22	8.28	0.36	8.97
2014	84.69	5.83	4.73	0.16	4.60
2015	79.73	10.55	5.37	0.12	4.23
2016	75.19	7.89	8.61	0.26	8.05
2017	70.66	11.11	9.16	0.34	8.73
2018	73.59	11.85	8.94	0.40	5.22

资料来源：中经网统计数据库。

五、社会保险基金收入的演变及现状

20世纪50年代，我国建立起了公有制、计划经济和按劳分配“三位一体”的社会主义经济制度。当时，城市职工的养老、医疗乃至子女教育等均由工作单位承担；农村地区实行集体经济，由村集体、公社举办医疗、教育等公共事业，普通农民实行家庭养老方式，而“五保户”的养老、医疗问题则由村集体承担。党的十一届三中全会以后，我国步入了改革开放的新时代，城市化、工业化、市场化、国际化持续向纵深发展，深刻改变了我国的经济社会面貌。在此过程中，我国的社会保障制度也发生了深刻的变革。以我国的基本养老保险制度为例，其改革和发展经历了如下几个阶段。

（一）从“单位养老”向“社会化养老”转型时期

1984 年 10 月，湖北省沙市在劳动人事部的指导下在“二轻”系统启动了退休费用统筹的试点工作，由此开启了我国城镇企业职工养老“社会化统筹”的探索之路。

在前期实践探索的基础上，国务院于 1991 年 6 月发布《关于企业职工养老保险制度改革的决定》，明确提出：要“逐步建立起基本养老保险与企业补充养老保险和职工个人储蓄性养老保险相结合的制度”；要“改变养老保险完全由国家、企业包下来的办法，实行国家、企业、个人三方共同负担，职工个人也要缴纳一定的费用”。对于基本养老保险、补充养老保险、职工个人储蓄性养老保险，文件也作出了原则性规定①。

1995 年 3 月，在加快推进社会主义市场经济体制改革的背景下，国务院出台了《关于深化企业职工养老保险制度改革的通知》，进一步明确了企业职工养老保险制度改革的目标：“到本世纪末，基本建

---

① 其主要内容包括：“基本养老保险基金由政府根据支付费用的实际需要和企业、职工的承受能力，按照以支定收、略有结余、留有部分积累的原则统一筹集”；“企业补充养老保险由企业根据自身经济能力，为本企业职工建立，所需费用从企业自有资金中的奖励、福利基金内提取”；“个人储蓄性养老保险由职工根据个人收入情况自愿参加”。

立起适应社会主义市场经济体制要求，适用城镇各类企业职工和个体劳动者，资金来源多渠道、保障方式多层次、社会统筹与个人账户相结合、权利与义务相对应、管理服务社会化的养老保险体系。”20世纪90年代后半期，伴随着市场化改革的深入，全社会对建立新型社会保障体系（包括养老保险制度）的要求十分迫切。在中央和地方各级党委、政府的大力支持下，城镇企业基本养老保险改革快速推进，为实现“两个确保”①，维护社会稳定发挥了积极的作用。

（二）从“城镇职工养老”向“城乡养老全覆盖”拓展时期

2005年，国务院发布《关于完善企业职工基本养老保险制度的决定》，将城镇各类企业职工、个体工商户和灵活就业人员纳入城镇企业职工基本养老保险体系。

2009年，国务院发布《关于开展新型农村社会养老保险试点的指导意见》。按照“保基本、广覆盖、有弹性、可持续”的原则，《指导意见》就探索建立个人缴费、集体补助、政府补贴相结合的新型农村社会养老保险（简称“新农保”）作出全面部署。

2011年6月，国务院发布《关于开展城镇居民社会养老保险试点的指导意见》，要求根据“保基本、广覆盖、有弹性、可持续”的原则建立个人缴费、政府补贴相结合的城镇居民养老保险制度；并要求在2012年基本实现城镇居民养老保险制度全覆盖。

经过持续不懈的努力，到2012年底，我国已基本实现了城乡居民基本养老保险的“制度全覆盖”。据统计，2012年底，我国各项养老

---

① 两个确保，即确保进入再就业服务中心的国有企业下岗职工按时领到基本生活费，并由中心代缴社会保险费；确保参加养老保险统筹的企业离退休人员基本养老金能够按时足额发放。

保险参保人数达到7.9亿人[①]。

（三）规范、简并基本养老保障制度时期

2014年2月，国务院决定：将新农保和城市居民养老保险两项制度合并实施，在全国范围内建立统一的城乡居民基本养老保险制度[②]。与此同时，人力资源和社会保障部、财政部联合印发《城乡养老保险制度衔接暂行办法》，明确规定：参加城镇职工养老保险和城乡居民养老保险人员，达到城镇职工养老保险法定退休年龄后，城镇职工养老保险缴费年限满15年（含延长缴费至15年）的，可以申请从城乡居民养老保险转入城镇职工养老保险，按照城镇职工养老保险办法计发相应待遇；城镇职工养老保险缴费年限不足15年的，可以申请从城镇职工养老保险转入城乡居民养老保险，待达到城乡居民养老保险规定的领取条件时，按照城乡居民养老保险办法计发相应待遇[③]。

在很长一段时间里，机关事业单位实行的都是由财政或单位负担退休费的方法。随着城镇职工基本养老制度的建立，机关事业单位养老金制度的缺陷也逐渐暴露出来。2015年1月，国务院发布《关于机关事业单位工作人员养老保险制度改革的决定》，决定自2014年10月起，所有按照公务员法管理的单位、参照公务员法管理的机关（单位）、事业单位及其编制内的工作人员实行社会统筹与个人账户相结

① 温家宝：《政府工作报告》（在第十二届全国人民代表大会第一次会议上），http://www.gov.cn/2013zfbgjjd/content_2363807.htm。

② 《国务院关于建立统一的城乡居民基本养老保险制度的意见》，http://www.gov.cn/zwgk/2014-02/26/content_2621907.htm。

③ 《城乡养老保险制度衔接暂行办法》（人社部发〔2014〕17号），http://www.mohrss.gov.cn/SYrlzyhshbzb/shehuibaozhang/zcwj/yanglao/201402/t20140228_125006.html。

合的基本养老保险制度[①]。新的基本养老保险制度和企业社会保险制度完全接轨，并且为机关事业单位工作人员普遍建立了年金制度，从而在较短的时间内实现了机关事业单位职工与城镇企业职工在基本养老保险制度上的并轨。

从图 1－16 可以看出，从 1989 年到 2018 年，我国社会保险基金收入从 153.6 亿元增长到 79002.58 亿元，大约增长了 514 倍。特别是 2016 年以来，我国社会保险基金收入增长每年都超过 1 万亿元。

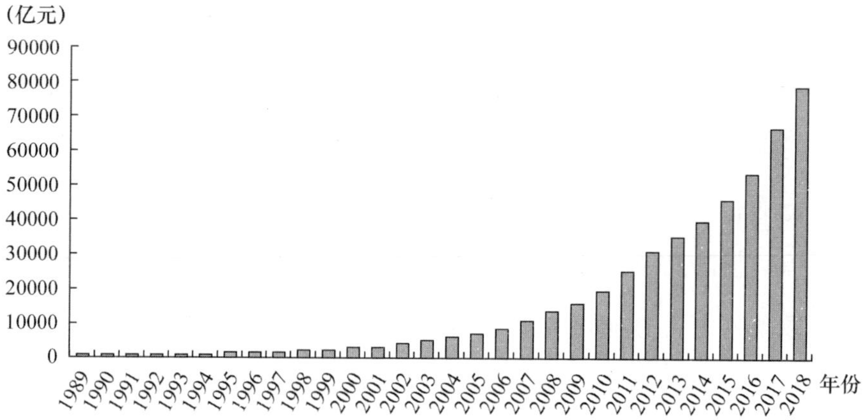

图 1－16　社会保险基金收入

资料来源：国家统计局。

从表 1－6 可以看出，在社会保险基金收入中，城镇职工基本养老保险基金收入占主导作用，其占比约为 65%（2010 年、2011 年除外）；医疗保险基金收入占比从 2010 年的 22.35% 提高到 2018 年的 26.99%，呈现稳步上升趋势；失业保险基金收入占比稳步下降，从 3.37% 下降到了 1.48%；工伤保险基金收入、生育保险基金收入占比相对平稳。

① 《关于机关事业单位工作人员养老保险制度改革的决定》，http：//gov.cn/zhence/content/2005－01/14/content_ 9394.htm。

表1－6　　社会保险基金收入结构　　单位:%

年份	城乡居民基本养老保险基金（含新农保）收入占比	城镇职工基本养老保险基金收入占比	失业保险基金收入占比	医疗保险基金收入占比	工伤保险基金收入占比	生育保险基金收入占比
2010	2.35	69.62	3.37	22.35	1.48	0.83
2011	4.41	67.17	3.67	22.02	1.85	0.87
2012	5.95	65.07	3.71	22.57	1.71	0.99
2013	5.82	64.34	3.66	23.40	1.74	1.05
2014	5.80	63.55	3.46	24.32	1.74	1.12
2015	6.20	63.77	2.97	24.33	1.64	1.09
2016	5.48	65.45	2.29	24.43	1.38	0.97
2017	4.92	64.49	1.66	26.70	1.27	0.96
2018	4.90	64.59	1.48	26.99	1.04	1.00

六、债务收入的发展和现状

（一）中央政府债务

国债是国家信用的符号或代表物。我国于1981年恢复国债发行。此后，国债筹资规模持续扩大。在国债管理方式上，我国最初实行的是国债发行额管理，2006年以后转向国债余额管理制度。为适应国债管理方式的变革，政府推出了一系列改革，具体如完善短期国债滚动发行机制，增加中长期国债规模，提高国债发行定价市场化水平，促进二级市场的流动性，完善储蓄国债发行管理，健全国债市场价格监测机制等。

如图1－17、图1－18所示，在2006年以前，除个别年份外，我国中央政府债务发行额度一直在增长，且多数年份的增长率在10%以上。国债管理制度改为余额管理后，中央政府债务余额从2006年到2018年持续增长，年均增长10%～13%。截至2018年底，我国中央政府债务余额为14.96万亿元，约占当年GDP的16.3%。

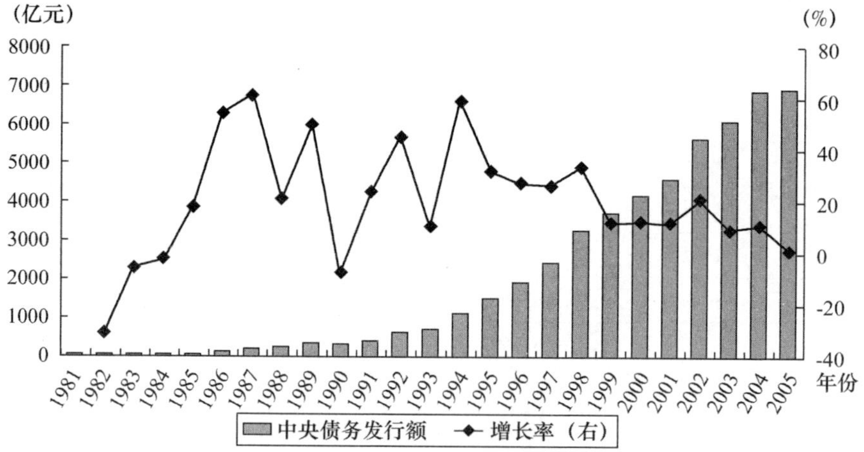

图1－17　1981～2005年中央政府债务发行额及增长率

资料来源：国家统计局。

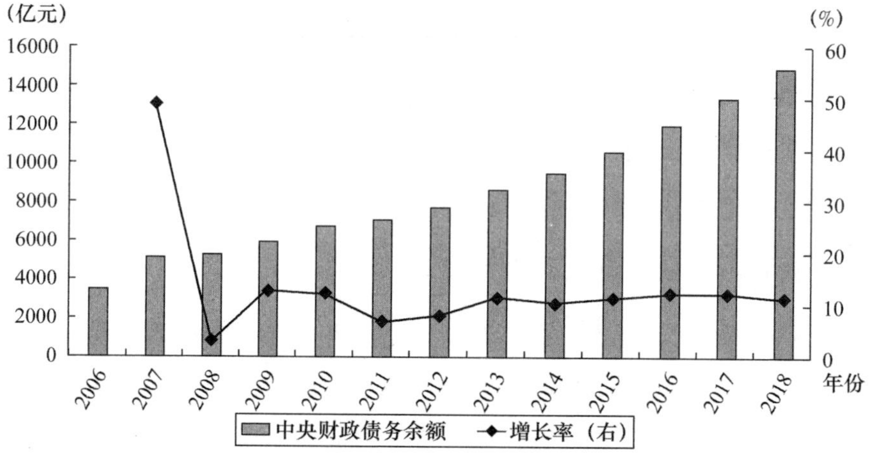

图1－18　2006～2018年中央政府债务余额及增长率

资料来源：国家统计局。

（二）地方政府债务

全国人大常委会于1994年通过的《中华人民共和国预算法》明确规定："除法律和国务院另有规定外，地方政府不得发行地方政府债券。"事实上，由于1994年分税制改变了中央与地方的财政能力，形成了“财权上移、事权下移”，地方政府财政收支压力加大的局面；也由于部分政府性活动（如基于土地出让金收入的“城市经营”“开发区建设”）没有纳入预算管理，地方政府负债运营的现象一直存在，并且随着土地出让金收入规模的扩大而呈现快速扩张之势。

2009 年，为应对美国金融危机的冲击，各地方政府纷纷运作地方政府融资平台进行贷款、融资，以配合“四万亿元投资计划”，导致地方政府债务规模爆发式增长，风险显著增加。为防范、化解地方政府债务风险，国家出台了一系列政策措施来加强地方政府债务管理。经过数年的努力，我国已建立起了相对完善，涵盖地方政府借、用、还、风险处置全流程，覆盖显性债务、隐性债务乃至或有债务等不同债务形态的地方债管理、风险监测和风险防控体系。

如表 1 - 7 所示，2018 年底，我国地方政府债务余额为 18.46 万亿元，占当年 GDP 的 20%。其中一般债务余额为 11.05 万亿元，专项债务余额为 7.41 万亿元。

表 1 - 7　　我国地方政府债务余额（2015 ~ 2018 年）　　单位：亿元

年　份	2015	2016	2017	2018
地方政府债务	160074.30	153164.01	165099.80	184618.67
其中：一般债务	99272.40	97867.78	103631.79	110484.51
专项债务	60801.90	55296.23	61468.01	74134.16

资料来源：财政部。

在显性债务之外，还存在大量的隐性债务，这些债务以融资平台贷款、国企贷款等方式存在。从理论上讲，上述债务均属于企业的商业性借贷行为，但由于债务举借通常具有政府决策背景，支持的是政府基础设施项目，政府在很大程度上承担债务救助的“道义责任”。

对于这部分债务的规模，不同的学者有不同的估计，但一种接受者相对较多的结论是：隐性债务的规模是显性债务规模的1.7～2.2倍。

执笔人：张俊伟　霍德鑫

专题报告二

国民收入初次分配格局的国际比较研究

国民收入初次分配是指物质生产部门的劳动者在一定时期内创造的新价值在与物质生产有直接联系的社会成员或社会集团之间进行分配，主要分配依据是要素贡献度。对政府而言，主要是依据公共权力的行使者、公共资源的所有者身份参与初次分配。由于各国不同的历史文化传统、政治经济体制、政府职能等多方面因素的影响，初次分配中的政府收入的总额、比重差别很大。本文分别选取欧美、东亚、新兴经济体中的部分国家，分析其国民收入初次分配中的政府收入比重情况，以期从中一窥政府收入的国际面貌。

一、国民收入初次分配结构的国际比较

我们分别选取了欧美、东亚、新兴经济体中的 15 个国家和地区，详细分析了 2008 ~2017 年 10 年间各国的国民收入初次分配结构。如表 2 -1 所示。

对表 2 -1 进行详细分析可以看出以下几个特点。第一，横向上看，同一时期各国政府收入占国民收入的比重差异很大。以 2017 年为

表2－1　　不同国家和地区的国民收入结构　　单位:%

国家和地区		部门	2008年	2009年	2010年	2011年	2012年	2013年	2014年	2015年	2016年	2017年	平均值
欧美发达国家和地区	美国	企业	12.38	14.92	16.38	15.68	15.14	14.79	14.78	14.11	13.91	13.83	14.59
		政府	6.58	6.50	6.56	6.35	6.33	7.20	6.75	6.68	6.43	6.27	6.57
		居民	81.04	78.58	77.06	77.98	78.53	78.02	78.47	79.22	79.66	79.90	78.85
	欧盟	企业	15.53	15.46	16.60	16.94	16.34	16.09	16.18	16.28	16.95	17.23	16.36
		政府	12.25	11.95	12.19	12.31	12.64	12.99	13.01	13.16	13.12	13.26	12.69
		居民	72.21	72.59	71.22	70.75	71.02	70.92	70.80	70.56	69.94	69.51	70.95
	英国	企业	12.32	11.53	12.96	14.55	13.40	11.26	12.03	10.09	10.93	12.86	12.19
		政府	10.69	10.50	10.61	10.95	11.48	12.67	12.20	12.55	12.47	11.98	11.61
		居民	76.99	77.96	76.43	74.50	75.12	76.07	75.77	77.35	76.60	75.16	76.20
	法国	企业	16.02	14.90	15.47	15.72	14.91	15.24	15.43	16.26	16.04	16.03	15.60
		政府	14.37	14.71	14.42	14.74	14.91	15.42	15.22	15.06	15.34	15.49	14.97
		居民	69.61	70.39	70.11	69.55	70.18	69.34	69.35	68.69	68.62	68.48	69.43
	德国	企业	14.72	13.83	15.90	16.20	14.93	15.06	15.23	16.09	16.25	16.04	15.43
		政府	9.71	9.95	9.72	10.14	10.44	10.59	10.96	10.99	10.95	10.97	10.44
		居民	75.56	76.23	74.38	73.66	74.63	74.34	73.81	72.92	72.81	72.99	74.13
	丹麦	企业	21.13	20.56	22.24	22.59	23.02	23.13	23.95	23.48	23.39	22.28	22.58
		政府	18.82	17.57	17.35	17.43	17.23	16.97	16.48	16.02	16.33	16.50	17.07
		居民	60.06	61.87	60.41	59.98	59.75	59.89	59.57	60.50	60.28	61.23	60.35
	挪威	企业	27.64	24.65	26.73	26.43	26.07	25.52	24.82	20.51	20.24	21.34	24.40
		政府	24.07	22.62	21.68	22.78	23.01	22.68	23.21	24.02	24.25	24.44	23.28
		居民	48.29	52.72	51.59	50.79	50.92	51.80	51.97	55.47	55.51	54.22	52.33
	澳大利亚*	企业	18.02	16.97	17.97	18.98	18.03	17.27	15.40	14.18	16.05	16.31	16.92
		政府	12.96	13.18	12.47	11.95	12.49	12.60	12.77	13.19	13.25	13.10	12.80
		居民	69.02	69.85	69.56	69.07	69.49	70.14	71.83	72.62	70.70	70.59	70.29
	加拿大	企业	19.44	15.56	17.18	17.93	16.88	16.95	17.30	14.13	15.60	16.34	16.73
		政府	12.99	13.23	13.32	13.30	13.37	13.57	13.77	14.09	14.26	14.43	13.63
		居民	67.57	71.21	69.50	68.78	69.75	69.48	68.93	71.78	70.14	69.24	69.64
东亚国家	日本	企业	25.00	23.57	25.35	24.40	24.65	25.77	25.36	26.20	25.61	25.87	25.18
		政府	9.39	9.35	9.13	9.11	9.05	9.05	9.95	10.42	10.36	10.51	9.63
		居民	65.61	67.08	65.52	66.49	66.30	65.17	64.69	63.39	64.03	63.62	65.19

续表

国家和地区		部门	2008年	2009年	2010年	2011年	2012年	2013年	2014年	2015年	2016年	2017年	平均值
东亚国家	韩国	企业	23. 10	23. 47	25. 70	25. 83	25. 79	25. 15	24. 78	24. 35	24. 46	24. 51	24. 71
		政府	14. 01	14. 17	13. 95	13. 69	13. 39	13. 34	13. 12	13. 39	13. 79	14. 15	13. 70
		居民	62. 89	62. 36	60. 35	60. 48	60. 82	61. 51	62. 10	62. 26	61. 75	61. 34	61. 59
	中国	企业	28. 89	27. 90	27. 56	26. 48	25. 52	24. 96	24. 67	24. 16	24. 25	25. 41	25. 98
		政府	14. 06	13. 86	14. 56	14. 99	15. 40	15. 13	15. 24	14. 95	14. 46	14. 03	14. 67
		居民	57. 05	58. 24	57. 88	58. 53	59. 08	59. 92	60. 09	60. 89	61. 28	60. 56	59. 35
新兴经济体	南非	企业	22. 15	23. 92	23. 25	22. 27	21. 44	21. 79	22. 11	21. 74	20. 96	20. 96	22. 06
		政府	12. 22	10. 83	11. 30	11. 99	11. 58	11. 81	11. 57	11. 75	11. 82	11. 21	11. 61
		居民	65. 62	65. 26	65. 45	65. 74	66. 98	66. 40	66. 32	66. 50	67. 22	67. 83	66. 33
	俄罗斯	企业	—	—	—	20. 08	19. 26	17. 57	16. 38	20. 27	—	—	18. 71
		政府	—	—	—	21. 52	21. 88	21. 38	21. 64	19. 13	—	—	21. 11
		居民	—	—	—	58. 40	58. 86	61. 05	61. 98	60. 60	—	—	60. 18
	巴西	企业	18. 99	17. 72	16. 93	17. 94	16. 41	17. 50	17. 59	17. 31	16. 47	—	17. 43
		政府	15. 04	14. 61	15. 25	14. 12	14. 85	14. 13	13. 33	11. 25	12. 64	—	13. 91
		居民	65. 97	67. 67	67. 82	67. 93	68. 74	68. 38	69. 08	71. 43	70. 89	—	68. 66

注：* 为保证分类的直观性和简便性，将澳大利亚归入“欧美发达国家和地区”，下同。

资料来源：根据 OECD Stastics 数据整理得到。

例，挪威为 24.44%、法国为 15.49%，英国为 11.98%，德国为 10.97%，日本为 10.51%、美国为 6.27%。第二，纵向上看，一个国家的政府收入占国民收入的比重相对稳定。2008 ~ 2017 年，挪威为 23.28%、法国为 14.97%，英国为 11.61%，德国为 10.44%，日本为 9.63%、美国为 6.57%。第三，大体而言，一国政府收入占国民收入的比重与该国政府职能范围大小成正比，但是与经济发展水平（以人均收入体现）成反比，也就是一国政府要做的事越多，需要取得的收入就越多，但一国的经济越发达，政府收入的占比反而有所缩小。

从横截面上选取同一年各国的国民收入分配结构数据，可以更清楚地看出不同国家之间的差别。如表 2 –2 所示。

表 2 –2　　2016 年不同国家和地区的国民收入结构　　单位:%

类　别	国家和地区	企　业	政　府	居　民
欧美发达国家和地区	美国	13.83	6.27	79.90
	欧盟	17.04	13.32	69.65
	英国	12.77	12.53	74.70
	德国	16.04	11.10	72.87
	丹麦	22.28	16.50	61.23
东亚国家	中国	25.41	14.03	60.56
	日本	25.87	10.51	63.62
	韩国	27.04	12.97	59.99
新兴经济体	俄罗斯	17.37	19.57	63.06
	巴西	16.47	12.64	70.89

资料来源：根据 OECD 数据库中的资金流量表数据计算得出，其中巴西为 2016 年数据，其他国家均为 2017 年数据。

可以看出，与欧美发达国家和地区相比，东亚国家政府部门收入占比相差较小，企业部门收入占比高、居民收入占比低。欧洲发达国家中，居民部门在国民收入分配中占比为 70% 左右，企业部门占比略高于政府部门，大部分在 20% 以下。美国的国民收入结构相比于其他国家差异显著，尤其体现在其极低的政府收入占比和极高的居民收入占比。我国的国民收入结构与日本、韩国这两个东亚国家高度相似，企业、政府、居民三部门占比大致为 25%、15% 和 60%。与欧美发达国家相比，我国的政府部门占比相差较小，但是企业占比高、居民占比低。

二、不同国家财政收入占 GDP 比重的比较

按世界银行的统计口径，财政收入包括税收、社会强制缴款（如

社会保险）和其他收入（如罚款、收费、租赁、源自财产或销售的收入）三部分。表 2－3 是 2008～2017 年代表性国家和组织的财政收入占同期 GDP 的情况。

表 2－3　　2008～2017 年代表性国家和组织的财政收入占比　　单位：%

国家/组织	2008 年	2009 年	2010 年	2011 年	2012 年	2013 年	2014 年	2015 年	2016 年	2017 年	平均值
美国	17.79	15.70	16.47	16.70	16.81	18.87	18.95	19.08	18.66	19.56	17.86
英国	35.42	33.26	34.22	34.55	33.89	34.73	33.92	34.23	34.67	35.31	34.42
法国	41.97	41.42	42.90	42.60	43.44	44.44	44.57	44.29	44.09	44.73	43.45
德国	27.71	28.72	27.88	28.19	28.43	28.42	28.37	28.27	28.23	28.55	28.28
丹麦	40.09	39.63	39.86	40.51	40.62	40.58	42.67	39.50	38.71	38.95	40.11
挪威	51.19	47.55	47.13	48.90	48.49	46.33	45.90	45.56	45.37	45.47	47.19
澳大利亚	26.64	24.50	23.35	22.74	23.45	24.47	24.38	24.50	24.82	24.76	24.36
加拿大	17.66	17.69	16.94	16.97	16.96	16.99	17.02	17.89	17.74	17.80	17.37
日本	10.28	9.51	9.87	10.43	10.76	11.54	12.51	12.63	12.29	12.83	11.27
韩国	22.33	21.31	21.01	21.57	27.86	27.42	26.28	26.30	27.31	27.78	24.92
中国	11.08	11.66	11.23	11.24	11.14	10.96	15.87	16.11	15.76	—	12.78
南非	29.62	27.47	28.11	28.20	28.46	29.48	31.00	31.71	31.19	30.88	29.61
俄罗斯	33.68	25.50	26.05	29.07	27.21	26.49	27.14	24.47	24.21	24.37	26.82
巴西	27.01	23.98	28.29	28.39	28.89	27.86	26.52	28.52	28.89	27.18	27.55
印度	12.76	11.42	13.18	11.50	12.60	12.61	11.55	12.42	13.23	12.86	12.41
高收入国家	24.27	23.10	23.67	23.87	24.27	25.26	25.23	25.06	24.81	25.35	24.49
中等收入国家	19.69	18.10	18.58	18.88	18.89	18.56	20.10	20.06	19.85	—	19.19
欧盟	33.81	33.27	33.63	33.76	34.20	34.84	34.70	34.47	34.41	34.58	34.17
经合组织成员	24.16	23.00	23.40	23.63	24.03	25.06	25.09	25.10	24.96	25.40	24.38

资料来源：世界银行 WDI 数据库。此处的收入是指来自税收、社会贡献和其他收入（例如，罚款、收费、租赁、源自财产或销售的收入）的现金。

从表 2－3 中可以看出，近 10 年间各国财政收入占 GDP 的比重差异很大，按从高到低排序分别是：挪威（47.19%）、法国（43.45%）、丹麦（40.11%）、英国（34.42%）、南非（29.61%）、德国（28.28%）、巴西（27.55%）、俄罗斯（26.82%）、韩国（24.92%）、澳大利亚（24.36%）、美国（17.86%）、加拿大（17.37%）、中国（12.78%）、印度（12.41%）。这似乎在一定程度上说明，财政收入占比的高低与一国是否是发达国家关系不大，而主要与政府职能范围即政府支出的需要高度相关。

从横截面上选取同一年（2016 年）各国的财政收入占 GDP 的比重数据，可以看出相同的特征。如表 2－4 所示。

表 2－4　　2016 年代表性国家政府收入占比　　单位：%

国家	税收收入/GDP	财政收入/GDP
中国	9.20	15.76
美国	10.90	18.66
日本	11.15	12.29
德国	11.27	28.23
加拿大	12.46	17.74
韩国	14.83	27.31
澳大利亚	22.12	24.82
英国	25.15	34.67
丹麦	33.33	38.71
中低收入国家	11.72	19.79
中等收入国家	11.71	19.85
中高收入国家	11.68	21.05
高收入国家	15.12	24.81

资料来源：世界银行数据库。根据世界银行的定义，此处的财政收入是指来自税收、社会贡献和其他收入（例如罚款、收费、租赁、源自财产或销售的收入）的现金，近似于我国的财政收入。

三、不同国家税收收入占 GDP 比重的比较

税收收入占 GDP 的比重可以反映一国财政收入的构成中税收的分量。分析 2008～2017 年 10 年间代表性国家的税收收入占 GDP 的比重

数据（见表2－5），可以发现各国税收占比与财政收入占比的差异都不少。比如，挪威的税收占比为25.11%，而财政收入的占比为47.19%，相差22.08个百分点；美国的税收占比为10.16%，财政收入占比为17.86%，相差7.7个百分点；韩国的税收收入占比为14.51%，财政收入占比为24.92%，相差10.41个百分点。分析表明，两者之间的差异主要是由社会强制缴款及其他非税因素造成的。

表2－5　　2008～2017年代表性国家和组织税收收入占比　　单位：%

国家/组织	2008年	2009年	2010年	2011年	2012年	2013年	2014年	2015年	2016年	2017年	平均值
美国	10.32	7.92	8.60	9.57	9.80	10.52	10.95	11.21	10.90	11.76	10.16
英国	26.25	23.95	25.14	25.62	24.86	24.82	24.60	24.82	25.15	25.45	25.07
法国	22.15	20.83	22.09	21.96	22.68	23.37	23.32	23.36	23.20	23.81	22.68
德国	11.46	11.63	11.18	11.48	11.63	11.61	11.48	11.42	11.27	11.47	11.46
丹麦	33.42	33.18	32.74	32.75	33.45	33.82	36.50	33.92	33.33	33.37	33.65
挪威	27.92	25.97	26.89	27.72	27.05	25.17	23.57	22.22	22.09	22.48	25.11
澳大利亚	24.26	22.04	20.53	20.35	21.12	21.96	21.91	21.87	22.12	21.92	21.81
加拿大	12.42	12.34	11.76	11.83	11.69	11.65	11.84	12.42	12.46	12.52	12.09
日本	8.93	8.37	8.81	9.36	9.68	10.36	11.47	11.42	11.15	11.64	10.12
韩国	15.15	14.29	14.05	14.44	14.72	14.31	13.93	13.95	14.83	15.38	14.51
中国	10.10	10.31	10.21	10.31	10.26	9.91	9.71	9.42	9.20	—	9.94
南非	26.81	24.40	25.04	25.18	25.59	26.04	26.54	27.34	27.11	26.97	26.10
俄罗斯	15.82	12.96	13.05	13.92	13.74	12.91	13.25	10.64	9.14	10.26	12.57
巴西	15.49	14.42	13.62	14.22	13.65	13.44	12.76	12.82	12.77	12.70	13.59
印度	10.98	9.81	10.39	10.18	10.84	11.00	9.98	10.57	11.09	11.18	10.60
高收入国家	14.90	13.50	13.80	14.17	14.39	14.85	15.12	15.20	15.12	15.59	14.66
中等收入国家	12.97	12.23	12.35	12.65	12.52	12.38	12.06	11.95	11.71	—	12.31
欧盟	19.93	19.01	19.47	19.58	19.81	20.16	20.19	20.15	20.12	20.31	19.87
经合组织成员	14.83	13.49	13.93	14.38	14.58	15.04	15.32	15.45	15.35	15.79	14.82

资料来源：世界银行WDI数据库。

从横截面上选取同一年（2016 年）各国的政府收入、财政收入、税收收入占 GDP 的数据，可以看出相同的特征。如表 2－6 所示。

表 2－6　　2016 年代表性国家政府收入占比　　单位：%

国家	税收收入（不含社会保险）/GDP	税收收入（含社会保险）/GDP	政府收入/GDP
中国	17.53	23.73	34.94
美国	19.71	25.87	32.87
日本	18.32	30.73	35.80
德国	23.33	37.42	45.49
加拿大	28.29	33.17	41.11
韩国	19.38	26.24	32.51
澳大利亚	27.60	27.60	34.89
英国	26.54	32.73	38.17
丹麦	45.64	45.69	52.40
OECD 平均	25.28	34.42	—

资料来源：OECD 数据库。根据 OECD 的定义，税收收入包括各项税收以及社会保障税。中国数据根据《中国统计年鉴》得出。

四、我国国民收入分配结构中的政府收入情况

（一）改革开放以来我国的国民收入结构

我国官方公布资金流量数据始于 1992 年，本文整理并计算了 1992～2017 年我国国民收入初次分配情况，如表 2－7 所示。其中企业、政府、居民初次分配总收入来源于历年《中国统计年鉴》。

分析发现，1992～2017 年我国国民收入初次分配格局虽然会发生波动，但是总体趋势是政府部门和居民部门在国民收入分配中的占比有所下降，企业部门占比显著提升。其中政府部门在初次分配中的占比从 1992 年的 15.53% 下降至 2017 年的 14.03%。不过 2010 年以来，

表 2 – 7　　1992 ~ 2017 年我国的国民收入结构

年份	初次分配收入（亿元）				初次分配收入占比（%）		
	国民总收入	政府	企业	居民	政府	企业	居民
1992	26651. 84	4138. 27	5080. 64	17432. 93	15. 53	19. 06	65. 41
1993	34560. 49	5814. 99	7123. 08	21622. 42	16. 83	20. 61	62. 56
1994	46670. 13	7588. 40	9168. 51	29913. 22	16. 26	19. 65	64. 10
1995	57494. 88	8705. 35	11565. 12	37224. 41	15. 14	20. 12	64. 74
1996	66850. 57	10381. 47	11522. 47	44946. 63	15. 53	17. 24	67. 23
1997	73142. 02	11829. 72	13250. 94	48061. 36	16. 17	18. 12	65. 71
1998	76967. 31	12982. 84	13489. 32	50495. 15	16. 87	17. 53	65. 61
1999	80579. 22	13654. 71	14563. 77	52360. 74	16. 95	18. 07	64. 98
2000	98000. 53	12865. 20	19324. 33	65811. 00	13. 13	19. 72	67. 15
2001	108068. 23	13697. 28	23122. 22	71248. 72	12. 67	21. 40	65. 93
2002	119095. 70	16599. 95	25694. 18	76801. 57	13. 94	21. 57	64. 49
2003	134977. 02	18387. 52	30077. 03	86512. 46	13. 62	22. 28	64. 09
2004	159453. 57	21912. 66	40051. 23	97489. 67	13. 74	25. 12	61. 14
2005	183617. 41	26073. 94	45026. 42	112517. 06	14. 20	24. 52	61. 28
2006	215904. 36	31372. 99	53416. 44	131114. 93	14. 53	24. 74	60. 73
2007	266422. 00	39266. 86	68349. 86	158805. 28	14. 74	25. 65	59. 61
2008	316030. 34	46549. 14	84085. 75	185395. 44	14. 73	26. 61	58. 66
2009	340319. 95	49606. 34	84169. 58	206544. 03	14. 58	24. 73	60. 69
2010	399759. 50	59926. 70	97968. 30	241864. 50	14. 99	24. 51	60. 50
2011	469462. 30	72966. 90	112212. 50	284282. 90	15. 54	23. 90	60. 56
2012	518214. 80	80975. 90	117776. 50	319462. 40	15. 63	22. 73	61. 65
2013	583196. 70	88745. 00	140691. 80	353759. 90	15. 22	24. 12	60. 66
2014	644791. 10	98266. 40	159051. 60	387473. 10	15. 24	24. 67	60. 09
2015	686449. 70	102617. 80	165840. 00	417991. 90	14. 95	24. 16	60. 89
2016	740598. 70	107124. 80	179631. 90	453842. 00	14. 46	24. 25	61. 28
2017	820099. 50	115071. 60	208355. 60	496672. 40	14. 03	25. 41	60. 56
平均值	—				14. 97	22. 33	62. 70

资料来源：历年《中国统计年鉴》中的非金融（实物）交易资金流量表；其中 2000 ~ 2009 年是国家统计局对资金流量表修订后的数据。

我国国民收入初次分配中政府部门占比有所下降，企业部门占比有所上升，居民部门占比基本维持在60%（见图2－1）。

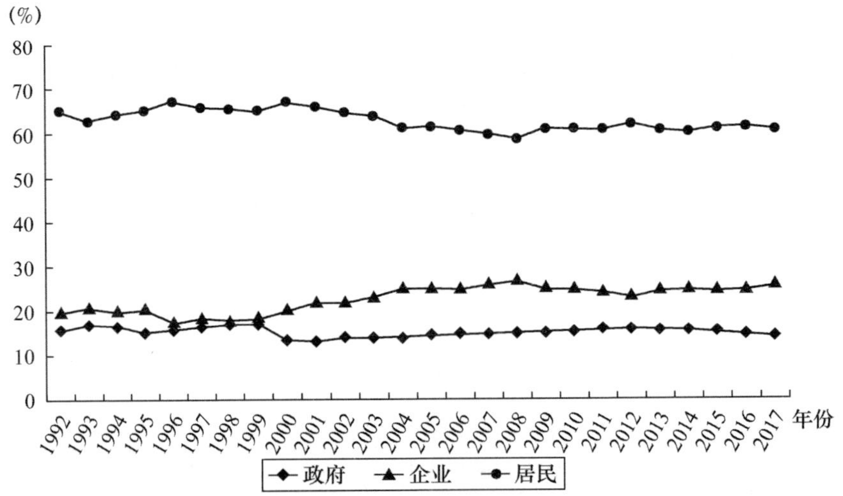

图2－1　1992～2017年我国国民收入初次分配格局

资料来源：历年《中国统计年鉴》中的非金融（实物）交易资金流量表；其中2000～2009年是国家统计局对资金流量表修订后的数据。

（二）改革开放以来我国政府收入在国民收入中的占比变化

在不同口径的政府收入中，税收收入和财政收入占GDP的比重变动趋势基本同步，均呈现先降后升的特征。以税收收入占比为例，改革开放以来，我国税收收入占GDP的比重总体经历了先下降后上升的趋势。1978～1996年，税收收入占GDP的比重逐渐降低，从14.12%降至9.62%；分税制改革以后，随着我国税制调整、征管体制的不断完善等，税收收入占GDP的比重逐渐上升，2012年达到18.62%。

近年来随着“营改增”、减税降费等改革措施的推进，税收收入、财政收入占GDP的比重均有所下降。但是自2012年以来，四本预算口径下政府收入占GDP的比重基本维持在35%左右。如表2－8所示。

表 2-8　1978~2018 年我国不同口径的政府收入在国民收入中的占比　单位:%

年份	税收收入占GDP的比重	财政收入占GDP的比重	年份	税收收入占GDP的比重	财政收入占GDP的比重	政府收入占GDP的比重
1978	14.12	30.78	1999	11.80	12.64	—
1979	13.12	27.96	2000	12.55	13.36	—
1980	12.46	25.28	2001	13.80	14.78	—
1981	12.76	23.82	2002	14.49	15.53	—
1982	13.03	22.56	2003	14.57	15.80	—
1983	12.88	22.70	2004	14.93	16.31	—
1984	13.02	22.57	2005	15.36	16.90	—
1985	22.43	22.03	2006	15.86	17.66	—
1986	20.15	20.45	2007	16.88	18.99	—
1987	17.58	18.07	2008	16.97	19.19	—
1988	15.75	15.53	2009	17.05	19.63	—
1989	15.88	15.51	2010	17.73	20.12	—
1990	14.95	15.56	2011	18.34	21.23	—
1991	13.59	14.31	2012	18.62	21.70	34.39
1992	12.12	12.81	2013	18.57	21.71	36.70
1993	11.93	12.19	2014	18.51	21.80	36.70
1994	10.54	10.73	2015	18.13	22.10	34.92
1995	9.84	10.18	2016	17.53	21.46	34.94
1996	9.62	10.32	2017	17.45	20.87	36.42
1997	10.33	10.85	2018	17.01	19.95	36.78
1998	10.87	11.59	平均值	14.95	18.23	35.84

资料来源：历年《中国统计年鉴》。

（三）近10年来我国税收收入、财政收入、政府收入占GDP的变化情况

世界银行口径下，2008年以来我国税收收入占GDP的比重逐渐下降。2008年，我国税收收入占GDP的10.1%，2013年以后降至10%

以下，并呈现逐步下降态势（见表2－5），特别是在减税降费的背景下，税收收入占比明显低于主要经济体。

世界银行口径下，2008年以来我国财政收入占GDP的比重呈现先升后降特征。2008年，我国财政收入占GDP的11.1%，2015年上升至16.1%的较高水平，随后呈现逐步下降态势（见表2－5），特别是在减税降费的背景下，财政收入占比明显低于主要经济体。

OECD口径下，多年来我国政府收入占GDP的比重相对稳定。2011年，全口径政府收入为17万亿元，占同期GDP的34.84%。2015年为35.2%，2019年为36.35%。

综合而言，在世界银行统计口径下，2016年，我国税收收入和财政收入占GDP的比重分别为9.2%和15.76%，与其他国家相比，处于较低水平，甚至低于中低收入国家。在OECD统计口径下，2016年，在不含社会保险和包含社会保险的情况下，我国政府收入占GDP的比重分别为17.53%和23.73%，低于OECD国家的平均水平，与美国、韩国的水平接近。但当口径为所有政府收入时，我国的比重为34.94%，与美国、日本、韩国、澳大利亚接近。

执笔人：冯俏彬　陈　凯　秦韶聪

专题报告三

经合组织国家的政府收入体系比较研究

分析比较经合组织国家的政府收入体系，观察其收入水平变化规律、收入结构特点，了解其主要组成部分的税收制度改革新趋势，对于未来我国政府收入体系的完善无疑会有许多借鉴价值。

本文主要采用经合组织（OECD）的数据库，对 OECD 国家的政府收入体系进行比较研究。OECD 根据其成员国的国民账户统计数据（基于国民账户体系统计）计算了一般政府收入和总税收收入数据。两者涵盖政府收入范围不同，也可以理解为两种口径的政府收入。OECD 将一般政府收入定义为包括税收、净社会保险缴款、商品和服务销售、赠予和其他来源收入。其中的税收和净社会保险缴款又被其统称为总税收收入。OECD 将总税收的定义和统计分析分为五类：一是商品和服务税，二是所得、利润和资本利得税，三是社会保险缴费，四是劳工税，五是财产税。以下按政府收入和总税收两种口径进行分析。

一、经合组织成员国政府收入的总体水平

总体来说，过去 40 多年来，OECD 成员国政府收入和税收水平

（用占 GDP 比重衡量）均有所上升，主要是由于政府功能转换、福利开支增长、战争等支出增长和应对经济衰退的刺激性财政政策的支出需求增加等。以下对其具体分析。

（一）经合组织成员国政府收入水平及其历史变化

2017 年，OECD 国家一般政府收入占 GDP 的比重总体平均达到 38.2%，比 2007 年提高了 1 个百分点。而从总税收数据看，从 1965 年到 2017 年的 50 多年间，OECD 成员国总税收收入占 GDP 的比重（通常可用来衡量中口径宏观税负）总体上升，从 24.9% 上升到 34.2%（见图 3－1）。其上升的原因很多，有政府福利支出增长、战争等特殊时期支出增加、应对经济衰退的财政支出扩张等。

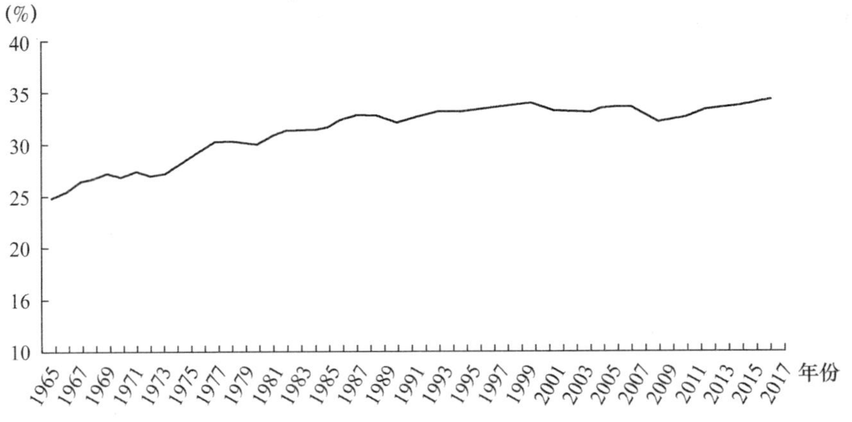

图 3－1　OECD 成员国总税收占 GDP 的比重

资料来源：OECD 政府收入数据库。

以美国为例，政府支出增长的需求使总税收规模不断增长，总税收占 GDP 的比重从 1965 年的 23.5% 升到了 2017 年的 27.1%（见图 3－2）。其曾参与或发起的系列战争导致 1965 年后军事支出持续增加，包括 1964 年开始的越南战争、1991 年海湾战争、1993 年波斯尼亚战争、1999 年科索沃战争、2001 年阿富汗战争、2003 年伊拉克战争，还对柬埔寨、黎巴嫩、利比亚、也门等实行过军事干预。而在1973年石油危机、1980年储贷危机、2000年互联网泡沫破灭、2008年金融危机后的深度衰退期，美国政府都采取了积极财政政策，扩大支出以应对经济衰退。此外，医疗保险支出扩大、住房补贴增加、失业补偿、食品援助都是支出增长的重要因素。为了满足这些支出增长，政府收入也总体增长。历史上，一些重要的税种开征就是为了应对支出增长压力。1913年以前，美国联邦政府的收入主要来自关税、公有土地出售收入、间接税（主要是消费税）。这些收入来源不足以应付联邦政府支出的增长，因此1913年个人和企业所得税开征。到1930年时，所得税占联邦政府收入比重已提高到60%，1944年进一步提高到了79%。类似地，1935年又开征了社会保险和退休税，也称工资税。到2013年时，美国联邦政府收入中，个税占47.4%，企业所得税占9.9%，工资税占34.2%，消费税占3%，其他收入占5.5%。

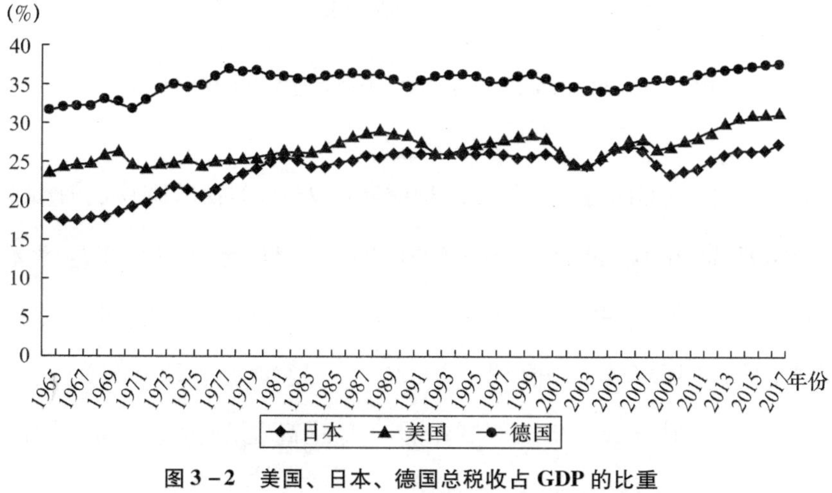

图3-2　美国、日本、德国总税收占GDP的比重

资料来源：OECD政府收入数据库。

（二）横向比较，经合组织成员国之间政府收入水平的差异

从一般政府收入占GDP的比重看，2017年超过50%的有挪威

(54.9%)、芬兰（53.5%）、法国（53.1%）、丹麦（52.6%）、比利时（51.3%），以及接近加入OECD的巴西（57.6%）。比重最低的是印尼[①]（20.8%），其次是墨西哥（23.6%），然后是爱尔兰（26%）。比较特殊的是，爱尔兰从2007年以来该比重降低了10.2个百分点。而中国2017年该项指标为28.3%，相当于OECD成员国中的中低水平（见图3-3）。

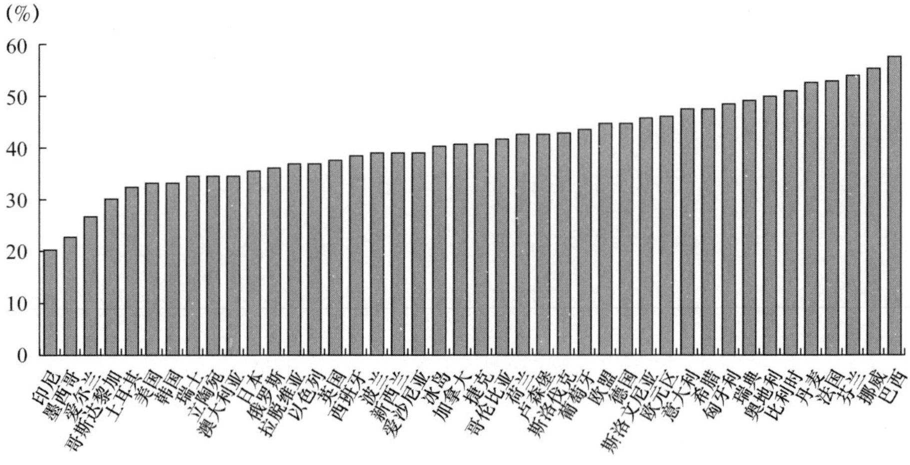

图3-3 2017年OECD成员国一般政府收入占GDP的比重

资料来源：OECD政府收入数据库。

从总税收占GDP的比重看，2017年，OECD成员国中，比重从高到低排名前五位的是法国（46.2%）、丹麦（46%）、比利时（44.6%）、瑞典（44%）、芬兰（43.3%）；比重从低到高排名前五位的是墨西哥（16.2%）、智利（20.2%）、爱尔兰（22.8%）、土耳其（24.9%）、韩国（26.9%）。整体看，北欧高福利国家也是政府收入水平相对较高的国家（见图3-4）。

---

① 印尼从2009年起为OECD发展中心成员，故也在经合组织数据统计范围中。此处援引用以比较。

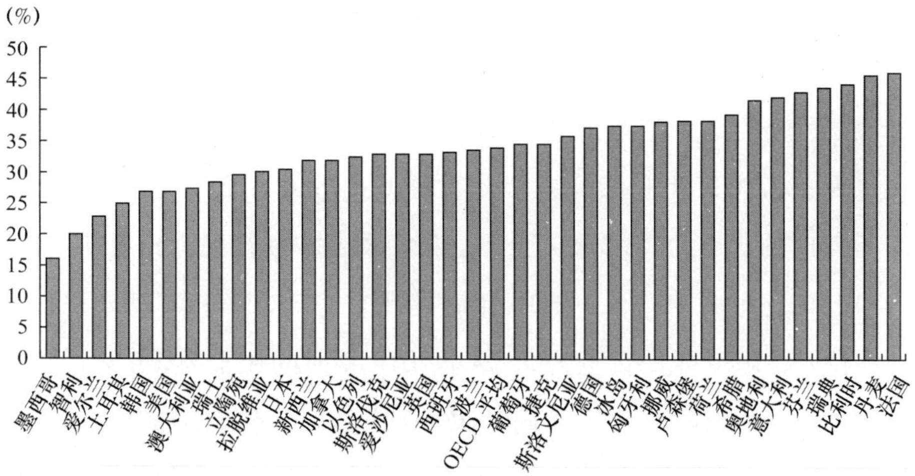

图3－4　2017年OECD成员国总税收占GDP的比重

资料来源：OECD政府收入数据库。

二、经合组织国家政府收入的构成

关于OECD国家政府收入构成，目前OECD国家政府一般收入主要来源还是税收和社会保险缴费。只有较低比例的收入来源于广义政府销售（如政府提供服务的使用者付费）、赠予和其他来源（如不动产收入）。2017年，OECD政府一般收入中，平均60%来自税收，25%来自净社会保险缴费，其他8%来自销售，7%来自赠予和其他收入。税收占比最高的为丹麦（占88%），其后为澳大利亚、新西兰、瑞典（以上三国都在79%以上），而斯洛伐克最低（仅占46%）。墨西哥、挪威的政府收入来源中赠予和其他来源（例如，油气等自然资源开发）占比最高，分别为34%、23%。销售收入占比最高的是芬兰（13%）和瑞士（13%），其后是美国（12%），主要是使用者付费。而在OECD成员国税收中，2016年占比最高的是所得和利润税（占33.6%），其次是商品和服务税（占32.7%）。以下为更详细的税收结构分析。

（一）经合组织成员国总税收的构成及其历史变化

从 OECD 成员国平均水平来看，从 1980 年到 2016 年，商品和服务税占税收的比重基本持平，1980 年的比重为 32.5%，2016 年时的比重为 32.7%；社会保险缴费比重增高，1980 年的比重为 22.1%，2016 年时的比重为 26.2%；所得、利润和资本利得税占比有所下降，1980 年的比重为 38.2%，2016 年时的比重为 33.6%；不动产税占比基本持平，1980 年的比重为 5.3%，2016 年时的比重为 5.7%（见图 3－5）。也就是说，近 37 年间，OECD 成员国的税收构成中，所得、利润和资本利得税比重下降了 4.6 个百分点，而社会保险缴费比重提高了 4.1 个百分点，不动产税占比提高了 0.4 个百分点，商品和服务税比重基本持平。由此我们可以看出 OECD 成员国总体税收结构过往变化的一些趋势，即与大家印象不同，实际上过去 OECD 成员国总体社会保险缴费比重提升，所得、利润和资本所得税等直接税比重有所下降，不动产税略有提升，商品和服务税比重持平。

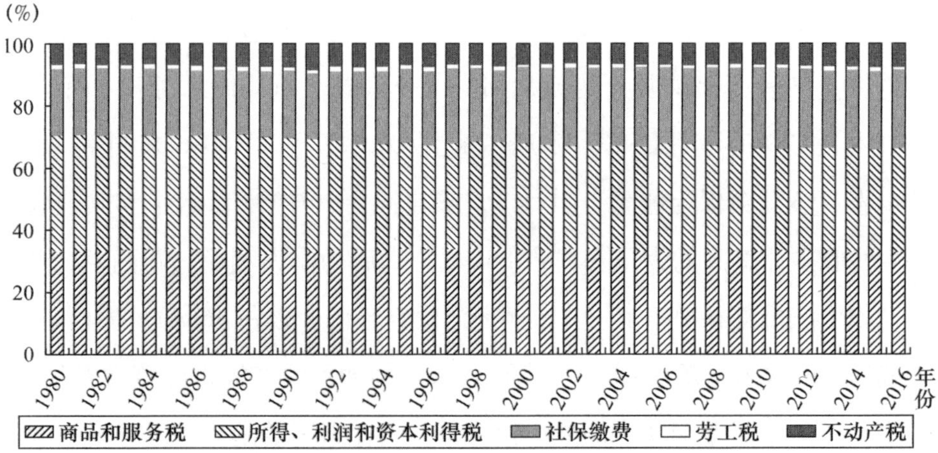

图 3－5　OECD 成员国平均税收结构变化

资料来源：OECD 税收数据库。

从更长时间的历史数据来看，过去 50 年来，总体上，社会保险缴费和所得、利润与资本利得税之和占税收的比重基本稳定，约占税收的一半。但社会保险缴费占税收的比重总体上升，而所得、利润与资本利得税所占比重总体下降。1965 年，社会保险缴费占税收收入的平均比重为 17.6%，所得、利润与资本利得税为 26.2%；到 1995 年，两者持平，各占约 25%；而到 2016 年，社会保险缴费占到 26.2%，所得、利润与资本利得税占 33.6%。

（二）经合组织成员国总税收构成的横向比较

OECD 成员国之间税收结构差异较大。2016 年，所得、利润和资本利得税占比高的有丹麦（占 63%）、澳大利亚（占 57%）、新西兰（占 56%），占比低的有匈牙利、立陶宛、斯洛伐克（以上三国约占 19%）；商品和服务税占比高的有智利（占 55%）、土耳其（占 44%）、爱沙尼亚（占 43%），占比低的有美国（占 17%）、日本（占 20%）、瑞士（占 21%）；而当年财产税为最大收入来源的是冰岛（见图 3－6）。

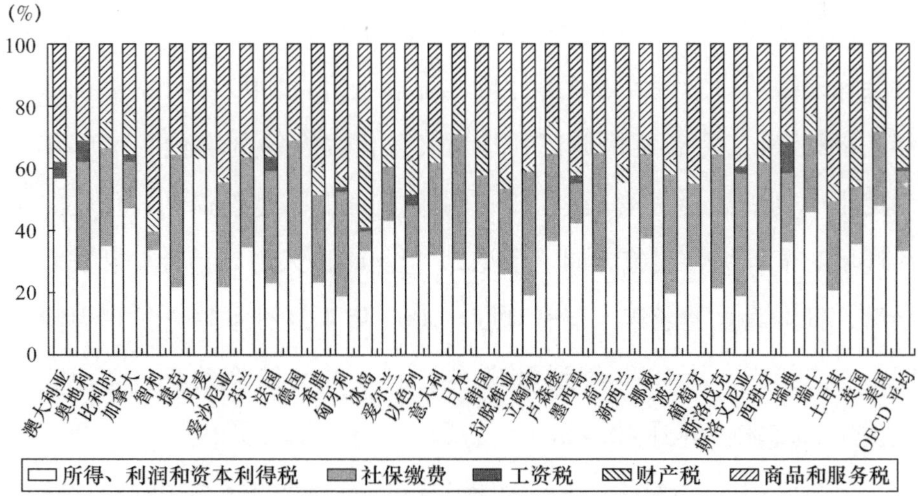

图 3－6　OECD 成员国税收结构比较（2016 年）

资料来源：OECD 税收数据库。

表3－1为OECD代表性成员国的税收结构。容易看出，净社会保险缴费占比较高的日本、法国、德国恰恰是人口老龄化问题较突出的国家，也是高福利国家。但是，更具体地从这几个国家的历史数据分析看，控制社会保险负担加重还取决于其如何通过社会保险制度改革应对老龄化等因素对社会保障体系的挑战。

表3－1　　OECD成员国各项税收比重（2016年）　　单位:%

	商品和服务税	所得、利润和资本利得税	社会保险缴费	劳工税	不动产税
OECD成员国平均	32.7	33.6	26.2	1.1	5.7
美国	16.9	48.0	24.0	0	11.1
英国	32.3	35.7	18.9	0	12.6
日本	20.4	30.6	40.4	0	8.3
德国	27.1	31.9	37.6	0	2.8
法国	24.4	23.3	36.8	3.4	9.4
墨西哥	38.8	42.7	13.0	2.3	1.9
捷克	33.0	22.2	42.9	0	1.4

资料来源：OECD税收数据库。

以日本为例，20世纪90年代以来，日本不断完善社会福利制度，社会保险缴费占总税收的比重也随之显著上升。1990年日本修正《老年人福利法》，将老年保健福利计划义务化内容等制度化。1995年又制定了《高龄社会对策基本法》，明确了雇用、健康福利、住宅、生活环境对策等综合实施方向。预见21世纪将进入超高龄社会和长寿社会后，日本确立了老年人福利制度。2000年4月日本建立护理保险制度。与之相应，从1990年到2016年，日本社会保险缴费占总税收的比重从26.5%上升到40.4%。

而与之相比，德国在进入21世纪以后先后执行了多项社会保险改革，从而使社会保险缴费占总税收的比重有所下降。2000年，德国实行李斯特养老金改革计划，政策目标旨在保持法定养老金缴费比率、保持老年人退休后生活标准与退休前相当（将养老金替代率保持在67%以上）、扩大补充性私人养老储蓄（以弥补公共养老金下降）。自此，德国养老金制度拥有三大支柱：第一支柱为强制性公共养老计划，第二支柱为自愿的职业养老金（享受税收抵扣），第三支柱为自愿的私人养老金（如李斯特养老金计划，该计划可享受政府补助和税收抵扣）。2001年后，为防止养老保险系统陷入短期支付危机，德国社会保险系统可持续发展委员会推出了两项养老保险改革措施，即扩展养老金计算公式（将赡养比率、私人养老金缴费比率和可持续因子纳入，作为决定养老金发放标准的影响因素）、逐步提高法定退休年龄，并制定长期稳定养老保险条例（包括逐年阻止提前退休行为）。失业保险方面，先后实行了五次哈茨改革，虽然有些方面的成效有所争议，但在将失业救助与社会救助结合起来、改变失业保险以往无限制发放的局面并实行积极的劳动力市场政策（如职业培训）、减少长期失业方面取得的积极效果则有所共识。此外，在医疗保险方面，2003年和2006年实行了一些改革，包括降低缴费率等。在这些综合措施影响下，21世纪以来，德国的社会保险缴费占税收的比重总体略有下降，已从2000年的39%下降到2016年的37.6%。

通过对比分析日德应对老龄化的社会保险改革和社会保险缴费，或可对我国未来社会保障体系改革和社会保险缴费变化趋势及负担控制提供启发。

三、近年来经合组织国家税收改革的趋势

近年来，OECD国家税收改革表现出以下趋势：个人所得税小幅

削减、税基调整、税制简化；企业所得税在高税率国家带领下继续削减；货劳税方面，增值税税率基本稳定，但征管加强，消费税中新增了对有害消费品的征税；数字税方面，OECD 对数字经济国际税收规则的研究和设计稳步推进，但因个别国家强烈反对导致谈判梗阻，另一些国家和地区则先行一步开征，未来多边博弈仍较激烈，亟须国际协调；多国加强了打击国际避税行为的努力。

（一）个人所得税

个人所得税方面，一些成员国为了减轻中低收入群体税负，小幅削减了个人所得税，并调整了税基以简化税制。

上一轮金融危机后，OECD 国家进行财政重整，劳动力税负一度上升。从 2009 年到 2013 年，其成员国平均劳动楔子（对劳动者收入的课税占劳动力成本的比重）有所提高。其中，单身工作者的劳动楔子从 35.5% 升到了 36.5%。此后，该比率略有下降，2018 年已降到 36.1%。

近几年来，一些 OECD 成员国对劳动所得减税，以达到减轻中低收入群体税负、提高劳动力市场参与度、增加就业、提高个人所得税制包容性的目标。许多国家还通过提高收入等级和免税额来支持低收入者和就业。总的来看，2019 年相比 2018 年，有 30 个 OECD 成员国个人所得税税基缩小，有 9 个成员国税基拓宽。

例如，2017 年，美国为了降低中产家庭税收压力，调低了联邦个人所得税的最高税率和非最高税率，最高税率从 39.6% 降至 37%，非最高税率中有 4 个级次的税率下降，即原来 15%、25%、28%、33% 的四档税率分别下降至 12%、22%、24%、32%，同时对收入级距进行了调整。与此同时，通过调整和取消一些扣除项目和税收抵免项，来简化税制，调整税基。其中包括，提高标准扣除（将单身者扣除额从 6500 美元提高到 12000 美元等）、调整列举扣除法中的一些扣除项目（如提高儿童抚养税收抵免标准、设置医疗费用扣除上限、取消税务准备费扣除等）。又如，荷兰宣布从 2019 年起将个人所得税最高税率从 52% 降到 49.5%，从 2021 年起将应税收入级距从 4 档减为 2 档，税率进一步下调为 37.05%、49.5%。加拿大萨斯喀彻温省从 2017 年至 2020 年将个人所得税税率总体上降低 1 个百分点，魁北克省的最低税率从 16% 降至 15%。2019 年起加拿大联邦个人所得税的最低税率改为 15%。挪威将普通收入税率从 23% 降低到 22%。

但也有一些国家提高了税率，如南非将税率从 41% 提高到了 45%，韩国将最高税率从 40% 增加到 42%，瑞典提高了非居民的个人所得税税率，立陶宛将一档 15% 的个人所得税税率改为从 2019 年起执行 20%、27% 累进两档税率。

（二）企业所得税

企业所得税方面，近些年来，在高税率国家带领下，企业所得税税率得到继续削减。与此同时，反税基侵蚀计划继续推进。

总体上看，从 2000 年到 2017 年，OECD 成员国企业所得税平均税率呈逐渐下降趋势，但 18 年来企业所得税收入占 GDP 的比重没有太大改变，尽管 2007 年一度升到高峰，但后因金融危机又下降到基本平稳（见图 3－7）。后期保持平稳的原因主要是企业所得税税源、税基的拓展以及总体企业利润上升等。

而从横截面比较看，从 2000 年到 2017 年，企业所得税占 GDP 的比重下降较多，下降超过 1 个百分点的国家包括挪威、芬兰、澳大利亚、希腊、卢森堡、瑞典。而无论是七国集团国家，还是 OECD 中的

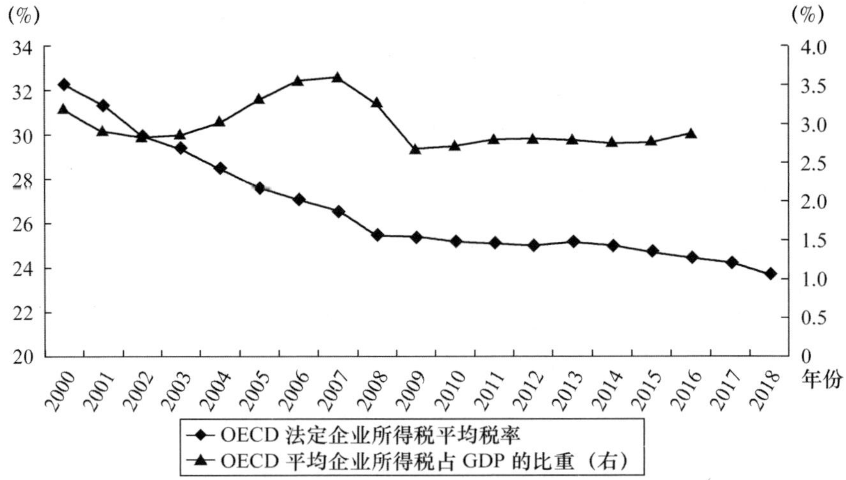

图 3－7　2000 年起 OECD 国家法定企业所得税平均税率和企业所得税占 GDP 的比重

资料来源：OECD 税收数据库。

非七国集团成员国，企业所得税平均综合税率总体均呈下降趋势，前者比后者平均降幅更大，但总体平均水平仍高于后者。

近年来，OECD 成员国中以传统高税国为代表的一些大经济体带动了一轮新的企业所得税减税潮。到 2018 年，OECD 成员国平均企业所得税综合税率已从 2000 年的 32.5%、2008 年的 25.7% 一路下降到了 23.9%（见图 3－8）。总体看来，西欧和拉美国家高税率国家更多。

2017 年，美国通过《减税与就业法案》，将美国的企业所得税税率从 35% 大幅降至 21%。2018 年，比利时、阿根廷将中央政府征收的企业所得税税率从 35% 降到 30%。2019 年，法国的标准所得税税率降低到了 31%（除年营业额超过 2.5 亿欧元的企业），并且未来还会按计划逐渐调降，到 2022 年要降到 25%。2019 年，卢森堡和挪威也将其中央政府的企业所得税税率降低了 1 个百分点，分别从 18% 降到 17%、从 23% 降到 22%。2019 年，荷兰将年应税收入低于 20 万欧元企业的企业所得税税率从 20% 减到 19%，并计划 2020 年再减到 16.5%，2021 年减到 15%；而应税收入高于 20 万欧元企业的企业所

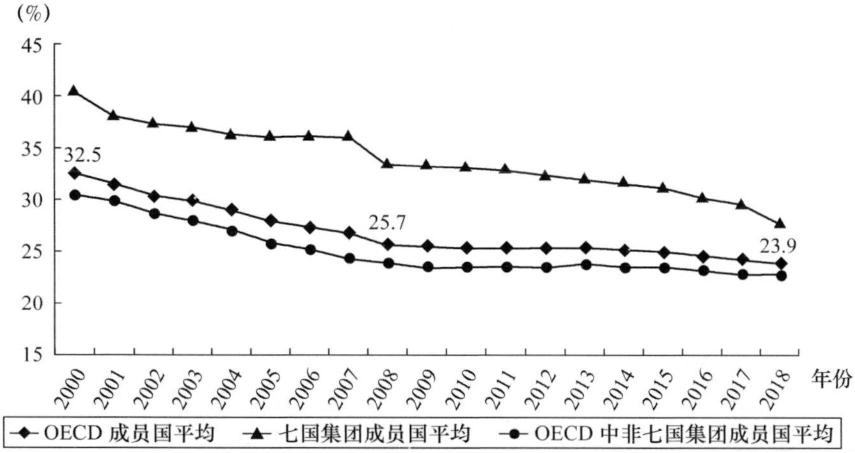

图 3－8　OECD 成员国、七国集团成员国、OECD 中非七国集团成员国企业所得税平均综合税率（2000～2018 年）

资料来源：OECD 税收数据库和年度税收政策改革问卷。

得税税率 2019 年保持不变，2020 年将减到 22.55%，2021 年进一步减到 20.5%。同年，挪威将法定企业所得税税率降到了 21.4%，到 2021 年还将降到 20.6%；希腊将企业所得税税率从 29% 下降到 28%，在未来 4 年中还将逐渐降到 25%（见图 3－9）。此外，2020 年已有减税计划的还包括英国、比利时、阿根廷。

一些国家对中小企业制定了更低的税率。例如，波兰 2019 年为年收入不到 120 万欧元的小型企业引入较低的 9% 的企业所得税税率。澳大利亚计划在未来 5 年内逐步削减中小企业企业所得税税率，在 2020～2021 年将年营收低于 5000 万澳元企业的企业所得税税率降低为 26%，2021～2022 年再降低为 25%。加拿大从 2016 年起将收入低于 50 万加元的小型企业的联邦企业所得税从 10% 降到 9%。

在削减税率的同时，许多国家努力拓宽企业所得税税基，如通过从国际层面参与 OECD/G20 税基侵蚀和利润转移（BEPS）行动计划来应对国际避税等。一些国家在实施 BEPS 计划时，按照第五项行动

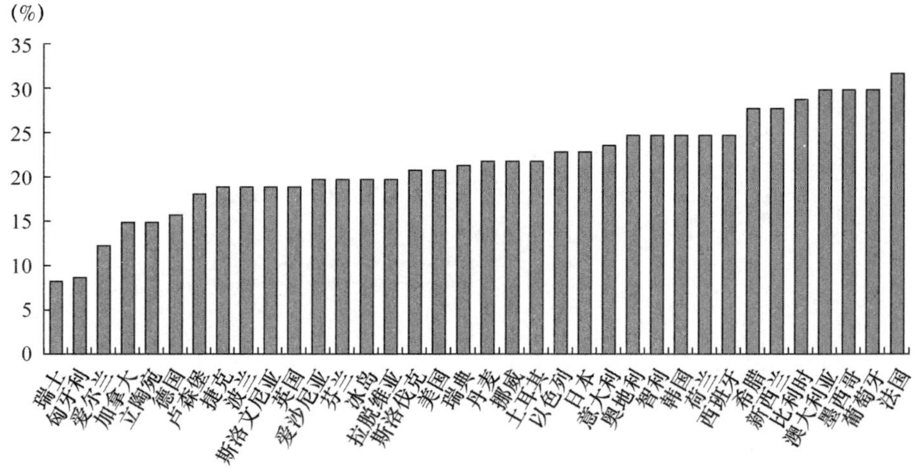

图 3－9　2019 年 OECD 成员国企业所得税综合税率

资料来源：OECD 税收数据库。

计划要求，对税收优惠进行了规范调整，包括对知识产权收益的所得税政策进行调整规范。例如，卢森堡 2016 年废除了原有的知识产权税收政策体系，制定新的政策体系来替代。法国于 2019 年引入新的知识产权所得税体系，该体系中知识产权的所得适用的优惠企业所得税税率改为 10%，比原框架下 15% 的税率更低。波兰类似，优惠税率改为 5%。

此外，为了鼓励利润再投资，意大利等国对利润再投资所得实行了较低的企业所得税税率，2019 年为 22.5%，并计划到 2022 年逐步降至 20.5%。但澳大利亚、挪威等国提高了对资源租借所得征收的所得税税率，例如，挪威将对水电公司征收的资源租借所得税税率从 1.3% 提高到了 37%。为了鼓励研发投资，对研发投入给予税收减免的成员国从 2000 年的 19 个增加到了 2018 年的 30 个，其中法国、葡萄牙、西班牙、智利对其税收补贴率较高。冰岛将研发支出免税上限提高了两倍。丹麦对研发支出由 100% 从税前扣除改为按 110% 比例实行加计扣除。韩国、新西兰也实行了相应措施。为了鼓励资本投入，一些国家增加了资本减免。例如，加拿大新设制造业机器设备投资支出迅速扣除，英国提高了资本支出扣除上限。为了促进员工培训，意大利对工业 4.0 相关的企业员工培训成本给予 40% 的抵免。这些税收激励措施有助于成员国经济增长，尽管有使税基收窄的效果。

（三）货劳税

货劳税改革方面，近 4 年来，OECD 成员国增值税税率基本保持稳定，但因实施征管措施和反欺诈措施，可能带来更多的增值税税收；消费税方面，一些国家对有害消费品（如含糖饮料）征收了新消费税。

OECD 成员国增值税占税收总收入的比重已从 1975 年的低于 9% 上升到 2016 年的略高于 20%。这与 21 世纪以来许多国家提高了增值税比重有关。其中，以捷克、日本、新西兰最为突出。从 2017 年增值税占 GDP 的比重看，目前 OECD 成员国中最高的为新西兰（占 9.7%），最低的为印尼（占 3.3%）。上一轮金融危机后，许多国家为了财政巩固，又不希望因为提高直接税而削弱本国竞争力，就选择了提高增值税税率。目前已有 22 个 OECD 成员国将其增值税税率提高到 22% 以上。2015 年，OECD 成员国平均标准增值税税率一度达到 19.3% 的新高。此后至今，基本保持稳定。

但也有一些局部调整。许多国家为了促进公平，对一些种类的产品按削减后税率征收增值税，其中包括基础必需品、药物、教育等。例如，2018 年，立陶宛将居住用木炭的增值税税率减为 9%，报纸和杂志税税率减为 5%；匈牙利将牛奶增值税税率从 18% 降为 5%。还有一些为了非再分配目标而实施的增值税减税措施，如促进文化产业发展和文化活动消费、支持劳动密集型产业、环保等。例如，奥地利和斯洛伐克降低了住宿服务增值税税率；西班牙降低了电影票的增值税税率；希腊降低了演唱会票的增值税税率；葡萄牙降低了文化活动和一些清洁服务的增值税税率；还有许多国家降低了电子出版物的增值税税率；捷克降低了劳动密集型服务和产品的增值税税率。此外，还有一些国家为了支持特定区域发展对这些区域降低了增值税税率。例如，希腊对 Leros、Lesbos 等岛屿实行降低的增值税税率。

一些国家简化了税制，例如，土耳其允许增值税进项税额不仅在当年可抵扣，在下一年仍可抵扣（类似于国内的留抵政策），对个体和小企业实行按简易计征增值税等。卢森堡新设同一集团下的独立法人可申请按集团缴纳增值税。

许多国家在打击增值税造假、加强增值税征管、强化增值税系统的公平性方面作出了努力。例如，一些欧盟国家建立反向征收机制，分解缴纳，强化纳税人申报义务（如采用税务标准审计文件），采用税务部门的实时数据报送系统（针对电子商务平台）和增值税电子发票系统（意大利、西班牙、匈牙利等）。在跨境贸易货劳税方面，许多国家执行了 OECD 国际增值税/货劳税指导方针，以应对跨境电子商务中跨境提供服务时增值税的征收，要求服务和无形资产的外国提供者在消费者常住国注册、缴纳增值税，并实行了简化注册和税收遵从体系。欧盟最早执行该指导方针，显著增加了增值税，2015 年因此增加了 30 亿欧元的增值税收入，2016 年、2017 年又分别增加了 34.5 亿、37.5 亿欧元增值税收入。在跨境低价值商品的增值税征收方面，许多国家引入了增值税减免制度。

消费税的趋势显示持续的税收提高延迟了有害的消费，专注于烟草产品和甜饮料上。最后，新的贸易关税被引入，未来可能进一步升级。与环境相关的货劳税方面，改革专注在能源和汽车上，但仍不充足。

（四）数字税

近年来，OECD 有关数字经济对税收的挑战及应对的研究快速推进。从 2015 年发布 BEPS 第一项行动计划“数字经济面临的税收挑战报告”起，先后发布了中期报告、“应对经济数字化税收挑战”的公开咨询文件、工作计划（即共识解决方案）、“双支柱声明”。这些文件的研究和共识解决方案的提出将数字税国际治理逐渐深入推进，为未来的具体解决方案细节谈判奠定了基础。然而从税收国际治理角度看，“支柱一”下金额 A 对应的正常利润比例怎么定和非常规利润在相关国间分配的比例怎么定仍然有待谈判，目前的 130 多个国家和地区要在包容性框架下达成一致，难度不小。从企业角度看，要按照国际会计准则编制集团财务报表、计算适用业务线的成本利润和相应税额，可以预见到“支柱一”如果达成最终一致方案并执行后，企业税收遵从成本会显著提高。另外，一些国家和区域组织早有数字服务税开征计划或者已经开始征收。

欧洲方面，2018 年 3 月，欧盟经济委员会曾提出两项数字税提案。提案一拟改变企业税收规则，使那些在成员国领土内没有实体存在却通过数字渠道与用户互动获取利润的企业必须注册缴税。提案二针对特定数字活动收入征收临时税。临时税主要对那些从用户活动创造的价值中获取的收入按 3% 的税率征收。此类收入，如在线投放广告收入，允许用户间互动来销售商品或服务的数字中介活动产生的收入，销售用户提供信息的数据产生的收入。临时税拟由用户所在的成员国征收，为了不加重规模较小的企业的负担，仅对全球年收入超过7.5亿欧元、在欧盟年收入达5000万欧元的企业征收。但经过一年多的讨论，由于爱尔兰、瑞典、丹麦几个成员国的坚决反对，2019年3月欧盟统一征收数字服务税的方案被拒绝。此后，英国、法国、意大利、奥地利先后发布了数字服务税法案。

亚洲方面，针对电商冲击实体门店并使税收减少、形成不公平竞争的问题，东南亚一些国家通过扩大货劳税征税对象、对提供进口服务的电商开征货劳税的方式应对。例如，新加坡从2020年1月1日起对外国供应的数字服务征收货劳税，规定这些供应商须从该日起进行货劳税纳税人登记。所有跨境B2C和B2B模式提供的数字服务均需缴纳货劳税（GST），税率为7%。马来西亚从2020年1月1日起对外国数字服务供应商征收6%的数字服务税。越南在2019年实行的新税法中计划从2020年7月1日起对外国电商征收增值税。

与此相比，美国作为数字经济头号强国，坚决反对他国单边征收数字服务税。2019年，美国曾表示如果法国征收数字税，将对其采取报复措施，如对葡萄酒、奶酪等启动301调查。2020年6月2日，美国贸易代表办公室宣布，美国开始对欧盟、英国、意大利、巴西、印度、印尼等10个实行或拟实行数字服务税的贸易伙伴发起301调查。但美国支持OECD协调的数字税多边解决方案。

（五）反税基侵蚀和反避税的努力仍在继续

OECD自2013年正式启动税基侵蚀和利润转移行动计划以来，多项计划逐渐推进。2014年OECD发布了第一批7项行动计划的成果报告，包括数字经济面临的税收挑战（行动计划1）、消除混合错配安排的影响（行动计划2）、打击有害的税收实践（行动计划5）、防止税收协定滥用（行动计划6）、转让定价（行动计划8）、转让定价同期资料与分国别报告（行动计划13）、开发多边工具（行动计划15）。而后又发布了另外7项行动计划报告，包括强化受控外国公司（行动计划3）、限制利息扣除（行动计划4）、常设机构（行动计划7）、BEPS行为及其应对措施的经济分析（行动计划11）、激进税收筹划安排的强制披露（行动计划12）、提高争端解决机制的有效性（行动计划14）等。2016年11月，OECD发布了第15项行动计划成果，即BEPS多边公约。2017年6月，包括我国在内的67个国家和地区政府代表签署《实施税收协定相关措施以防止税基侵蚀和利润转移的多边公约》。多边公约保持了灵活性：允许缔约国选择多边公约中最低标准的不同选项，只有缔约国双方达成一致时，税收协定才能被修订；且一国可以保留一些不希望被修订的条款，这些保留条款适用于所有通过多边公约进行更新的双边税收协定。我国和11个欧盟成员国就选择了不对协定中的常设机构条款进行修订，也未选择对透明实体适用消除混合错配安排的条款。

总体来看，BEPS行动计划无疑有助于减少财政收入的流失。据OECD在2013年对BEPS危害的研究，全球每年4%～10%的企业所得税因税基侵蚀和利润转移而流失，每年损失1000亿～2400亿美元的税收。BEPS行动计划的推行还有助于提高税收信息透明度，增强税收确定性。与此同时，还可能对未来国际投资和数字经济的跨国发展带来一些深远影响。不仅行动计划1可能对数字经济产生比较显著的影响，而且行动计划2、行动计划3、行动计划8、行动计划13在接受国的推行则可能大大增强跨国公司税收征管力度，使得过去通过一些避税港和低税区域利用转移定价和混合错配安排减少集团税负的避税行为受到更多监管和反避税措施应对，对未来跨国投资和跨国公司甚至一些上市公司产生较深远影响。BEPS行动计划实际上是对国际税收规则的一次大修正，随着计划的研究和推进，有不少国家已率先采取了相关行动，并会对未来国际税收体系产生影响。

四、对我国政府收入体系的启示

以上分析的 OECD 成员国的政府收入水平、结构及其近年来税制改革的趋势，对我国政府收入体系主要有两点启示。

（一）保持政府收入水平适当，需要政府适时调整自身功能，在危机来临和外部矛盾控制方面保持“定力”

虽然目前我国政府收入仅相当于 OECD 成员国中的中低水平，但需要关注一些潜在可能拉升财政支出需求和财政收入的因素，并采取相应对策。例如，人口老龄化一般都伴随社会保险、医疗支出的增长，而一些欧洲国家在高福利、未能及时调整养老金制度下导致财政在养老和医疗保险支出方面负担过重。公共卫生事件往往引发财政支出增长，同时还会对生产和财政收入造成负面影响。因此，完善卫生应急管理、理顺疾控机制、完善医疗物资储备制度、补足地方医疗基础设施和人员投入上的短板等，都将有助于在公共卫生事件发生时及时响应和较快控制，从而减少需相应投入的财政支出并减少疫情事件对财政收入的负面冲击。考虑到一些传染病具有突发性和较强的负外部性，尽管其发生时可能会造成财政收支紧张，但在此类公共卫生事件支出责任上不宜过于计较央地支出责任划分，在突发地区没有足够能力承担时，中央财政承担起责任，对于全国及时防控是有利的。在公共部门和私人部门共克时艰之后，再考虑适当增加财政收入来弥补前期的缺口，也是符合财政跨期平衡需要的。当经济危机发生时，往往需要积极财政政策应对，但需考虑政府债务因素和财政政策空间，避免因应对的财政政策过度扩张引发未来债务过快增长、财政收入被动增长，或是财政不可持续（多年收不抵支），最后不得不以货币化形式解决。此外，和平友好的外交有助于减少外部矛盾摩擦，为我国争取更长期的良好经济社会发展环境，也有助于减少外部冲突激化可能导致的防卫支出增长。

（二）借鉴经合组织国家税改经验，有序推进我国税制改革，不断完善我国政府收入体系

与 OECD 成员国对比，我国近年来推行的个人所得税改革的基本趋势与之基本一致。国内虽然没实行企业所得税改革，但增值税改革有助于减轻企业承担的实际税负。消费税改革方面，我国已开始尝试将部分在生产（进口）环节征收的现行消费税品目逐步后移至批发或零售环节征收，这有助于将流通环节的服务价格纳入税基，也可缓解大幅减税后的财政减收压力。与 OECD 成员国提高对健康或环境有害消费品税率的趋势相比，我国今后在成品油、电池、部分酒类方面或许还有调升的空间，另外还可以考虑纳入一些特殊服务消费和含糖饮料等。数字税方面，我国需积极参与国际组织的数字经济国际税收规则制定，为未来我国数字经济的发展争取有利的国际税收环境。对于数字经济对税收的挑战，除了数字税以外，平台经济里存在许多应税主体所在地和税收行为发生地不同、税收遵从度较低等问题，理顺缴税机制既有助于弥补税收损失，又可规范平台参与者的纳税行为，但同时也需考虑税负适当情况下不损伤广大平台经济参与者的积极性。在税收征管和反避税方面，我国仍需努力。历年来的增值税虚开大案提醒税务部门在打击增值税造假方面还需继续努力，现在的大数据分

析技术都可给予助力。此外，还有一些小税种，如财产税中的遗产税。一些 OECD 成员国在近年内降低了遗产税税率，但其对我国来说，却是一个从无到有的过程。考虑到财富差距过大不利于经济社会远期良性发展，未来也可考虑开征遗产税。此外，OECD 协调下的税基侵蚀和利润转移工作仍有一些可供我国考虑参与之处，对我国适应国际税收制度改革和增加税收都是有好处的。

执笔人：戴　慧

专题报告四

我国政府收入体系现代化的基本形态

我国财税体制改革有力促进、配合和引领了经济体制从计划经济向社会主义市场经济的转型，自身也实现了向公共财政的不断转型。党的十八届三中全会确定全面深化改革目标是完善和发展中国特色社会主义制度，推进国家治理体系和治理能力现代化。党的十九大确定了到2035年基本实现社会主义现代化、2050年建成富强民主文明和谐美丽的社会主义现代化强国的目标。与之相适应，我国财税改革的目标是建立与国家治理现代化相匹配的现代财政制度。

新时代财税改革面临新要求。党的十八届三中全会提出“全面深化改革的总目标是完善和发展中国特色社会主义制度，推进国家治理体系和治理能力现代化”“财政是国家治理的基础和重要支柱，科学的财税体制是优化资源配置、维护市场统一、促进社会公平、实现国家长治久安的制度保障”。党的十九大提出，建设现代化经济体系要加快完善社会主义市场经济体制，要“加快建立现代财政制度，建立权责清晰、财力协调、区域均衡的中央和地方财政关系。建立全面规范透明、标准科学、约束有力的预算制度，全面实施绩效管理。深化税收制度改革，健全地方税体系”。这意味着，面向现代化的财税改革，就是要建立面向国家治理体系和治理能力现代化、现代化经济体系的现代财政制度。其中，建立现代政府收入制度是关键一步。

一、总目标：建设“法律完备、结构简单、税源稳定、激励相容”的现代政府收入制度

政府收入制度是政府筹集公共资金的基本制度，同时又是国民收入分配的重要工具和经济与社会协调发展的重要调控机制，其在我国建设社会主义现代化强国中的积极作用不可忽视。构建现代化的政府收入制度同时还是对政府自身行为的一种有效约束，可以防范各级政府及其行政机构对市场机制的不当干扰，遏制政府片面追求增长速度的粗放发展模式，促进经济型政府向服务型政府的成功转变。

为适应建设现代化经济体系的需要，应按照“法治原则、公平原则、国家能力原则、可持续原则、效率原则、善治原则”，构建面向现代化的收入体系。在维持宏观税负和中央财力集中度基本稳定的前提下，深化税收制度改革，改善中央和地方财政关系，增强中长期财政稳定性和可持续性。

（一）法律完备，即政府收入法定原则

政府的行动和收入的权力必须受到法律的限制。基于契约论的国家理论，国家是公民之间自由达成契约的结果。政府收入制度是体现国家和公民经济关系的一个关键制度安排。政府收入对现代国家起着支撑性的作用，是政府履行公共服务职能的前提条件，并且在逻辑关系上反映着国家公共权力与公民个人权利之间的关系。因此，无论什么性质的国家，都应用法治来规范政府收入行为。党的十八届三中全

会首次明确提出“落实税收法定原则”，以此为契机，十二届全国人大三次会议将税收法定原则正式载入《中华人民共和国立法法》。对我国而言，落实税收法定原则是实现坚持党的领导、人民当家作主和依法治国有机统一的具体体现，而将“税收法定”扩大到“政府收入法定”，所有涉及政府收入的制度，不分税与非税，都要经由全国人大立法或授权通过，既是“税收法定”内涵的延伸，也是我国现代化建设发展的必然要求。

（二）结构简单，即简化收入制度原则

建立和完善既简便又能充分实现政府职能的收入制度。此原则要求在遵循政府收入制度建设的基本原则，确保制度适应各项经济、政治和社会政策需要，确保政府职能充分发挥，保护正当的社会生产和政府收入权力的前提下，适当简化收入制度，便商利民。政府收入制度的简繁是涉及政府与公民双方关系的一个重要问题。从公民方面说，总是希望制度能够尽量简化、明确，以方便生产和经营；从政府方面说，也不希望制度烦琐。因为繁政不仅扰民，而且也不利于政府部门提高收入管理效率，精兵简政和降低征收成本。所以，简化收入制度是征纳双方的共同要求。此原则要求政府收入的设计要从客观实际情况出发，设计数量较少且结构合理的收入种类、简便的征收方法、适当的环节与日期选择、简便快捷的征纳与查验手续，尽量避免或减少额外负担。但是，这种简化是在保证实现政府收入权力前提条件下的简化，而不是脱离实际地一味追求合并政府收入，使收入制度简单化。

（三）税源稳定，即税收足额稳定和可持续原则

宏观税负是指一个国家的税负总水平，一般通过一个国家一定时

期内税收总量占同期国内生产总值的比重来反映。宏观税负的高低，表明政府在国民经济总量分配中集中程度的大小，也表明政府经济社会职能及财政功能的强弱。宏观税负稳定是指税收要为政府筹集足额的资金，以满足政府向社会提供公共品的财力需要，同时税收收入要相对稳定，把税收同国内生产总值或国民收入的比例稳定在一个适度水平，不宜经常变动，特别不宜急剧变动，以避免税收对经济正常秩序的冲击。此外，税收涉及国家、集体、个人的利益分配，涉及当期和未来之间的利益分配，关系国家的长治久安。保障政府收入稳定，关键是要确保税收本身的可持续性。财政是国家治理的基础和重要支柱，国家长治久安要求财政长期可持续，长期实现财政收入总体平衡，以保障公共财政资源既能满足当代人对公共产品和服务的需要，又不会妨碍下代人满足其需求的能力。我国经济步入新常态，财税改革也要与之适应，更加要注重通过面向现代化的政府收入制度保障经济社会可持续发展，以稳定的政府收入特别是稳定的税收收入，加大对基础研究、技术创新、民生短板、环境保护等领域的投入，增加整体经济社会的发展后劲和动力。

（四）激励相容，即要求在政府收入制度设计中要努力实现个人利益、集体利益与社会利益的一致化

资源配置的最优化与激励措施的最优运用是同一事物的两个侧面。激励相容的机制设计既包括奖励等激励措施，体现于目标函数，也包括惩罚等约束措施，体现于约束条件。实践中往往需要激励和约束“双管齐下”。在我国，激励相容意味着要设计合理有效的机制及手段，不仅要处理好公民与国家的经济关系，还要处理好中央和地方的财政关系，以及在政府收入管理过程中落实好分权与制衡的制度安排，以保证公民追求个人利益的行为，正好与政府实现公共服务职能的价值目标相吻合，解决个人利益、集体利益与社会利益之间的矛盾冲突，使公民、地方政府、中央政府等主体的行为方式、结果符合一致目标，提高政府收入管理与使用的公平与效率，真正实现公民与政府的“双赢”。简而言之，面向现代化的政府收入制度必须充分激发调动各方积极性，发挥各自优势，形成良性互动，让政府收入有效地取之于民，更好地用之于民，为国家治理和经济社会发展贡献力量。

传统的税收“三性”是“固定性、无偿性和强制性”。这实际上是强调国家以政治权力参与社会物质分配的一面。在现代经济体系中，政府既有政治的一面，更有作为一个经济主体、按照经济逻辑、参与市场交换的一面，对居民、企业等经济主体的调节，应主要借助经济杠杆，税收是其中重要的政策工具。

从促进社会和谐来看，税收最好能够获得纳税人的认同感，调动纳税人依法纳税的积极性。从征管便利来看，好的税种应该是简化制度，减少征纳双方的管理成本。

从经济学的角度看，要达成“法律完备、结构简单、税源稳定、激励相容”的目标，最重要的是遵循“激励相容”原则设计税制。所谓激励相容，就是要成本—收益关系明确，纳税人缴纳的税收与其获得的政府服务最好能对应起来，至少要有一定的透明度，让纳税人知道自己缴纳的税收用到哪里去了。

建设“法律完备、结构简单、税源稳定、激励相容”的现代政府收入制度是建设面向现代化的我国政府收入体系的总目标，也是推进国家治理体系和治理能力现代化的必由之路。其具体要求，一是进一步完善政府收入法律体系，既要确保所有税种有法可依、有法必依，又要不断扩大“收入法定”的内涵和范围，清理行政性收费，公开非税收入；二是简化税制结构，降低名义税率，清理政府性基金，降低遵从成本，对各类企业设计公平税率，营造公平竞争环境，优化国企利润上缴机制；三是发挥好累进制所得税和直接税的收入再分配功能，按能力纳税，维持宏观税负稳定，保障税源稳定和税收筹集能力，发挥税收引导作用，实现经济社会发展目标；四是确保政府具有充分的收入筹集能力和财力支配能力，调整中央与地方财政关系，提高公民的自觉纳税意识，提高参与感、获得感和荣誉感。

二、面向现代化的我国政府收入体系的主要构成

政府收入是指政府为履行其职能而筹集的一切资金的总和，是政府从事一切活动的物质前提，也是国家参与国民收入分配的主要形式。在市场经济条件下，政府收入表现为国家通过一定的形式和渠道集中起来的以货币表现的一定量的社会产品价值。

政府收入构成有多种分类方式。一是按收入管理方式分类，划分为一般预算收入、预算外收入、基金收入、社会保障收入。二是按收入来源分类，划分为税收收入和非税收入两大类，这种分类的好处是突出税收收入在政府收入中所占据的主体地位。

按照市场经济的基本原则和构建公共财政体制的要求，政府主要以税收手段筹集履行公共管理和服务职能所需要的资金，非税收入作为政府提供公共物品的辅助资金来源，是税收收入的有益补充。

对于我国来说，2014 年 8 月全国人大修订了《中华人民共和国预算法》，明确要求政府的全部收入和支出都应当纳入预算，预算外资金的历史在法律层面被彻底终结。同时，新《中华人民共和国预算

法》保障建立了由“四本预算”——一般公共预算、政府性基金预算、国有资本经营预算和社会保险基金预算构成的全口径预算体系，税收收入、非税收入（政府性收费）、国有资本收入和社会保险收入，都是我国政府收入结构当中不可缺少的部分。通过逐年调整预算科目、提高调入一般公共预算比例等局部改革，我国在“四本预算”之间逐渐架起桥梁，实现了各类预算资金的有效衔接和统筹协调，发挥出了全口径预算的整体性功能。

（一）主体部分：税收收入

税收收入是政府凭借其政治权力无偿占有的一部分社会资源或收入。现代社会中，政府所凭借的这种政治权力通常是以法律的形式表现出来的。税收由于具有固定性、强制性、无偿性，自产生之日起，就是政府收入的主要来源。马克思曾经形象地称税收是“政府的奶娘”。从数量上看，税收收入通常是一个国家最主要的收入来源，在政府总收入中应当占有绝对地位。

税收在筹集政府收入方面具有其他收入形式不可替代的重要作用，是取得政府收入的最佳形式。税收具有依法计征的强制性、税款不直接返还纳税人的无偿性、按标准计征的固定性等特征，保证了国家及时、稳定地取得政府收入。税收在调节经济运行以及在调节社会财富分配方面也起着重要作用。政府通过对什么征税，对什么不征税，对哪些征重税，对哪些征轻税，以及在什么环节、以什么方式征税等，都直接或间接地影响着社会各阶层、集团和个人的利益，进而起到调节经济运行的作用。此外，税收税源大，涉及面广，且历史悠久，人们已经形成照章纳税的习惯。国家采用税收的形式扩充财源或调节经济，既可获得充足的政府收入，又可以收到预期的政策效果。

从征管的便利性和筹集收入的有效性来看，政府最偏好对商品交易征税。历史上，晚清最大宗的政府收入来自海关关税，应对太平天国运动的军费支出则来自地方政府设置的“厘金”，这些税种都是针对交易毛额征税，不可避免出现重复征税、限制商品流通交易等负面后果。为适应商品经济发展的需要，从对商品交易全额征税，改为对商品流通各环节的增值额征税，增值税成为许多国家的主要税种，中国目前也是这种情况。这种新的对差额课税的方式有其进步意义，但模糊了征税机关与纳税人之间的关系，从政治上看，在“财政对纳税人负责”方面有所欠缺。

1. 我国的税收结构

税收收入是我国政府收入最主要的构成部分，也是政府活动的主要财力支柱。在我国税收结构中，国内增值税、国内消费税及关税构成的流转税，与企业所得税、个人所得税构成的所得税是税收收入的主体，上述税种占整个税收的比重超过80%。增值税和企业所得税作为我国税制的“双主体”，其收入占总税收收入比重达60%左右。

（1）国内增值税。国内增值税是以在我国境内销售货物或提供加工、修理修配劳务①的增值额为税基，按照一定税率从价征收②的流转税，故其主要影响因素应为反映增值额的经济变量，即农业、工业、部分服务业增加值。由于《中华人民共和国增值税暂行条例》对农业

① 2012年“营改增”试点后，交通运输业、部分服务业、铁路运输、邮政业逐步纳入增值税纳税范围。

② 流转税计算有从价、从量、复合计征三种方法。从价计征应纳税额 = 销售额 × 比例税率；从量计征应纳税额 = 销售数量 × 定额税率；复合计征应纳税额 = 销售额 × 比例税率 + 销售数量 × 定额税率。

的生产和流转实行较多减免税，而服务业增值税所占比重很小，故国内增值税最主要的影响指标为工业增加值。

（2）国内消费税。国内消费税是对我国境内从事生产、委托加工卷烟、成品油、小汽车等应税消费品在特定环节就其销售金额或数量征收的一种税。

（3）进口税收。进口税收包括进口货物增值税、进口消费品消费税及进口关税。其中进口货物增值税以进口货物组成计税价格为税基从价征收，进口消费品消费税及进口关税以应税货物价值或数量从价或从量征收（见表4－1）。从税基角度分析，影响进口税收的主要因素应为进口货物的价值或数量。鉴于进口消费品消费税及进口关税中从量征收的货物种类不多，而从价计征的进口货物增值税在进口税收中占比近80%[①]，故影响进口税收的主要经济指标确定为进口货物总额。

表4－1　　进口税收计算方法及征收管理比较

进口税收	计税方式	计算方法	征收管理
进口货物增值税	从价	（进口货物完税价格＋关税＋消费税）×适用税率	申请报关，海关出具税收缴款书后15日内缴库
进口消费品消费税	从价/从量/复合	（进口货物完税价格＋关税）×适用税率＋进口货物数量×单位税额	
进口关税	从价/从量/复合	进口货物完税价格×适用税率＋进口货物数量×单位税额	

（4）企业所得税。企业所得税是对我国境内企业和其他取得收入的组织生产经营所得和其他所得征收的税种，其税基主要为企业利润总额加减纳税调整项目后计算的所得额。在适用税率固定的情况下，

① 2003～2013年进口货物增值税占进口税收的月度平均比重达到78.5%。

企业利润总额是企业所得税的主要影响因素。

（5）个人所得税。个人所得税是对本国公民、居住在本国境内个人的所得和境外个人来源于本国的工资薪金、劳动报酬等 11 项所得按照一定税率计算征收的一种所得税。

表 4-2　现行税种及征税对象

类型	税种	定义
流转税类	增值税	是对在我国境内销售货物或者加工、修理修配劳务，销售服务、无形资产、不动产以及进口货物的单位和个人征收的一种税
	消费税	是对在我国境内生产或销售、委托加工和进口应税消费品的单位和个人征收的一种税
	关税	是以进出境的货物和物品为课税对象征收的一种税
所得税类	企业所得税	是对在我国境内的企业和其他取得收入的组织，对其生产、经营所得和其他所得依法征收的一种税
	个人所得税	是对我国公民、居住在我国境内的个人的所得和境外个人来源于我国的所得征收的一种税
资源税类	资源税	是以各种应税自然资源（包括原油、天然气、煤炭、其他非金属矿原矿、黑色金属矿原矿、有色金属矿原矿和盐）为课税对象征收的一种税
	城镇土地使用税	是以在城市、县城、建制镇和工矿区范围内的土地为征税对象，以纳税人实际占用的土地面积为计税依据，按规定税额对使用土地的单位和个人征收的一种税
特定目的税类	城市维护建设税	是以纳税人实际缴纳的增值税和消费税税额为计税依据所征收的一种税
	耕地占用税	是对在我国境内占用耕地建房或从事非农业建设的单位和个人，就其实际占用的耕地面积征收的一种税
	土地增值税	是对在我国境内转让国有土地使用权、地上建筑物（包括地上、地下的各种附属设施）及其附着物并取得收入的单位和个人，对其转让所取得的增值额征收的一种税
	烟叶税	是对收购烟叶（包括晾晒烟叶、烤烟叶）的单位，按照收购金额的一定比率征收的一种税
	环境保护税	是以保护环境为目的，对我国境内直接向环境排放应税污染物的企业事业单位和其他生产经营者征收的一种税

续表

类型	税种	定义
财产和行为税类	房产税	是以城市、县城、建制镇和工矿区范围内的房屋为征税对象，按照房产原值一次减除10%～30%后的余值或房产租金收入向房产所有人或经营使用人征收的一种税
	车船税	是以在我国境内依法应当到车船管理部门登记的车辆、船舶为征税对象，向车辆、船舶的所有人或者管理人征收的一种税
	印花税	是对经济活动和经济交往中书立、领受应税经济凭证所征收的一种税
	契税	是以在我国境内转移的土地、房屋权属为征税对象，向取得土地使用权、房屋所有权的承受人征收的一种税
	车辆购置税	是对购置汽车、摩托车、电车、挂车、农用运输车等应税车辆的单位和个人，按照应税车辆计税价格的一定比率征收的一种税
	船舶吨税	是对在中国港口行驶的外国籍船舶和外商租用的中国籍船舶，以及中外合营企业使用的中外籍船舶（包括在港内行驶的上述船舶）征收的一种税

2. 我国近年来税制改革的主要成果

党的十八大以来，税制改革从具体税种的改革和税收征管体制的改革两个方向共同发力。在具体改革方面取得的主要成果如下。

（1）“营改增”是间接税改革的核心成果。始于2012年的“营改增”改革不仅引领着我国间接税制改革乃至整个税制改革，而且成为此轮深化财税体制改革的起点。“营改增”消除了困扰我国多年的行业税制不公，实现了增值税由生产型向消费型的转型，也开启了地方税体系建设的新征程。

（2）直接税改革的核心成果是个人所得税改革。党的十八届三中全会明确提出逐步建立综合与分类相结合的个人所得税制的改革方向，为重新进行个人所得税制设计，充分发挥其调节收入分配差距的功能提供了历史性机遇。个人所得税改革方案结合经济、社会发展统筹规划，并充分考虑各项手段、措施的可操作性，对课税模式的转变、费用扣除的确定、税率的优化调整、征管流程的重构等作出通盘考虑，以强化个税在调节收入分配差距方面的功能，兼顾培养纳税意识和培育中等收入阶层。

（3）其他税种改革。随着消费税改革逐步推进，课税对象和税率的调整使消费税调节收入差距和纠正消费行为的功能日益显现。资源税从调整计征方式、扩大征收范围、划分税收收入归属三个方向全面推进，有效发挥出其作为税收杠杆的调节作用，推动经济结构调整和发展方式转变。《中华人民共和国环境保护税法》经由全国人大常委会审议通过，这标志着中国落实税收法定原则迈出坚实的一步。

（4）随着税制改革向纵深迈进，税收征管体制改革的支撑能力需要逐渐加强，《深化国税、地税征管体制改革方案》出台，旨在从征管的角度，支撑起整个税制改革的成果。此轮改革是一项系统化的综合改革，改革方案提出 6 大类 31 项具体举措，以期实现到 2020 年建成与国家治理体系和治理能力现代化相匹配的现代税收征管体制，降低征税成本，提高征管效率，增强税法遵从度和纳税人满意度。

此外，从中国过去的税制实践和宏观经济运行情况看，增值税虽然有效增加了国家财政收入，但也助长了地方过度投资和产能过剩、妨碍“人的城镇化”等问题。其逻辑是，增值税在生产地缴纳，实际上是消费的贡献，地方政府的理性行为选择是积极发展生产，但对吸引人口流入兴趣不大。与我国做法不同，美国并不对生产方征收增值税，而仅仅在终端消费环节征收消费税。美国的消费税是普遍征收的，本质上与中国的增值税并无不同，唯一的区别是征收方式和征收环节。中国目前的消费税本质上是“消费行为调节税”，是对部分纳入税目的高档消费品或烟酒等征收。

在现代经济体系下，政府的税收应该收在明处。一种选择是将增值税改为美国式零售税；另一种选择是提高直接税在整个税收收入中的比重。实际上，许多西方国家早已将目光转向所得税、财产税等直接税。随着和平与发展成为当今世界的主流趋势，财富的积累越来越庞大，税基也随之发生变化。对收入和财富征税，税负不容易转嫁，对缓解社会贫富差距有一定的积极意义。直接税的兴起，与纳税人的认可度和接受度息息相关，否则将面临极大的征管难题。与税制结构转变相配套的是，西方国家财政管理更多地践行对纳税人负责理念，税负水平、财政支出结构经立法机构讨论决定，相当于形成社会契约。无论是“高税收、高福利”还是“低税收、低福利”，都可能获得百姓的认可，但不太可能出现“高税收、低福利”的情形。

在现代市场经济体系下，中国应“不忘初心”，坚持“共同富裕”道路，调整和优化税制结构，提高直接税的比重，让先富起来的群体为国家财政作出更多贡献。其中，要特别注重房地产税。

（二）辅助部分：政府性收费（非税收入）

政府性收费（非税收入）是政府为提供特定社会产品和服务，参与国民收入分配和再分配的一种形式。政府非税收入是一种财政性资金，是政府收入的重要组成部分。当前世界上几乎所有的国家都存在政府非税收入，并且这部分收入都是本国财政收入进行宏观调控的一个重要组成部分。一般认为，非税收入是政府为实现其职能，按照一定规则采取收费、基金等非税方式，由中央和地方分别筹集用于特定用途的财政性资金。广义的政府非税收入包括公债收入、国有资产收益、收费、专项基金、罚没收入等；狭义的政府非税收入是指政府为了公共利益而征收的所有非强制性、需偿还的经常性收入，不包括公债收入，重点是收费、基金、国有资产收益及其他形式。总之，它是相对于税收收入而言的。本文所指的非税收入是狭义上的。

我国最早在国家正式文件中出现“政府非税收入”概念，是在2001年1月《国务院办公厅转发财政部关于深化收支两条线改革进一步加强财政管理意见的通知》中。但之前，各种文献中已经在使用“政府非税收入”这个名词。大量数据表明，由于中国财税体制尚未厘清，中国非税收入在规模、结构、构成等方面具有特殊性。与其他国家相比，中国非税收入规模要大得多，政府非税收入增长呈现出明显的增长刚性特点；中央非税收入占中央财政收入的比重尽管不高，但地方政府非税收入占同级财政收入的比重很高；在中央和地方非税收入构成中，行政事业性收费、政府基金是主体。

政府性收费包括行政性收费和事业性收费两部分。行政性收费是指国家机关、具有行政管理职能的企业主管部门和政府委托的其他机构，在履行或代行政府职能过程中，为了特定目的，依照法律、法规并经有关部门批准，向单位和个人收取的费用，一般具有强制性和排他性特征。事业性收费是指事业单位向社会提供特定服务，依照国家法律、法规并经有关部门批准，向服务对象收取的补偿性费用，一般具有补偿性和排他性特征。

与财政收入的主要形式——税收相比，政府性收费有自己的特点。一是征收主体的多元性。政府性收费的征收主体有的是国家及其政府有关部门，有的是事业单位，还有的是代行政府职能的社会团体；而税收是由税务机关负责征收。二是使用方向的特定性。政府性收费是为了满足准公共需要即特定的公共产品和服务而收取的，资金的使用方向相对固定；税收是政府为满足纯公共需要，筹集一般公共产品服务所需资金而征收的，使用方向不固定。三是征收上的有偿性、自愿性和不固定性。政府性收费的征收虽然具有一定的强制性，但同时在很大程度上体现了自愿和有偿，具体表现为向缴费人提供特定的公共产品和服务，同时每项政府性收费一般都明确征收期限，且征收标准与提供的准公共产品和服务直接相关，适时调整。四是资金管理方式的特殊性。政府性收费由于是政府为提供特定公共产品和服务而收取的，其收入应纳入财政预算或预算外资金财政专户管理，一般实行专款专用；而税收收入全部纳入财政预算，用于政府一般性开支，实行集中管理。

从经济学原理看，政府性收费应该来自对“准公共物品”收费，也就是在“非竞争性（边际成本为零）”和“非排他性”中只符合一种情形的公共物品。随着互联网、大数据等新兴技术发展，原先属于“纯公共物品”的可能变为“准公共物品”，原先用税收筹资可以改为用收费方式，让成本—收益关系变得更加清晰，激励约束更加合理。

就中国目前的情况而言，大量城市公共基础设施缺少显性的收费机制，公共物品正外部性只能体现为“社会效益”，无法内部化为“经济效益”。这一方面让基础设施投资项目的现金流收益被低估，在整顿地方政府性债务、防范金融风险的背景下，有可能使基础设施投资失速，与城镇化进程相比，出现“准公共物品”供给不足的情形；另一方面，又存在挤占本来应用于民生领域“纯公共物品”的资金，扭曲政府财政支出结构的可能性。典型的例子如城市道路，传统意义上只能用税收支付成本，但伦敦、新加坡的例子和国内拆除高速公路收费站的实践都已表明，不必设置收费站物理网点，也可对道路使用者收费。利用新的收费技术，不必使用车辆限购、车牌摇号等行政调控手段，也可以有效治理交通拥堵等“大城市病”。

（三）调剂部分：国有资本（资源）收入

国有资本（资源）收入是政府以所有者身份依法取得的国有资本收益，主要包含国家出资企业分得的利润、国有资产转让收入、从国家出资企业取得的清算收入。国有资本经营预算收入除受国资企业盈利水平的影响外，也受到宏观政策和行政因素的干扰，比如，国资企业与财政部门通过谈判确定上缴利润规模，股票市场形势、国企改革政策等因素影响国有股权减持或转让收入。

《中华人民共和国宪法》第九条规定："矿藏、水流、森林、山岭、草原、荒地、滩涂等自然资源，都属于国家所有。"《中华人民共和国矿产资源法》第三条规定："矿产资源属于国家所有，由国务院行使国家对矿产资源的所有权。"矿产资源的国有属性与分布地的分散性，决定了国家和地方都可以从国有资源的开采中获得收益。国有资源有关的财政收入，按其归属划分为中央固定收入、地方固定收入和中央与地方共享收入。按照我国现行的国有资源财政收入相关制度，中央固定收入有石油特别收益金和归中央所有的行政性收费（基金），地方固定收入有归地方所有的全国性收费（基金）和地方性收费（基金），中央与地方共享收入有资源税、矿产资源补偿费、探矿权采矿权使用费、探矿权采矿权价款以及其他根据矿山资源登记管理层级不同确定归属的行政性收费（基金）等。

目前，我国国有资源收入存在不合理的地方。一是由于缺少对国有资源财政收入形式的顶层考虑，我国国有资源财政收入制度名义上有税、费、金（石油特别收益金和有关基金），实质上则是租、利、费、基金、税并存，一定程度上存在名实不符、重复征收和资源税目标定位不清等问题。二是现行国有资源财政收入分配体制下，中央与地方固定收入少、共享收入多，中央与地方分配关系不够清晰，划分依据不尽合理。

国有企业的财政贡献大小，首先取决于国有企业的定位。国有企业的功能，一种是如西汉《盐铁论》所述，通过部分行业垄断专营，甚至介入一些竞争性行业，为政府筹集财政收入；另一种是承担政策性业务，弥补市场失灵问题。在现代市场经济体系下，国有企业应该是后一种定位，并决定了国有企业是在市场不愿意进入的领域以保本微利模式经营，不太可能也不应该为政府收入体系贡献太多收入。

国有企业的财政贡献大小，也取决于公共物品的提供形式。理论上，公共物品可以"政府生产、政府提供"，也可以"私人生产、政府提供（买单）"。在前一种情形中，会相应产生政府收费或国有企业收入；在后一种情形中，基本不产生国有企业收入。由于私人部门的生产效率通常高于公共部门，在现代市场经济体系下，应遵循"凡是市场能够提供的，都尽量由市场提供"原则。也就是说，如果从效率角度出发，将一些公共物品的生产主体转到非国有部门，国有企业收入规模会相应缩小。

国有企业的财政贡献大小，还取决于能否对国有企业占用公共资源进行准确的、显性化的经济核算。传统上，我国国有企业使用的土地、矿产等资产都是政府划拨性质，不是通过市场化方式取得，也没有纳入企业成本核算。所谓国有企业利润，很大一部分实质上是资源租金。在现代市场经济体系下，国有企业的财政贡献，可能不是体现为利润上缴形式，不在于提高国有企业利润上缴财政的比例，而是向国家支付资源租金的形式。

在国有资源收入中，特别要注意的是土地出让金收入。首先，要让大众清晰认知，目前的所谓土地出让金，不是"卖地"收入，而是一次性"批租"70 年、50 年土地使用权的租金收入。其次，政府管理部门要认识到，目前“批租”模式下，很容易出现土地定价不准的情形。在房价上升通道中，很可能出现地价过低、国有资产流失的情形，房地产开发商只要简单地囤地即可获得不菲的利润。与其采用收回闲置未开发土地，或者通过税收手段对“囤地”行为课以惩罚性税收，还不如直接将一次性收取未来几十年租金的做法，改为逐年收取租金，随行就市，这样对土地出让方和土地适用方都很公平，也可减少炒房行为。最后，如果一定要维持当前的土地“批租”模式，则需要改变土地出让金的管理和使用方法。现在通行的做法是一次收取未来几十年的收入，全部用于当期的支出，甚至还要以之为本金“加杠杆”，以“土地财政” + “土地金融”过度放大政府性支出规模。在这方面，新加坡“两把钥匙”的管理模式值得学习，其本质上是资本性收入不得用于经常性支出的财政规则。具体来说，某一届政府通过土地拍卖获得的收入，必须缴入国库。支出这笔资金，必须获得总统和总理“两把钥匙”同意。通常，总统更着眼于财政体系的长期可持续，保障代际公平，不会因为要为当届政府做政绩而随意支出。

（四）特殊部分：社会保险收入

社会保险收入是指为了保障保险对象的社会保险待遇，按照国家法律、法规，由单位和个人分别按照缴费基数的一定比例缴纳以及通过其他合法方式筹集的专项资金。在我国，社会保险收入是一种强制性的专款专用的财政收入形式，其收入须专项用于政府社会保险计划的开支。社会保险收入主要通过财政专户进行核算，当前仅有部分省（区、市）的社会保险收入通过国库账户进行核算，因此国库报表中社会保险收入数据无法反映总体情况。

社会保险缴费通常专款专用，其收入规模取决于社会保险的职能定位、政策目标以及相应的制度设计。首先，政府的公平目标定在多大范围、定在什么样的保障水平。如果政府提供的养老保障计划立足于“保基本、全覆盖”，给人民群众以最低生活保障，则养老金缴费率还有一定的下调空间；如果是福利社会的概念，政府养老金计划以向老年人提供较高的替代率（退休金与退休前收入之比）为目标，且按照“就高不就低”原则缩小不同养老保障计划之间的待遇差距，则养老金缴费率可能还要维持较高的水平，甚至还要进一步提高缴费率。其次，政府在多大程度上重视效率目标，强调“多缴多得”原则，并扩大由市场化主体提供的养老金计划。如果政府养老金计划强调“多缴多得”，则应该在当前统筹账户与个人账户相结合（统账结合）的体系中提高个人账户的比例。在现代市场经济体系下，考虑人口老龄化背景下养老保障体系财务可持续性问题，应该尝试将个人账户交给市场化主体运营，提高养老金体系的运营效率，并获得一定的投资收益。如果实施了这样的改革，则政府所需要征缴的社会保险收入可能会有所减少。

执笔人：魏加宁　唐　滔　贾宇宁　孙天琪

专题报告五

推进我国税收体系现代化

党的十八届三中全会首次将财税改革与国家治理紧密相连，从提高国家治理体系和治理能力现代化水平的高度部署税制改革任务，凸显了税收在国家治理体系和治理能力现代化中的重要地位。在这一背景下，开展税收现代化目标体系建设，不仅是保障税收管理有序开展的现实需要，也是促进税收事业科学发展、推进国家治理现代化的必然要求，具有重要意义。

税收现代化所包括的内容非常丰富。当今社会背景下的税收现代化，注定与工业社会初期的税制改革不同。中国现代化建设道路具有自己的特色，这就决定了中国的税收现代化之路也将充满中国特色。与此同时，“现代化”应该在不同国家具有共性，这是在中国税收现代化过程中可以借鉴其他国家成功经验的前提。税收与经济、社会、政治、文化、生态文明建设都有着密切关系，是众多问题的交汇点，这就决定了只要与税收制度和税收政策选择有关的制度安排，不同群体都可能有不同看法，税收现代化之路需要避免因此可能带来的国家治理风险（杨志勇，2018）。

从国内外税制改革的实践经验看，可以将税收体系建设分为指导原则、税制设计、征管工作等层面。指导原则体现了税制设计的初衷、目标和理念，需要贯穿于税制设计和税收征管整个过程。税制设计要体现宏观税负合理、税制结构适应经济发展需要、税收法治积极贯彻等主要特点。执行阶段中，税收征管要规范高效，税收现代化要求在实践中通过提高征管水平和服务水平等进一步实现工作的高效。

一、我国税制改革进程回顾

税制改革是国家改革进程中的关键环节，是一国经济体制改革的重要组成部分。新中国成立以来，经历了由计划经济体制向市场经济体制的转变，这一变化也在税制改革进程中反映出来。党的十八届三中全会提出了全面深化改革的目标任务，我国的税制改革进入了新阶段。自新中国成立以来，依据所处的时代和社会背景，我国的税制改革可以分为四个阶段。

（一）1949～1978年：改革开放以前

新中国的成立将中国社会带入了一个新的纪元，伴随着新政权的诞生，新的国家财政从这一时期开始建立。

这一时期，税收的地位经历了先升后降的变化过程。新中国成立初期，税收制度的建设是财政工作的重要内容。1950年1月27日政务院颁布的《全国税政实施要则》将货物税、工商业税、盐税、关税、房产税等14种税收列为中央与地方的税收，是新中国税收制度的纲领性文件。在此指导下，政务院陆续公布了一系列税收暂行条例，以工商税和农业税为主的新税制逐步建立。从1950年到1956年，税收贡献了一半以上的财政收入。

20 世纪 50 年代中期开始，受“非税论”思想的影响，我国实施了对公营企业停征所得税、对城市国营企业试行“税利合一”、对农村人民公社实行财政包干等政策（裴世安，1986）。之后的 1958 年和 1973 年，我国先后经历了两次以精简税制为主要内容的税制改革，税收地位进一步削弱。1957 ~ 1978 年，除个别年份外，税收占财政收入的比重低于 50%（见图 5－1）。在税制结构方面，货物和劳务税一直是这一阶段我国税收收入的主要来源，并且占比呈明显的上升趋势，从 1959 年的 46.5% 上升到 1978 年的 83.6%（刘佐，2009）。总体来看，从新中国成立到 1978 年，我国的财政收入呈现出规模大、非税收入占比高、货物和劳务税占主体的特点。

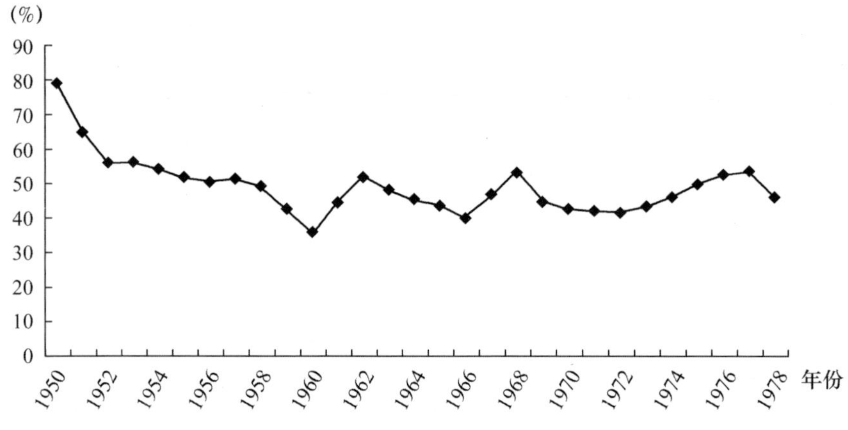

图 5－1　改革开放以前税收收入占财政收入的比重

资料来源：财政部综合计划司编：《中国财政统计（1950－1985）》，中国财政经济出版社 1987 年版。

（二）1978 ~ 1992 年：经济转轨时期

随着改革开放的开展，外资的涌入对我国的税收工作提出了新的要求。1980 ~ 1981 年，我国先后公布了《中华人民共和国中外合资经营企业所得税法》《中华人民共和国个人所得税法》和《中华人民共和国外国企业所得税法》。同时规定，对中外合资企业、外国企业和外国人继续征收工商统一税、城市房地产税和车船使用牌照税。1991年，《中华人民共和国中外合资经营企业所得税法》与《中华人民共和国外国企业所得税法》合并为《中华人民共和国外商投资企业和外国企业所得税法》。

在收入形式上，20世纪70年代末，税收收入占财政收入的比重不到一半。1983年和1984年我国先后实施两步“利改税”。第一步“利改税”主要针对国营企业，开启了对企业征收所得税的时代。国营企业既需要向国家缴纳所得税，又需要缴纳利润，进入了“税利并存”的阶段。第二步“利改税”进一步完善了第一步“利改税”的成果，对国营企业开征所得税和调节税，税后利润由企业自主安排，不再向国家上缴，国营企业进入“以税代利”的时代。此外，第二步“利改税”还进行了工商税制的改革，将之前的工商税按照纳税对象，划分为产品税、增值税、盐税和营业税，增加资源税、城市维护建设税、房产税、土地使用税和车船使用税，恢复征收印花税。两步“利改税”后，税收收入成为我国财政收入的主体，实现了财政收入形式的转型（马海涛等，2020）。1991年，我国税制设有37个税种。

（三）1992～2012年：建立社会主义市场经济体制时期

1992年10月12日党的十四大提出了“建立社会主义市场经济体制”的目标模式，改革开放进入新阶段。税收作为财政收入的最主要来源，自然成为财政改革工作的重中之重。

在“统一税法、公平税负、简化税制和合理分权”原则的指导下，1994年开展的税制改革确立了以增值税为主、消费税和营业税为辅的流转税体系和不同主体统一适用的所得税体系，对财产税、资源税、行为税、特别目的税进行了调整，并将流转税作为税制结构的主

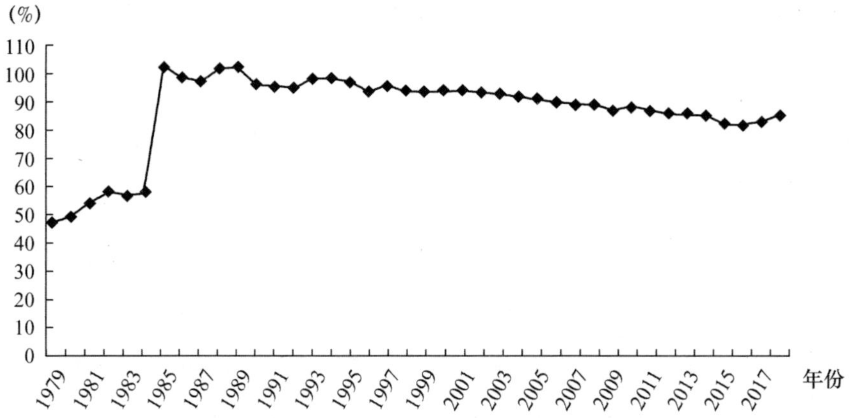

图 5－2　1979～2018 年税收收入占财政收入的比重

注：1985 年、1988 年和 1989 年出现税收收入大于财政收入的情况。推算原因在于企业亏损补贴冲减财政收入数额。

资料来源：财政部综合计划司编：《中国财政统计（1950－1985）》，中国财政经济出版社 1987 年版，第 23 页。

体。此时我国税制共设 25 个税种。1994 年的税制改革构筑了我国税制的基本框架，后续的税制改革都是在此基础上的修正和完善。

2003 年我国启动了新一轮税制改革，改革内容包括：将增值税由生产型改为消费型，将设备投资纳入增值税抵扣范围；全面取消农业税；统一内外资企业所得税制度；提高个人所得税扣除额；改革出口退税和关税制度，进一步完善了我国的税收制度。

（四）2012 年以后：全面深化改革时期

2013 年以来我国进入了全面深化改革的新时期，党的十八届三中全会将财政放在“国家治理的基础和重要支柱”这一重要地位进行认识，与之相对应，“建立现代财政制度”成为重要的改革目标。这一时期，我国迎来了税制改革的纵深发展。现行税制下，我国共有 18 个税种。

增值税方面。经过了 2012 年开始的逐步试点，全面“营改增”于 2016 年 5 月 1 日在全国推行，营业税从此退出历史舞台。此外，增值税税率的简并工作一直是增值税改革的重点，自2019年4月1日开始，现行增值税实行13%、10%以及6%三档税率，在降低税负的同时也为税收征管提供了便利。

资源税和环境保护税方面。我国于2016年7月1日开始实施资源税改革，扩大资源税征收范围。并于2018年1月1日开征环境保护税，同时，不再征收排污费，进一步发挥税收对经济的结构性调节作用。

个人所得税方面。2018年10月1日起个人所得税免征额提高至5000元，并且自2019年开始全面推行个人所得税改革，将分类税制转化为综合与分类相结合的个人所得税税制。这一阶段的税制改革对现行税制作出了更深入的完善。

二、我国税制改革的现状

历经数次税制改革，我国的税收工作在实践中不断完善。下面结合国际国内的情况，从宏观税负、税收结构、税收法治以及税收征管四个方面对我国税制改革的现状进行分析。

（一）宏观税负

我国的税收收入口径有三层视角：一是税收视角的税收收入（狭义税收口径），以《中国税务年鉴》为范本；二是财政视角的税收收入（预算税收口径），以《2006年政府预算收支科目》为范本；三是政府视角的税收收入（政府税收口径），以《2009年政府收支分类科目》和《政府收支分类改革方案》为范本。

最优宏观税负是一个与经济增长或者资源配置效率相关的概念。许建国（1998）、岳树民（2003）等人指出，判断宏观税负水平合理的一个理论标准是税收收入增长与经济增长协调同步。根据以往学者的研究，我国最优宏观税负区间应该位于 20% 上下（赵志耘等，2001；刘普照，2004；郭玉清等，2007）。对于宏观税负高低的评判，学界通过测算认为我国大口径宏观税负水平较高，而小口径的宏观税负水平相对偏低。

国际比较中，我国宏观税负目前仍处于世界较低水平。表 5－1 展示了国际上几个代表性国家的宏观税负水平。按 IMF 和 OECD 的政府税收口径，不论是以不包含社会保障税（费）的宏观税负口径，还是以包含社会保障税（费）的宏观税负口径进行衡量，与国际水平相比，我国宏观税负均处于较低水平。

表 5－1　　代表性国家的宏观税负水平

		中国	美国	英国	德国	韩国	日本
IMF	不含社会保障税（费）	18% ~20%	18% ~21%	26% ~28%	23% ~24%	18% ~20%	18% ~19%
	包含社会保障税（费）	23% ~25%	25% ~28%	34% ~36%	39% ~41%	25% ~28%	31% ~32%
OECD	不含社会保障税（费）	17% ~19%	19% ~21%	26% ~27%	23% ~24%	18% ~20%	18% ~19%
	包含社会保障税（费）	24% ~27%	25% ~28%	32% ~34%	36% ~38%	25% ~27%	30% ~31%

注：OECD 口径下中国的宏观税负根据历年《中国统计年鉴》计算得到，其他数据均直接来自数据库。

资料来源：IMF 和 OECD 数据库。

根据 IMF 的统计数据，2014 ~2016 年①我国的税收收入占 GDP 的比重分别为 19.73%、19.25% 和 18.9%。同一口径下，代表性国家中，美国、日本、韩国的宏观税负与我国基本相同，德国、英国的宏

① IMF 关于中国税收收入占 GDP 的比重还未更新 2017 年和 2018 年的数据。

观税负则高于我国，税收收入占 GDP 的比重达到了 25%左右。若将社会保障税（费）考虑进来，我国的宏观税负约为 24%，韩国和美国的宏观税负略高于我国，日本、英国和德国的这一比重均在 30%以上。

根据 OECD 的统计口径，2017 年，OECD 国家不包含社会保障税（费）和包含社会保障税（费）的宏观税负的平均水平分别为 24.85% 和 34.19%；根据我国的统计数据测算，这两个比重分别为 17% 和 26%左右，低于 OECD 国家平均水平。

（二）税制结构

在税制结构方面，货物和劳务税、所得税、财产税是现代税收的三大支柱，它们共同构成了一个国家的税收体系。其中，房产税是最主要的财产税。在本文的统计中，均将房产税收入作为统计财产税的口径。不同税种间存在天然差异，相较于个人所得税和财产税，货物和劳务税以及企业所得税的征管难度更低，征收阻力更小。

考虑到所得税对征管水平要求较高，基于当时国情，1994 年的税制改革将货物和劳务税作为我国税制结构的主体。随着税收制度的完善与税收征管水平的提高，所得税在我国税制结构中的占比有所提高，在所得税内部企业所得税占比高于个人所得税。

根据 2018 年的统计数据，我国货物和劳务税占总税收的 46%，企业所得税（这里的企业所得税不含退税）和个人所得税占比分别为 23% 和 9%，财产税占比仅为 2%（见图 5－3）。OECD 国家中，2016 年货物和劳务税、企业所得税、个人所得税以及财产税在税收收入中占比的平均水平分别为 33%、9%、24% 和 6%。与 OECD 国家相比，我国财产税占比偏低，企业所得税占比偏高。

目前，我国正处于税制结构的转型期，逐步建立综合与分类相结

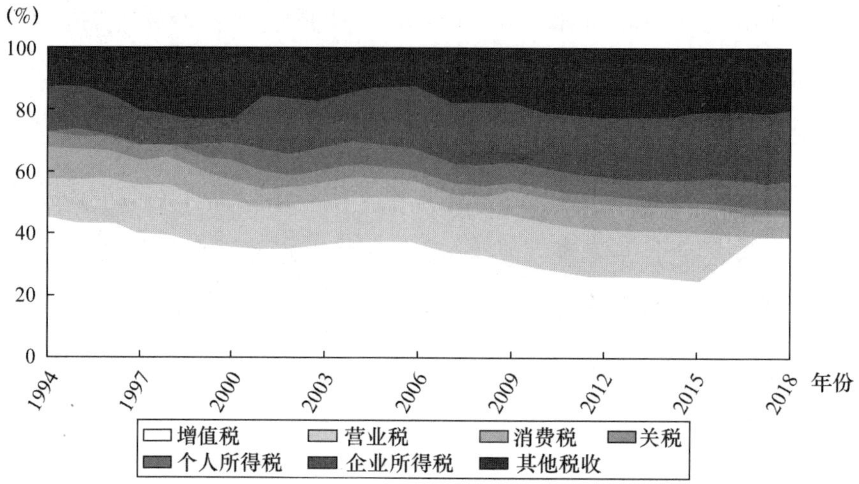

图 5－3　我国税制结构的变化

资料来源：历年《中国财政年鉴》。

合的个人所得税制、加快房地产税立法并适时推进改革等工作，将会推进税制结构的进一步完善，充分发挥不同税种的优势和特点，实现三大类税收之间的相互补充。

（三）税收法治

税收法治贯穿于税收工作的全领域、全过程，是完善税收制度、推动税制运行的重要保障。从国家法治来看，税收法治是国家法治的一个分支，在立法、执法、司法、守法中，要依托于《中华人民共和国宪法》《中华人民共和国刑法》《中华人民共和国行政处罚法》《中华人民共和国行政诉讼法》等更普适性的法律，税收专门法主要集中在立法和执法这两个阶段，一个是各税种的实体法，另一个是程序法——《中华人民共和国税收征收管理法》。

我国税收政策文件体系可划分为：法律、法规、规章和规范性文件。除了《中华人民共和国税收征收管理法》外，在我国目前的 18 个税种中，经过全国人大常委会立法颁布的税法一共有 9 部，包括

《中华人民共和国企业所得税法》《中华人民共和国个人所得税法》《中华人民共和国烟叶税法》《中华人民共和国船舶吨税法》《中华人民共和国车辆购置税法》《中华人民共和国环境保护税法》《中华人民共和国车船税法》《中华人民共和国耕地占用税法》《中华人民共和国资源税法》，占现行税种的一半。在我国税收体系中占比较高的增值税、消费税、关税等尚未成为法律形式的税法。

（四）税收征管

改革开放以来，我国的税收征管一直处于改革中。从征管模式上看，变化的趋势为由权力责任集中转向分散，由注重、强调管理逐渐转向强调寓管理于服务之中，优化纳税服务。从组织形式上看，由一人独揽、分责制约、专业化分工到分级分类管理，风险管理导向基本确立。从税款征收方式上看，由税务人员上门收税、税务人员上门收税与纳税人自行申报并存到自行申报为主，税收征管参与主体开始转向多元化。从技术手段上看，由手工操作、计算机开始应用于税收征管到税收信息化管理，特别是随着 2013 年 2 月金税工程三期正式上线运行，信息管税取得显著进步（王秀芝，2015）。总之，经过多轮税收征管改革以及《中华人民共和国税收征收管理法》的修订，从全国各地税务机关的实践来看，税收征管水平有了明显提升。

但是，我国税收征管参与主体仍然比较单一。税收征管主体主要是税务机关，基本上依靠税务机关一方的管理，强调税务机关的权力与责任，税务机关在税收征管中居于主导地位，纳税人被动地听从税务机关的行政命令和处分通知；纳税人自行申报纳税处于次要地位，其权利和责任未受到应有的重视，造成纳税人的参与意识较差、征纳双方互信感较弱。其他国家行政机关的参与度较低、第三方信息提供机制尚未健全、税收保障机制缺失等问题也限制了税收征管水平的提升。从我国的纳税人组织来看，中国纳税人协会筹备委员会成立于2013 年2 月11 日，成立较晚，未能充分发挥作用。

三、税收体系现代化的内涵与改革方向

在研究我国税收体系现代化之前首先要明确税收体系现代化的内涵。税收体系现代化如何界定，有哪些标准？关于这一问题，学界形成了许多不同的看法，本文从指导原则、税制设计、税收征管三个层面对税收体系现代化的内涵进行界定。指导原则是对税收体系现代化标准的凝练，税制设计涉及宏观税负、税制结构、税收法治、公众参与等内容，税收征管以实践为导向将现代化标准置于各项具体工作中。

（一）指导原则

在长期历史进程中，世界各国在构建现代化税收体系方面进行了有益的探索，形成了一些共同认识和经验。结合我国税制改革经验，提出如下六个原则。

一是法治原则。基于契约论的国家理论和西方宪法理论“无代表不纳税”原则，国家是公民之间自由达成契约的结果，税收制度是体现国家和公民经济关系的一个关键制度安排。但是政府的行动和征税权必须受到法律的限制，没有纳税人选出的代表审议，纳税人就有权不纳税；未经纳税人的同意，政府就无权征税。因此，无论什么性质的国家，都会用法治办法规范税收行为。

二是公平原则。从历史上看，财政在维护社会公平方面的职能是不断扩展的。首先是机会公平。通过财税制度的合理安排，有利于构

建统一流动的市场，提供必要的公共服务，保障人人享有共同发展的基本能力，促进区域之间公平发展，实现机会公平。其次是规则公平。财税制度通过提供公共产品、校正外部性、弥补信息不对称等途径，提高市场有效性，实现规则公平。最后是结果公平。财政是调节收入分配的重要途径，从税收方面可以通过调节税基和税率来调整各类群体的税收负担，从而达到结果公平的目标。

三是国家能力原则。国家能力是社会稳定和秩序的基本保障。保持国家在维护秩序中的基本职能，是推动国家治理能力现代化过程中不可或缺的。国家只有具备一定的财政资源，才能履行管理宏观经济、提供公共服务、引导社会预期、应对重大风险等职能。国家治理能力强则经济社会发展进步快，相反，那些陷入“贫困陷阱”的国家往往缺乏国家能力。财税制度是国家能力的重要基础，财税改革应当有助于增强国家能力，提高治理效能，推动国家治理体系和治理能力现代化。

四是可持续原则。财税制度涉及国家、集体、个人的利益分配，涉及当期和未来之间的利益分配，关系国家的长治久安。一方面是保障财政本身的可持续性。财政是国家治理的基础和重要支柱，国家长治久安要求财政长期可持续，长期实现财政收入总体平衡。公共财政资源既能满足当代人对公共产品和服务的需要，又不会妨碍下代人满足其需求的能力。另一方面是通过财税改革保障经济社会可持续发展。我国经济步入新常态，财税改革也要与之适应，通过财政加大对基础研究、技术创新、民生短板、环境保护等领域的投入，增加整体经济社会的发展后劲和动力。

五是促进竞争原则。效率是市场经济的本质要求，现代财政要平衡好公平与效率的关系，谋求社会福利最大化。首先是促进要素和产品的流动，构建统一市场。税收的统一性、严肃性是生产要素和产品自由流动的前提，应当通过建立公平、统一、合理、高效的财税体制优化资源配置、维护市场统一、促进公平竞争。其次是有利于扩大开放。根据本国的经济发展需要和自力更生的要求，制定合理的进出口关税政策，既保证税收上的互惠优待，调节进出口产品的品种和数量，有利于引进外国先进技术和吸收外国资金，增强出口产品在国际市场上的竞争能力，还有利于激发全社会发展活力。财税政策应当有利于鼓励创业创新、诚实劳动，抑制投机等不合理收入。充分激发调动各方积极性，共同为国家治理和经济社会发展贡献力量，发挥各自优势，形成良性互动。

六是善治原则。20 世纪 90 年代以来，许多国际组织对“善治”提出过基本原则，很多学者也进行过深入探讨，一般而言包括法治、透明、参与、制衡等基本原则。概括地说，善治就是使公共利益最大化的社会管理过程，其本质特征是政府与公民对公共事务的合作管理，是政府与市场、社会的一种新型关系（陈广胜，2007）。财政作为国家治理的基础，应当充分体现善治的各项原则。财税制度通过法律确定，维护严肃性和稳定性；推进财税过程公开透明，接受社会监督；财税制度充分体现政府对社会和公民的责任，及时回应社会和公民的发展要求；财税制度要体现国家、社会和个人之间的制衡，鼓励公民表达公共利益，将有序的公民参与纳入财政决策之中（陈昌盛等，2019）。

（二）税制设计

除了抽象化的原则以外，税收现代化同样可以依靠一些具体的经济指标进行测度。税收现代化的评判依据包括宏观税负、税制结构以及税收法治等。

1. 稳定宏观税负

宏观税负的轻重不是衡量税收现代化的核心标准。不同国家的政府职能、社会福利体系等均有各自的特点，即便同是发达国家，宏观税负差别也较大。宏观税负的轻重和公共服务的提供直接相关。北欧国家和其他福利国家高宏观税负对应的是高水平的社会福利。一国选择什么样的社会福利水平受到多种因素影响，如人口构成、文化传统、制度移植等。一个重视社会福利，希望国家（政府）能更多帮助个人（家庭）的国家，也会倾向于选择高水平的社会福利。实际上，一国的宏观税负水平没有统一标准，只要是该国人民满意，就应该视为合理水平。

宏观税负水平是动态变化的。“瓦格纳法则”说的是21世纪之前的财政支出不断增长的规律，在很大程度上反映了20世纪80年代之前的财政支出状况。1929～1933年大萧条和第二次世界大战结束之后，各主要国家财政支出增长趋势更加明显，这主要是社会福利水平抬高的直接结果。20世纪80年代之后，西方发达国家重新思考政府的作用，财政支出相对水平不再像以前那样增长。一般而言，经济社会的发展会催生更高水平的社会福利。宏观税负应该与公共支出水平基本匹配，税收水平从整体上看，应该能够满足各级政府支出的需要。

维持当前宏观税负水平基本稳定。随着我国经济发展迈向高质量发展阶段，社会民生领域支出需求明显增大，对财政支出形成较大压力，为适应财政支出要求，财政收入应该保持适当增速。当前财政收支缺口越来越大，如果大幅降低财政收入增速，政府债务水平将快速攀升。而且，我国宏观税负在国际比较中不算高，如果在我国迈向发达国家行列的过程中，能够通过优化支出结构，以降低收入端压力，保持宏观税负总体平稳，将是一个比较理想的状态。

2. 优化税制结构

在税制结构方面，要体现以下特点：一是间接税 + 直接税的“双峰”结构，既保留间接税效率较高的优势，又兼顾直接税有利于公平的特点，更好地适应未来经济社会发展的需要。二是税收种类适量，税种之间边界清晰，减少重复征税。三是突出税收中性，减少对经济活动的扭曲。四是税收遵从度高，降低税收遵从成本。具体而言，要暂停征收部分税费，减少执行中的税费种类，简化税制，降低企业和居民的遵从成本和税费负担。

暂停征收部分税收、费和基金。以规范的税收为主，税收之外严格控制管理费与基金。暂停征收教育费附加和城市维护建设税。教育费附加、城市维护建设税属于附加税性质，以纳税人实际缴纳的增值税和消费税税额为计税依据，可以在相关税收收入中统筹考虑其特定支出用途。暂停征收车辆购置税、车船使用税、船舶吨税、烟叶税。车辆购置税、车船使用税、船舶吨税、烟叶税属于对特定商品征收的税收，低于消费税层级，可纳入消费税统筹考虑。此外，营运性车船缴纳车船使用税、船舶吨税与企业所得税存在一定重复征税。

探索推进全面税制结构改革试点。将城镇土地使用税、土地增值税、耕地占用税、房产税、契税多税合一，统一合并为房地产税。上述税种均与土地或房屋相关，存在重复征税问题，建立房地产税后可一并统筹考虑。开展增值税并档工作，实行两档税率，尽量实现全面抵扣。扩大消费税征收范围，实行特别消费税，实行价外税，改在消费环节征收，设置并逐步加大地方分享比例，进而作为地方主体税种。大力降低税收遵从成本。

适当提高直接税比重。在发达国家税制体系中，以个人所得为课税对象的税种是政府重要的收入来源。OECD 国家中，2016 年货物和劳务税、企业所得税、个人所得税以及财产税在税收收入中占比的平均水平分别为 33%、9%、24% 和 6%。对个人所得课税要求有高效的税收征管能力和严格的税收执法体系。这要求税务部门能够及时准确地通过银行等机构获取个人收入信息。在信息技术发达的当代，信息获取更为便捷，为有效进行税收管理提供了可能。

保持间接税的合理水平。2008 年国际金融危机爆发之后，欧洲国家更加重视增值税在税收收入中的作用，增值税收入占比得到不同程度的提高。过去，流转税（货物和劳务税或商品和劳务税）常常被视为落后的税类，是保证税收收入的发展中国家所不可或缺的。理由不外乎发展中国家税收征管水平较低，对征管水平要求较高的所得税缺乏征管能力，且由于收入水平低，企业缺乏竞争力，很难通过所得税筹集到足够多的税收收入。相比之下，流转税只要有交易，就有税收收入，征管相对方便，天然地与发展中国家联系在一起。而增值税的出现在很大程度上改变了很多国家的税制结构，也改变了人们对流转税的传统认识（杨志勇，2018）。

3. 完善税收法治

法治理念和原则是现代化国家的重要标准之一，在税收领域体现为税收法治。完备的税收法治可用税收立法、税收执法、税收司法、税收守法等指标来评价。

税收立法是评价税收法治的一个重要标准。税收立法过程中，参与主体、法律内容、修订程序等直接决定税收法治状况。具体而言，税收立法应该具备：参与主体的民主性，使税收法律反映大多数人的意愿；法律内容的合理性，既要保证法律条文的价值和导向正确，又要有利于在税收实践中的应用；修订程序的规范性，利用程序约束和规范税收立法，提升税收立法质量。

税收执法过程包含征税机关职权界定、税收执法程序、税收执法保障、税收行政处罚、税务行政复议、税收行政赔偿六个相互联系的环节。具体的评判标准包括征税的努力程度、税收执法的差错率、行政复议维持率、行政诉讼胜诉率等。其中，从税收司法的结果来看，税收执法水平也体现了税收法治中不同环节的相互联系。

税收司法包括税务行政诉讼和税务刑事诉讼。税收司法不仅是解决纳税人与征税机关矛盾纠纷的重要机制，也是维护纳税人权益、保障征税机关公正执法的重要途径。税收司法是税收公正性的重要体现，为了实现税收司法的公正性，应当在实践中做到独立性和程序性。独立性体现在司法人员和司法机构在事实认定和法律适用等方面只能服从法律要求，不受任何内外压力的影响；程序性体现在税收司法必须严格按照法定程序进行。

税收守法是站在纳税人角度，对纳税人提出的依法纳税的要求。从纳税人的主观意图判断，未按要求依法纳税可以分为非故意不遵从和故意不遵从。所以，可以从两个方面提高纳税人的税收遵从度。一是以宣传、服务等柔性方式减少纳税人的非故意不遵从。比如，美国财政部制定的税收缺口战略认为，纳税服务可以有效减少纳税人出现的非主观故意差错。二是以严格执法的刚性方式减少纳税人的故意不遵从。例如，在技术和操作层面，通过纳税信用度和稽查差补收入比重等指标评估纳税人行为，更高效、准确地捕捉纳税人是否依法纳税，也有利于提升征管效率。

（三）税收征管

纳税人在税收征管环节实现真正意义上的税收缴纳，因此，在实践层面的税收征管过程中，要结合实际情况，增强规范化、信息化和服务性。

税收征管规范化是指对具体税收征管事项的操作标准、处理流程、办理时限以及表证单书等税收征管基础性和事务性工作进行规范。一般表现在五个层面：一是执行政策规范，所有规范事项坚持依法依规，将税收法律法规条文细化为可操作的流程、环节和文书。二是办理业务标准，明确所有征管事项的实体性和程序性要求及标准，以标准化规范税务机关履行职能。三是业务流程简约，减少表证单书，简化工作程序，把每一个业务事项按照“启动—处理—结束”三个环节有机串联起来，做到精简、高效。四是指导工作实用，使各项征管业务便于操作、便于执行、便于落实，力求检索简单、脉络清晰、示范直观、提示明确。五是具体应用可以扩展，在业务事项描述中专设业务创新处理条目，融合征管实践创新内容，实现对税收征管创新的兼容。

税收征管信息化是提高税收治理水平的重要辅助与配合，也是当前迅速发展的技术水平对税收征管提出的新要求。在税收征管中表现为高水平的税收征管信息化，即信息管税，充分利用现代信息技术手段，以解决征纳双方信息不对称问题为重点，以对涉税信息的采集、分析、利用为主线，加强业务与技术的融合，健全税源管理体系，进而提高税法遵从度和税收征收率。

税收征管的服务性是增加纳税人满意度和提高国家治理水平的重要方面。服务纳税人在于提高纳税人办理业务的便捷性，减轻纳税人的负担，例如，建立综合办税服务平台、提供纳税人表达诉求的渠道、完善与纳税人的联系和反馈机制等。在国家治理层面，税收征管要积极主动服务国家战略、服务经济发展，通过与其他政策相互协调和相互配合，促进国民经济的发展。

四、近期推进税收体系现代化的政策建议

按照建设现代财政的总体要求和框架设计及“法治原则、公平原则、国家能力原则、可持续原则、促进竞争原则、善治原则”的基本要求，未来一个时期，要从发挥税收对经济的调节作用着手考虑下一步的税制改革。

（一）加快关键税种立法

完备规范的税法体系、成熟定型的税制体系是税收现代化的基础。当前，应突出对纳税人权利的保护，强化第三方的征管协作义务。在税制改革过程中，应提升主要税种的立法级次，将各个税种逐渐纳入法律体系。选择适当时机，将纳税人基本权利、税收立法权和依法征税等内容贯彻到《中华人民共和国宪法》的修订中，为纳税人依据宪法，通过法律程序，约束和监督政府的财税行为提供保障。

目前的18个税种，还未以法律形式规定的包括房地产税、关税、城镇土地使用税等。根据《贯彻落实税收法定原则的实施意见》，与税制改革相关的税种，应配合税制改革进程，适时将相关税收条例上升为法律，并相应废止有关税收条例。同时需要注意，税收立法应与税制结构改革统筹考虑，优先设计未来税制结构、税种构成，再行立法。

税法体系除实体法外，还包括程序法、组织法。我国税法程序法只有《中华人民共和国税收征收管理法》，其他主要为行政法规、部门规章和部分地方性法规，关于税务工作的组织法还是空白。同时，在一些规定上有所缺失，如法律解决地方政府间税收管辖权争议的途

径；再如，缺少必要的程序来规范对应纳税款的核定、调整、税收减免等，税务机关的征管空间和自由裁量权过大，从而导致区域间税收竞争，影响企业间公平竞争等。因此，需要通过提高税务机关行政立法的能力和水平，实现税法、部门规章的科学化、规范化，合理限制自由裁量权空间，防止腐败和保障纳税人权利。

（二）优化税制结构

目前我国税制结构的主要问题是直接税比重偏低，影响政府目标的实现，而当前已具备了提高直接税比重的条件。

完善增值税。我国的增值税制度依然不完善，需要进一步地改革。具体来讲，一是要简并增值税的税率，多档税率势必造成进项税额抵扣差异，税负不公平现象凸显，因此应进一步简并税率档次。二是要清理区域性税收优惠。目前，《中华人民共和国增值税暂行条例》中并无太多区域性的税收优惠，但各地区为发展本地经济，增加税收收入，往往变相实施增值税的税收优惠，并一度造成地区间无序的税收竞争，严重违反税收法定原则，损害公共利益。经济新常态下，产业结构调整和升级是当务之急，政府应实施引导并支持产业转型和升级的产业政策，而非实施地区性的税收优惠。

适时对住房开征房产税，建立我国财产税体系。直接税中仅次于所得税的是财产税。一是培育房产税，将其作为地方主体税种，这是对地方财力的重要补充，有利于缓解地方财力与支出责任不匹配的问题，对于完善地方税体系意义重大。二是房产税是对住房在保有环节征收的一种财产税，对财产征税可以直接调节居民之间的收入差距。我国现行税制中的房产税仅对经营性房屋征税，力度和范围都很小，难以通过征税来调节财富差距。

（三）降低税收缴纳和征管成本

逐步实现扁平化管理。一是减少不必要的执行层级，建立总局、省局、市区（县）一体局的三层架构，实现机构扁平化和管控集中化。二是在组织架构设计中不再以职能划分为唯一的标准，应搭建征管组织体系的矩阵式、网络化格局，对于需要各部门密切配合的特定工作项目，可抽调项目需要的专业人才成立临时项目组。

按经济区域和职能需求设置税务机构。要改变现行的按照行政区划均衡设置管理层级和全职能局的做法，突出巩固基层管理和服务工作。一是丰富集中征收的物理含义。对于经济条件成熟的地区或重点税源企业，实行以省为单位的分片集中申报征收；对于条件暂时不具备的地方，仍通过设立多个征收点或委托相应税务机关受理的方式实现申报征收工作。二是发挥省局数据大集中的优势，以省为单位设立税收信息处理中心，全面提升税收管理信息系统的安全保障水平和层级。三是逐步减少市、县级全职能局。市级管理局定位为省级全职能局的派出机构，主要负责人、财、物以及政风行风建设；区县级管理局作为税收管理和服务的基础部门，要加强建设。

提升税收征管信息化水平。一是实施数据管税，建设功能强大的数据资源库，统一数据资源目录和标准。建设切实有效的数据指标模型，分析洞察经济发展中的税收管理问题，采取有针对性的税收管理措施。二是以《中华人民共和国税收征收管理法》的修订和国家基础数据平台建设为契机，健全第三方信息获取制度，推进税务部门数据和第三方数据的有机整合，广泛开展税收数据分析和深度挖掘，充分发挥税收数据价值，服务国家治理。

（四）提高公众参与度

提高公众参与度是税收体系现代化的内在要求。税收体系现代化在主体参与上应体现为多元协同治理，税务机关是核心治理力量，但不是唯一主体。另外，协同治理是提高税收征管效率的内在要求。在实际中由税务机关作为唯一主体进行税收征管，在某种程度上容易使税收征管陷入“失灵”状态，普遍存在征管信息失真、监督乏力、惩罚失效、税务机关行政成本偏高等问题，因此，税收征管现代化必然要求多元主体参与共治。

公众参与税收立法。加强我国税收立法的透明度和公开性，必须在法律中明确规定公众参与立法过程、表达意见的途径，应当及时向社会公布立法计划、立法现状及立法成果，并通过专门机构进行程序收集、处理，及时地将消息传达给公众，并反馈公众的意见。此外，我国的立法程序有关于立法听证的规定。税收立法听证程序的完善应当与税收立法公开化、透明化相结合。参加税收听证的对象应当具有普遍性，公众有权参与整个听证程序，了解听证内容和结果并提出自己的建议，从而保证立法者能充分听取全面的意见，制定出合法、合理的税法，使税法达到高效、公平的目的。

公众参与税收监督。信息公开是公民参与监督的前提，税收信息披露可以将人大、社会、媒体、民众和政府的监督有机地结合起来，保证公民知情权的实现。税务部门应主动接受监督，将提高透明度贯穿于日常工作中。为了提高民众监督的有效性，实现“以监督促发展”的目标，税务部门要积极对民众监督的内容予以反馈，并且可以将民众监督作为对税务部门进行绩效评价的重要参考，提高工作的专业性和公正性。绩效的评价结果应当予以公开。对于违法违规行为，应当建立相应的考核和问责机制，促进监督工作的进一步优化。

执笔人：李承健　秦韶聪

专题报告六

深化行政事业性收费管理改革

当前我国经济运行的外部环境发生了明显变化。习近平总书记在2019年秋季学期中央党校（国家行政学院）中青年干部培训班开班式上指出，“在前进道路上我们面临的风险考验只会越来越复杂，甚至会遇到难以想象的惊涛骇浪”[①]。为此，要做好应用惊涛骇浪的准备。各方公认，当前国际形势急剧变化的主要应对之策是进一步深化改革、扩大开放，做好自己的事。2013年以来，国家力推“放管服”改革，清理收费是其中的重要内容之一。几年来，从中央到地方，都对本级的收费特别是涉企收费进行了全面的清理整顿。据统计，中央设立的行政事业性收费已经由185项减少到51项，减少的幅度达到70%以上，其中涉企收费由106项减少到33项，减少的幅度接近70%。各省、区、市设立的行政事业性收费项目也在大幅减少。除了收费项目的减少，相关管理也有所强化。这主要表现在实行了“收费清单公示制度”，在各级政府网站上都能查到清理后的本级政府的收费清单目录。另外，国家发展改革委于2018年6月29日发布了《行政事业性收费标准管理办法》，对各项收费标准作出了程序性规定。虽然前几

① 中国政府网，http：//www.gov.cn/xinwen/2019－09/03/content_5426920.htm。

年清理收费工作取得了重大成效，但目前看收费项目仍然偏多，且一些深层次的体制机制问题并未完全理顺，需要进一步深入研究。

一、文献综述

行政事业性收费作为国家财政收入的重要形式，一直是社会热点问题，但是同税收管理研究方面研究成果丰富、著作多的情况相比，国内关于行政事业性收费管理的研究相对来说还较少。从收集的文献来看，国内关于行政事业性收费管理的研究思路多以“问题—对策”式的结构为主，采用的分析方法均为定量分析。其视角和研究成果主要体现在以下几方面。

（一）对行政事业性收费概念和性质的界定

程行云、吴晓宁、支玉强（2014），张娟（2011）等认为行政事业性收费是指国家机关或代行政府职能的事业单位、社会组织根据法律规定，在实施社会公共管理以及向公民、法人提供特定公共服务过程中，向特定对象收取的费用。这也是目前最为主流的对于行政事业性收费的定义。毕井泉（1996）认为行政事业性收费是政府行政机关和事业单位在为社会提供公共服务过程中，按照国家规定向服务对象收取费用，以补偿服务成本消耗的一种价格行为。（1）收费的主体是行政机关和承担社会公益事业的单位。（2）收费主体实施收费的原因是向收费对象提供了特定服务。由于服务对象是特定的，这部分开支不应由全体纳税人承担。（3）收取的费用是补偿性的，而不是盈利性的。（4）收费单位是按照政府批准的收费项目和标准收费，而不是各收费单位自行确定。行政事业性收费虽然具有强制性，但是不等同于税收。把行政事业性收费按照价格管理，可以综合考虑物价总水平控制需要、财政和收费单位状况，以及社会各方面的承受能力来控制收费的规模和治理各种乱收费。许昆林（1993）将行政事业性收费一分为二，行政性收费是国家行政机关和国家授权行使行政职权的单位，在社会、经济、技术和资源管理过程中按照特定需要依据国家规定实施的收费。其具体表现形式主要有管理费、登记费、证明费和证照费等，主要特点是具有特定性和强制性。事业性收费是指事业单位向社会提供有效服务，依照国家规定实施的收费。如教育收费、产品质量检验费、各种检疫费和各类事务所收费等都属于事业性收费，具有补偿性的特点。

（二）行政事业性收费标准的制定原则

许昆林（1993）指出证照收费应严格按工本费核定，不得收取任何形式的管理费。涉外证照可参考国际上同类证照的收费标准制定。诸素雅（2013）认为应当科学调整收费标准。调低过高收费，对于消费具有较强外部效益及需求弹性较大的公共服务，应按照低于或接近边际成本的原则定价，以免造成消费者负担；对于消费外部性较弱及需求弹性较小的公共服务，可视情况使相应的收费标准高于边际成本，以免引起较为严重的公共部门亏损。调高过低收费，对于环境处理方面的收费如污水、城市垃圾处理等，可适当提高收费标准。

（三）行政事业性收费分类研究

冯俏彬（2016）在对收费的历史沿革重新梳理的基础上提出了对我国收费体系的再分类。按照政府身份划分为行政性收费、各类中介组织收费、事业性收费、与各类职业资格取得有关的培训与考试考务费；按收入的性质划分为“准税收”类（包括行政性收费、政府性基金中的文化事业建设费、地方教育附加费等）、“租”类（指政府因出租、出让国有资源所产生的收费等）、“使用者付费”类（各类公用事业性收费、与各类职业资格取得有关的培训和考试考务费等）。贾小雷（2017）将政府性收费大致分为行政规费、使用费和负担金三种类型。我国行政事业性收费按照其具体内容分别归属于行政规费或者使用费，政府性基金收入归属于负担金类别，国有资产（资源）有偿使用收入归入使用费，而国有资本经营收入单独设定为一类收入，形成一个相对合理的非税收入格局，有利于行政事业性收费位置的相对清晰和独立，从而可以在制度体系设计上提升其法治化水平。诸素雅（2013）提出应当采取保留、取消、转型、改革、拓宽的方式，对现有项目进行清理整顿，以更加科学地进行非税项目的征收。应保留难以实行“费改税”及其他合理、合法且暂不需清理的项目，并同时予以规范；取消地方或部门非法越权设立的收费项目、征收期已满的事业发展或工程建设基金；对咨询费、培训费等可通过市场调节、征收的项目，转型为由市场定价依法纳税；对凭借政府权力收取的与税收性质相同的项目，改革为以税收形式进行征管，如交通、水利等领域的非税项目变为燃油税、水资源税等；拓展对具有发展潜力项目的管理，如以政府名义接受的捐赠、财政资金产生的利息收入、彩票公益金、特许权收入等。

（四）行政事业性收费管理面临的问题

程行云、吴晓宁、支玉强（2014）认为税费管理立法滞后，目前收费管理依据主要是国务院文件，没有一部政府收费方面的统一法律规范。社会上对政府收费合理性的认识也有偏差。税费结构也不尽合理，政府收费特别是政府性基金规模偏大。罗顺霞（2017）认为行政事业性收费管理中存在两大问题，即公共资源交易制度不完善和财政管理制度不健全。汪文安（2007）认为现行收费的三种运行模式，即对乱收费行为企业或群众有权拒缴、企业或群众可向价格主管部门投诉举报、价格主管部门例行监督检查均无法对乱收费起到有效的遏制作用。章彩云、赵小平（2006），朱琴（2016）认为在行政事业性收费问题上存在收费项目政策制定不规范、收费行为缺乏有效约束性、收费资金管理制度不健全等问题。冯俏彬（2016）提出当前收费管理中存在部分行政性收费的合法性存疑、公共定价制度不健全等问题。

（五）行政事业性收费的改革思路

毕井泉（1996）提出了行政性公共服务收费将仅限于行政机关为特定对象服务而费用不应由全体纳税人负担的审批费、登记费、证照工本费等少数收费。在分清政府和消费者应承担的责任的基础上，明确各类公益服务收费的作价原则，逐步理顺公益服务收费标准，促进公益事业的健康发展。程行云、吴晓宁、支玉强（2014）提出应该抓紧推动政府税费立法工作、理顺价费关系、进一步规范收费的改革思路。冯俏彬（2016）提出可以通过推动行政零收费、建立完善公共定价机制等推进收费改革。罗顺霞（2017）提出了进一步规范收费体制、更新收费理念等建议，并认为目前收费的主要理由是规范市场经济秩序、营造良好商业环境及扩大开放程度等，整个过程中要树立“不收费才是正常”的改革理念。贾小雷（2017）提出政府部门在决策提供公共服务的具体项目时必须研判好政府与市场关系的发展动向，并根据情势变化及时加以调整。能够由市场机制提供的准公共服务，其对应的经济负担或交易对价属于市场自主价格调整范畴，只有落入非市场领域的准公共产品与服务，才涉及行政事业性收费的问题。而对于真正处于由政府及其相关组织提供的公共事业性服务，应当根据行政事业性收费的具体目的不同，对各种具体收费类型加以界定。

二、深化行政事业性收费分类管理的重大意义

（一）有利于理顺税费租价体系，规范政府收入行为

从财政理论上讲，任何一国的政府收入均包含税费租价四个方面，每个部分性质不同，管理迥异。由于历史原因，我国政府收入体系比较混乱，甚至表面上是一个类别，但实际上也是税费租价并存。行政事业性收费也是这样。这种“一锅粥”的状态，往往使相关管理规则游离、模糊甚至不适用，不仅减弱了国家的整体财政能力，而且给有些部门的不当行权提供了空间。对行政事业性收费进行研究，有利于分清类别，在此基础上各归其道，各归其管，形成良好的政府收入秩序。

（二）有利于科学化行政事业性收费的定价方法与定价制度

改革开放以来，我国市场化程度有了很大提高，97%的商品和服务的价格形成都由市场决定。目前，政府定价的范围仅限于基础设施、公用事业、公共服务等几个方面，对其中的价格形成机制问题，社会各界高度关注，但又极其复杂，不仅需要进一步深化相关领域的改革，而且也需要进行深入的理论研究。对行政事业性收费进行分类管理的研究，有利于从一个特殊的角度探及政府定价问题。

（三）有利于降低企业负担，优化我国营商环境

当今世界，各国经济竞争在很大程度上表现为营商环境的竞争。通过多年的不懈努力，2018 年我国营商环境的世界排名已上升到第 46 位。在 2019 年 10 月 24 日发布的《2020 年营商环境报告》中，我国

的排名再次提升 15 位，位列第 31 位。上升速度之快，令各方惊叹。但同时也要看到，目前影响排名的主要因素之一是税费负担，2018 年这一数值为 64%，高于世界平均水平（45%）。对行政事业性收费进行分类管理的研究，能从根源上发现企业负担的形成机制以及相关的解决办法，有利于从本源上消除企业负担增加的根子，进一步优化我国营商环境。

三、我国行政事业性收费管理的现状分析

管理是一个系统，包括目标、过程、方法、主体等多个要素。好的管理应当清楚陈述所要达到的目标，并基于目标来确定是以过程管理为主还是以结果管理为主，以单一主体为主还是以多主体为主以及相应的管理方法。换言之，管理需要一种系统、综合、全面视角。以是观之，可以对我国行政事业性收费管理的现状有以下四点评价。

（一）从目标看：目标已经发生变化

资料分析显示，早期（20 世纪 90 年代）我国行政事业性收费所要达到的目标是解决行政事业单位经费不足的问题。从相当大的程度上讲，这也是收费项目主导权最终归于财政部门的主要原因。目前看，这一目标已经有所变化，一是随着我国经济社会的发展，财政收入多年持续增长，1995 年我国财政收入仅为 6242.2 亿元，到 2018 年已经达到 183352 亿元，增长了约 29.37 倍。因此，财政部门在保障各政府部门履职需要的费用方面已不存在问题。二是进入 2013 年以来，随着各方面形势的变化，我国收费方面的主要目标已转为降低制度性交易

成本，优化营商环境，减轻社会尤其是企业负担[①]。在目标已改变的情况下，相关管理架构就需要及时调整。

（二）从过程看：事前严格，事中缺乏落实，事后缺乏评估，持续优化不足

简要地讲，可将任何一个管理过程分为事前、事中、事后三个阶段，每一阶段应匹配与之相适应的要求和制度。以行政事业性收费而论，事前阶段主要是涉及收费项目由谁来确定，如何确定，收费标准是多少，即收费项目和收费标准的问题。事中阶段主要涉及谁来收，如何收，以及围绕这一要求所进行的公示、目录清单、监督、投诉、申诉等机制。事后阶段主要涉及收费效果的回顾、评估、调整，即反身评估和持续优化。

以是观之，长期以来，我国关于行政事业性收费的管理主要集中在事前阶段，即收费项目和收费标准的确定上面。事中阶段虽也有详细的文件规定，但似乎缺乏落实与检查机制。最缺的是事后，基本上没有看到已落实的、常态化的评估与调整机制。现实中，变革往往源于问题倒逼。从相当大的程度上讲，这既是收费项目逐年累加以至尾大难掉的原因，也是收费标准调整频次非常稀疏的原因。

（三）从主体看：以政府主体为主，作为付费主体的企业与公民相对隐形和失声

收费问题至少关系到管理主体、收取主体、付费主体多方，从决

---

① 需要指出的是，即使在营商环境已经很好的国家或地区，也不是说没有收费就是最好，任何时候政府出于管理的需要，都有一些收费项目的存在。关键在于“度”，要注意不能把孩子连同洗澡水一起泼出去。

策和监管的角度看，还要包括相对第三方的社会或专业人士。但从目前看，主体只有两个，即财政、发改和执收单位，管理的关系线主要是政府部门之间的内循环。作为付费主体的企业与公民，则基本上处于相对隐形和失声状态。由于政府事务千头万绪，而且每一阶段的工作重点都不相同，因此很难有内在持续的动力对几百项收费进行一一回顾与评估，这也是对收费问题来说，虽然平常觉得是件小事，但经年累积之后就可能变成影响营商环境、人民满意的大事，受到各方面质疑甚至责难的原因之一。

（四）从方法看：程序性多于技术性

总体而言，现在关于收费的管理方法不仅有，而且很多。比如，在收费项目和收费标准的提起、审核、批复方面都有明确的规定，有些还十分具体。目前的不足主要在于，一是有些规定还比较原则，细化程度不够，操作起来有一定的模糊性；二是权威性不够，这主要体现在收费项目的确定多为政府文件；三是科学性不够，这主要体现在收费的定价标准比较原则，没有科学合理、清楚明白的定价公式；四是执行的程度、效果缺乏落实、核查、评估以及惩戒机制。

四、收费管理的国际经验及借鉴

不同于我国的“行政事业性收费”，其他国家和地区更多是使用“行政收费”（Administrative fees）这一名词。由于各国之间存在经济发展水平和政治文化的差异，其行政收费在项目的组成、分类以及收费的标准、规模、相关管理等方面都存在着不同。尽管存在各种各样的差别，但各个国家和地区总体上都对行政收费实行比较严格与规范的管理。

（一）美国的行政收费

在美国，收费通常称为“user fees”，国内有时译为“规费”和“使用费”，是指根据政府所提供的产品或者服务而向用户收取的使用费。依据对象不同，美国联邦政府层面的收费大致分为三类：一是对政府提供的某种服务收取的使用费，如邮政服务费、保险费、研究服务、技术信息、地图、图表和数据等收费，这类使用费多以补偿政府提供服务的成本为目的，一般情况下收费标准比市场价格稍低；二是管理费，是个人或者组织在接受政府某些服务时应当缴纳的费用，主要包括护照费、领事签证费、专利费等；三是对出租、特许和资源销售收取的使用费，这类收费完全以市场交易规则为基础，收费标准通常与市场价相同。在州和地方一级，主要有四类收费：一是出租、特许和资源销售等方面的收费；二是教育收费，如州立大学收取的学费；三是公共事业收费，如道路、污水处理和固体废物处理收费等；四是公园、娱乐等方面的收费。

美国的行政收费项目由法律规定，按照受益人付费原则确定收费标准，具体由行政主管部门制定收费标准和方式。美国关于收费制度的规定包括两类：第一类是一般法律依据，即通过一部法律文件授予所有政府部门收费权，主要指《1951 年独立办公室拨款法案》（*the Independent Offices Appropriation Act of* 1951），该法案规定，联邦各行政机关首长可以在没有特定法律授权的情况下制定规章设定行政收费，但是必须符合公平和公共利益原则。第二类是特别法律依据，指通过一部法律文件授予若干政府部门收费权。具体又包括两种情况：一种是集中授权式法律依据，指通过一部法律授予多个政府部门收费权，如《统一综合预算协调法案》；另一种是通过一部法律授予某一政府部门收费权，如《国家航空航天管理局法案》《水资源开发法案》等。

收费标准方面，费用的确定必须以政府支出的成本、提供的服务或者资源对受益人的价值、公共政策或者公共利益等相关因素为基础来确定。收费的管理方式很大程度上取决于法律授权的形式：一般而言，对于依据《1951 年独立办公室拨款法案》授权所设定的收费，其收入必须纳入财政部的一般资金账户，与一般预算收入同步管理。在一些特别情况下，法律容许执收单位保留这些收费收入直接弥补相应活动或者部门运营的成本，可在预算文件中作为抵消性征收或者抵消性收入直接抵消部门总支出，以净成本的方式从支出方进入预算。美国联邦大约有 90% 的政府收费收入用以收抵支方式处理；对于依据特定法律授权所设定的收费，这种管理方式通常将其收入纳入专项资金账户实行专款专用。地方政府对收费收入一般规定专款专用，如加州政府规定，收费不能用于一般公共服务，只用于特定的目的。

（二）加拿大的行政收费

加拿大联邦政府层面的行政收费主要包括两类：一是提供服务的收费；二是提供特许权、颁发执照和许可证的收费。省和地方政府的行政收费也包括两类：一类是就其提供的服务和管理收费，收费项目有机动车驾驶执照费、酒类制造和销售许可费、博彩专营收入等；另一类是就其提供的市政服务收费，包括固体垃圾处理、供水、废水处理、过路过桥（通行）、城市建设等收费。

纵观加拿大的收费情况，令人印象深刻之处在于其完备的法律规定。在加拿大，收费的法律依据主要包括《宪法》《财政管理法》和其他专项法律。其中，《宪法》对行政收费进行宏观上的规范，制定收费原则，明确所有收费项目，都需要在得到众议院的批准之后，才能授权省级政府具体落实。《财政管理法》则规定在相关部门的建议下，众议长根据法律授权，可结合实际需要来制定与公共服务或者公共产品的使用人相关的收费项目，同时要求部长级别行政官员来落实收费细则，如实施期限或者收费条款等。专项法律主要针对特定的行为来制定收费，并授权相关部门修改，比如，在管辖区域范围内，省级政府有权通过制定省级法律来征收非税收入，只有获得省级法令的授权，地方政府才能设立收费项目。收费标准由提供服务的成本或服务对象得到的价值来决定。对服务或设施使用的收费金额不得超过提供服务或者设施使用的成本；如超过成本，需要立法确认；收费部门要定期公布相关服务成本，接受社会监督。同时，加拿大联邦国库部对如何计算成本作出具体规定，进行指导。加拿大的法律规定，若出现收费项目立项、收费标准提高、收费范围扩大或收费期限延长等情况，在情况发生前，要同时通知与这些收费相关的相对人和行政部门，并对相对人清楚解释行政收费的决定以及行政收费所涉及的成本和收益，给予相对人就有关行政收费的事项提出建议的机会。在收费收入的管理方面，《财政管理法》规定，各级政府机构收取的费用资金、联邦政府部门所有收入均缴入政府综合收入基金，由政府按照预算统一安排，调配划拨使用。但一些政府机构通过国会批准设立的净拨款基金和可周转基金，将缴费者直接受益的政府服务项目收入作为可重新使用收入，在国会批准额度内直接用于该服务项目的运行，实行收支相抵，通过部门净支出，而不是作为政府收入体现在财政预算中。省一级政府机构的情况也类似，如安大略省将收费均计入政府综合收入基金，但也容许一些部门保留周转性基金项目，以收抵支。

（三）日本的行政收费

日本《地方自治法》规定，地方公共团体[①]可征收受益者负担，是指对特定事业受益的人，以该受益为依据，要求其负担与受益程度相应的一定费用。这与中国的行政事业性收费制度有一定的相似之处。日本实行地方自治，虽然在中央政府一级也存在着收取受益者负担的情况，但受益者负担制度主要运用于地方。受益者负担包括分担金、负担金、手续费和使用费四类。其中，分担金是针对多数人提供服务的公共团体，向在该事业中获得特别收益的人征收的费用，相当于分担所提供服务的部分成本，构成公共团体的运行经费。负担金是指为了能足够提供公共服务，法律规定应当由行政管理相对人负担的费用。手续费是行政机关为相对人实施特定行政行为时，向获得收益的管理相对人收取的手续费和工本费。使用费是为维护自然资源、提高公共设施的使用效率，行政机关对利用自然资源或者公共设施的管理相对人征收的费用。

日本行政收费的法律依据种类繁多且完备，除了《地方自治法》外，《道路法》《都市规划法》《土地基本法》都为受益者负担金制度提供了权威性法律依据。此外，日本将受益者负担金制度的具体规定分布于众多的特别法之中，如《河川法》《港湾法》《防沙法》《共同沟法》《企业合理化促进法》《特定多目的水库法》《下水道法》《公害对策基本法》等许多法律中对征收范围、收费项目、征收标准、收入归属做了相应规定。如《河川法》第72条规定了“负担金的归属”：以国土交通大臣为征收主体的负担金，为国家收入；以都道府县知事为征收主体的负担金，为该都道府县知事管辖的都道府县的收

① 地方公共团体是日本行政法中的概念，是指直接依据宪法享有自治权、独立于国家的地域性统治团体，是日本行政主体之一。

入。受益者负担的征收标准与“特别受益关系”的程度相对应，根据“特别受益关系”程度的不同而有所调整，并且要经过复杂且严格的批准程序。现实中，往往是结合“成本标准”与“受益标准”来确定受益者负担的额度，例如，《港湾法》第43条第4款规定，受益者负担金是由钢铁、石油等大企业负担特定港湾设施工程费用的一部分，这种情况下，负担金的征收额度不仅与特定港湾设施工程的费用相关，还与特定企业使用该设施所提高的特定收益相联系。日本的行政收费通过“特别会计预算”纳入财政预算管理，基本实行专款专用的开支方式。预算管理往往采用“双重管理模式”，即由费用收取部门实行收支一体化的直接管理，而财政部门通过审批该收费部门的预算、决算和采用会计监督的方式，对该部门进行财政管理和监督，从而间接地实现对收费收入的监督。

（四）启示与借鉴

1. 收费一般都有明确的法律依据

从以上比较来看，各国对于收费项目的设置有明确的法律依据，行政部门出台任何收费项目都要依法而行，同时采用多种管理方式保障在收费的实施过程中依法实施。虽然各国在财政体制、社会传统和文化根基等方面有所不同，但在对政府行政收费管理的过程中最明显的都是法治精神和原则得到全方位的坚持实施。从实践上看，收费项目的设立和标准的确立、收费收入的预算收支、透明化和对其监督，都有严格的法律规范。行政收费与支出的预算和决算要受到严格的审查和批准才能实施，都有程序法的依据。同时，通过采用多种专门预算管理方式，保障在行政收费的实施过程中，尽可能地做到依法实施、管理规范、监督严格，确保分配合理和规范，防止行政收费的资金流失。法治原则、精神和理念在行政收费领域全面贯彻实施，法律赋予了公众合理预期和对政府部门进行了有效约束和监管。

2. 收费标准有科学的确定方法

发达国家和地区的收费管理非常严格，收费标准的确定需要经过严格的程序，并需经过严密计算及公众讨论。从经济学角度来讲，市场经济国家的收费标准一般有两种：完全成本定价和边际成本定价。以美国为例，美国使用费的构成要素包括特别收益、特别受益人、成本或者价值和使用费的数额等内容，并以“受益人付费原则”作为是否设定收费的标准。根据“谁受益谁付费”的原则，使用费向直接受益人即特别利益的获得者收取，对间接受益人不收费。此外，使用费标准主要取决于政府提供服务或者产品的成本以及项目惠及私人的程度。若政府采取某种行为，其收益主要由特定个人享有，公众收益仅是其附带结果的，使用费应当充分弥补政府提供服务或者产品的全部成本；若政府活动属于商业交易如出租或者销售货物和资源的，则收费标准应当根据市场价格确定。

3. 收费收入全部纳入财政预算管理

发达国家非常重视收费资金的管理。与税收一样，收费收入全部交入国库，统一纳入预算，采用收支两条线的方式管理。大部分国家都有财政方面的基本法律，如美国的《国会预算法案》、日本的《财政法》等均将行政收费纳入规范统一的财政预算，行政收费资金最终全部归国库所有，收入与支出分别管理，同时对两者作出统一的政府预算。当然，预算方案的确立需要议会和相关部门的决策。同时，国外的预算相关法律、法案还规定了预算的规范性和统一性等原则，规定行政收费应保障预算合法与公开性原则，保证各方知情，让公民参与到预算编制的活动中来。行政收费使用情况与其他财政信息一样，及时、全面地向社会公布，公众可以通过公开渠道查询，透明度很高。

五、深化我国行政事业性收费管理的理论框架

（一）理论基础：公共产品的技术标准与政治标准

一般认为，政府的职责是提供公共产品和公共服务，在我国可以进一步具体化为宏观调控、市场监管、公共服务和社会管理四个方面。理论研究表明，公共产品的确定有两个标准。一是技术标准，判断依据是“非竞争性”和“非排他性”，据此可将所有产品和服务分为四个大类：纯公共产品、公共池塘物品、俱乐部产品、私人产品（如图6－1所示）。二是政治标准，即政治决策或称为集体选择，一项产品是不是公共产品，除了看其是否具备收费条件，还要看其所在的社会决定怎么做，以及背后的决定因素即同期普遍公认的某种政治伦理与公民权益。技术标准回答的是能不能收费（只要能确认受益主体和受益程度，就具备收费的技术条件），政治标准回答的是要不要收费或者收多少。

	排他性	非排他性
竞争性	纯私人产品 苹果、鞋子、书本	混合产品（公共池塘物品） 公用绿地、公共渔场
非竞争性	混合产品（俱乐部产品） 剧院、公园	纯公共产品 国防、环境保护

图6－1　所有产品和服务的分类

从技术角度看，政府提供的大量公共产品和公共服务中，都有或多或少具备收费条件的准公共产品，其中既包括公共池塘物品，也包

括俱乐部产品。特别是随着技术进步，越来越多原来不具备收费条件的公共产品，完全可能因具备了收费条件而或多或少地带有私人产品的性质。反过来，也有一些原本是收费的，但因为人们价值观念的变化和政府伦理的变化，而改为不收费或少收费的准公共产品。这就是公共产品理论中广为人知的“边界漂移”说。因此，即使在技术上具备了收费条件，也不意味着政府都要收费、都能收费，到底收不收、收多少，还要看同期社会上普遍持有的行政伦理与公民权益观念，以及政府角色的多重性，即到底是权力主体，还是产权主体。这是研究收费问题的思维起点与思想基础。

（二）以两维度坐标法对现有收费项目重新进行分类

总体而言，现有300多项中央及全国性行政事业性收费中，绝大部分是既能确认受益主体，也能确认受益程度因而具备了收费条件的准公共产品。这也是相关文件中对于行政事业性收费定义中的“两个特定”的主要意思。但如上所说，一项收费是不是成立，除了技术上要具备收费条件，还要在政治上具备某种收费认同。我们认为，新的历史时期，对于现有收费项目的分类应从以下两个维度进行考虑。

第一，付费强度。即按当时条件与背景下需要收费的必要性大小。

第二，政府管理强度。从相当大的程度上讲，收费的背后是职能，因此一项收费到底需不需要，还要看这项收费背后的职能到底是政府的，还是社会的、市场的。即使是明确的政府职能，也还要看政府应该在其中哪些环节、以哪种方式发挥作用。

图6-2中纵轴指付费强度，从下到上表明收费的必要性从弱到强，横轴代表政府责任强度，从左到右表明政府责任从强到弱。据此，我们将现有行政事业性收费分成五个类别。

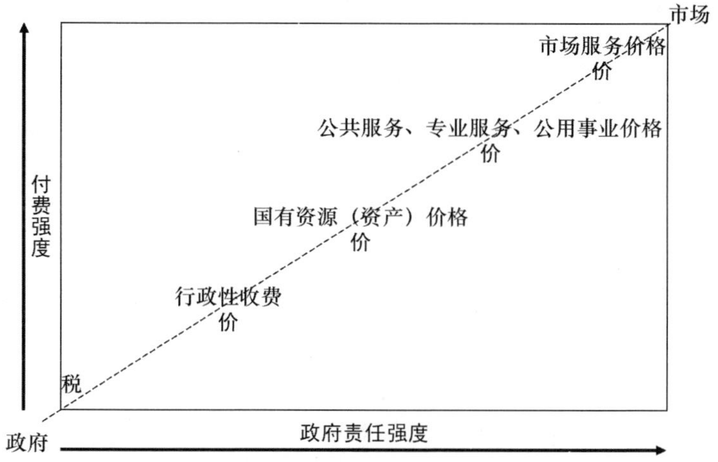

图 6－2　行政事业性收费分类

一是税收。即政府作为全社会的管理者，出于提供普遍性公共服务而收取的收入，其中政府责任强度大，面向社会主体以税收的形式普遍收取，不需要针对个体单独收费。

二是行政性收费。即政府机构在履行其应尽职责时，出于抑制过度使用公共资源目的而收取的费用（类似于公共池塘物品）。包括办理证照、许可、实施罚没、监管、诉讼以及涉外等几个子类别。但涉及初次与基本的部分应由公共财政保障，政府不应当另行收取费用（政府的角色是社会管理者）。

三是国有资源价格（含补偿、出租、出让）。即政府作为国有资源（资产）的所有者，在管理、出租、出让其使用权时收取的费用。依情况不同，可能包括资源补偿收入、出租收入、出让收入、特许使用收入等（政府作为国有资源所有者）。

四是公共服务、专业服务和公用事业价格。即由事业、企业单位为主体提供的某种特殊服务的价格，包括水、电、气、教育、医疗、考试及其他公用、公共服务。这些服务的提供主体不是政府，但由于存在自然垄断现象或明显的公共利益，需要政府对其进行一定的规制

（政府是社会管理者）。

五是市场服务价格。即由企业、社会组织、中介机构提供的某种与政府管理有一定关联的服务收费，属于市场价格的一类，政府负有普遍管理责任。

六、对现有行政事业性收费项目的重新分类

根据上述研究，我们对中央级300多项行政事业性收费重新分类如下。

一是行政性收费。包括以下几类：第一，证照类；第二，登记类，含不动产登记、药品注册费、医疗产品器械注册费、商品注册费、专利收费、集成电路布图设计保护收费；第三，监管、诉讼类，含银行业监管费、保险业监管费、证券期货业监管费、诉讼费、仲裁收费、适航审查费等；第四，罚没类，含社会抚养费等；第五，涉外类，含涉外类认证费（含加急）、签证费、驻外使领馆收费、证照费、外国人签证费、外国团体来华登山注册费、专利收费等。

二是国有资源价格。包括两类：第一，补偿类，含土地复垦费、土地闲置费、耕地开垦费、水土保持补偿费、渔业资源增殖保护费、草原植被恢复费、挖掘修复费、航空业务权补偿费；第二，经营类，包括城市道路占用费、车辆通行费、无线电频道占用费、电信网络号码资源占用费等。

三是公共服务、专业服务和公用事业价格（或统称“使用者付费”）。包括三类：第一，公共服务费，含各类学费，如公办幼儿园保教费、住宿费，普通高中学费、住宿费，中等职业学校学费、住宿费，高等学校学费、住宿费，委托培养费，函大电大夜大及短期培训费，

国家开放大学收费，预防接种服务费，造血干细胞配型费等；第二，专业服务类，在此主要指各类职业、职称考试考务类；第三，公用事业费，含污水处理费、城镇垃圾处理费、殡葬收费、长江干线船舶引航收费等。

四是市场服务价格。在此主要是鉴定类，即根据法律法规规定，行使或者代行政府职能强制实施检验、检测、检定、认证、检疫等收取的费用，包括农药实验费、鉴定费、特种设备检验检测费等四类。

七、深化行政事业性收费管理改革的主要政策建议

根据上文的分析，对推进我国行政事业性收费分类管理提出的主要建议可以总结为三句话：一是“正本清源，分流归位”，即按税、费、租、价重新对现有行政事业性收费项目进行分类；二是“各归其道，各归其管”，即在分类的基础上，按其性质制定分类管理办法；三是“科学定价，适时调整”，即针对每一类项目，要明确其定价原则，有条件的要给出定价公式，同时引入后评估制度，适时调整。

（一）各归其道，各归其管

由于历史原因，现有300多项中央级行政事业性收费项目中，几乎包含了税、费、租、价四类。这种混成一团的“一锅粥”局面不利于推进分类管理，必须分流归位，精准锁定。在上文我们已经进行了重新分类，在此我们进一步提出如下建议。

第一，取消行政事业性收费的笼统说法，分别使用含义准确、让人一目了然的“行政性收费”“国有资源价格”“公共（专业）服务价格”（或称“使用者付费”）“市场服务价格”等名称。同时严格管

控各类以费之名行调价之实的、价费不分的行为。

第二，保留正当的行政性收费部分，共计 153 项，这是今后收费工作管理的真正对象。

第三，取消一批。主要有两项。一是取消“防空地下室易地建设费”。一来此项费用属于典型的纯公共产品（国防），应当由财政预算安排支出；二来这项收费时间已经过长，早已不符合时代需要。二是取消“社会抚养费”。主要原因是我国新增人口已转为负增长，原有以人口控制为目标的计划生育政策已经严重过时，操作上需要和人口与生育政策同步进行。

第四，转出一批。这又分为四种情况：一是转入“税”部分，共计 3 项。主要有海洋废弃物倾倒费转入环保税收取，水资源费转入资源税一并收取等。二是转入“公用事业和公共（专业）服务价格”部分，共计 121 项。污水处理费、城镇垃圾处理费属于典型的公用事业价格，应从收费项目中转出，列为公共事业价格。殡葬、各类学费（含住宿费）属于典型的公共服务，可转入公共服务价格。考试考务类属于专业服务类，共计 99 项。三是转入“国有资源价格”部分，共计 21 项。四是转入“市场服务价格”部分，共计 7 项。

这样处理后，真正的行政性收费只有 153 项。其他的项目分别归于税、租、价等不同范畴，由此可以调整管理范围和管理机构，并依对象不同构建出相关管理机制。

（二）完善我国行政性收费管理制度

对于行政性收费项目，核心是要明确其财政资金的性质，并在此基础上明确管理理念和基本原则。我们的主要建议有以下三个方面。

1. 改名

将原来的“行政事业性收费”改名为“行政性收费”，其含义是指履行行政管理的政府部门在面向企业或公众提供某些特定服务时，基于控制公共资源过度消费的目的而收取的费用。为了从思想上明确认识，还可进一步指出，对于政府提供的服务应进行两个层面的区分：一是其中的普遍和基本服务部分，如初次办理证照费、注册登记费、司法救济等，这部分属于政府基于本身天赋职能应当提供的部分，性质上接近纯公共产品，所需费用由财政预算统一安排，不再另行收取费用；二是超出普遍和基本的部分，这是为了抑制对于公共资源的过度消耗而收取的费用，性质上属于公共池塘物品，应当通过收取适当费用的方式，辅以经济方式施加管理。

2. 实施政府定价，分类确立收费标准

即使都是行政性收费，各项目的性质仍然不尽相同。为此，还可以进一步做如下区分并确立其收费标准的一些基本原则。

（1）涉及企业和居民的证照费、注册登记费、诉讼费、仲裁收费应以变动成本定价为基准确定收费标准。所谓变动成本，是相对于固定成本（即在一定范围内不随产品产量或商品流转量变动的那部分成本，如固定资产的折旧和维护费、办公费等）而言的。在行政性收费的语境中，各相关政府部门的人员经费、办公经费、基本运行经费等就属于固定成本，这部分成本主要由税收转化而来的公共财政承担。变动成本是指成本总额随着业务量的变动而成正比例变动的成本，如在产品或服务的生产过程中所消耗的直接材料费、人工费等。这部分成本应由消费了超过基本公共服务部分的个体来承担。

在现行的收费标准的管理规定中，有各种证件、牌照、簿卡等证照收费标准按照证照印制、发放的直接成本，即印制费用、运输费用、仓储费用及合理损耗等成本进行审核之规定[1]。总体上看，符合变动成本定价法的基本精神的，可予以保留和完善。

可用如下公式表示：

收费标准 = 印制费用 + 运输费用 + 仓储费用 + 合理损耗 + 其他

（2）银行业监管费、保险业监管费、证券期货业监管费、适航审查费这几类，由于存在明显的商业利益，同时相当于政府准入和许可，可以其预计三年内的平均收益为计算基数，按同期社会平均税率来核定收费标准[2]。

用如下公式表示：

收费标准 = 未来三年同行业的平均收益之和 × 同期社会平均税率

（3）罚没类收费另行确定。依有关法律规定。

（4）涉外类收费按国际对待原则确定。

3. 严格行政性收费的全过程管理

基于行政性收费的主要特征，即收取部门是履行行政管理职能的部门，所提供的公共服务即使对象可识别，也是具有普遍性的、是政府出于天职而应该提供的管理或服务。因此对这部分收费的管理提出如下建议。

（1）收费项目的确定要有明确的法律授权。行政性收费与税收一样，都是政府行使公权力所获得的收入，也是政府财政收入的组成部分。与“税收法定”相同，确定行政性收费项目也应当在法治的原则之下进行，每一项收费都要有明确的法律授权。因此，要对现有的行

---

① 《行政事业性收费标准管理办法》（发改价格规〔2018〕988 号）。

② 在 2011 年国办《关于分类推进事业单位改革的指导意见》中有这样的规定：已认定为承担行政职能、但尚未调整到位的事业单位，其履行行政职能依法收取的费用以及通过向社会提供其他服务取得的收入，全部纳入财政预算管理，收支彻底脱钩，各项经费由同级财政预算予以安排。这一项完全符合对银、证、保监管费的处理思路。

政性收费进行一次依法依规方面的审查，如无明确法律授权的，应通过后续程序进行完善。今后如有新增项目，可保持现有管理部门提出收费申请的做法，由相关部门集中后报国务院统一批复，同时报人大备案。

（2）清单管理、全面公示。所有行政性收费项目，应当通过线上、线下等各类方式予以公开、公示，同时实行正面清单管理。凡不在清单上的项目，一律不得收取。

（3）全面贯彻收、支、用、管相分离的原则。从经验上看，行政性收费出现“生复剪，剪复生”怪圈的主要原因是在收费收入与执收执罚单位的支出之间、在预算安排与收费收入之间存在着或明或暗的利益勾连。因此，要想一劳永逸地清理、规范管理行政性收费问题，根本对策是彻底消除这之间的利益关联。为此，要全面消除收费收入是部门资金的观念与行为，并从制度设计上做到收、支、用、管相互分离、相互制衡，彻底消除可能存在的某种“合谋”机制。具体而言，可由执收执罚部门开具收费指令，税务部门负责收取，财政部门统一安排，经费使用部门对其规范性和绩效负责。现实地看，除监管费和诉讼费之外的其他行政性收费贯彻这个原则是完全可行的，基本上没有什么难度。但监管费和诉讼费在现体制下，很难一步到位，可先在观念上予以明确，同时配合相关改革缓步推进。

（4）建立定期评估与调整制度。由于经济社会处于不断发展变化中，技术也处于不断的进步中，人们对于政府的观念以及行政伦理也处于不断变化之中，因此，政府所提供公共产品或公共服务的范围和程度以及由此而来的行政性收费完全可能因时而异。为此，应当建立定期或不定期的收费评估与调整机制。从主体上看，这种评估既可以由政府部门进行，也可由第三方评估，还可以结合全面绩效管理的推进进行。从内容上看，可从收费必要性、收费标准、收费管理、效果等多方面进行综合回顾，在此基础上进行调整，该取消就取消，该新增就新增，该调价就调价，以达到持续优化的目的。从频次上看，倒也不必每年一次，可考虑以三年左右的周期进行，关键是要设定调价的触发条件。

（5）其他。结合当前行政事业性收费目录的情况，我们建议：一是单列“行政性收费”条目，与其他各类价格条目明确区分。二是明确今后“费”即指或主要指行政性收费，其他类别尽量不使用“费”的名称。三是严格管控各类以“附加费”之名行涨价之实的行为，价格调整按相关机制执行，不可再以“附加费”的名目出现，否则，没几年又将面临遍地都是收费的乱象。

（三）优化国有资源价格的管理制度

1. 定义与分类

在现行行政事业性收费项目中，有些属于国家作为国有资源的所有者，因出让、出租某种资源的使用权而获得的收入，属于经济学意义上的“租”。从另一个角度看，这类“租”也可通俗地表达为国有资源价格，即政府作为国有资源的所有者，向开采、利用自然和社会公共资源的企业或居民所收取的费用。

从现有目录看，主要涉及水、土、草、道路、空域等。其中又可分为补偿类和经营类两种。补偿类：土地复垦费、水土保持补偿费、渔业资源增殖保护费、草原植被恢复费、土地闲置费、挖掘修复费等。经营类：耕地开垦费、城市道路占用费、车辆通行费、航空业务权补偿费、水资源费、无线电频道占用费、电信网码号资源占用费等。其中水资源费未来的发展方向是纳入资源税，目前已有部分省份正在进行试点。因此在将其全面纳入之前，可仍然按经营类国有资源进行管理，纳入资源税后将其同步取消。

2. 管理原则

基于国有资源价格的“租”性质，可以推断出这部分收入属于全民所有，应当纳入财政大账。具体而言，有以下要点。

（1）所有基于非公共利益对国有资源的使用，均应收取费用。

（2）收取国有资源价格的主体是相关管理部门，如国土、农林、交通等。

（3）所有国有资源的出租、出让收入，均是国家财政收入的一部分，因此同样应当执行收、支、用、管相分离的基本管理原则，相关收入与收取部门的预算安排之间不存在实质性联系。

3. 实施价格管制，分类确定价格标准

由于国有资源的国有性质，其出租、出让的价格如何确定是一个世界性的难题。我们认为，可基于某项资源的具体用途和时限，即长期的还是短期的，商用的还是民用、公用的，分别考虑。

（1）补偿类国有资源价格的确定：“影子价格法” + 成本补偿。水、土、草、道路等国有资源的价格，受到地理位置、经济发展程度和市场价格等影响，很难给出不同时间、不同区域、不同品类的价格标准。现行文件中“资源补偿类收费，即根据法律法规规定向开采、利用自然和社会公共资源者收取的费用，收费标准参考相关资源的价值或其稀缺性，并考虑可持续发展等因素审核。对开采利用自然资源造成环境污染或者其他环境损坏的，审核收费标准时，还应充分考虑相关环境治理和恢复的成本”① 的规定比较原则，并不能作为可操作的定价规则。事实上对于这类“价格”情形，最可行的办法还是引入

① 《行政事业性收费标准管理暂行办法》（发改价格〔2006〕532 号）。

市场机制来形成价格和发现价格。但是，由于水、土、草、道路等均具有所有者主体（国家或政府）的单一性，换言之，只有一个卖家，在这种情况下，价格发现机制仍然会失灵，表现为价格畸高。对此有两个解决办法：一是引入“影子价格”。比如，各地都有公共资源交易中心，理论上水、土、草、道路等资源曾经有过交易记录，这就是一个很好的参考标准。二是成本因素，即使是资源所造成的污染、损坏的治理和恢复成本，这也可以从当地上年度的财政资料中发现。基于这样一个思路，补偿类国有资源价格的确定方式为：参照“影子价格”和相关成本，作为其定价基准。

（2）经营类国有资源价格的确定：竞价 + 价格管制。这部分国有资源具有双重性，一是通常具有自然垄断性，二是经营具有盈利性。政府在此的角色也是双重的，一是国有产权的出让者，二是公共利益的代表人或者说社会管理者。此时国有资源产生的收入也是双重的，一是政府在出让其使用权时所产生的收入，二是经营过程中产生的收入。对于前者，可通过各地公共资源交易中心公开、公正、公平地出让、出租使用权，这是政府作为所有权主体产生的租金收入。而对于后续经营过程中的价格，则予以一定程度的规制。以城市道路占用费为例，可分为两个步骤，一是以竞价的方式出让路权，政府获得一部分收入，二是根据当地的经济发展水平、人民收入水平等因素来确定最高限价。再以车辆通行费、航空业务权补偿费为例，企业可用全成本加合理利润的方式来定价，但政府要定期对其成本费用信息进行核查，并向社会公开，即企业有定价权，但政府有管制权。

（四）关于使用者付费项目

1. 定义与分类

使用者付费项目是真正的、面向特定群体提供的某种特定服务。

具体包括公共服务、专业服务、公用事业三个方面。

一是公共服务，在此主要指教育、殡葬、预防接种等，即超出基本公共服务之外、需要使用者付费的部分，出于信息不对称等原因，需要政府对其价格进行监管。在现行目录中，主要包括：各类学费，包括公办幼儿园保教费、住宿费，普通高中学费、住宿费，中等职业学校学费、住宿费，高等学校学费、住宿费，委托培养费，函大电大夜大及短期培训费，国家开放大学收费等；此外，还有殡葬收费、预防接种服务费、造血干细胞配型费等。

二是专业服务，是指涉及特定人群的某种专业性服务。在此主要指各类职业、职称、技能的考试考务类。

三是公用事业，一般指服务于城市生产和居民生活的各项产业，包括水、电、气、热、公共交通等。在现行目录中，属于标准公用事业的主要是污水处理和城镇垃圾处理，其次是长江干线船舶引航。

2. 管理原则：价格管制＋政府监管

上述公共服务、专业服务和公用事业，属于典型的使用者付费项目。其生产主体要么是企业，要么是公益二类的事业单位，不完全属于政府。但由于公共服务、专业服务和公用事业要么存在显著的信息不对称，要么具有自然垄断特征，因此政府通常都会介入，或直接举办或给予一定程度的财政资助或政策许可。无论哪种情况，政府都要对其实施监管，且监管的内容涵盖多个方面，包括价格、服务质量、市场准入、投资、财务管理等，其中价格监管是核心。

3. 科学确定公共服务、专业服务价格

基于使用者付费的基本特征，现行目录中的教育、殡葬、预防接种、考试考务等公共服务和专业服务，理论上应当适用全成本定价法，即应当由使用者负担全部成本。但在我国，提供以上公共服务或专业服务的主体，按2011年国办《关于分类推进事业单位改革的指导意见》中对于事业单位的划分，大多属于公益二类。其基本特征是：一是主要从事的是不由政府保障的非基本公共服务；二是部分由市场配置资源，即可通过收费的方式部分地弥补其成本。换言之，这些事业单位的收入构成包括两部分：财政拨款+收费收入。因此理论上讲，其服务价格的制定应当遵循以下逻辑：一是该单位的全成本是多少？二是某一时期的财政拨款是多少？三是以上两项的差额是多少？据此可得到某种公共服务的单位价格。其公式如下：

$$单位价格=\frac{全成本-同期财政拨款}{人次}$$

将以上定价逻辑落实下来，政府要做到以下几个方面：一是掌握准确的拨款数据；二是能够全面、清楚且动态地掌握相关成本的信息；三是有一套关于公共服务质量监管、公民投诉、价格调整的相关机制。这实质上是现代社会政府对公共服务管理的全面转型，任重而道远，需要结合相关方面的改革缓步推进。

另外，由于这些单位所提供的服务具有某种公益性或涉及较多人群（或称非营利性），因此政府应当对其进行价格规制①。但价格规制也应当基于现实成本，而非某一固定标准。举例而言，现行考试考务费中有规定最高上限的做法，但根据我们的调研，还是存在标准过低，不符合现实情况（更不用说国际比较了）的问题，由此导致的结果很可能是或明或暗的管理或质量问题，或是牺牲长期效应掩盖短期矛盾的问题。对此可结合相关领域的改革，徐徐推进。与此同时，在一些领域和环节可以考虑积极引入政府购买服务的方式，交由一些具备资

---

① 这当中涉及对事业单位的定性问题，有研究认为，应当明确其“非营利组织”的性质，以此进行管理定位。

质的社会主体来承办。

4. 公用事业价格重在科学化定价方法

我国公用事业牵涉面广，情况复杂，改革到位尚需相当时日。综合而言，现有关于公用事业的研究，围绕价格这一核心问题是不充足的，而且各行业情况不同，更难以有一个普遍准则。当务之急是要对不同行业采用不同的定价方法进行研究，并在实践中陆续采用。综观起来，现有研究中对公用事业进行政府定价主要有以下五种方法。

（1）边际成本定价法。边际成本定价法（marginal cost pricing rule）是使产品的价格与其边际成本相等，即 P = Mc。经济学理论认为，此时将实现资源配置的帕累托最优。但是，边际成本定价法通常伴随着企业亏损，因此在实际中较少用到。

（2）拉姆士定价法（Ramsey，1927）。这是对边际成本定价法的一种修正。为了保证企业在生产过程中不致亏损，要优先考虑公用事业生产过程中所产生的固定成本，提出一组次优价格的定价方法，以达到社会福利的最优化标准，即 $\frac{P_1 - MC_1}{P_1} \Big/ \frac{P_2 - MC_2}{P_2} = \frac{\varepsilon_1}{\varepsilon_2}$。

（3）资本收益率管制定价法。资本收益率管制定价法是 19 世纪末以美国为代表的西方国家对自然垄断产业价格管制所产生的定价方法。它是由政府事先规定一个合理的公用事业生产的收益率来限制企业盲目追求利润的行为，重点在确定资本收益水平和资本回报计算基数。

（4）价格上限管制法。这是由 Vogelsang-Finsingetr（1979）与 Sappington（1980）研究提出的，是指政府为了实现社会福利最大化和生产效率最优化的目标，根据前期的经验数据对本期产品进行合理定价而实行的最高限价管制。

（5）综合间接管制定价法。这是我国学者苏素提出的，其基本思路是将对公用事业的定价分为三个阶段进行：新增项目公用事业的定价模型、已有公用事业产品但公用事业产品尚未进入使用的定价模型、已有部分公用事业产品进入使用的定价模型。

如果落实到现在目录中的三个项目（污水处理、城镇垃圾处理、长江干线船舶引航），可以在资本收益率管制定价和价格上限管制这两种方法中选用。长期而言，污水处理和城镇垃圾处理还需要加大市场化改革力度，让市场机制在定价中发挥决定性作用。

（五）市场服务价格管理：放开、竞争、市场定价

所谓市场服务类，是指虽然与政府行使特定职能有关，但可以由市场主体或中介组织提供的服务。对这类市场服务，与其他商品或服务市场一样，政府负有普遍管理责任，如适当的市场准入、资质管理、公平竞争的市场环境等，但既无须直接定价，也无须进行价格管制。结合我国在这方面的实际情况，政府要做的主要工作是放开服务市场，让更多的市场主体平等进入，以此引入竞争机制，发挥市场机制在价格发现和价格形成中的决定性作用。

关于鉴定类市场服务。这类服务是根据法律法规规定，行使或者代行政府职能强制实施检验、检测、检定、认证、检疫等收取的费用，包括农药实验费、鉴定费、特种设备检验检测费等四个大类。其主要管理要点是加快各类中介组织、行业协会、经营性事业单位等与政府脱钩的步伐，禁止政府官员在这类机构中任职或兼职，切断它们与政府机构、官员的联系，将其推向市场，自主经营、自负盈亏。长远而言，则是放开市场，形成竞争，充分发挥市场机制在价格发现和价格形成中的决定性作用。

总之，从我们研究的结果来看，我国现行的309项收费中，真正属于行政性收费的仅占1/3，另外2/3多属于形形色色的价格。这是由于我国漫长的计划体制以及政府对社会、市场长期替代的结果。值此全面深化改革之际，应当借行政事业费这一具体领域的问题来实质性地调整政府与市场、政府与社会的关系，借由“收费”改革来推动和深化相关领域的改革，真正发挥市场配置资源的决定性作用和更好地发挥政府作用，切实推进国家治理能力和治理体系的现代化发展进程。

执笔人：冯俏彬

专题报告七

推进社会保险收入管理现代化

一、我国社会保险收入管理的现状和问题

我国社会保险收入实施的是基金制。1993 年《中共中央关于建立社会主义市场经济体制若干问题的决定》提出："建立政府公共预算和国有资产经营预算，并可以根据需要建立社会保障预算和其他预算。"[①]1994 年《中华人民共和国劳动法》和 1995 年实施的《中华人民共和国预算法》及其实施条例都以法律形式规范了社会保险基金管理和监督，明确建立社会保障预算制度。2010 年第十一届全国人大常委会第十七次会议通过的《中华人民共和国社会保险法》，规定社会保险基金通过预算实现收支平衡。[②]当前，我国社会保险基金运行的主要特点是：在预算编制环节，遵循"专项基金，专款专用"的原则，按险种主要包括养老保险基金、医疗保险基金、工伤保险基金、失业保险基金、生育保险基金。按照"收支平衡，留有结余"的要求，社会保险基金预算编制应坚持总量平衡，并适当留有结余。[③]当前，我国社会保险收入管理存在的主要问题有如下几点。

---

①②③ 王崯："浅议社会保险基金预算管理"，载于《中国人力资源社会保障》2017 年第 5 期，第 38 ~40 页。

（一）基金统筹层次过低

我国社会保险基金各险种统筹层次差距较大，同一省份各地区社会保险政策不同，社会保险制度呈碎片化分布。基金运转按地区单独核算，未形成统一的政策和收支管理系统，造成基金互济能力弱、抗风险能力不足。重复参保、重复领取待遇现象时有发生。同时，政府为维护地方发展，以企业减负、促进就业等名义减免地方企业社会保险费、增加各种补贴支出，导致社会保险基金难以做到应收尽收，实际费率明显低于名义费率，对于严格依法缴纳社会保险的企业和地区形成"鞭打快牛"效应。[①]

（二）社会保险基金收入管理基础工作不完善

社会保险基金预算编制基础数据提取质量不高。如医疗保险费支出执行的是收付实现制，业务统计依据的是权责发生制，这会造成财务和实际业务发生数不匹配，导致当年支出的医疗费用不是医疗机构同期实际产生的费用，使预算结果产生偏差。社会保险基金的数据统计主观性比较强，[②]有的地方申请省级财政补助的居民数和决算数与经办机构统计的数据差距较大，有的地方为了争取上级财政部门的更多补助，故意拖延社会保险的征缴，更有甚者为方便以后征缴工作可以顺利进行，故意调低当年预计执行数和下年预算数，导致这些地区的收入预算增幅较低。社会保险经办机构的监督机制不健全，对基金预算的管理缺乏计划和约束。[③]

①② 丁雷："社保基金预算管理问题浅析"，载于《中国市场》2019 年第 27 期，第 45 ~ 46 页。

③ 张东菊："社保基金预算编制的问题与对策"，载于《现代商业》2017 年第 23 期，第 106 ~ 107 页。

（三）社会保险名义费率偏高

我国社会保险缴费的比例如下：养老保险单位缴费比率为20%，个人为8%；医疗保险单位缴费比率为6%、个人为2%。中外相比，我国的社会保险费率高于同等发展水平的国家，甚至超过部分发达国家。同我国经济发展水平接近的巴西（费率27.65%）、印度（费率36.11%）、墨西哥（费率8.32%）、泰国（费率10.2%）等13国费率平均水平为25.58%。[①]我国社会保险名义费率过高的原因有如下几点：一是社会保险主要依赖企业和居民缴费，财政责任不到位。二是社会保障制度从计划经济向市场经济转型存在遗留问题，我国社会保障制度建立初期，社会保险管理机构筹集的社会保险基金社会统筹部分要用于支付计划经济时期本由企业和国家承担的退休人员的养老保险，实际上是在偿还“高积累、低分配”时期的历史欠账。三是我国的人口结构发生变化，养老保险赡养比由20世纪90年代的5:1提升到3:1左右，人口红利逐步削弱。为了缓解人口老龄化带来的压力，保证养老保险基金的持续安全运营，我国的社会保险费率确定了一个偏高的比例。[②]社会保险费率偏高，造成企业负担过重，与我国现阶段处于发展中国家的现实情况有所偏差。

（四）职工养老保险尚未实现全国统筹

2017年职工基本养老保险的抚养比为2.65:1，照此估算，如果要达到65%的养老金替代率，理论上总缴费率为24%即可。但是我国的职工基本养老保险尚未实现全国统筹，在东部沿海等地区，企业历史负担轻，缴费者众、退休者寡，人员结构年轻，实际费率较低；在东

---

①② 毛春莲：“降低社会保险费率对就业的影响探析”，载于《农村经济与科技》2017年第13期，第232~234页。

北等老工业地区，企业历史负担沉重，缴费者寡、退休者众，人口结构老化，实际费率偏高。长此以往，有可能会导致地区之间两极分化，费率较高的地区营商环境差，经济增长缺乏动力；费率较低的地区则更容易吸引资本、创造就业，长期保持较为年轻的人口结构和费率水平。[①]

（五）费基不实导致实际费率远低于名义费率

2017 年全国职工养老保险平均缴费基数为 41748 元，占当年私营单位和非私营单位年平均工资算术平均数的 70%，即实际费基约为工资总额的 70%。由此计算，用人单位养老保险实际费率约为 15%。名义费率与实际费率的背离，既是导致费率总体偏高的重要原因，也是养老保险制度运行面临的重要问题。[②] 部分地区过度依赖社会保险降费作为短期刺激政策，损害社会保障制度权威性和可持续性，部分用人单位未给其职工参保，或未按实际工资基数申报，或参保者自行选择参加缴费水平较低的城乡居民养老保险制度；部分省市对缴费基数区间进行改动，甚至将社会保险缴费基数下限直接调整为最低工资标准。

当前社会保险缴费基数不实，实际缴费基数与上年度在岗职工平均工资相比还有较大的差距，实际缴费基数与真实缴费基数相比低 30% ~ 32%。2006 ~ 2017 年城镇职工基本养老保险实际缴费率在 15.21% ~20.37%之间（见表 7 -1）。

---

① 中国投资咨询网：“社会保险费率总体偏高是降费的基本背景”，http：//www.ocn.com.cn/jinrong/201903/rmpfe28085409.shtml。

② “完善我国社会保险基金预算的建议”，载于《中国财政》2019 年第 9 期，第 43 ~45 页。

表 7-1　2006~2017 年城镇职工基本养老保险实际缴费率与名义缴费率比较

年份	城镇职工基本养老保险征缴收入（亿元）	城镇职工基本养老保险缴费人数（万人）	城镇职工基本养老保险人均缴费数额（含企业缴费）（元）	上年度在岗职工平均工资（元）	城镇职工基本养老保险实际缴费率（%）	实际缴费率占名义缴费率的比重（%）
2006	5215	14131	3690.5	18364	20.10	71.77
2007	6494	15183	4277.2	21001	20.37	72.74
2008	8016	16587	4832.7	24932	19.38	69.23
2009	9534	17743	5373.4	29229	18.38	65.66
2010	11110	19402	5726.2	32736	17.49	62.47
2011	13956	21565	6471.6	37147	17.42	62.22
2012	16467	22981	7165.5	42542	16.88	60.28
2013	18634	24177	7707.3	47593	16.19	57.84
2014	20434	25531	8003.6	52388	15.28	54.56
2015	23016	26219	8778.4	57361	15.30	54.66
2016	26768	27826	9619.8	63241	15.21	54.33
2017	33403	29268	11412.8	68993	16.54	59.08

资料来源：转引自：薛惠元、曾飘：《降低社保费率须同步夯实缴费基数》，载于《中国社会保障》2019 年第 2 期，第 36~38 页。

（六）财政对社会保险投入的责任不够明晰

我国财政和社会保险的关系仍然存在一些不够明晰和欠合理之处，需要抓紧研究解决。例如，在企业职工基本养老保险方面，受激励约束机制不健全、精算平衡属性不强以及人口老龄化和其他经济社会因素影响，制度可持续性不容乐观，加上财政对基金的补助责任缺乏清晰合理的界定，事实上承担了无限兜底责任，且地方依赖中央问题突出，不利于增强养老保险制度的精算平衡属性。在城乡居民基本养老保险和基本医疗保险方面，筹资机制不完善、责任分担机制不合理问题也比较突出。财政对居民保险的补助旨在发挥引导和鼓励作用，但在相关制度实际运行中过于依赖财政补助，保险的性质淡化，泛福利化倾向严重。城乡居民养老保险主要依靠政府全额负担的基础养老金。①

（七）医疗基金收入的公平性不够、结构不尽合理

我国卫生总费用一直处于上升趋势，且增长速度超过 GDP 的增长速度，但是资金来源的结构不合理。我国目前医疗筹资个人自付比例仍然较高。2017 年国务院发展研究中心“中国民生指数研究”项目对全国 9800 多名居民进行了问卷调查，同时进行了电话调查。从医疗保险报销比例来看，2017 年 2607 位过去一年有住院就诊经历的患者，医疗保险平均报销比例为 44.8%，其中城镇职工医疗保险、城镇居民医疗保险、新型农村合作医疗的住院实际报销比例分别为 58.93%、47.45% 和 38.75%。政府对医疗卫生事业的投入仍然不足。医疗保险统筹层次低。过低的统筹层次不利于发挥规模效应，弱化了风险分担的效果，增加了管理成本。而且由于我国地区间经济发展不平衡，医疗保险基金在地域上过于分散，导致经济状况差的地区医疗保险基金的筹资能力也较差，从而加剧了不同地区医疗服务可及性的不公平。② 筹资公平性不足。医疗卫生筹资城乡差异明显，并且差距持续扩大。

---

① 财政部条法司第四党小组：“完善我国社会保险基金预算的建议”，载于《中国财政》2019 年第 9 期，第 43～45 页。

② 王文娟、陈岱云：“中国医疗保险的现状与发展趋势分析”，载于《理论学刊》2009 年第 10 期，第 51～55 页。

二、日本公共养老金的财务验证制度及其对我国的启示

（一）日本公共养老金的财务验证制度的基本情况

日本是世界上最早进入老龄化社会的国家之一，也是当前面临老龄化问题最为严重的国家之一。2018 年，日本 70 岁以上人口数超过总人口的 20%，65 岁以上人口数占总人口的比重达到 28.1%，是名副其实的“超老龄社会”。老龄化以及随之而来的劳动人口下降，不仅对日本的经济增长形成拖累，而且对养老保险体系的财务可持续性形成巨大压力。为此，日本引入了公共养老金的财务验证制度。

所谓公共养老金的财务验证制度（Financial Verification），是指日本政府每隔 5 年对其公共养老金进行一次综合评估，审查和预测养老金的财务收支状况，并据此提出相关的改革建议，目标是维持公共养老保险体系在 100 年内的动态平衡。

财务验证的步骤如下：第一步，设定假设条件。主要分为两类：一是人口条件方面的假设，如未来生育率、死亡率、预期寿命、劳动参与率等；二是经济发展方面的假设，如未来全要素生产率增速、经济增速、通货膨胀率、工资增长率、养老金的投资收益率等。第二步，预估养老金未来 100 年的收支状况。由于存在不确定性，财务验证一般设高、中、低三档，分别代表“乐观”“最有可能”和“悲观”三种情形，每一种情形内部再细分出若干种，然后针对每种情形预估未来养老金的收入与给付情况、替代率水平等。以 2019 年财务验证为例，共设想了 18 种不同情景。第三步，预估公共养老金的宏观经济浮动机制（即养老金的给付与经济增长、物价水平等宏观经济指标相挂钩的机制）何时启动，何时中止。第四步，提出保持公共养老金财务

可持续的政策建议。

日本公共养老金的财务验证制度建立于1958年，仅比重建公共养老金体系（厚生年金）的时间晚4年。但在2004年之前，财务验证的结果主要用于评估养老金待遇与缴费之间的关系，目的是想搞清楚"为维持现有待遇水平，缴费标准应当如何调整"，政策天平相对偏向于领取养老金的人群。随着人口老龄化程度的日益加剧，领取养老金的人数越来越多，这对现职人员形成很大压力，同时也对养老保险体系的财务可持续性构成严重威胁。因此，2004年日本政府提出了公共养老金体系的百年精算平衡目标（2005～2105年），即以100年为时间跨度，通过设定人口变化、基金运营情况以及宏观经济运行状态等多种假设，对公共养老金的收支情况进行多情形模拟测算，然后提出养老金给付和缴费水平的调整建议，以保持支付准备金始终能够达到一年正常支付的水平。需要指出的是，所谓"百年"并非仅指2005～2105年，而是每评估一次就向后推移5年，即评估期始终是100年。以2019年为例，财务验证的时间跨度是2020～2120年。

与以前相比，2004年后日本养老金的财务验证制度最大的变化之一，就是用法律规定了缴费标准的上限。政府承诺，通过渐进调整的方式，将养老金的缴费标准在2017年固定下来，标准为：灵活就业人员参加基础年金（国民年金），每月固定缴纳16900日元（相当于人民币2610元）①；雇员参加厚生年金，养老金缴费费率固定为18.3%（雇主和雇员各承担一半）②，此后不再上升。在这个前提下，财务验证的主要功能不再是提高缴费标准，而是转向如何设定合理的替代率，以及何时、怎么调整养老金的给付标准。

① 在日本，参加厚生年金的企业雇员以及参加共济年金的公务员等人群被视为自动参加国民年金，无须额外缴费。

② 共济年金的缴费费率上限与厚生年金相同。

（二）日本公共养老金的财务验证制度的成效

迄今为止，日本已分别于2004年、2009年、2014年、2019年进行了4次养老金的财务验证。由于养老金几乎牵涉每一个人的切身利益，因此每一次财务验证报告的发布都会引发广泛关注和热烈讨论。综合起来看，日本公共养老金的财务验证制度主要起到以下几个方面的重大作用。

1. 公开养老金的财务状况，凝聚全社会的改革共识

一般而言，任何降低老年人养老金的政策举措，往往都会面临巨大的政治压力，所以养老金大多“只升不降”“能上不能下”，其财务可持续性是一个世界级难题。日本也不例外。但日本通过财务验证的方式，定期将养老保险金的实际财务状况向全社会发布，并以多种情形对未来的收支情况进行预测、预警，能够较好地引导全社会对养老保险体系未来财务可持续性的认知和讨论，从而有助于在全社会形成改革共识，为推动养老保险体系的一系列重大改革创造良好的舆论氛围和民意基础。

2. 成功将养老金替代率导入渐进下调轨道

在相当长的时期内，日本养老金的替代率都比较高。以2009年为例，一个日本标准老年家庭所领取的公共养老金的替代率为62.3%。较高的替代率不仅会加重公共养老体系的负担，而且会减弱全社会的工作激励。日本公共养老金的财务验证制度的一个重要成果，就是日本政府决定将较高的替代率，通过渐进调整的方式，最终锁定在50%的水平上，如果低于50%，将采取提高消费税等措施予以补足。在实践层面，2004年以来日本政府逐步下调了养老金的替代率，至2019年已下调至61.7%。日本计划到2025年将替代率降至55.2%，到2038年，再进一步下调至50.1%。日本政府这种提前预告养老金替代

率下调路径的做法，有利于包括老年人在内的全体社会成员未雨绸缪，主动调整自身的储蓄与消费结构，调整养老资产配置，更好地为老年生活做好准备。

3. 成功提高公共养老金的缴费标准

日本养老保险的缴费标准分为两类。第一类是按比率缴纳，主要针对有固定工作单位的雇员群体。2004 年，这一类人的缴费标准大约是其净收入的 13. 58% 。由于入不敷出，2004 年财务验证制度实施后，决定将缴费费率每年提高 0. 354 个百分点，到 2018 年提高至 18. 3% ，此后 100 年不变。第二类是定额缴纳，主要针对从事农业、渔业、个体职业或者无业（包括学生）的基础年金（国民年金）参保人。从 2004 年起，日本政府逐年提高基础年金的缴费额，2014 年为每月 15250 日元（略低于雇主和雇员最低档的缴费额），2017 年提高到每月 16900 日元，这一缴费标准也将保持 100 年不变。值得一提的是，2019 年 10 月，日本政府将消费税从 8% 提高到了 10% ，进一步扩大了养老保险体系的筹资来源，对此，财务验证制度功不可没。

4. 成功将养老金待遇从“只上不下”变成“能上能下”

早在 1978 年，日本就将养老金发放标准与物价指数挂钩，只要物价上涨超过 5% ，养老金的发放标准就将重新确定。1990 年以后，更是完全根据物价指数的变动，自动调整养老金的发放标准。但由于养老金“能上不能下”，即使物价大幅下跌，政府也难以同步下调养老金待遇。2004 年，日本政府在对公共养老金进行财务验证之后，在给付公式中引入宏观经济平滑指数（即根据不同时期的宏观经济状况和物价水平所确定的一个养老金给付额的调整指数），希望借此实现养老金待遇标准的灵活调整。但这项改革初期推进并不顺利，直到 2012 年 4 月，日本才全面实施宏观经济平滑指数制度。至此，日本养老金待遇标准不仅能上，而且能下。以2014年为例，当年养老金的调整系数为0.961，待遇标准较上年小幅下降。

5. 成功引入延迟退休和推迟领取养老金政策

在相当长一个时期内，日本退休和领取养老金的法定年龄都是60岁。实施财务验证制度以来，日本政府陆续引入了弹性退休制，鼓励国民延迟退休，推迟养老金的领取时间，从而有效缓解了养老体系的支付压力。具体地讲，法律规定国民可以从60岁开始领取养老金，也可以推迟到65岁之后再开始领取。如果从60岁开始领取，每月只能领取65岁金额的70%，61岁为76%，62岁为82%，63岁为88%，64岁为94%。如推迟到66岁开始领取，每月可领取正常退休养老金额的112%，67岁为126%，68岁为143%，69岁为164%，70岁以上可以领取188%。2019年最新一版的财务验证报告甚至提出了将领取养老金的年龄进一步推迟到75岁的政策建议，这在很多国家是难以想象的。

（三）借鉴日本养老金的财务验证制度，增进我国养老金的可持续性

截至2018年底，我国60岁以上的老龄人口为2.49亿人，占总人口的17.9%，其中65岁及以上人口为1.67亿人，占总人口的11.9%。如果按国际上通行的把60岁以上人口占总人口比重超过10%，或65岁以上人口占总人口比重超过7%作为国家或地区进入老龄社会的标准，我国早在2000年就已步入老龄社会。

老龄化社会的到来必将对我国经济和社会产生巨大影响。从理论上讲，经济增速将放缓，创新可能减弱，生产率可能下降，等等。但相对而言，当前最核心、最紧迫的问题是养老保险体系在财务上是否

可持续，以及在多长时间内可持续。2018 年，我国基本养老保险基金的累计结存余额较上年增长近 6000 亿元，达到 5 万亿元，总体上看，支付不成问题。但是，如果从我国养老金仅实现了省级统筹的角度看，黑龙江、吉林、辽宁等个别省份实际已出现收不抵支的情况；若从近年来财政对养老保险的补贴金额越来越大、增速越来越快、结余资金可应对的即期支付月数却越来越少的角度看，我国养老金的财务可持续性不容乐观。2018 年，财政对整个社会保险的补贴，高达 1.9 万亿元，其中，对城镇职工基本养老保险的补贴就达到 9600 亿元，同比增长 19.9%。与此同时，结余资金能够满足即期支付的月数却由 2012 年的历史最高 18.5 个月下降至 2018 年的 13.6 个月。因此，采取有效措施增进我国养老保险体系的财务可持续性迫在眉睫。

借鉴日本公共养老金的财务验证制度，我们提出如下建议。

一是以 50～100 年为时间跨度，尽快建立我国养老保险的精算平衡与财务评估制度。可基于经济发展前景、人口结构变化等方面的假设，分上、中、下三种情形，对未来 50～100 年养老保险的财政收支情况进行测算，并以适当的方式向社会发布。这样做，可有效增进社会各界对养老保险体系的运作原理、财务状况、负担分布等关键问题的理解，并在争鸣和辩论中逐渐形成改革共识，从而为推进建立全国统一的、财务上可持续的养老保险体系创造条件。

二是强化养老保险的缴费激励。目前，我国法定退休年龄为男性 60 岁，女干部 55 岁，女工人 50 岁，而 2018 年我国居民的预期寿命是男性 75 岁，女性 78 岁，再加上我国领取养老金的最低缴费年限是 15 年，结果导致国内出现了一个较大的仍在继续工作（但不再缴纳养老保险金）又同时领取养老金的人群，这对于我国养老保险体系的财务可持续性极为不利。建议借鉴日本经验，将养老金的待遇标准与领取年龄、缴费年限等因素紧密挂钩，以实实在在的经济利益驱使人们主动选择延迟退休，主动延长缴费年限，建立养老保险缴费的激励相容机制。

三是将做实缴费基数与降低费率结合起来同步推进。目前，我国养老保险的名义费率过高，即使2019年大降了3个百分点，养老保险的费率仍然高达24%（单位16%，个人8%），位居世界前列。在一定程度上，过高的费率是影响企业和个人参保缴费的一只“拦路虎”。据测算，目前，我国城镇职工养老保险的实际缴费基数仅为上年全国城镇单位平均工资的65%左右。在社会保险征缴职能已转由税务部门执行的情况下，做实缴费基数的技术条件已经具备，因此，建议管理层在今后的改革方案中将降低费率与做实基数结合起来，同步推进。

三、改革的思路和建议

（一）合理调整社会保险综合费率

调整社会保险综合费率应当立足于制度的规范和可持续性，把费率调整作为推动全国统筹、实现区域之间实际费率统一、实现应收尽收的契机。主要通过扩大费基、规范征收、推动费改税等降低企业的实际负担。同时，要核准缴费基数、做实缴费基数、扩大参保范围、逐步延长最低缴费年限；建立多元筹资渠道，确保基金总体收入不下降；依法规范社会保险待遇支出项目，加强社会保险待遇支出管理和监督检查；提高社会保险基金收益率，对各级社会保险基金保值增值情况进行量化考核。通过对历年工资增长、缴费基数变量、参保人数变量分析，以及社会保险基金保值增值、社会保险待遇支出、社会保险基金支付能力分析，建立合理的社会保险费率确定机制。关注降低费率对不同所有制企业影响的差异问题。国有企业一般参保缴费基数较实，降低费率带来的减负效应会比较显著；民营企业参保缴费基数较低，降低费率和做实费基对于企业的影响不确定。

（二）稳步推进社会保险“费改税”

社会保险“费改税”，有利于推动社会保险制度迈出走向全国统一的“关键一步”，提高社会保险制度的公平性和规范性；有利于中央集中统筹管理使用资金，降低制度性交易成本、减轻企业税负；有利于社会保障部门集中精力提高保障绩效。当前，世界上社会保障收入管理主要有三种：一是以美国为代表的基金预算模式，仅对社会保险进行预算，并不与社会福利、社会救济等合并预算，社会福利、社会救济等支出通过政府一般公共预算安排。二是以英国为代表的政府公共预算模式。英国的社会保障制度可以被归类为国家福利型，由国家承担大部分的社会保障责任。其社会保障预算与政府其他预算归在一起，并没有做特别的区分，政府对社会福利承担完全、直接的责任。三是独立于政府预算的新加坡模式。新加坡的社会保险采取中央公积金制度，已由当初一项简单的养老储蓄制度发展成为一项广泛的社会保险储蓄计划，能兼顾公积金会员在养老、医疗、购房、家庭保障以及资产增值等多方面的需要。① 我国目前的制度最接近美国的模式，将来应该逐步向英国模式过渡。建议以此作为目标来制定社会保险基金预算的改革路径。

（三）以医疗保险基金为切入点，探索将社会保险筹资转为一般税收筹资

从国际上看，用税收筹资的办法越来越普遍。直到20世纪中期，

---

① “完善我国社会保险基金预算的建议”，载于《中国财政》2019年第9期，第43~45页。

世界上主要的医疗筹资方式还是个人直接支付和社会保险计划，目前，在参加世界卫生组织的191个国家或地区中，已经有106个国家或地区以政府的收入作为医疗保健服务的主要筹资手段。税收筹资是世界范围内医疗筹资领域的重要趋势之一。[①] 税收筹资的重要原因在于其累进性的筹资方式，使得医疗筹资带有了收入再分配的职能，实现了富人对穷人进行补贴。当税收具有累进性时，通过税收筹资是一种相对公平的筹资方式。通过税收渠道，国家医疗服务体系还提高了筹资过程的效率。因为大多数国家医疗服务体系由国家协调并控制，避免了由于多个机构参与而产生过高的交易成本。国家医疗筹资体系可以提供普遍保障，资金筹集的范围广泛，管理相对简单。税收筹资逐渐替代其他筹资方式成为最主要的医疗筹资方式是国际发展趋势，通过税收筹资可以有效避免逆向选择，保证医疗的公平性。国际经验表明，随着经济发展，一般税收的结构将从以间接税为主逐步过渡到以直接税为主，这使通过一般税收筹资的累进性不断增强（仅仅以工薪作为缴费基数在形式上可以带有一定累进性，但是由于高收入者除工薪收入外还有大量其他形式的收入，而低收入者往往以工薪收入为主，导致累进性削弱。针对世界各国的研究表明，社会医疗保险筹资或带有累退性，或带有轻微累进性，但都不如一般税收强）。因此在未来更多地用一般税替代个人以工薪税形式缴纳的保险费，可以提高医疗筹资的公平性。筹资责任适当上移，中央财政与地方财政共担医疗卫生筹资之责。从国际经验来看，各国通常由中央（联邦）政府和省（州）级政府负责政府的医疗卫生支出，通过高一级财政的转移支付，可以在地区之间调剂余缺，提高所有公民获得医疗服务的公平性。

① 王荣荣：“我国基本医疗保障制度的发展研究”，华北理工大学，2015年。

同时，合理扩充筹资来源。税收筹资应该主要通过一般税，可以适当考虑通过指定用途税作为补充性资金，如依附所得税，一定比例的烟草和酒类消费税等。指定用途税可以避免和政府其他部门竞争税金，并独立于预算编制过程之外，短期内可以使政府投入医疗卫生事业的财源得到一定程度的保障。合理调整中央和地方政府的筹资责任，中央财政与地方财政的分担比例应当动态调整。

（四）强化社会保险基金预算收支平衡

提高社会保险基金统筹层级，扩大覆盖面，加大社会保险基金征收力度，合理消化社会保险基金积累。转变社会保险基金预算管理理念，预算执行中按照“应收尽收、足额发放”的原则，坚持“量入为出”的理念，将预算执行和保障效果纳入考核范围。增加社会保险基金预算管理的透明度，及时、有效公布社会保险基金信息，并且使其通俗易懂，强化人大依法监督、政府审计监督和社会公众监督。完善经办机构的信息化平台建设，实现社会保险基金数据共享。提高社会保险基金统筹层次，增强保障功能，建立完善社会保险精算报告制度，及时监控和报告基本养老保险基金运行中的风险和问题，实现社会保险基金预算长期收支平衡的目标。①

（五）逐步取消基本医疗保险的个人账户

我国基本医疗保险制度建立时，为提高居民参保积极性，在建立大病统筹基金的同时，建立了个人（家庭）账户，主要用于支付小额门诊费用。这种制度确实在一定程度上发挥了激励民众参加医疗保险

---

① 王崯：“浅议社会保险基金预算管理”，载于《中国人力资源社会保障》2017年第5期，第38～40页。

的作用，但在随后的实践中一些副作用也逐渐显现。由于个人账户的资金不能被用于调剂，不能发挥互助共济的功能，导致其中一部分资金被闲置，有的甚至被用于购物。而且由于个人（家庭）账户额度较小，一些慢性病患者在门诊就诊时存在个人账户资金不够用等问题。取消居民医疗保险个人账户，不仅可以使医疗保险管理机构减少管理成本，而且一定程度上增强了医疗保险基金保障能力，有利于调剂医疗保险资金，降低医疗保险统筹基金压力和财政压力。

（六）加强社会保险收入管理基础工作

建立完善社会保险精算报告制度，提高社会保险经办机构预算管理水平，充分认识社会保险基金预算管理对社会保险基金平稳运行、安全保障的重要性，建立基金预算管理体系，从参保缴费到待遇审核支付全过程实施预算控制，并使基金流程上的业务人员积极参与，逐步规范社会保险基金预算管理。充分利用软件升级换代的契机，增加基础数据提取功能，提高金保软件统筹层次，实现更大范围的数据共享，同时杜绝基层社会保险经办机构对基础数据的人为干预。提高业务部门参与基金预算管理的积极性。①

执笔人：范建军　江　宇

---

① 丁雷："社保基金预算管理问题浅析"，载于《中国市场》2019 年第 27 期，第 45～46 页。

专题报告八

加快国有资产与国有资本收入管理现代化

国有资产是法律上确定为国家所有并能为国家提供经济和社会效益的各种经济资源的总和，是属于国家所有的一切财产和财产权利的总称，国有资产资本化进程不断加快所形成的国有资本也归国家所有。当前我国国有资产和国有资本收入上缴财政的比例偏低，未能给予国家治理强有力的资金支持。通过提高国有企业上缴红利，使国有资产与国有资本收入增长有效转化为政府财政收入增长，充分体现出国有资产全民所有的性质。积极推进并实现我国国有资产与国有资本收入管理现代化，把国有资产和国有资本的全部收入纳入政府预算，推动实现国有企业红利上缴全覆盖。流动性较差的存量国有资产会影响国有资产的保值增值，从而抑制国有资产收入增长。加快国有资产资本化有利于实现从做强做优做大国有企业向做强做优做大国有资本的转变。国有资产资本化率的提高可以通过加快两类公司的设立、促进更多国有企业的整体上市、推动更多国有自然资源资本化、创新国有股份或国有股权的产权交易模式等多种方式来实现。要进一步细化国有企业红利征缴分类，以征缴比例的差异化实现国有企业红利上缴的全覆盖，引导并鼓励国有企业主动提高红利上缴比例，形成国有资本经营预算收入持续增长的良性机制。

一、国有资产与国有资本收入现状及支持政府收入增加的意义

国有资产和国有资本归全民所有，其收入也应归全民所有。当前我国国有资产和国有资本收入上缴财政的比例偏低，未能给予国家治理强有力的资金支持。因此，应合理提高国有资产与国有资本收入上缴财政的比例，强化国家治理能力，充分发挥国有经济在保障和改善民生方面的积极作用，促进中国特色社会主义制度的发展完善。

（一）国有资产与国有资本收入现状

国有资产是法律上确定为国家所有并能为国家提供经济和社会效益的各种经济资源的总和，是属于国家所有的一切财产和财产权利的总称，主要以固化形态被国有企业占有使用。我国国有资产规模庞大，种类繁多，大体上可以划分为企业国有资产（不含金融企业）、金融企业国有资产、行政事业性国有资产、国有自然资源资产四大类别。国有资本是国有资产资本化的价值形态，即国有资产在股份制公司中的资本化使其转为国有资本，国有资本更强调流动性。国有资本收益是国家以所有者身份依法取得的国有资本投资收益，是国有资本经营预算的主要来源。虽然我国国有资本收益上缴财政的数量逐年上升，但仍与国有资产规模和国有资产经营利润不成比例，存在较大的提升空间。

1. 国有资产与国有资本的分类

2018 年 10 月 24 日，国务院首次向全国人大常委会提交了国有资产管理情况报告，汇报了 2017 年度全国国有资产管理情况，反映了国

有资产的家底。国有资产管理情况年度报告包括一个综合报告和四个专项报告，综合报告展示了全国国有资产管理的总体情况，四个专项报告则分别展示企业国有资产（不含金融企业）、金融企业国有资产、行政事业性国有资产、国有自然资源资产四大类别国有资产的管理情况。2019 年 10 月 23 日，国务院向全国人大常委会提交了 2018 年度国有资产管理情况报告，实现了国有资产管理报告制度的常态化。

2018 年度国有资产管理情况综合报告显示，截至 2018 年底，全国国有企业（不含金融企业）资产总额 210.4 万亿元，负债总额 135.0 万亿元，国有资本权益总额 58.7 万亿元；全国国有金融企业资产总额 264.3 万亿元，负债总额 237.8 万亿元，形成国有资产 17.2 万亿元；全国行政事业性国有资产总额 33.5 万亿元，负债总额 9.9 万亿元，净资产 23.6 万亿元；在国有自然资源资产方面，全国国有土地总面积 50552.7 万公顷，国有森林面积 8436.6 万公顷，水资源总量 27462.5 亿立方米，内水和领海面积 38 万平方公里。报告数据表明，我国国有资产规模庞大，企业国有资产占据了绝大部分。

2. 国有资产与国有资本收入逐年增长

国有资产和国有资本收入指国家通过国有资产和国有资本运营取得的收入，主要包括从经营性国有资产取得的国有资产经营收入，从非经营性国有资产、资源性国有资产取得的转让和使用收入，运营国有资本取得的收入等多个方面。国有资产和国有资本收入上缴财政后形成国有资本经营预算收入。

国有资本经营预算是政府以所有者身份依法取得国有资本收益，并对所得收益进行分配而发生的各项收支预算，是政府预算的重要组成部分。2007 年，国务院颁布《关于试行国有资本经营预算的意见》（国发〔2007〕26 号），开始试点国有资本经营预算制度，随后在全国各级政府层面实行。根据《中央国有资本经营预算管理暂行办法》规定，国有资本经营预算收入包括国有企业上缴红利，股利、股息收入，产权转让收入，清算收入，其他国有资本经营收入与上年结转收入六部分。而国有企业上缴红利是国有资本经营预算收入的主要来源，2013 年至今，国有企业上缴红利占全国国有资本经营预算收入的比例均在 70% 以上。

我国国有企业资产规模庞大，利润可观。2013～2018 年，我国国有企业资产规模呈现持续增长态势，从 91.1 万亿元迅速增长至 178.75 万亿元，年均增长率为 4.43%。与此相适应，国有企业经营利润也从 2.41 万亿元迅速增长至 3.39 万亿元。但国有企业上缴红利与国有企业庞大的资产和利润规模不相匹配。2013 年以来，国有企业上缴红利占国有企业利润总额的比例均未超过 10%，表明国有企业利润对财政收入的贡献远小于其占有的社会资源数量。

而且对比“四本预算”的收入情况，可以发现国有资本经营收入不仅占政府预算总收入的比重最低，而且与其他政府预算收入规模相距甚远。根据财政部公布的 2018 年财政收支情况，全国总财政收入约为 25.88 万亿元，一般公共预算、政府性基金预算、全国社会保险基金预算、国有资本经营预算分别实现收入 18.33 万亿元、7.54 万亿元、6.81 万亿元、0.29 万亿元（见表 8－1）。国有资本经营预算收入规模约为全国总财政收入的 1%，与国有企业的体量不相匹配，严重制约了国有资本经营预算宏观调控作用的发挥。

对比国有企业利润规模和国有资本经营预算收入，可以发现我国国有企业红利上缴比例还有较大的提升空间，国有企业资产规模和国有企业利润的快速增长也为国有企业增加红利上缴数量奠定了坚实的基础。因此，应尽快提高国有企业上缴红利，与国有企业资产规模和利润规模相适应。

表 8-1 2013~2018 年全国国有企业红利与预算收入情况① 单位：万亿元

年份	国有企业资产规模*	国有企业利润	国有企业利润上缴数量	国有资本经营预算收入	一般政府预算收入	政府性基金收入	全国社会保险基金收入
2018	178.75	3.39	0.214	0.291	18.33	7.54	6.81
2017	151.71	2.9	0.182	0.258	17.25	6.15	5.84
2016	131.72	2.32	0.196	0.261	15.96	4.69	5.01
2015	119.20	2.3	0.203	0.255	15.22	4.23	4.64
2014	102.112	2.48	0.170	0.201	14.04	5.41	4.04
2013	91.10	2.41	0.129	0.171	12.91	5.22	3.60

注：*因没有全国国有资产收入数据，故使用国有企业收入数据代替。本文所称国有企业，包括中央管理企业、中央部门和单位所属企业以及36个省（自治区、直辖市、计划单列市）的地方国有及国有控股企业，不含国有一级金融企业。

资料来源：财政部官网。

（二）国有资产与国有资本支持政府收入增加的重大意义

我国国有资产归全民所有，其收入也应归全民所有。通过提高国有企业上缴红利，使国有资产与国有资本收入增长有效转化为政府财政收入增长，充分体现出国有资产全民所有的性质。在经济下行的大背景下，将更多国有资产和国有资本收入上缴财政，有利于缓解“减税降费”造成的财政支出压力，充分发挥财政的逆周期调节作用，也有助于将更多资源投入改善民生的领域，促进国内消费，提振经济。

1. 充分体现国有资产与国有资本全民所有的性质

我国是社会主义国家，生产资料的社会主义公有制是社会主义基本经济制度的基础，包括生产资料的全民所有和生产资料的集体所

① 国有企业利润数据源自历年《全国国有及国有控股企业经济运行情况》；国有企业利润上缴数额、预算收入数据源自历年决算报告，均为全国数据。

有，而生产资料的全民所有制正是国有资产形成的源头，因此我国国有资产归全民所有，其收入也应归全民所有。通过提高国有资产与国有资本收入上缴财政的比例，将更多的国有资产与国有资本收入纳入政府预算，有效增加政府财政收入，扩大国民收入再分配的基础。政府将财政收入有计划地用于社会管理、扩大再生产以及建立社会保障体系等方面，使国有资产和国有资本收入被全民共享，更加充分地体现了我国国有资产全民所有的性质。

2. 实现国有资产与国有资本收入对民生改善的促进

我国国有资产全民所有的性质决定了国有资产和国有资本收入应由全民共享，将国有资产与国有资本收入投入民生领域，有助于保障全体人民平等享受国有企业改革和发展红利，促进社会公平的实现。现阶段国有资本经营预算主要用于扶持重点行业和关键领域国有企业的发展，较少用于教育、医疗、社会保障、公共治安、农村建设等关系民生的领域，不利于实现国有资产“取之于民，用之于民”的目标。而且《中央企业国有资本经营预算支出执行监督管理暂行办法》规定，国有资本经营预算只能通过向一般公共预算划转的方式投入民生领域，尚未实现向社会保险基金预算直接划转。因此，应尽快打通国有资本经营预算收入与社会保险基金预算的连接通道，尽快将划转一般公共预算的比例提高至30%，将更多国有资产和国有资本收入投入公共管理和社会保障领域，促进解决代际公平问题和缓解社会养老压力，提高整体福利水平。

3. 发挥国有资产与国有资本逆周期调控经济运行的作用

随着国际环境日益复杂和世界经济增长放缓，我国经济也面临多重挑战和困难。国内外需求疲软加大了国内经济的下行压力，导致实体经济转型困难，企业负担不断加重。在此背景下，亟须发挥国有资产和国有资本逆周期调控经济运行的作用。一方面，通过增加国有企业利润上缴的方式来增加政府财政收入，在税收增长乏力的情况下弥补政府收入缺口、平衡财政收支，为政府实施更大力度的减税降费提供操作空间，减轻企业生存发展的负担，提升市场活力；另一方面，在经济进入下行通道的背景下，居民消费意愿降低，随着国有资本经营预算向一般公共预算划转比例的增加，将有更多的财政收入可以用于保障和改善民生，这在一定程度上间接提高了居民的实际可支配收入，减轻了居民家庭负担，消除了民众在教育、养老、医疗等方面的后顾之忧，有利于提振居民消费信心，释放我国消费市场巨大的消费潜力，提升经济内生增长动力，促进经济持续增长。

二、推进并实现我国国有资产与国有资本收入管理现代化

国家治理体系和治理能力现代化对我国国有资产与国有资本收入管理提出了更高的要求，尤其需要建立统一的信息系统和全覆盖的政府预算制度。在信息系统建设方面，不仅要实现对所有类别的国有资产全覆盖，也要将国有资本投资和运营公司纳入信息系统建设之中；在全覆盖的政府预算制度方面，要重点关注国有资本经营预算与其他预算之间的关系，将国有资产和国有资本的全部收入纳入政府预算，推动实现国有企业红利上缴全覆盖。

（一）建立国有资产管理与国有资本运营的统一信息系统

现阶段建立国有资产管理与国有资本运营的统一信息系统，需要做好基础性工作，把所有类别的国有资产以及国有资本投资和运营公司纳入统一信息系统中，既满足了提高国有资产管理效率和促进人大

对国有资产监督的需要，同时也达到了国资国企深化改革的要求，实现对国有资本投资公司和国有资本运营公司（以下简称“两类公司”）信息的直接传递与实时传递。

1. 统一信息系统覆盖所有类别的国有资产

《中共中央关于建立国务院向全国人大常委会报告国有资产管理情况制度的意见》将国有资产分为企业国有资产（不含金融企业）、金融企业国有资产、行政事业性国有资产、国有自然资源资产四大类别，统一信息系统的建设应实现对四大类别国有资产的全覆盖，同时也逐步实现中央到地方各级次国有资产的全覆盖。

国有资产管理和监督部门具有一个能够覆盖所有类别国有资产的统一信息系统，对实现加强国有资产的管理和促进人大对国有资产的监督都具有重要意义。完善的国有资产信息系统能够成为国有资产管理的重要抓手和关键依据，只有掌握了国有资产的实时变动情况，国有资产的管理才能够更具针对性，把握重点环节和领域，实现国有资产管理水平的提升。建设覆盖所有类别国有资产的统一信息系统是提高人大对国有资产监督能力的基础性工程，也是推进并实现我国国有资产与国有资本收入管理现代化的必然要求。

2. 国有资本投资和运营公司应纳入统一信息系统

党的十八届三中全会对全面深化改革作出了新的部署，提出要组建国有资本运营公司和改组国有资本投资公司。两类公司的建立，有利于政企分开、促进混合所有制改革和优化国有资本布局结构。中央和地方也在积极推动两类公司的试点工作。国有资本投资公司主要是服务国家战略、发挥产业政策的导向作用、优化国有资本的布局结构，推动国有资本向重要行业、关键领域以及优势企业集中，比如向前瞻性战略性产业集中，向具有核心竞争力的优势企业集中，主要目标是保持国家在某些行业或企业的控制力，发挥政府的调控作用，弥补市场失灵，以及发挥政府资金对民间投资的导向作用，以社会效益为主兼顾经济效益。国有资本运营公司主要是促进国有资本在不同行业和不同企业间流动，实现国有资本的保值增值，提高国有资本的运营效率和收益率，以提高国有资本收益的经济效益为主，兼顾社会效益。

建立国有资产管理与国有资本运营的统一信息系统也需要将两类公司纳入统一信息系统，同时还要对未来计划建立的中央与地方级次的两类公司进行恰当规划，如此一来，该信息系统也可以做到对两类公司全覆盖，实现相关信息的直接传递和实时传递，便于实现信息化管理。该信息系统的建立具有多方面的重要意义，一方面是能够对国有资本的运营效率进行实时监督，更有助于实现国有资本的保值增值；另一方面还能够实现数据的多部门共享，实现中央级次和地方级次的信息共享，同时也能够在国有资本监管部门实现数据对接和共享，提高对国有资本投资和运营公司的管理效率。

（二）实现政府预算对国有资产与国有资本收入的全覆盖

目前政府预算对国有资产与国有资本收入仍然未实现全覆盖，特别是未覆盖金融领域的部分国有企业和两类公司[①]。推动国有资产与国有资本收入管理现代化，须建立覆盖全领域、全行业的国有企业红利上缴制度，实现政府预算对国有资产与国有资本收入的全覆盖。

1. 政府预算覆盖国有资产的所有收入

政府预算包括一般公共预算、政府性基金预算、国有资本经营预算、社会保险基金预算“四本预算”。“四本预算”应当保持完整、独

---

① 两类公司指国有资本投资公司与国有资本运营公司。2018 年推进国有资本运营公司的设立，实现国有资本运营专业化。

立，同时政府性基金预算、国有资本经营预算、社会保险基金预算应当与一般公共预算相衔接。

目前，我国国有资本经营预算并没有对国有资产的所有收入实现全覆盖，一是未实现对国有企业经营利润的全覆盖，部分国有企业上缴红利占其经营利润的比重较小，且有部分国有企业没有上缴红利；二是未实现对所有类别国有资产收入的全覆盖，如未将全部国有资产转让收益和闲置国有资产处置收益纳入预算中。实现国有资本经营预算对国有资产所有收入的全覆盖，有助于保障国家的国有资产所有者权益，促进国有资产保值增值和国有经济结构优化，具有很强的现实意义。

2. 政府预算覆盖国有资本的运营收入

两类公司的设立，实现了对国有资本的专业化运营，在国资委与国有企业之间增设一个“隔离层和屏障”，形成“国资委—国有资本投资和运营公司—国有企业”的三层监管体系，有利于促进政企分开，实现国资委的出资人职能与监管职能的分开。国有资本运营收入是国家以所有者和出资人身份，通过运营国有资本所取得的收益，包括国有企业上缴利润，国有股份的股息和股利收入，国有股权转让、清算收入等。

实行国有资本运营与国有企业经营的“资企分离”，能够理顺国有资产管理、国有资本运营、国有企业经营之间的关系，使国有资产管理着眼于“以管资本为主”，国有资本运营实现专业化，国有企业经营专注于实体经济。政府应要求两类公司按照较高比例上缴国有资本运营收入，并在未来逐步提高上缴比例，不断推动实现对两类公司国有资本运营收入的全覆盖。

三、加快国有资产资本化进程并不断提高国有资产资本化率

国资国企改革的不断深化，对国有资产的流动性提出了更高的要求，要求将流动性较差的存量国有资产转变为可以在资本市场上自由流动的国有资本，也顺应了从管理国有企业向管理国有资本的转变。流动性较差的存量国有资产会影响国有资产的保值增值，从而抑制国有资产收入增长。加快国有资产资本化有利于实现从“做强做优做大国有企业”向“做强做优做大国有资本”的转变。国有资产资本化率的提高可以通过加快两类公司的设立、促进更多国有企业的整体上市、推动更多国有自然资源资本化、创新国有股份或国有股权的产权交易模式等多种方式来实现。

（一）存量国有资产的非流动性资产占比较大在某种程度上抑制了国有资产收入增长

国有资产收入增长与国有资产的保值增值密切联系。国有资产通过资本化转变为可以流动的国有资本，更易于实现国有资产的保值增值。我国存量国有资产的突出特点是非流动性国有资产占比较大，在某种程度上抑制了国有资产收入增长，不利于实现国有资产的保值增值。

1. 存量国有资产的非流动性资产占比较大

目前，我国国有资产可以分为企业国有资产（不含金融企业）、金融企业国有资产、行政事业性国有资产、国有自然资源资产四类，从会计学资产负债表角度分析四类国有资产的流动性，可以发现这四类国有资产普遍存在非流动性资产占比较大的特点。

根据2018年度国有资产管理综合报告，第一类企业国有资产（不含金融企业）国有资本权益总额58.7万亿元，第二类金融企业国有资产形成国有资产17.2万亿元，第三类行政事业性国有资产净资产23.6万亿元。这三类国有资产规模巨大，但多以固化形态存在于国有企业和机关单位中，以资本化、证券化等形式存在的流动资产占比较低，即使是已经上市的国有企业中也会存在流动性较差的国有股。第四类国有自然资源资产多为国有土地资源、国有森林资源、天然气和水资源，大部分无法计量计价，难以实现流动变现。

2. 存量国有资产的非流动性影响国有资产保值增值

我国存量国有资产流动性普遍较差，而流动性是资产的重要属性，除了可获得流动性溢价外，还有利于实现国有资产的保值增值。国有企业保值增值是通过对国有资产的有效运营而获得经济利益，实现国有企业净资产增值。根据资本的特性，国有资产的资本化有助于提高国有资产运营收入，在流动中实现国有资产保值增值。

加快存量国有资产的资本化进程，要求国有资产管理重点关注国有资产的流动性。如果国有资产不能在资本市场上进行自由交换和流动，那么大量的国有资产将沉淀在原有的实物形态上，处于低效运转或闲置状态，不仅无法实现保值增值，甚至会导致国有资产价值的流失。

（二）顺应从管理国有企业向管理国有资本的转变而加快国有资产资本化进程

随着国资国企改革的不断深化，国资国企在管理体制和管理目标上都提出了新的要求，在管理体制上确立了由原来的“从管人管事管资产”转向“管资本”，在管理目标上确立了从“做强做优做大国有企业”转向“做强做优做大国有资本”，凸显了国有资本在国资国企改革方面的重要性。因此，加快国有资产资本化进程，是顺应从管理国有企业向管理国有资本转变的客观要求。

1. 国资国企改革要求实现从管理国有企业向管理国有资本的转变

党的十八届三中全会提出了“以管资本为主加强国有资产监管、准确界定不同国有企业功能”的纲领性改革目标，开启国有资产监管改革的新篇章，要求实现管理体制从管理国有企业向管理国有资本转变。国有企业是我国国民经济的支柱，经济社会的可持续发展依然要依靠和发挥国有企业的重要作用。在经济全球化的大环境下，国有企业面临越来越激烈的市场竞争，这就需要国有企业不断地激发新的活力。国资国企改革要解决的是在市场经济条件下，既能让国有企业激发出活力和增强市场竞争力，也能在保证国有资产不流失的前提下实现保值增值，实现国有资产的发展壮大。因此，国资国企改革必须从“管资产”向“管资本”转变。

注重“管人管事管资产”的国有资产管理体制在一段时间内促进了国有资产快速增值，但也导致国有资本管理机构在管人管事的工作中投入过多精力，反而在资产管理、市场竞争、提升效率、资源配置等方面没有发挥应有作用。而按照市场在资源配置中起决定性作用的要求，国有资本管理机构要从“管人管事管资产”中摆脱出来，不再直接管理国有企业，实现国有资产管理从管理国有企业向管理国有资本转变。

2. 加快国有资产资本化进程有利于“做强做优做大国有资本”

“做强做优做大国有资本”离不开国有资本在流动中保值增值。加快国有资产资本化进程首先要加快推进国有资产资本证券化。国有资本的流动、后续的管理运作，可以借助资本市场这个市场化程度高、流动性强的平台，既有助于实现国有资产价值最大化，又能够推动从管理国有企业向管理国有资本的转变。因此，一是要加大国有控股上市公司整合的力度，将经营性国有资产尽可能通过公司整体上市的方式，提高资产的证券化率；二是要加快培育一批拟上市企业，拟上市企业短期实现上市较为困难，但要形成规范的公司内部结构，提高资产运营效率，即便无法上市，也能够实现国有资产的资本化。通过提高国有资产资本化率、国有资产总额年平均周转率、国有股权创新覆盖率，实现从“做强做优做大国有企业”向“做强做优做大国有资本”转变，进而促进资本向新兴产业和科技创新领域合理有序流动，营造国有资本与其他所有制性质资本公平竞争的环境。

（三）加大国有资本运营力度，提高国有资产资本化率

在“做强做优做大国有资本”的深化国有企业改革的要求下，提高国有资产资本化率的重要性尤为突出，现阶段国有资产资本化率的提高要更多地依赖国有资本的运营，通过加快两类公司的设立、促进更多国有企业的整体上市、推动更多国有自然资源资产资本化、创新国有股份或国有股权的产权交易模式等更多市场化的方式加大国有资本运营力度，促进那一部分原本流动性较差的国有资产更多地以国有资本的形式存在。

1. 加快国有资本投资公司和运营公司的设立

中央本级政府和各地方级次政府应积极推进两类公司的试点工作，加快两类公司设立，促进国有资产资本化率的提升。两类公司在投资对象和运营模式等方面存在差异。具体来讲，国有资本投资公司主要进行产业投资、带动产业发展，主要投向公共服务、科技进步、生态环保、战略性新兴产业等领域，探索产业资本与金融资本的融合，

目的是促进产业发展。国有资本运营公司以股权投资和财务管理为主，运营对象为国有资本投资形成的国有股权，主要投向一般竞争性领域，扮演纯粹财务投资者角色。国有资本投资公司通过开展投资融资、产业培育、资本整合，推动产业集聚和转型升级，对所投资公司保持混合控股模式，既持有股份又参与持股公司的生产经营；对所投资公司发挥战略投资者的作用，重点关注其战略目标执行和资本回报状况。国有资本运营公司通过股权运作、资本流动、价值管理、有序进退，来实现国有资本的保值增值，对所投资公司保持纯粹控股模式，不直接参与持股企业的生产经营，对所投资企业只发挥财务投资者的作用，建立财务管控模式，重点关注国有资本流动和增值状况。通过两类公司实现国有资本的专业化运营，加快国有资产的资本化进程，在流动中实现保值增值。

2. 促进更多国有企业的整体上市

国有资产不仅要充分实现资本化，还要依托证券市场实现证券化，通过更多国有企业整体上市，推动更多国有资产的充分证券化，进而实现“做强做优做大国有资本”。大力推动国有企业改制上市，须创造条件实现集团公司整体上市，加快国有企业特别是竞争类企业的上市步伐，推进具备条件的一级企业实现整体上市，使上市公司成为国有企业主要企业形式。随着国有企业改革特别是混合所有制改革的推进，上市公司已经成为国有经济越来越重要的表现形式。从现实和未来发展趋势看，整体上市相对于分拆上市来说，更加适合中国国情，更能促进我国国有企业改革和我国资本市场的发展。从企业层面来说，整体上市降低了企业与市场的交易费用，有利于国有企业发挥产业优势、产品优势，形成规模经济，提升企业绩效；从资本市场层面看，将有助于进一步深化国有企业股份制改革，提高资本市场的运作效率，实现资本市场的产业整合功能，进一步提高国有资产的资本化率。

3. 推动更多国有自然资源资本化

我国国有自然资源资产总量大，但流动性较差，只有极小部分能够变现和实现资本化，国有资产资本化率提高必须要推动国有自然资源资产以更多的方式实现资本化。我国国有自然资源资产总量大，涉及国有资产种类多。根据2018年国有资产管理报告统计，全国国有土地总面积5.06亿公顷，国有森林面积8436.6万公顷，水资源总量2.75万亿立方米，内水和领海面积38万平方公里。我国国有自然资源的保护与使用缺乏相应的资金和保障措施，应合理化国有自然资源的开采、使用，建立更多的国有自然资源的开采、使用的公司，推动公司逐渐上市，也可以发行证券化凭证，筹集更多的专项资金，提高国有自然资源的保护和整体的使用效率。

4. 创新国有股份或国有股权的产权交易模式

我国国有资产总量很大，流动性较差的国有股份数量也很多，能够通过证券上市的少之又少，因此要创新产权交易模式。国有股份或国有股权产权交易有利于盘活国有资产存量，促使国有资产在流动中保值增值。长期以来，我国国有资产呆滞、闲置、效益低下和流失的现象十分严重，产业结构、产品结构和技术结构不够合理。为此，引入国有资产的市场化交易机制，创新国有股份或国有股权的产权交易模式，是改变这一局面较为理想的方式。通过产权转让对国有资产的存量进行调整，能最大限度地发挥国有资产的价值，实现国有资产的保值增值，从而实现结构调整和国有资产的优化配置。

创新国有股份或国有股权的产权交易模式可以从以下两种方式展开：一是要发展产权交易市场、产权交易中心，允许国有股份或国有股权进行交易；二是要设立国有股份或国有股权的大宗交易市场，以更加市场化的方式推进产权交易模式的创新，国有股份或国有股权的产权交易有利于以资本化、证券化的方式来提高国有股份或国有股权的流动性。

四、细化国有企业红利征缴的分类及部分类别提高征缴比例

国有企业上缴红利是国有资本经营预算收入的主要来源。随着国有企业经营水平的提升和国家财政收支压力的加大，现行国有企业红利征缴制度既落后于国有企业的经营实际，也不符合国家财政的需要。为此，需要进一步细化国有企业红利征缴分类，以征缴比例的差异化实现国有企业红利上缴的全覆盖，引导并鼓励国有企业主动提高红利上缴比例，形成国有资本经营预算收入持续增长的良性机制。

（一）国有企业红利征缴的分类要进一步细化

国有资产归全民所有的属性决定了国有企业红利应归全民享有。随着国有企业经营水平的提升和国家财政收支压力的加大，进一步细化国有企业红利上缴比例，既是健全政府预算体系，加强国有资本经营预算与公共财政预算统筹力度的重要举措，也是促进全民共享国有企业发展红利、增强国有企业社会责任的客观要求。现阶段政府对国有企业红利征缴范围和征缴比例的设定尚不健全，不仅未覆盖所有类别的国有企业，征缴比例也未能适应所有国有企业的经营状况。因此，需要进一步扩大国有企业红利征缴的分类类别，通过国有企业红利征缴的分类细化实现国有企业红利上缴的全覆盖。

1. 进一步扩大国有企业红利征缴的分类类别

国有企业红利征缴主要体现为各级次国有资本经营预算对各类国有企业国有资本收益的征缴。国有资本收益是各级次国有资本经营预算收入的主要来源。我国现行中央国有企业红利征缴范围和征缴比例由《中央企业国有资本收益收取管理办法》（财资〔2016〕32号）、《关于进一步提高中央企业国有资本收益收取比例的通知》（财企〔2014〕59号）等文件规定，各地方级次国有企业红利征缴范围和征缴比例普遍参照中央做法。《中央企业国有资本收益收取管理办法》规定，国有资本收益是国家以所有者身份依法取得的国有资本投资收益，包括国有企业应交利润、国有股利或股息、国有产权转让收入、企业清算收入、其他国有资本收益等。《关于进一步提高中央企业国有资本收益收取比例的通知》规定，对中央企业国有资本收益的征缴范围和征缴比例实行“分类定档”制，即将中央企业国有资本收益的征缴范围划分为三大类，征缴比例划分为五个档次（以下简称“三类五档”）：第一大类是国有独资企业，征缴比例分为“25%、20%、15%、10%、免征”五个档次；第二大类是国有控股和参股企业，征缴额度按照有关经济行为的财务会计资料执行；第三大类是事业单位出资企业，征缴比例为10%（见表8-2）。“分类定档”标准出台后，中央政府对国有独资企业征缴范围进行了多次小幅度扩展，但未改变“三类五档”的主体框架。

现行国有资本收益的征缴范围尚未覆盖所有类别国有企业，部分国有金融企业、所有国有投资和运营公司未被纳入征缴范围，而且征缴比例仅被粗略地划分为“三类五档”，既不能准确体现各类国有企业的特点，也不利于敦促国有企业承担应有的社会责任。例如现行最高比例为烟草企业执行的25%，但根据烟草企业的经营水平和盈利状况，上缴更高比例红利并不会对烟草企业造成沉重负担。

表8－2　　国有资本经营收益征缴类别及征缴比例

企业类别		代表企业	应缴利润比例
国有独资企业	第一档：烟草企业	中国烟草总公司	25%
	第二档：资源型企业	中国石油天然气集团公司	20%
	第三档：一般竞争型企业	中国铝业公司	15%
	第四档：军工企业、转制科研院所、中国邮政集团公司、中国铁路总公司、中央文化企业、中央部门所属企业	中国核工业集团公司	10%
	第五档：政策性企业、应缴利润不足10万元的小微型企业	中国储备粮管理总公司	免交
国有控股、参股企业		按照有关经济行为的财务会计资料执行	
事业单位出资企业			10%

注：资料整理自《关于2019年中央国有资本经营预算的说明》（出自财政部《2019年中央财政预算》）。

因此，应进一步扩大国有企业红利的征缴类别，以增加国有资本经营预算收入。一是扩大上缴红利的国有企业名单，中央和地方政府应将所有类别国有企业均纳入征缴范围，特别是纳入所有国有金融企业、国有资本投资和运营公司等。二是提高国有企业红利征缴比例上限，在遵循国有企业红利上缴和企业经营相平衡的基础上，提高部分国有企业收益上缴比例，例如，将烟草企业收益上缴比例提升至30%甚至更高水平。

2. 通过国有企业红利征缴的分类细化实现国有企业红利上缴的全覆盖

当前“三类五档”的红利征缴制度设定已经落后于国有企业的经营现状。“三类五档”制度主要对中央国有独资企业的类型和上缴比例进行了规定，但划分标准不科学，例如，第四档国有企业中包含了军工企业、转制科研院所、中国邮政集团公司、中国铁路总公司、中央文化企业、中央部门所属企业等多种类型企业。从行业竞争水平和企业特征角度判别，中国邮政集团公司、中国铁路总公司属于垄断型企业，应参照第二类资源型企业标准；中央文化企业和中央部门所属企业普遍属于一般竞争型企业，应参照第三类标准。

因此，建议按照国有企业所处行业竞争程度、企业特征和盈利能力等因素对现有红利征缴标准进行归纳细分，将国有企业类别划分为十类，新增“国有金融企业”“国有资本运营公司”“国有资本投资公司”“小微型国有企业和盈利能力较差的国有企业”4 个类别；将原第二类“资源型企业”修订为“国有垄断型企业”，覆盖中国邮政集团公司、中国铁路总公司等；将中央文化企业和中央部门所属企业归类为一般竞争型企业；将国有军工企业、转制科研院所、事业单位出资企业等具有公共属性的企业调整为第七档，其余标准不变。

通过国有企业红利征缴的分类细化，将国有金融企业、国有资本投资和运营公司纳入征缴范围，覆盖所有类别国有企业；同时将小微型国有企业和盈利能力较差的国有企业单列为一档，敦促经营者形成缴纳意识，实现国有企业红利上缴的全覆盖（见表 8 -3）。

表 8 -3　　建议调整后的国有资本经营收益征缴类别及征缴比例

企业类别	代表企业	应缴利润比例	原标准
第一类：国有烟草企业	中国烟草总公司	30%	25%
第二类：国有垄断型企业	中国石油天然气集团公司	25%	20%
第三类：国有金融企业	中国工商银行	23%	新增
第四类：一般竞争型国有企业	中国铝业公司	20%	15%
第五类：国有资本运营公司	诚通集团	18%	新增

续表

企业类别	代表企业	应缴利润比例	原标准
第六类：国有资本投资公司	国家开发投资公司	15%	新增
第七类：国有军工企业、转制科研院所、事业单位出资企业	中国核工业集团公司	10%	10%
第八类：小微型国有企业和盈利能力较差的国有企业	—	3%	新增
第九类：政策性企业和应缴利润不足10万元的小微型企业	中国储备粮管理总公司	免交	免交
第十类：国有控股、参股企业	按照有关经济行为的财务会计资料执行		

注：小微型企业标准参照《关于印发中小企业划型标准规定的通知》规定；建议将近三年净资产利润率（ROE）平均值低于3%的国有企业认定为盈利能力较差的国有企业。

（二）国有企业红利征缴比例调整实行类别差异化

基于国有企业经营特征、盈利水平、所处行业的竞争程度等因素，需要对国有企业分类和对应征缴比例标准进行差别化动态调整，实现国有企业红利上缴和国有企业经营的平衡，形成国有企业红利上缴总额持续增长的良性机制。

1. 垄断型国有企业红利征缴比例大幅度提高

依靠政府特别授权和行业管制，我国在能源、自来水、烟草等行业形成了一批垄断型国有企业，例如，中国石油天然气集团公司、国家电网公司、中国烟草总公司等。此类国有企业依靠行政垄断地位获取了丰厚的经营利润，理应将更多利润上缴财政用于二次分配，但现行最高上缴比例仅为25%，与其垄断型国有企业的身份不相匹配。而且大量利润的留存不仅存在被企业内部利益集团占据的风险，也不符合国家收入分配改革的方向。因此，应大幅度提高垄断型国有企业的红利征缴比例，例如，2020年将中国烟草总公司和国有资源型企业的红利征缴比例再提升5个百分点，分别提升至30%和25%，把更多国有企业红利投入民生领域。

国有金融企业在我国金融行业中拥有寡头垄断地位。按照马克思的政治经济学理论，金融业等虚拟经济并不产生价值，却从实体经济分割走大量利润，削减了社会再生产的投入规模，导致经济“脱实向虚”和实体经济萎缩。因此，建议国有金融企业执行较高水平的红利上缴比例，扭转资金“脱实向虚”趋势，壮大实体经济。

2. 一般竞争型国有企业红利征缴比例进一步提高

一般竞争型国有企业是我国数量最多的国有企业，也是国有企业红利上缴的主力军。此类企业基本覆盖全类别行业，是社会主义公有制的主要体现，对于缓和国家经济转型中的市场失灵有着重要的作用。一般竞争型国有企业的主要目标是实现国有资产的保值增值，而随着供给侧结构性改革的深化以及国有资产资本化进程的加快，一般竞争型国有企业的经营效益不断改善，理应为财政收入作出更大贡献。

在经济下行和财政支出压力不断加大的背景下，建议将一般竞争型国有企业红利上缴比例提高至20%，把国有资产与国有资本收入增加有效转化为政府财政收入，充分发挥国有企业在保证和改善民生、持续推动经济增长方面的积极作用。

3. 细化分类的新增类别国有企业红利征缴比例不宜太高

对于初次纳入国有企业红利征缴范围内的国有企业，初始缴纳比例可定于相对较低水平，给予企业一定的过渡期，帮助国有企业经营者形成国有资产归全民所有的意识，也有助于强化政府利用全部国有资产的意识。

国有金融企业作为垄断型企业，应执行第二类国有垄断型企业缴纳标准，但考虑到国有金融企业的历史负担，以及经济下行期金融行业潜在的风险，将其红利上缴比例暂定为23%；国有资本投资和运营公司尚处于试点期间，其红利上缴比例也不宜设定过高，鉴于国有资本运营公司的资金周转速度快于国有资本投资公司，建议国有资本运营公司红利上缴比例为18%，国有资本投资公司红利上缴比例为15%；建议将小微型国有企业和盈利能力较差的国有企业红利上缴比例设定为3%，主要目的是敦促国有企业经营者形成缴纳意识，履行国有企业应承担的社会责任。

（三）引导并鼓励国有企业主动提高红利上缴比例

对国有企业红利上缴比例实行下限管理只能带来国有资本经营预算收入的被动增长。通过设立红利征缴比例的主动上浮区间，引导并鼓励国有企业主动增加红利上缴份额，有助于形成国有资本经营预算收入持续增长的良性机制，充分发挥国有资产的社会性职能。

1. 国有企业红利征缴比例分类中的每一类都设主动上浮的征缴比例

虽然国有企业红利上缴制度已经实行了12年，但仍有很多国有企业经营者不愿主动承担国有企业应有的社会责任，而且现行的国有企业红利按固定比例上缴的制度也不利于国有企业经营者形成主动上缴的意识。因此，可以在国有企业红利征缴比例分类中的每一类都设定主动上浮区间，鼓励有条件的国有企业主动上缴更高比例的红利，承担更多的社会责任。

上浮区间的设定也应实行类别差异化。按照调整后的国有企业分类，国有烟草企业、国有垄断型企业、国有金融企业的盈利能力强、利润规模大，建议在第一类至第三类设定3%～5%的主动上浮区间；一般竞争型国有企业的盈利能力相对较弱，国有资本投资和运营公司处于试点期间，建议第四类至第六类设定2%～4%的主动上浮区间；第七类至第九类国有企业的盈利能力较弱，且包括一些不以盈利为第一目标的国有企业，因此建议设定1%～3%的主动上浮区间。

2. 引导并鼓励国有企业主动在上浮比例区间内增加上缴红利的比例

引导并鼓励国有企业形成主动增缴意识，才能有效发挥上浮区间设定的作用。因此，建议奖励主动增缴的国有企业更高的工资总额。由于《中央企业工资总额管理办法》规定中央企业实行工资总额管理，通过奖励主动增缴的国有企业更高的工资总额，能够增强国有企业改善经营绩效、主动提高红利上缴比例的积极性，形成国有企业效率提升、红利上缴增加的良性循环。

五、加大国有资本经营预算收入向一般公共预算与社会保障基金预算的划转力度

自党的十八届三中全会提出划转部分国有资本充实社会保障基金，2020年实现国有资本收益划转公共财政比例提升至30%的目标以来，国有资本预算向一般公共预算划转的比例不断提升，但与30%的目标仍有一定差距①；国有资本充实社会保障基金的工作也进展缓慢，尚未建立国有资本经营预算收入向社会保障基金预算直接划转的机制。为了缓解经济下行、“减税降费”和人口老龄化趋势产生的一般公共预算和社会保障基金预算支出压力，政府需要加大国有资本经营预算收入向一般公共预算与社会保障基金预算的划转力度，充分发挥国有资产的社会保障功能。

---

① 2019年中央国有资本经营预算调入一般公共预算比例提高至25%。

（一）逐年提高国有资本经营预算收入水平

自 2007 年建立国有资本经营预算制度以来，全国国有资本经营预算收入不断增长。但总体而言，国有资本经营预算收入规模较小，一是相比于其他三本预算，国有资本经营预算收入占政府全部预算收入的比重较小；二是与国有企业资产总额及国有企业利润规模相比，国有企业红利上缴总额较小。这些问题的存在严重制约了国有资本经营预算功能的发挥。因此，可以通过提高国有企业红利上缴数额，适度处置及变现部分闲置国有资产，增加国有资本专业化运营收益上缴数额等方式，逐步扩大国有资本经营预算收入规模。

1. 不断提高国有企业红利上缴数额

国有企业上缴红利是国有资本经营预算收入的主要来源，提高国有企业红利上缴数额是增加国有资本经营预算收入的主要方式。由于我国实行“分类定档”的国有企业红利上缴制度，强化提升国有企业的盈利能力，是增加国有企业红利上缴数额乃至国有资本经营预算收入的根本举措。

在新时代背景下实现国有企业盈利能力提升，需要从宏观和微观两方面着手。宏观层面，政府应按照竞争中性原则深化国有企业改革，在税收、监管、政府采购等方面平等对待国有企业和民营企业，逐步消除国有企业享有的国家显性或隐性担保，推动国有企业与民营企业平等竞争，实现国有企业产业结构、供给能力与市场需求相匹配，增强其竞争力和盈利能力。微观层面，国有企业需要进一步规范法人治理结构，以优化内部流程降低经营成本，以技术进步实现产品优化升级，进一步增强国有企业市场竞争力，实现利润规模高速增长。在此基础上，以国有企业盈利能力提升实现利润规模的扩大，增加国有企业红利上缴数额，形成国有资本经营预算收入持续增长的良性循环。

2. 主动并适度实行一些闲置国有资产的处置及变现

我国国有资本经营预算收入的主要来源是国有企业上缴红利，但随着经济下行压力的加大，我国 GDP 增速放缓，国有企业实现利润的增长也会放慢，将制约国有资本经营预算收入的增长。因此，应考虑拓展国有企业上缴红利来源。通过加大闲置国有资产变现力度，增加国有产权转让收入，可以实现并保证国有资本经营预算收入的稳定增长。

我国有一些国有资产处于低效运行或闲置状态，既没有发挥国有资产的价值，还可能退化成劣质资产甚至不良资产，造成国有资产的流失。因此，可以通过主动并适度处置和变现一些闲置国有资产，促进国有资产保值增值和国有资本经营预算收入增加，促进微观层面的国有资产结构优化和保值增值，还有助于实现国有经济结构调整、产业升级以及政府的其他宏观调控目标。

闲置国有资产的处置及变现既是经济结构调整的结果，又是促进经济结构调整的重要方法，需要站在国有经济结构调整和优化社会资源配置效率的高度确定闲置国有资产的变现范围与变现方式，不仅要处置大量劣质资产和不良资产，也要处置部分优质资产；同时要与国有资本经营中长期预算相结合，强化国有资产管理政策和国家宏观调控政策的连续性，充分发挥国有资本预算的宏观调控作用。对闲置国有资产变现资金的使用也要结合新时代社会经济的发展需求，把有限的资金投入社会最需要的地方，最大限度地发挥变现资金的价值。

国有资产管理部门应出台政策明确国有企业处置闲置资产的范围、种类、方式方法，消除制度层面存在的障碍。国有企业对闲置国有资产的处置和变现要以规范的产权交易为依托，通过多层次的产权交易市场，实现国有股权、股份的流动，进而盘活国有企业闲置资产，在增加国有资本经营预算收入的同时提升国有资产治理效率。

3. 逐步增加国有资本专业化运营收益上缴数额

国有资本投资和运营公司是实现国有资本管理从“管人管事管资产”向“以管资本为主”转变的重要抓手。就功能而言，国有资本运营公司主要通过专业化的国有资本运营，追求国有资本保值增值甚至追求国有资本收益最大化；国有资本投资公司则通过国有资本的有进有退引导产业结构调整与支持产业升级，把国有资本保值增值与产业竞争力提高相结合。国有资本投资和运营公司作为国有资本出资者代表授权的运营主体，要受到国有资本经营预算管理的约束，按一定比例上缴每年实现的利润，增加国有资本经营预算收入。

国有资本投资和运营公司所处产业的特征决定两类公司具有轻资产、高周转、高收益的特点，两类公司的功能定位也决定了不需要保留大量利润用于自身发展，所以两类公司的红利上缴比例应该高于普通国有企业；两类公司的资产主要由现金、股权等高流动性资产构成，有能力上缴更多的红利而不对企业造成沉重负担。因此，在将两类公司纳入国有资本经营预算管理的基础上，国有资本投资和运营公司上缴利润的百分比应逐年提高。国有资本运营公司与国有资本投资公司设立后可以有 1 ~2 年的过渡期，力争在过渡期满后上缴利润的百分比达到30%左右，甚至高于30%而达到35% ~40%，支持国有资本经营预算收入的逐年持续增长。

（二）允许国有资本经营预算收入向一般公共预算划转比例突破30%上限

党的十八届三中全会提出“完善国有资本经营预算制度，提高国有资本收益上缴公共财政比例，2020 年提到百分之三十，更多用于保障和改善民生”的要求。但目前国有资本经营预算收入的总量较小①，仅划转 30% 的比例难以抵御因经济下行和“减税降费”造成的一般公共预算支出压力，而且部分经济发达省份已经实现国有资本经营预算收入向一般公共预算划转比例达到 30% 的目标。因此，建议允许国有资本经营预算收入向一般公共预算划转比例突破 30% 上限，更好发挥国有资本经营预算的社会保障功能。

1. 要求各级政府预算中的国有资本经营预算收入向一般公共预算划转尽快达到 30%

自党的十八届三中全会提出 2020 年国有资本经营预算收入向一般公共预算划转比例达到 30% 的目标以来，中央和地方各级政府国有资本经营预算收入的划转比例逐年上升。2019 年中央国有资本经营预算收入划转一般公共预算的比例达到 28%，预计 2020 年能顺利实现目标。北京、广东、上海等经济发达省（市）已实现 30% 的目标，而经济水平相对较差的省份进展较慢，且有部分省份没有制定明确的时间计划来实现这一目标。

因此，地方各级政府应制定明确的工作计划，加快落实国有资本经营预算收入向一般公共预算划转比例达到 30% 的目标。一是要加快推进国有资产统计及报表编制工作，将辖区内所有国有资产纳入国有资本经营预算中，为国有资本经营预算收入划转一般公共预算打好基础。二是要结合本级国有资本经营预算实施情况，参照本级国有资本收益上缴比例逐年提高的做法，制定明确的工作计划，力争 2020 年完成政策要求。

---

① 2018 年全国国有资本经营预算收入 2899.95 亿元，约占国家全年财政总收入的 1%。

2. 具备条件的中央本级或某些地方政府预算中的划转比例可以突破30%上限

我国国有资本经营预算收支情况差异较大，2018 年中央国有资本经营预算收入占全国国有资本经营预算收入的近 50%[①]，扣除本级支出、对地方转移支付、调入一般公共预算后仍有一定结余。受经济发展水平影响，北京、广东等发达省份国有资产经营状况较好，使国有资本经营预算每年都产生一定结余，并且已提前完成党的十八届三中全会提出的划转比例目标。

随着经济社会环境的变化，国有资产治理和国有资本经营预算的发展已超过党的十八届三中全会时的预期，30% 的划转比例不能满足当前经济发展的需要。特别是在中央和地方各级政府一般公共预算支出压力不断加大的背景下，各级政府需要统筹“四本预算”以更好地履行公共服务职能。因此，应允许具备条件的中央政府或某些地方政府突破 30% 的比例上限，将更多国有资本经营预算用于民生领域。

中央政府和地方政府在制定更高的划转比例时，应充分考虑本级国有资产管理实际，在满足本级国有企业发展需要的条件下，将富余国有资本经营预算收入划转至一般公共预算，不能影响本级国有资本经营预算的正常支出。

（三）政策要明确国有资本经营预算收入可以向社会保障基金预算进行划转

人口老龄化趋势的加快使我国社会保障制度承担了巨大的支出压力，这要求政府尽快打通国有资本经营预算收入向社会保障基金预算

---

① 2018 年中央国有资本经营预算 1325. 31 亿元，占全国国有资本经营预算的 45. 7%。

直接划转的通道，并逐年提高划转比例，弥补社会保障基金收支缺口。

1. 国有资本经营预算与社会保障基金预算的连接通道要尽快打通

随着人口老龄化趋势的加快，我国的社会保障基金预算承担了巨大的支出压力。考虑到社会保障基金的支出刚性，弥补社会保障基金缺口的资金来源必须具有稳定性和可预见性。在现有条件下，国有资本经营预算收入就应当成为社会保障基金预算收入来源之一，特别是国有资本全民所有的属性决定了其收益应当被全民享有。但根据《中央国有资本经营预算管理暂行办法》（财预〔2016〕6 号）规定，国有资本经营预算收入可以调入一般公共预算和补充全国社会保障基金，但不能直接向社会保障基金预算直接划转。

从政府收入构成看，国有资本经营预算收入是政府财政收入的重要组成部分。因此，政府可以统筹调剂“四本预算”资金，将国有资本经营预算收入划转到社会保障基金预算中，弥补我国社会保障基金的巨大缺口。而且将国有资本经营预算收入用于社会性支出，更能体现出国有资产“取之于民、用之于民”的本质，发挥公有制经济的支柱作用和社会主义制度的优越性。

因此，政府应通过出台相应政策或相关法律法规，明确国有资本经营预算收入可以向社会保障基金预算划转，打通两者之间的连接通道，消除国有资本经营预算收入直接用于社会性支出的障碍，既增强了我国基本养老保险制度的可持续性，又让社会公众真实感受到其对财政收入增加及国有企业红利的共享。

2. 国有资本经营预算收入向社会保障基金预算划转的比例要逐年提高

我国国有资本经营预算收入的整体规模较小，如果国有资本经营预算收入向社会保障基金预算划转的比例较低，则无法有效弥补社会保障基金缺口。因此，建议中央政府对各级次国有资本经营预算的划转比例进行下限管理，初始标准定为15%，并从2020年开始在各级次政府预算中实施国有资本经营预算收入向社会保障基金预算划转。在此基础上，各级次地方政府应结合本级国有资产经营情况，逐年提高本级国有资本经营预算收入向社会保障基金预算划转的比例。考虑到不同地区国有资产经营状况的差异性，在全面实施划转后可以设定3~5年的过渡期，允许部分地区在过渡期内仅维持15%的最低标准，但在过渡期满后，力争将划转比例提高到30%左右，甚至达到35%的水平。

由于国有资本经营预算收入可以向一般经营预算和社会保障基金预算划转，因此，建议国有资本经营预算收入向两本预算划转的比例之和不超过70%，保留30%以上的预算收入以保证国有资本经营预算正常功能的发挥。

执笔人：文宗瑜[①]等

① 执笔人文宗瑜工作单位为中国财政科学研究院。

专题报告九

推进政府性基金收入管理改革

财政转型是国家治理转型的“牛鼻子”。“通过改变国家取钱、分钱、用钱的方式，就可以实质性地改变国家的治理模式”（马骏、王绍光，2008）。一般公认，包括收入汲取和预算安排在内的财政能力是国家治理能力中最重要的组成部分。在我国，财政收入的汲取能力有目共睹，但财政收入的分散也同样触目惊心。以 2018 年为例，据不完全统计，我国广义政府收入[①]为 31. 87 万亿元，其中财政收入达到 18 万亿元左右，且财政不完全具有统筹能力的政府性基金就达到 75405 亿元，占当年整个财政收入的 41. 12%、政府收入的 23. 66% 左右。由于政府性基金多为部门管理，透明度较低，又多涉及水、电、油等民生产品，因此牵动社会“神经”，为各方所诟病[②]。更重要的是，随着我国经济进入新常态，财政收入增长也将长期处于“一位

---

① 在我国，广义政府收入 = 税收收入 + 非税收入 + 政府性基金 + 社会保障收入 + 国有资本经营收入。2018 年，上述几项的收入分别为 15. 64 万亿元、2. 69 万亿元、7. 54 万亿元、5. 71 万亿元和 0. 29 万亿元，共计 31. 87 万亿元。

② 新华社 2014 年 8 ~ 12 月连续 10 次播发“钱去哪儿了”系列报道，追问各类行政事业性收费或政府性基金的去向。涉及土地出让金、机场建设费、住宅维修资金、高速公路收费、彩票资金、水电油价“附加费”收入以及停车费等，引起社会强烈关注。

数”时代，这种情况下，统筹管理政府所有收入就变得比任何时候更加重要。推动政府性基金改革势在必行。

一、我国政府性基金的前世今生

资料显示，我国政府性基金主要是在当时国家财政收入有限、财力不支但又必须要举办一些重大公共事业、建设工程的情况下，财政部门允许相关部门自行筹集经费所打开的一道口子。经验表明，一旦允许各部门自行收钱而同时疏于管理的话，就相当于打开了“潘多拉的魔盒”，极易失控。针对各地方、各部门名目众多、各色各样的收费项目，国家曾发起过多轮清理整顿。如 1996 年，国务院发布《关于加强预算外资金管理的决定》，将养路费、车辆购置附加费、铁路建设基金、电力建设基金、三峡工程建设基金等 13 项数额较大的政府性基金纳入财政预算，这是“政府性基金”这一名词见于记载的伊始。2005 年 6 月，财政部发布《关于公布取消部分政府性基金项目的通知》，规定从 2006 年起取消 277 项政府性基金项目，这是整顿政府性基金动作最大的一次。2010 年，国务院出台《政府性基金管理暂行办法》，要求各地每年要编制政府性基金项目目录并向社会公布，不在此目录的范围之内，企业和公民有权拒交。此后，财政部每年编制《全国政府性基金项目目录》并定期向社会公布。2014 年，全国共有政府性基金 45 项。近年来“放管服”改革启动以后，包括政府性基金在内的收费清理工作大刀阔斧地推进，政府性基金项目随之大幅度减少，最新版的《全国政府性基金目录》显示，当前我国共有各类全国政府性基金 21 项（清单）。地方层面，多在全国政府性基金目录的基础上根据本地的实际情况增加或减少了一些项目。

2015年以来，由于种种原因，我国政府性基金增长很快。特别是在地方政府层面，即使扣除占比最大的土地出让金，政府性基金的增长仍然十分明显。更引人注目的是，在各级财政收入、支出双双上升，且大多数年份都有数额不等的赤字的情况下，历年政府性基金都有大额结余。2015年，随着“放管服”改革的深入，当年政府性基金的收入显著下降，达近1万亿元，结余项基本消失。2016年后，政府性基金收入重新回升，大额结余再次出现。2018年，反常地出现了政府性基金的巨额支大于收（见表9－1）。有必要指出，在所有这些变化中，地方政府性基金特别是土地出让金都是其中最大的变量。

表9－1　　2010～2018年中央与地方政府性基金收入情况　　单位：亿元

年份	全国政府性基金	中央政府性基金	占比（%）	地方政府性基金（含土地出让金）	占比（%）	地方政府性基金（不含土地出让金）	当年余额
2010	36785.02	3175.75	8.63	33609.27	91.37	5411.57	635.87
2011	41363.13	3130.82	7.6	38232.31	92.4	7091.89	794.87
2012	37534.90	3318.16	8.8	34216.74	91.2	8912.22	822.21
2013	52268.75	4238.44	8.1	48030.31	91.9	8957.32	834.73
2014	54093.38	4097.51	7.57	49995.87	92.43	9591.53	907.13
2015	42330	4112	9.71	38218	90.29	2791	34
2016	46619	4178	8.96	42441	91.04	4984	233
2017	61462	3825	6.21	57637	93.79	5857	762
2018	74504	4033	5.41	71372	94.59	6636	－5517

资料来源：财政部网站2010年、2011年、2012年、2013年全国财政收入决算表，2014年数据根据财政部公布的《2014年全国财政收支情况》整理而成。

目前，社会对于政府性基金主要存在以下几个方面的质疑。

第一，收取的法理依据不足。有研究者称，在2015年的45项基金中，有明确征收依据的仅有6项；2015年后剩下的21项政府性基金中，仅有9项有明确的行政性法规依据，其余均为部门文件。

第二，定价机制不完善、不科学。主要表现在：确定收取标准的规则不清楚，调整机制缺失；特别是政府性基金中具有“价格”性质的部分，多对应特定重大基础设施的成本费用补偿，但由于种种原因，相互之间的数量关系不清楚，引发公众质疑。更重要的是，我国政府性基金多数时候一旦收取就很难取消，比如新菜地基金，设立于1954年，直到2015年才取消。随着基础设施的折旧，收取的费用标准应该有所下降，但我国各项政府性基金多数时候只涨不跌。

第三，政府性基金的部门化特色比较明显。在现行财政管理制度下，政府性基金采用的是“列收列支”的方式，由相关部门负责征收、使用和管理，即收、支、用、管高度集中于某一部门。由于缺乏各环节之间的制衡，造成诸多不良后果，如政府性基金使用管理信息不透明、不公开等。

第四，政府性基金“面目模糊”，专款并未能专用。一是政府性基金的基本特征是专款专用，但在现实中，某种政府性基金并不全部用于它收取时所声称的某种特定支出，有时会根据当时的政府支出需要被用于其他类别的政府投资。二是即使是用于应该指向的特定支出，包括的范围也过于宽广，基本上是除基本支出以外所有的方面。以2018年为例，财政部门报告显示，当年民航发展基金预计收入410.00亿元，加上上年度结转的110.28亿元，可安排的基金收入一共为520.28亿元。支出方面，中央本级支出238.38亿元，对地方转移支付281.90亿元。但在中国民航局当年预算报告中，我们发现，民航局2018年民航发展基金共收入134.54亿元，远少于中央财政

238.38 亿元的预计数。对此只能有一个合理解释，即另外部分用于中央财政投资的其他方面了。具体安排情况如表 9 -2 所示。

表 9 -2　　2018 年中国民航局使用民航发展基金情况一览

基金名称	收入额（万元）	主要支出用途
民航机场建设	146536	主要安排用于对民航局所属机场基础设施建设的投资补助
空管系统建设	471813	主要安排用于对空管系统基础设施建设和技术装备升级的投资补助
民航安全	16582	主要安排用于对民航安全管理体系建设、安全技术应用推广、安全监管能力提升等安全项目补贴
航线和机场补贴	257530	主要安排用于对中小机场、支线航空、国际航线等公共服务给予补贴
通用航空发展	38134.40	主要安排用于对通航飞行作业和驾驶员执照培训给予补贴
征管经费	31968.84	主要安排用于民航发展基金代征手续费和民航发展基金使用管理等相关支出
其他民航发展	382824	主要安排用于对民航直属高校和科研院所基础设施建设的投资补助等其他支出
合计	1345388.24	

资料来源：2018 年中国民航局预算报告。

地方层面，在财政部《2018 年民航发展基金转移支付资金支出预算总表》中，当年民航发展基金向地方转移支付的总额为 842148.6 万元，远远低于预算报告中的 281.90 亿元。这也只能解释为中央政府动用了其他资金，一并纳入了向地方转移的民航建设投资基金之中。用途方面，主要用于三项：地方机场投资补助项目合计 834926.6 万元；中小机场补贴项目合计 361 万元，贷款贴息补贴项目合计 6861 万元。具体到一个省份，可以发现，基金可用的范围非常广，基本上用于与机场有关的所有设施设备的建设、购置。表 9 -3 是 2018 年河北省从中央得到的地方机场投资补助项目的主要使用方向。

表 9－3　2018 年河北省地方机场投资补助项目明细　单位：万元

地方机场	投资补助项目	补助金额
河北机场集团	石家庄机场购置安检和消防设施设备项目	3534.00
	石家庄机场购置飞行区场道设施设备项目	762.00
	石家庄机场购置飞行区航班保障特种设备车辆项目	1198.00
	秦皇岛机场购置安全保障设施设备项目	51.00
	张家口机场有限公司购置及维修安全保障设施设备项目	264.00
	承德机场购置电子防雷等设施设备项目	180.00
唐山机场	唐山三女河机场特种车辆及设备	216.20
	唐山三女河机场机坪扩建工程	1204.80
邯郸机场	购置空管、气象、安检设备及特种车辆项目	724.00
合　计		8134.00

资料来源：财政部：《2018 年民航发展基金转移支付资金支出预算总表》。

二、对我国政府性基金的重新分类

从实践上看，我国政府性基金类别复杂，性质迥异，令人眼花缭乱。必须要对其分门别类、一一甄别，细加考察和分析，才能找出存在的真正问题，也才能寻找出妥善的改进之策。

根据财政学基本原理，所有政府收入不外乎四种形式：税收、使用者付费、国有资本（资源）收入、债务，分别简称为税、费、租、债。以此为标准，我们尝试着对政府性基金项目进行整理和重新分类。

（一）"准税收"类政府性基金

衡量一项政府性基金是不是税的标准，是看其是否具备税收之实，即是不是用于那些本就应当由税收支持的支出项目，其只不过因没有税收之名，故名为“准税收”。据此，表 9－4 所示 9 项政府性基金可划定为“准税收”类。

表 9－4　　具有税收性质的政府性基金项目

序号	基金名称	序号	基金名称
1	文化事业建设费	6	残疾人就业保障金
2	国家电影事业发展专项资金	7	城市公用事业费附加收入
3	彩票公益金	8	城市基础设施配套费
4	可再生能源发展基金	9	旅游发展基金
5	地方教育附加收入		

（二）“租”类政府性基金

在经济学概念中，“租”是指产权主体因出租、出让资产所获得的收入。在政府性基金中，特指政府出租、出让国有资本（资源）所产生的收入，在当前主要表现为土地使用权出让收入和来自国有企业的收入（见表 9－5）。

表 9－5　　国有资本（资源）收入性质的政府性基金项目

序号	基金名称	序号	基金名称
1	新增建设用地有偿使用费	6	农业土地开发资金收入
2	中央特别国债经营基金	7	铁路资产变现收入
3	新菜地开发建设基金	8	电力改革预留资产变现收入
4	国有土地收益基金收入	9	烟草企业上缴专项收入
5	国有土地使用权出让金收入	10	转让政府还贷道路收费权收入

（三）“使用者付费”类政府性基金

费的基本特征是政府因提供特定服务向特定对象收取的费用，具有明确的服务—收费的对称性。与一般的行政事业性收费不同的是，政府性基金中的收费项目专属性更强，使用者更加明确（见表 9－6）。

表 9－6　　使用者付费性质的政府性基金项目

序号	基金名称	序号	基金名称
1	森林植被恢复费	7	废弃电器电子产品处理基金
2	育林基金	8	散装水泥专项资金
3	船舶港务费	9	新型墙体材料专项基金
4	长江口航道维护收入	10	海南省高等级公路车辆通行费附加费
5	无线电频道占用费收入	11	车辆通行费
6	核电站乏燃料处理处置基金	12	水土保持补偿费收入

（四）“加价”性质的政府性基金

在政府性基金目录中，有 10 项是通过提高价格（如电价、票价等）等产生的收入。根据这些基金的管理条文，这些加价产生的收入要么是用于相关工程、设施的建设支出，要么是用于贷款的还本付息支出，要么是用于日常维护与营运成本支出。

表 9－7　　“加价”性质的政府性基金

序号	基金名称	序号	基金名称
1	农网还贷资金	6	南水北调工程基金
2	铁路建设基金	7	大中型水库库区基金收入
3	民航发展基金	8	水库移民后期扶持基金
4	港口建设费	9	三峡水库库区基金
5	中央水利建设基金	10	国家重大水利工程建设基金

（五）其他

此外，还有 3 项不能归入上述分类的基金：一是船舶油污损害赔偿基金收入，这相当于相关企业交纳的事故押金；二是政府住房基金收入，这是由各级政府代为管理的住房公积金的孳息收入；三是“其他政府性基金收入”，一并归入“其他”。

三、政府性基金管理的国际经验借鉴：以民航为例①

必须承认，在国际政府管理与财政管理实践中，以基金方式管理特定用途和特定方向的资金，是一种常见的理财方式，并非我国独创。但是，相当长一个时期以来，我国政府性基金过多强调“专款专用”、强调部门对其拥有管理权和支配权，而在资金管理、信息公开、基金增值方面乏善可陈，以致实践中政府性基金更多成为一种收入概念而非管理要求。反观发达国家，一方面同样也要保证国家重大基础设施建设项目的资金需要，另一方面本国财政管理的制度规则同样适用于政府性基金，更全面地凸显了“基金”之本来意义。以民航为例，很多国家都通过收取专门的税费、设立“专款专用”基金来支持其庞大的基础设施建设费用、巨额的运行维护费用的资金需要。

（一）英国航空旅客税

英国自 1994 年 11 月 1 日，对从英国国内出发的航班征收航空旅客税（Air Passenger Duty），征税对象为民航的承运人（航空公司），至今已经过 5 次重大修订。英国航空旅客税的征税标准考虑两个因素，一是航线的距离，二是座位等级（见表 9 - 8）。英国航空旅客税收入纳入国家一般预算收入管理，未采用专款专用的管理模式，英国机场、空管等民航业基础设施的投入由国家预算统筹安排支出。英国税收和海关总署每季度公布一次航空旅客税中涉及的旅客人数和税款收入。以 2013 年为例，涉税航空旅客 1.01 亿人，航空旅客税申报金额 29.62

① 本部分资料转引自作者指导的国家行政学院 2015 级 MPA 学生曹庆利学位论文《我国民航发展基金改革问题研究》。

亿英镑，实际收入 29.6 亿英镑。

表 9-8　　英国航空旅客税征税标准　　单位：英镑

目的地距离伦敦里程（英里）	优惠税率（乘坐最低等级座位）		标准税率（乘坐除最低等级以外的所有等级座位）		较高税率（飞机起飞全重超 20 吨且旅客人数少于 19 人）	
	2013 年 4 月 1 日	2014 年 4 月 1 日	2013 年 4 月 1 日	2014 年 4 月 1 日	2013 年 4 月 1 日	2014 年 4 月 1 日
A 档（0～2000）	13	13	26	26	52	52
B 档（2001～4000）	67	69	134	138	268	276
C 档（4001～6000）	83	85	166	170	332	340
D 档（6000 以上）	94	97	188	194	376	388

注：如果最低等级的座位面积超过 40 平方英寸（1.016 平方米），收费则按照标准税率。
资料来源：英国财政部消费税 550 号通知（Excise Notice 550：Air Passenger Duty）①。

（二）美国的机场和航路信托基金

美国于 1971 年设立了机场和航路信托基金，其法律依据是 1970 年出台的《机场和航路税收法案》。基金的收入来源主要有三个方面，一是人员和货物航空运输税，二是航空燃油税，三是一般预算收入。其中，美国的人员航空运输税分别对国内航线旅客和国际航线旅客征收，实行分航段计税。航空运输税由航空公司负责收集和汇缴纳税。机场和航路信托基金主要用于机场建设、机场设施维护和研究、美国联邦航空管理局的部分行政运营等，由财政部提供给美国联邦航空管理局（FAA）、运输部（DOT）进行支出。以 2013 财年为例，机场和航路信托基金收入是 130.88 亿美元，总支出 116.17 亿美元，其中：机场和空管的运营费用 47.96 亿美元，占总支出的 41%；对地方机场

---

① 英国财政部，2014 年 9 月，航空旅客税公告（Air Passenger Duty Bulletin-September 2014）。由于实际收入金额按照收付实现制确认，故实际收入的时间比申报时间一般滞后一个月左右，导致实际收入与申报金额的差异。

和空管的补助36.53亿美元，占总支出的31%；设施设备支出28.49亿美元，占总支出的25%；其他比重较小的项目如研究支出、航空公司支出等。

（三）加拿大航空旅客安全费

2002年4月，加拿大政府为向航空旅行安全体系提供资金支持，设立了航空旅客安全费（the Air Travelers Security Charge），开始向使用加拿大航空运输体系的航空旅客征收。目前执行的征收标准为：国内单程每人7加元、国内往返程每人14加元、跨境航班每人12加元、国际航班每人24加元。航空旅客安全费在旅客购买航空服务的时候支付，由航空公司在票款中直接收取并汇缴国家收入局，支出则主要用于加强规则制定、复核标准的执行和对所有的安全服务进行监控。收支情况每年在财政部的出版信息中公告。

归纳起来，各国针对民航、机场、空管方面的建设与营运资金需要，都有专门的管理办法。概括而言，有以下几个方面的启示与借鉴。一是多以专项税收费用来筹集资金，法律依据明确、法律级次较高。上述三个国家涉及航空的税费均由国家最高立法机构批准。二是“收、支、用、管”相互分离、相互制衡。三国用于民航方面的资金，收入均由税务部门依法收取，支出由财政部门按预算支付，航空管理部门负责具体支出与使用，执行国家预算管理的通用规定。三是信息公开。英国定期在国家财政和税务部门网站公布航空旅客人数和税款收入明细，美国、加拿大也定期在财政部等政府网站公布收支运行情况。四是有合理的征收标准制定和调整机制。如英国航空旅客税的征收，按航线里程和座位等级不同分别制定，具体税率还结合经济发展情况每年进行调整。在加拿大，如果航空旅客费收入超过了加强航空旅客安全体系的项目支出，就要降低征收标准。五是监管处罚制度严厉。为保障收入的及时全额收缴，三国都有严格的监管和处罚制度，如英国税务与海关总署对航空公司申报的纳税数据，其追溯时限一般为4年，最长可达20年。这些对我国政府性基金管理具有重要的借鉴意义。

四、分类整顿我国政府性基金的主要政策建议

（一）以破除政府性基金的“收、支、用、管”一体化为核心，建立健全政府性基金的管理机制

当前我国政府性基金中，最重要的问题是“收、支、用、管”一体化所导致的管理问题与公信力不足。在现行财政管理制度下，政府性基金采用的是“列收列支”的方式，由相关部门负责征收、使用和管理，即“收、支、用、管”高度集中于某一部门，一体化特征明显。反观发达国家，对于民航、交通、水利工程等重大基础设施项目，一方面坚持国家支持和投入的基本原则，另一方面则主要是通过规范的税收或收费来保证债务偿还和营运、维护的资金需要，由税务部门负责取得收入，财政部门负责安排支出，项目管理部门只负责“管”和“用”，从而形成了适度分离、相互制衡的机制，同时管理规范、信息公开，社会公信力很强。在我国，由于种种原因，很多承担公共职能的公共企业，其管理与信息并未“公共”，成本费用信息高度保密，收费只上升不下降，引起社会纷纷物议。结合当前我国政府性基金的实际情况，可以很清楚地看到，政府性基金中的大多数其实是具备正当性收取理由的，所不足者，主要是在“收、支、用、管”一体化的管理体制和信息闭锁两个方面。因此，我们应当认真学习借鉴国

际经验，以破除政府性基金的“收、支、用、管”一体化为核心，建立健全政府性基金的管理机制，积极推进公共企业的信息公开，完善公共定价机制，推动政府理财体系的科学化和现代化，为建设国家治理体系和治理能力作出贡献。

（二）尽快将具有“准税收”性质的政府性基金调入一般公共预算

前文提及的具有“准税收”性质的政府性基金，主要用于文化、教育、公益等方面的支出，具有显著的公共性。对此，理论和实务部门都有共识，这些支出应当由一般公共财政承担。因此，这类政府性基金应当从制度上保证相关行业、领域的正当资金需要，同时，消除这些基金的部门背景，达到规范政府收入秩序，严格财经纪律的目的。2015 年财政部已将地方教育附加、文化事业建设费、残疾人就业保障金、从地方土地出让收益计提的农田水利建设和教育资金、转让政府还贷道路收费权收入、育林基金、森林植被恢复费、水利建设基金、船舶港务费、长江口航道维护收入等 11 项基金调入一般公共预算，就是适时应势作出的调整。需要特别指出的是，在将这些基金调入公共预算的同时，必须统筹考虑这些收入与原来附加其上的母税之间的协调程度，保证在转入公共财政之后，不新增加社会负担。

（三）将具有“租”性质的政府性基金纳入一般公共预算

政府性基金中的“租”，主要是基于我国土地国有制下土地使用权转让、出租形成的收入，以及部分国有企业改制、上缴等形成的收入。理论上讲，这些收入与现有国有资本经营预算所涉及的收入性质是相同的。鉴于其“国有”性质，这类基金应适时并入一般公共预算。特别是考虑到土地出让的净收入并不高且现有土地出让金已有相当部分用于一般公共支出的情况，就更应如此。

（四）清理整顿“使用者付费”性质的政府性基金

这一类基金的情况比较复杂。总体而言，目前政府性基金中的“使用者付费”项目，除了一小部分过时陈旧的项目外，大部分征收的必要性、合理性还是比较明显的，特别是近年来新增的无线电频道占用费收入、废弃电器电子产品处理基金、核电站乏燃料处理处置基金等。对此，应当具体问题具体分析，针对不同具有“使用者付费”性质的政府性基金提出解决对策。一是对一些收费时间过长、收费理由基本上已经消失的这类基金，应当马上取消。二是对应当保留的这类基金项目，要建立收费项目的核定、收费标准的定期评估与调整机制，以保证收费符合实际。三是加大信息公开力度，保证这类基金的专款专用性质，如有结余，要么降低收费标准，要么调入当年结余，由财政部门统筹安排使用。

（五）建立、完善公共定价机制，明晰国家重大工程项目的成本补偿机制

政府性基金中具有“加价”性质的部分，所占的资金比重大，社会关注度高，管理上确有诸多需要深挖、改进之处。表面上，这类政府性基金是加价收入，实质上是国家层面重大基础设施建设项目的成本补偿问题。长期以来，我国类似于南水北调、民航、铁路等重大工程建设项目的资金来源主要是财政直接支出、银行贷款等支持，缺口部分通过设施投入使用后的加价收入进行弥补。项目建成后的营运、管理、维护等日常支出，既有来自价格收入部分，也有来自国家财政

补贴部分，相互之间的数量关系比较含混，难以明白表述。究其实质而言，这实际上是公共事业的定价机制不健全、不科学的表现之一。鉴于我国公共企业众多、公共事业量大面广，且随公私合作机制（PPP）的推广应用，未来更多与公共定价有关的议题将进一步直上前台。因此，应当逐渐、适时建立完善我国的公共定价机制。对政府性基金中的相关项目而言，则是要明晰国家重大工程项目的成本补偿机制。具体而言，建设成本部分在国家投资之外，最好由中央国债资金补足差额，其还本付息的支出作为定价的“天花板”，并定期进行调整，由此可望建立一个收费与成本之间随时间、余额甚至物价变化而动态调整的机制。对营运、维护部分的支出，则按实际发生计入成本，据实定价，当然同时要通过一系列制度建设保证成本信息的真实可靠。

总之，在推进国家治理转型、实现国家治理体系和治理能力现代化的历史进程中，加强政府性基金管理对于规范政府收入秩序、保证社会负担稳定在可接受的水平、推进新一轮财税改革具有重要的现实意义。政府性基金作为我国财政收入的一个有机组成部分，一方面必须实质性地明确其“财政属性”，大力削减其部门特色，全面纳入财政统一管理链条之中；另一方面也要关注部分政府性基金管理中所隐含的公共企业信息公开和公用事业定价问题，尽量提前研究，预为筹谋，防止舆论强攻之下才手忙脚乱地被动防御，真正将“治理”之多元、公开、科学等要义体现在财政管理的每一个环节之中，共同为建设责任政府、建设现代财政作出努力。

执笔人：冯俏彬

财政支出结构的镜鉴与改革篇

专题报告十

财政支出结构相关理论综述

从财政理论层面，归纳总结财政支出规模和结构发展演变的内在规律，研究分析影响财政支出结构调整的内外部因素，对于研究现实财政支出问题具有重要指导意义。本文对财政支出的合理规模、职能定位、结构分类、演变规律等相关理论进行了梳理。

一、财政支出规模相关理论

德国经济学家瓦格纳（1882）在对多国财政支出资料进行实证分析后提出：当国民收入增长时，财政支出会以更大比例增长，财政支出占国民收入的比例会逐渐上升。而财政支出不断增长是由两个因素造成的：一是政治因素。他认为，随着经济的发展，市场主体之间的关系越来越复杂，需要商业契约和法律加以规范，为此，政府要建立司法组织、提供治安和法律服务等，政府支出相应增加。二是经济因素。人口居住密集化产生了外部拥挤性等问题，需要公共部门增加支出进行管理。瓦格纳法则已经被许多国家的经济发展资料所证实。

罗斯托（1960）的经济发展阶段论认为，在整个经济发展阶段中，人们对公共品消费需求的收入弹性大于1，即人们对公共消费品需求的增长快于收入增长，公共支出增长快于经济增长，占GDP比重上升。在经济发展的早期阶段，为促进经济尽快增长，政府往往会增加交通、教育、医疗等基础设施建设方面的支出；在经济发展中期，政府投资往往定位于对私人投资的补充，在社会投资中不占主导地位；在经济发展后期，公共投资的比重会有所下降，且公共支出的投向会逐渐由基础设施等“硬件”转向教育、卫生以及其他直接用于国民福利的“软件”方面。

英国经济学家皮考克和韦斯曼（1961）在《联合王国公共支出的增长》中认为，财政支出的增长会受到纳税人税负容忍水平的影响。政府喜欢多支出，但公民不愿意多交税，政府决定公共支出规模时，应密切注意公民对税负的反应，即公民能容忍的税收水平是政府支出的约束条件。他们将财政支出增长的原因分为内因和外因两个方面。内因是在经济成长的正常时期，政府税收会相应增长，支出规模也就不断扩大，但这种增长是线性增长，相对规模变化不大。外因是财政支出增长超过GDP增长的主要原因，战争等意外事件可以通过替代效应、检查效应和集中效应提升公民税负容忍水平，政府会趁机显著扩大公共收支规模。

美国经济学家鲍莫尔（1967）从公共部门平均劳动生产率偏低的现象入手，解释公共支出增长的原因。他将国民经济分为生产率不断提高的部门（即技术进步的部门）和生产率提高缓慢的部门。为了吸引劳动力进入生产率提高缓慢的部门，保持国民经济均衡发展，政府需将更多要素投入生产率偏低的部门。因此，政府部门的规模必然越来越大，负担越来越重，同时也导致整体经济增长率不断降低。

尼斯坎南（1971）在《官僚机构与代议制政府》中认为，由于对官僚来说，不像私人企业家拥有很多增加收入的机会，他们更关心额外津贴、权力和荣誉等与官僚机构规模正相关的目标，机构规模越大，官僚权力越大。官僚以追求机构规模最大化为目标，导致财政支出规模不断扩大，甚至会超过公共产品最优产出水平所需的支出规模。由于交易成本很高，拨款机构很难控制官僚行为。官僚通常以两种方式扩大其预算规模。第一，他们千方百计让拨款机构相信他们确定的产出水平是必要的。第二，利用低效率的生产技术来增加生产既定的产出量所必需的投入量（增加预算、附加福利、工作保障、减少工作负荷），这时的效率损失不是源于官僚服务的过度提供，而是由投入的滥用所致。由此可见，官僚行为必然会导致行政管理费不断增长，成为财政支出结构恶化的“元凶”。

二、财政支出结构的分类

按照不同的分类标准，财政支出可以分为不同类型的支出结构。公共财政理论从政府失灵的概念中引申出来，把财政支出划分为替代性支出与支持性支出两类。替代性支出是指政府用于那些民间部门能够运作得很好的领域的支出，政府这些支出介入和排挤了有效的市场活动。由于这些支出，政府和民间部门竞争经济中的稀缺资源，代替而不是补充或支持民间部门在这些领域的活动。因此替代性支出是不合理的支出。需要说明的是，替代性支出也可能出现在政府具有比较优势的领域，这个时候是从机会成本的角度出发来判别比较优势，这样的例子典型的是在公共行政管理领域。有些政府在行政管理费用开支上不遵守效率和节约的原则，浪费现象严重，如果将浪费的这一部分让民间部门来使用往往能产生更大的效益。支持性支出是指政府用于对民间部门更好地从事具有比较优势的活动提供支持和补充的支出。这部分支出是提供民间部门不愿或不能有效提供的公共服务，如国防、法律、教育、卫生保健等，其目的在于加强和促进市场机制发挥作用。理论上，支持性支出和替代性支出提供了检测财政支出结构合理与否的一种简便而有效的方法。支持性支出不足的部分就是政府财政缺位的部分，而替代性支出就是政府越位的部分。一般来说，在全部财政支出中，替代性支出所占比重越高，财政支出结构就越不合理。但是，由于财政支出具体的使用情况千差万别，对于哪些是政府与市场各自有效的领域也没有公认的、严格的界限，导致准确地判断支持性支出和替代性支出非常困难。

在实际研究中，有几种常见的财政支出分类方法。一是以财政支出是否与商品和劳务相交换为标准，财政支出可以分为购买性支出和转移性支出。二是根据对经济增长的影响不同，划分为生产性支出（政府投资支出）和非生产性支出（政府消费支出）。在研究财政支出结构与经济增长之间关系的文献中常用这种分类法。大多数的研究结论表明，生产性支出更有利于经济增长。三是以功能为标准，划分为经济建设类、社会文化教育费、科研事业和医疗卫生事业支出、社会行政管理类支出等。四是以支出的可控性为标准，财政支出可以划分为可控性支出和不可控性支出。所谓可控性是指政府能否根据经济形势的变化和财政收入的可能相机调整其支出力度的能力，以此为标准，有这种能力的支出是可控性支出，反之就是不可控性支出。此外，还有其他一些财政支出分类方法。

三、财政支出结构相关理论

（一）政府职能定位

财政支出是以国家为主体集中社会资源进行分配的活动，反映着国家活动的范围和方向，合理的保障次序和支出结构可以有效提高资源配置效率、发挥财政职能作用。这种思想最早来源于色诺芬，其在《雅典的收入》中指出，政府应当逐步增加军需、建设、治安和祭祀等方面支出以促进国民经济发展，而且政府除了要重点保证行政经费外，还要分轻重缓急，确定合理的财政保障顺序。

梳理西方经济学理论可发现，在不同的政府职能定位下，财政支出的优先保障顺序不同（见表 10－1）。

表 10－1　不同政府职能定位下的财政支出重点方向

职能类型	代表人物	财政支出优先保障类别
守夜政府	威廉·配第 亚当·斯密	·国防、外交经费 ·司法经费 ·基本事业建设费
干预政府	约翰·穆勒 凯恩斯	·国防、外交、行政管理 ·宏观经济调节 ·收入分配调节
“保姆”政府	马克思	·国防、外交、行政管理、经济建设、收入分配等各个领域

资料来源：于彬：《财政支出结构固化问题研究》，中国财政科学研究院硕士学位论文，2018 年。

一是守夜政府。这种观点广泛流行于自由主义经济时期。威廉·配第（1662）在《赋税论》中提出了财政支出的一般范围：军事费、行政费、宗教事务费、教育费、贫民救济费和公共事业费等几大类公共支出，主张增加社会救济费和公共事业费两类支出来提升社会利益。亚当·斯密奉行自由主义，主张政府职能和权限仅在于为国民的自由、财产、人身等提供保障，不能干预经济活动。斯密明确强调，“政府要想管理得好一些，就必须管理得少一些”。总的来说，自由主义理论下财政支出重点保障的是维护国家存在和机构运转所需要的基本支出，包括国防、外交、司法、行政管理等方面。马斯格雷夫（1959）从经济发展阶段的角度认为政府财政支出有着深刻的经济原因，政府支出应当分三个阶段将重点由投资转向教育、医疗等福利支出。

二是干预政府。约翰·穆勒的国家适度干预学说，把政府职能区分为“必要职能”与“可选职能”，“必要职能”包括政府应该保护人民免受暴力与欺诈，还包括修街铺路、维护设施等基本方面；“可选职能”包括提供免费教育和社会救济、保护国内产业和法律建设等。凯恩斯则认为，财政除了解决市场失灵之外，还应当承担起维护宏观经济稳定的职能，政府应当采用相机抉择的办法逆经济周期行事。马歇尔认为财政应当在保护公民权利、调节社会收入分配方面发挥作用，他认为政府应当对经济进行一定程度的管制以克服市场经济带来的收入差距问题。这种思想深刻地影响着现代福利社会的建立，尽管马歇尔没有解释不同国家福利水平的巨大差异，但是表达了他认为政府应当干预社会收入分配的立场。

三是“保姆”政府。这种模式主要流行于社会主义国家，尤其是计划经济国家。在这种职能定位下，政府作为资源配置的主体，作用范围涉及经济社会的方方面面。由于生产社会化和生产资料私有制之间的矛盾，市场经济始终存在发生周期性经济危机的隐患，必须对生产资料公有化、发挥政府调节作用使生产社会化顺利进行。

尽管政府职能不等同于财政职能，但是政府职能是财政职能的基础，全方位的政府管理也意味着财政职能的空前扩张，不仅包括国防、外交等方面，而且还广泛地参与到经济建设、收入分配等各个领域，结果是财政保障领域空前拓展。

（二）预算编制理论

从预算编制理论角度看，预算前期最重要的理论成果是渐进预算理论。该理论认为，预算具有渐进性、政治性，政治家、官僚、预算官员、立法者、利益集团、社会公众等预算参与者会运用多种预算策略来实现自身的预算目标。受渐进预算理论影响，世界上多数政府的预算编制都是以上年度预算数或执行数为基数，再加以适当的递增比例计算而成。但是，无论是在理论上还是在实践当中，对渐进预算理论指导下财政支出规模不断扩张的批评一直存在。

瓦尔达沃斯基（1964）在《预算过程中的政治学》中认为，预算的政治特征在于“政策争议”，包括关于预算角色的争议、支出水平、税收政策以及在经济萧条时期能否借债等，政府在经济发展中采取的自由或者干预政策都可以在政府预算中得到反映。政府预算必须将预算资金配置到特定的预算项目，由于预算资金是有限的，必须将预算资金在不同的预算项目之间进行权衡分配，来达到政府的政策目标。

鲁宾（2001）在《公共预算中的政治》中认为，尼斯坎南的官僚预算最大化模型过于简单，因为在预算最大化之外，官僚还追求其他目标，例如，职业主义与公共利益。为了弥补上述理论模型的不足，鲁宾提出了“实时预算模型”，将宏观预算与微观预算结合在一起。在这个预算模型中，预算被分成收入、过程、支出、平衡和执行这 5 个相互独立的决策束。在每个决策束中，都需要考虑单个预算行动者的策略、预算过程和预算环境这些因素对预算结果的影响。但是，该模型主要是一个关于美国各级政府预算的研究，其有效性在其他国家还未得到验证。

奥尔森（1965）在《集体行动的逻辑》中的观点认为，利益集团在预算过程中起着支配性用。在预算过程中，代表不同社区、不同行业、不同阶层利益的利益集团为了维护自身利益会发生激烈的冲突。在这些冲突中总有赢家和输家，而富人和较大的利益集团则会常常处于优势地位，决定着政府预算过程和结果。

在预算编制实践中，早期各国主要采用基数法编制预算，虽然这种方法简便易行，为大多数国家所采纳，但也不可避免地带来预算规模膨胀问题，而且在经济下行条件下该问题更加突出。为了解决基数法编制预算的弊端，1952 年美国提出了零基预算编制法，并且在佐治亚州率先实施，虽然改革最终失败，但是零基预算的思维得以保留延续，预算再定向、结果导向预算、优先项目预算等基于零基预算思维的创新不断涌现。20 世纪 80 年代，发达国家预算由基数预算转向基线预算，这种预算编制方法下当年预算并不取决于上年预算，而是取决于环境、政策变化等因素，有利于消除基数法预算编制的弊端。

（三）新公共管理理论

20 世纪 70 年代，西方国家经济陷入“滞胀”，公共部门出现支出拮据、效率低下等问题，外部关于改革政府的呼声不断高涨，同时私人部门的决策管理、流程管理、绩效管理取得重要进展。在这种背景下，一些经济学家开始审视传统政府管理的弊端，并分析探讨如何在公共管理中引入私人部门经验，新公共管理理论应运而生。具体而言，新公共管理理论体现在财政支出方面的内容主要有以下几个方面。

一是重视支出产出和结果。新公共管理理论认为传统的政府管理对公共产品的需求不敏感，将公共产品的供给和需求管理集于一身，政府既是公共产品的提供者，又决定公共产品和服务的供给数量，不符合“供需分离”的理念，而且传统政府的管理过于强调前端投入，轻视产出和结果管理，不利于改善公共产品的供给水平和质量。因此，新公共管理理论十分重视支出的结果，主张主动、积极、灵活地适应公众对公共产品的需求变动，以提升公共产品和服务的供给质量和效率。

二是公共管理分权化。公共管理分权化有利于完善公共管理中的激励机制问题。新公共管理理论认为，由于传统公共部门的垄断性，行政部门缺乏足够的激励，导致机构冗员、创新缺乏、效率低下。为了改变这种状况，应当引入竞争，可以采取将可以转包的业务流转到非政府组织、第三方机构、公民自治组织中，培育社会治理主体等措施，这样政府不再是公共服务的垄断者角色，而是众多公共产品提供者中的协调者，监督引导各个主体更好地提供公共服务。

三是严格支出绩效评价，落实责任制。新公共管理理论认为支出管理者应当对公共支出的结果负责，保证支出项目绩效，而将私人部门的绩效管理引入公共部门，实行公共支出的严格绩效管理，可以扭转管理者过度重视前端支出博弈，忽视支出产出和结果的现象。因此，新公共管理理论在主张放松行政管理、公共管理分权化的同时，大力推进支出的绩效评价工作，明确支出责任划分，建立指标体系对支出进行评价，并将评价结果和职务晋升、奖金奖励、下年度预算审批结合起来，为公共管理者提升财政支出效率提供充分激励。

四、市场经济条件下财政支出结构演进的规律

（一）在经济发展的不同阶段，政府提供的公共产品范围不同

市场经济体制下的财政模式是公共财政模式。从市场经济发展的过程来看，各国政府在不同时期提供的公共产品，其共同的规律是这些公共产品的种类和提供力度随着生产力水平的提高、生产方式的改变、社会经济运行模式变化而变化。一些种类从这一范围退出去，一些新的又加入进来；一些种类在总体中强化了，又有一些种类会弱化，财政支出的结构也随之不断变化。这是政府提供公共产品的发展规律。

在自由竞争市场经济时期，为了建立和发展自由经济市场，避免重商主义时期国家垄断商业形成的割据藩篱对产业经济自由发展的阻碍，这一时期政府所提供的公共产品主要是国防、治安等纯公共产品。这在古典经济学派学者的思想中体现得十分明显。以亚当·斯密为代表的经济自由主义学者纷纷倡导国家以不干预经济自由发展为宗旨，主张将政府限制在政治领域范围内，除必要的公益事业外，政府不干涉经济的自由发展。在斯密看来，政府主要尽三种职责：第一，保护本社会不受另外社会的破坏和侵略；第二，尽可能地保护每个社会成员不受其他成员的侵害或压迫；第三，建立并维持某些公共工程和公共设施。

一方面，随着社会经济的进步，一些原来没在政府提供范围内的公共产品进入了政府提供的范围。随着经济发展程度提高，企业规模不断扩大和竞争升级促进了规模效益的提高，整个社会商品的总供给能力大大提高。同时，大规模的经济竞争客观上加剧了企业倒闭和工

人失业程度，使整个社会的总需求相对减少，这时的市场经济内在地具有了周期性经济萧条与危机机制。在自由放任思想指导下，政府认为市场能够自己调整到和谐状态，对市场运行状态不加干预，但随着市场经济的发展，经济危机不仅不能消除，反而还呈现出愈益严重的状态。不仅危机愈益频繁，规模愈益增大，而且危害也愈益加剧。这样，客观要求一种新的公共物品——宏观经济的稳定，进入政府必须提供的公共物品范围。世界银行在一份题为《1991 年世界发展的挑战》的报告中指出“政府可以提供的最重要的公共物品之一就是稳定的宏观经济基础”。

随着经济继续发展，失业人员越来越多，人们的收入差距不断拉大。由于技术进步与应用程度的不断提高，技术密集型产业逐渐取代了传统的劳动密集型产业，使同等经济投资规模可容纳的就业人员大为减少，出现了“技术裁减工人”的社会现象。同时西方各国工会势力的增强和劳资双方的长期斗争促使在岗工人劳动工时缩短，劳动收入提高，使在职工人待业选择理想职业的经济担保能力增强，从而加剧了摩擦性失业，使社会失业程度不断加深。另外，社会分工不断深化，由最初的劳动分工演进到哈耶克所说的“知识分工”，社会对知识的依赖性不断增大。知识的分工使知识的生产呈几何级数增长，而知识的增长又加快了知识的分工，使社会成员之间、生产环节之间的依存性比以前更大，经济运行过程中的风险和不确定性因此大大增加。总之，随着经济发展，人们会面临更多的风险，如果政府不通过提供公共产品加以解决就会危及整个社会的运行，因此调节收入分配，对弱势群体提供社会保障以实现社会公平又进入政府提供的公共产品范围中。

另一方面，随着经济社会的不断发展，一些原来由政府提供的公共产品逐渐退出了政府提供的范围。经济发展带来资本积累的增加、交易方式的创新、民间部门之间协调能力的增强，这使那些初始投入比较大的基础设施如桥梁、高速公路、城市照明系统可以由民间部门单独或联合与政府签订合同或者以许可经营的方式提供。经济发展带来技术进步，使那些原先无法排除免费搭车者的产品能够做到个别收费，从而这些产品就可以由私人企业来提供，例如，电视信号在不能加密时是一种公共产品，而加密技术的出现使其能够有效排除不付费的人，电视信号就变为私人产品。

（二）财政支出结构与经济发展阶段存在密切的对应关系

不同经济发展阶段政府提供的公共产品结构不断变化，引起财政支出结构的变化。不同经济发展阶段财政支出结构变化的一般规律，由马斯格雷夫的财政支出结构转换论得出。

马斯格雷夫把整个财政支出划分为军用支出和民用支出，而民用支出按其经济性质又进一步划分为公共积累支出、公共消费支出和转移支出；同时把经济发展划分为三个阶段：初期阶段、中期阶段和成熟阶段。

在经济发展的初期，公共积累支出应占较高的比重。交通、通信、水利等基础设施具有极大的外部性，但由于其往往投入资本大、周期长、收益小，私人部门不愿或不能投资，而这些基础设施的建设不仅影响整个国民经济的发展，也影响着私人部门生产性投资的效益。因此，政府必须加大对基础设施的投资力度，为经济的发展创造良好的投资环境，克服可能出现的基础设施“瓶颈”效应。此外，在经济发展的早期，由于私人资本积累是有限的，也要求政府提供一些具有内在效益的资本品，所以这一阶段公共资本的作用很大。

在经济发展的中期，私人部门的资本积累已较为雄厚，各项基础设施建设也已基本完成，政府投资只是私人投资的补充。因此，公共积累支出的增长率会暂时放慢，在社会总积累支出中的比重也会有所下降。

当经济进入成熟期，政府投资的增长率又有可能回升。这是因为随着人均收入进一步增长，人们对生活的质量提出了更高的要求，需要更新基础设施。因此，这一阶段对私人品的补偿性投资将处于显著地位，从而使公共积累支出又出现较高的增长率。

公共消费支出增长率取决于人们对公共消费品需求的收入弹性，从整个经济发展阶段来讲，这一弹性一般大于1。在经济发展的早期阶段，人们主要是满足基本需要，如衣、食等的消费，因而对公共消费支出要求不高。随着人均收入的增加，基本需要支出的比例将减少，对提高生活层次的消费支出将增加，资源被更多地满足第二需要，如教育、卫生、安全等需要公共产品作补充的私人消费支出，特别是成人玩具的出现（如私人拥有的飞机、汽车、摩托艇等耐用娱乐奢侈品），不仅需要政府提供各种公共设施与之相配套，而且政府的各种管理费也会增加。此外，随着人们对生活环境质量要求的提高，政府的有关管理机构（如治安、环保等）不断膨胀，这些都将导致公共消费支出比重的不断提高。

至于转移支出占GNP（国民生产总值）比重的变化，马斯格雷夫认为取决于经济发展各阶段政府的再分配目标。如果政府旨在减少收入分配中的不公平，那么，随着人均收入的增加，转移支出的绝对额会上升，但其占GNP的比例不会有多大变化。如果政府的目标是确保人们的最低生活水平，转移支出占GNP的比例会随着GNP的增长而降低。但罗斯托认为一旦经济发展进入成熟期，公共支出的主要目标将会由提供社会基础设施转向提供教育、卫生和福利等方面的服务。此时，用于社会保障和收入再分配方面的转移支出规模将会超过其他公共支出，而且占 GNP 的比重会有较大幅度提高。

执笔人：魏加宁　唐　滔

专题报告十一

财政支出结构的国际比较

一、美国财政支出结构研究

（一）美国经济发展阶段

1. 经济发展阶段划分标准

经济发展阶段的划分有利于后发国家找到自身在发展道路中的坐标，从而准确评价自身发展机遇与挑战。关于经济发展阶段，至今没有统一的划分标准。总的来说有表 11 -1 所示几类理论。

李斯特开始对主要国民经济生产部门结构变化进行阶段划分，但没有对具体阶段特征展开详细描述。罗斯托以经济的主导部门为标准对经济发展阶段进行了划分，主导部门呈现由第一产业向第三产业升级的特征。霍夫曼重点研究了工业化进程中的发展阶段问题，并以数量标准将不同国家的工业化进程划分为四个阶段。

汉森和普雷斯科特依据生产技术类型将经济发展过程划分为马尔萨斯阶段和索洛阶段，是否受土地总量约束是两个阶段技术的关键差异。

生产工具是生产技术的直接体现，马克思以生产工具为标准，将

表 11 - 1　　常见的经济发展阶段划分

划分标准	内　容	代表学者
国民经济生产部门	原始未开化时期、畜牧时期、农业时期、农工业时期、农工商时期	李斯特
	传统社会阶段、为起飞创造前提的阶段、起飞阶段、走向成熟阶段、大规模高消费阶段、追求生活质量阶段	罗斯托
	第一阶段、第二阶段、第三阶段、第四阶段	霍夫曼
生产技术类型	马尔萨斯阶段、索洛阶段	汉森、普雷斯科特
	石器时代、青铜器时代、铁器时代、大机器时代	马克思
人口增长模式	马尔萨斯阶段、持续增长阶段	卢卡斯
	马尔萨斯阶段、后马尔萨斯阶段、持续增长阶段	盖勒
	马尔萨斯阶段、格尔茨内卷化阶段、二元发展阶段、刘易斯转折点阶段、索洛阶段	蔡昉
剩余劳动力转移程度	绝对剩余劳动力阶段、相对剩余劳动力阶段、剩余劳动力完全消失阶段	刘易斯、拉尼斯、费景汉
竞争优势的来源	生产要素导向阶段、投资导向阶段、创新导向阶段、富裕导向阶段	波特

资料来源：王琨、闫伟：《从贫困到富裕的跨越——经济发展阶段理论的研究进展》，载于《当代经济管理》2017 年第 12 期。

人类社会划分为石器时代、青铜器时代、铁器时代、大机器时代四个发展阶段，生产方式的进步推动经济社会迈向新的阶段。

卢卡斯采用人口增长模式作为经济发展阶段的划分标准，奠定了统一增长理论的基本框架。盖勒以人口增长模式为标准进一步将各国经济发展过程划分为马尔萨斯阶段、后马尔萨斯阶段和持续增长三个阶段，分别对应技术进步和人口增长速度缓慢，技术进步速度加快和人口增长速度加快，技术进步速度大幅提升和人口增长率下降三种特征。蔡昉以人口转变理论为依据，创造性地将格尔茨内卷化作为二元经济的形成过程纳入经济发展理论，解决了二元经济发展阶段与马尔萨斯阶段逻辑相容的问题。盖勒等提出了一个人力资本积累的阶段理论，以阐释马尔萨斯阶段如何向索洛阶段转换。

除去依据人口增长模式划分以外，还有部分理论以剩余劳动力转移为标准。费景汉和拉尼斯将经济发展过程划分为农业时代、转型阶段和现代增长时代三个阶段，并集中研究转型阶段的子阶段划分，将现代部门不断吸纳传统部门剩余劳动力的转型阶段划分为三个子阶段。王小兵和皮耶斯通过定义绝对剩余劳动力和相对剩余劳动力对费景汉和拉尼斯的阶段划分进行了重新表述：在第一阶段，传统部门存在绝对剩余劳动力；在第二阶段，传统部门仅存在相对剩余劳动力；在第三阶段，传统部门的剩余劳动力完全消失，农业部门完全商业化。

经济发展的主导因素也是划分标准之一，波特依据不同时期国家竞争优势的来源，划分了国家经济发展的四个阶段，即生产要素导向阶段、投资导向阶段、创新导向阶段和富裕导向阶段。

总的来说，不同的划分标准一定程度上概括了经济发展的不同阶段，但并没有一个阶段划分方式可以普适于任何一个经济体，更重要的是各种理论仅仅对于阶段特征作出描述，而对于什么是导致不同经济体处于不同发展阶段的关键因素以及如何跨越不同阶段这些关键问题，没有一种理论能给出一个具有指导意义的答案。

尽管经济发展阶段没有明确的定义，但大多数发展经济学家一致认为，发展的关键阶段与三个不同的转变有关：经济结构转变、人口转变以及城市化进程。

第一，经济结构转变主要指 GDP（国内生产总值）构成的变化。最初，经济活动和工作都是以农业部门为基础的。随着经济社会发展，以及经济活动和就业向工业部门特别是制造业转移，农业在 GDP 中所占比例下降。当工业化进行到一定阶段，服务业 GDP 占比超过工业，而农业的份额将继续下降。

第二，人口转变主要指人口年龄构成变化。人口年龄结构由生育率的变化（即每名妇女生育子女的数量）和预期寿命的变化决定。最初，生育率很高，但由于相对较高的死亡率（特别是婴儿死亡率高），人口增长有限。在下一阶段，生育率和预期寿命都在增加，导致人口数量急剧增加。随着预期寿命继续增加，生育率出现拐点开始下降，这种变化引起人口结构调整，导致社会出现老龄化。

第三，城市化进程主要是指人口从农村向新兴城市中心迁移，社会由传统乡村型社会向现代城市型社会转变的过程。

另一种通常更狭义的发展阶段定义是指发展模式，侧重于经济结构的变化。两位著名的世界银行经济学家 Hollis Chenery 和 Moises Syrquin 将发展模式定义为与收入水平上升或其他发展指数相关的经济或社会结构的任何重要方面的系统变化。

综上所述，主要从两个角度描述经济发展阶段：一是从经济结构与收入水平的角度，二是从人口年龄变化与人口城乡动态变化的角度。

2. 以经济指标描述发展阶段

一国的 GDP 是该国各个经济部门在一定时期（一年或者一季）内所生产的没有扣除资本消费的全部商品和劳务的总值。GDP 代表一个国家境内的全部经济活动，反映该国经济增长的基本情况。如图 11－1 所示，可以看出美国的真实 GDP 虽小有波动，但总体保持持续上升趋势。

由图 11－2 可以看出美国早在 20 世纪 80 年代末就已经进入高收入水平国家，此后依然不断上涨，现在已接近标准值的 5 倍。美国在进入中等收入阶段之后，前期的经济高速增长使原始资本主义的弊端

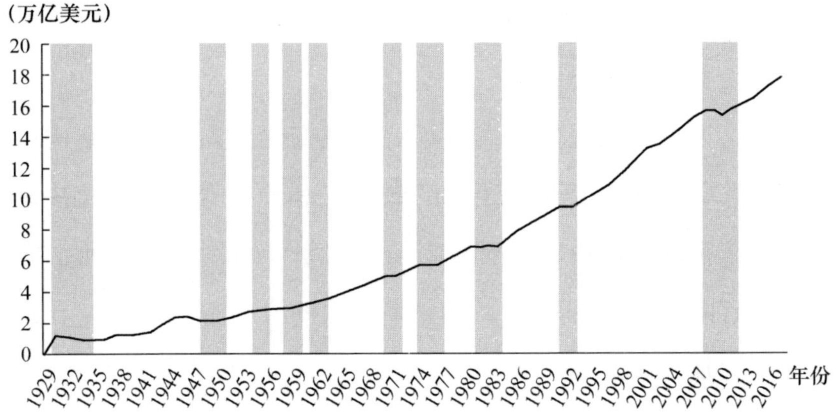

图 11－1　1929～2016 年美国的真实 GDP

资料来源：U. S Bureau of Economic Analysis，图中阴影表示经济衰退期。

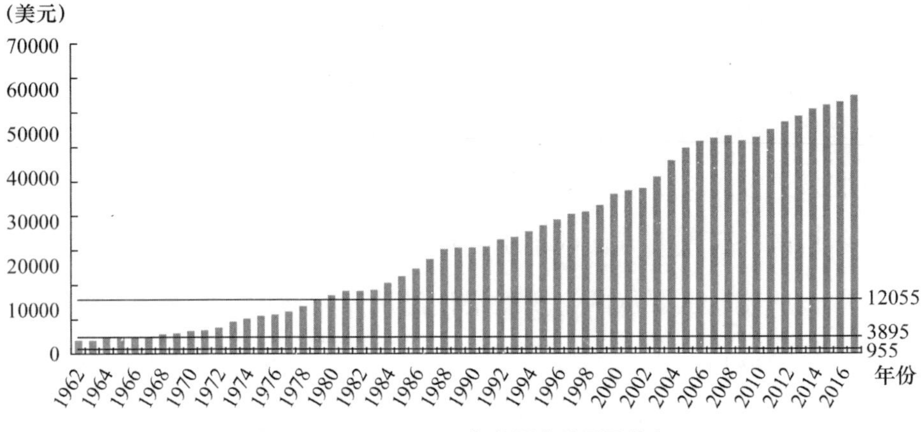

图 11－2　1962～2016 年美国人均国民收入

注：使用 Atlas 方法，单位为美元现价，与世界银行收入水平划分标准一致，2018 年 7 月 1 日，按收入水平分类所采用的新阈值是：阈值人均国民总收入（现价美元）低收入为小于 995 美元；中等偏下为 996～3895 美元；中等偏上为 3896～12055 美元；高收入为大于 12055 美元。该划分标准每年由世界银行公布，2018 年由于物价上涨与美元走强，略低于上一年阈值。

资料来源：World Bank，World Development Indicators Database，https：//datacatalog. worldbank. org/dataset/world-development-indicators。

暴露无遗，经济萧条、政治腐败、社会矛盾冲突加剧等问题集中凸显。美国经历过“高速增长—矛盾频发—经济速降”的现象，这与发展中国家遭遇和试图跨越“中等收入陷阱”有着逻辑上的一致性。但美国通过一系列的社会变革，建设民主政治，强化社会参与，保障自由市场，成功跨越中等收入阶段。美国产业结构中金融与各类服务业占比较大且不断上升，农业、制造业不断缩减。

3. 以人口结构划分阶段

（1）人口年龄结构。

老龄化社会是指老年人口占总人口达到或超过一定比例的人口结构模型。按照联合国的传统标准是一个地区60岁以上老人达到总人口的10%，新标准是65岁老人占总人口的7%，即该地区被视为进入老龄化社会。从图11－3看出，美国1980年后40岁以下各年龄段人口都在减少，40岁以上各年龄段人口在增加，老龄化程度不断加重。1950年，美国65岁以上老人占8.2%，已进入老龄化社会，到2015年，这一比例已达到17.7%。但总的来说，美国的老龄化增速并不迅猛，主要原因在于其大量移民人口（见图11－4）。但2010年后，第二次世界大战后“婴儿潮”中出生的人口开始进入退休年龄，对财政支出构成挑战。

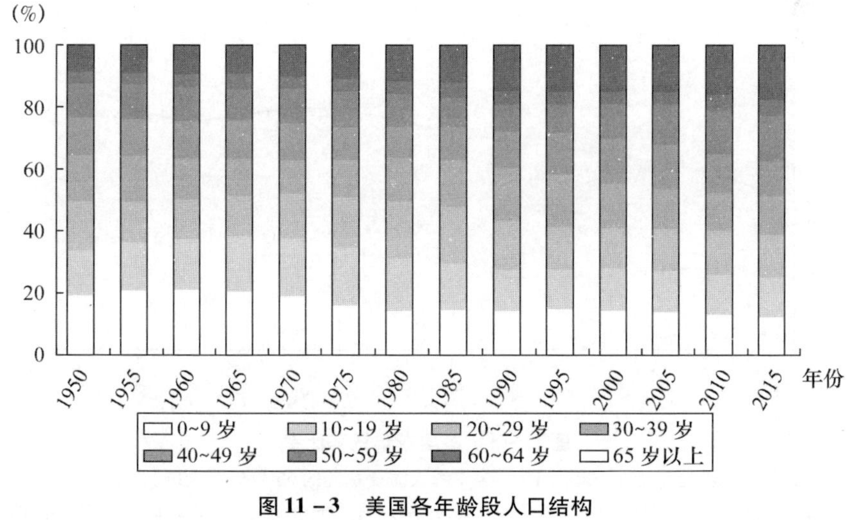

图11－3　美国各年龄段人口结构

资料来源：联合国统计数据库，联合国经济和社会事务部人口司编制《世界人口前景》2017年修订版，DVD版。

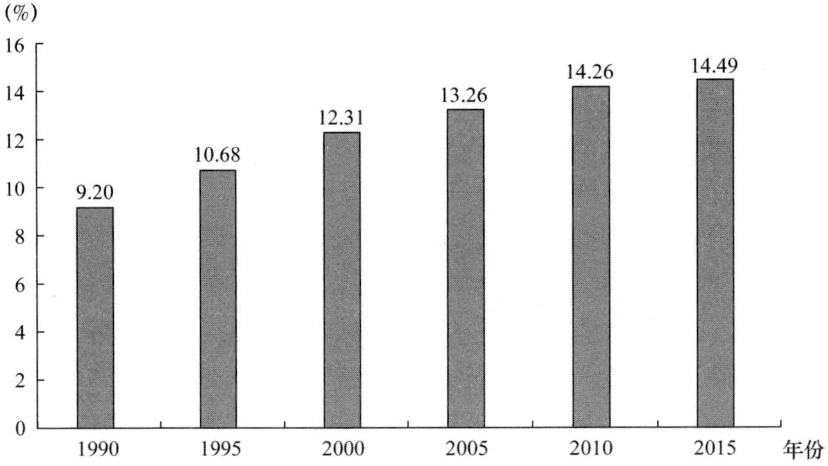

图 11－4　美国移民人口占比

资料来源：World Bank，World Development Indicators Database。

随着生育率下降与寿命延长，人口比例中老年人上升，儿童下降，老年抚养比率上升，总年龄抚养比率维持稳定（见图 11－5、图 11－6）。由于赡养老人的社会成本高于抚养孩子，因此即使总年龄抚养比率没有上升，从事劳动生产的年龄段人口的负担也将逐渐扩大。

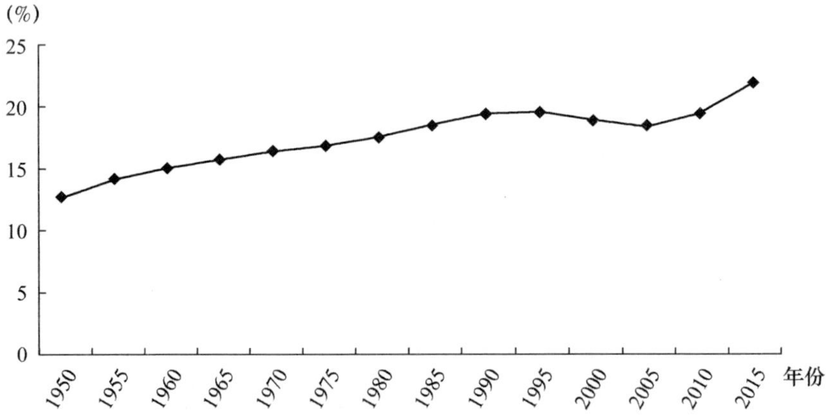

图 11－5　美国老年抚养比率

注：老年抚养比率指每 100 个 15～64 岁的人需要抚养的 65 岁以上人口。

资料来源：联合国统计数据库，联合国经济和社会事务部人口司编制《世界人口前景》2017 年修订版，DVD 版。

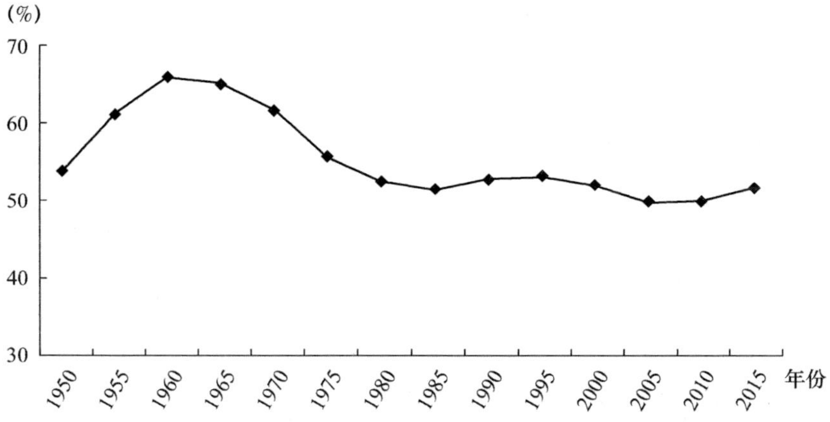

图 11-6　美国总年龄抚养比率

注：总抚养比率指每100个15~64岁的人需要抚养的65岁以上及15岁以下人口。

资料来源：联合国统计数据库，联合国经济和社会事务部人口司编制《世界人口前景》2017年修订版，DVD版。

（2）人口城乡结构。

美国城市人口占比远超于乡村人口，且仍在不断上升，这与美国的产业结构变化直接相关（见图11-7）。美国城市人口占比虽增速不同，但没有出现过负增长，经济繁荣时增长较快，经济下滑时增长较慢（见图11-8）。

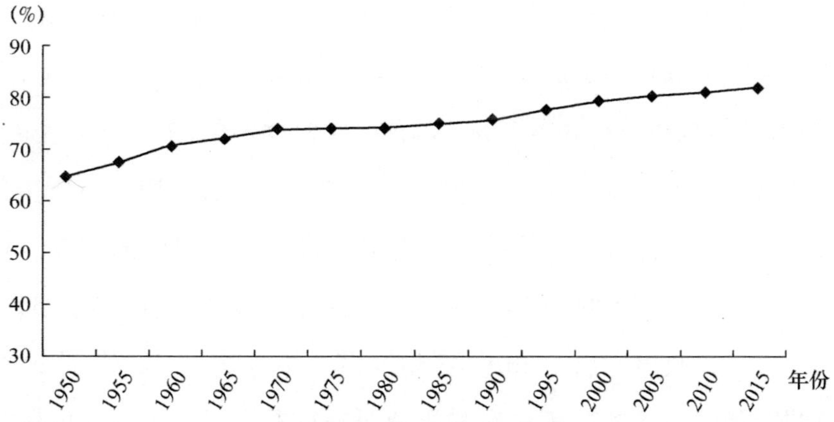

图 11-7　美国城市人口占比

资料来源：联合国统计数据库，联合国经济和社会事务部人口司编制《世界人口前景》2017年修订版，DVD版。

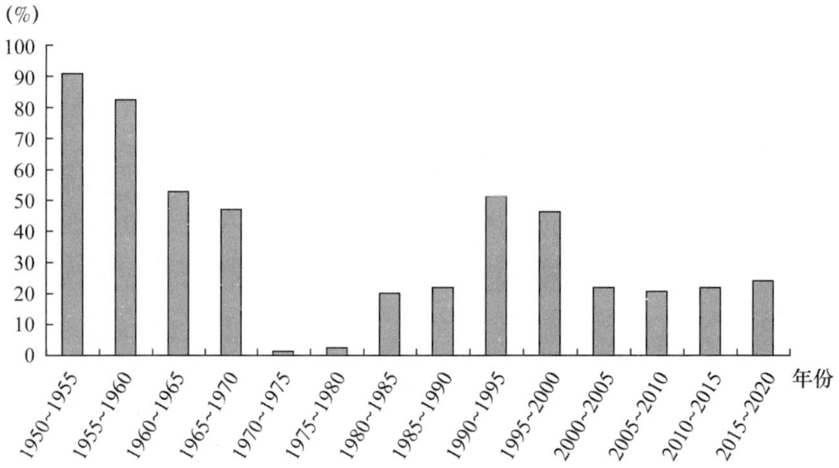

图 11 –8　美国城市人口占比 5 年均变化率

资料来源：联合国统计数据库，联合国经济和社会事务部人口司编制《世界人口前景》2017 年修订版，DVD 版。

（二）美国财政支出发展历程

1. 财政总量变化

20 世纪初，美国政府支出占国内生产总值（GDP）的 6.9%。在第一次世界大战中，政府支出得到了很大的推动，到了 20 世纪 20 年代，政府支出占 GDP 的 12% 左右。大萧条时期，罗斯福新政刺激了联邦支出，政府总支出上升到 GDP 的 20%。第二次世界大战开战后，美国为全面战争征用国家资源，政府支出在 1945 年达到峰值，约占 GDP 的 52%。

克林顿在 1995 年曾认为美国的大政府时代已经结束，但事实并非如此。尽管第二次世界大战后政府支出立即回落至 GDP 的 21%，但此后稳步攀升，直到 1980 ~ 1982 年经济衰退的底部达到占 GDP 35% 的峰值。此后，政府支出在 20 世纪 80 年代中期稳步增长，直到 2008 年抵押贷款崩溃。在银行业和汽车业的救助行动之后，政府支出飙升至战时水平，占 GDP 的 41%。近期美国政府支出维持在 GDP 的 36% 左右（见图 11 –9）。

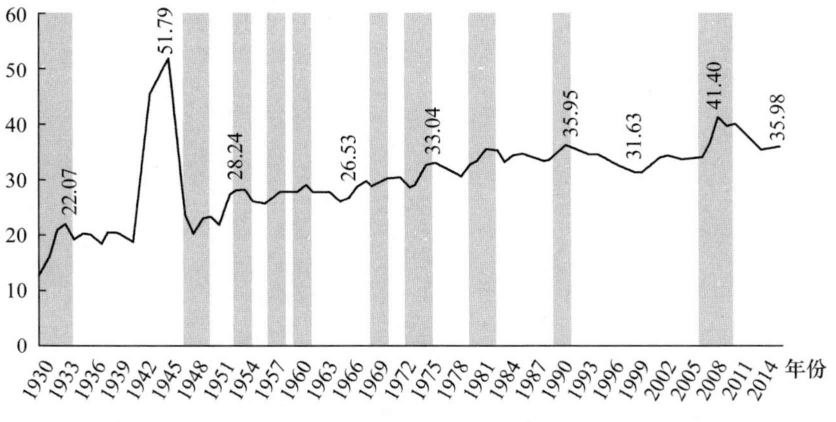

图 11－9　美国财政支出占 GDP 的比重

注：灰色部分表示经济危机年份，下文各图同理，不另加注。

资料来源：1930～1970 年：Bicentennial Edition：Historical Statistics of the US，Colonial Times to 1970。1970～2016 年：Federal：Fed. Budget：Hist. Tables 3.2，5.1，7.1；State and Local：State and Local Gov. Finances。由 https：//www. usgovernmentspending. com 整理。

由图 11－10 与图 11－11 可以看出每一次经济危机都伴随着美国联邦政府赤字扩大与公共债务上涨，危机过后则有所回落。总体上，公共债务自第二次世界大战时由于超高财政支出带来的猛然上涨后，在 1981 年以前波动下降，逐渐恢复到略低于战前水平。1981 年后总体趋势开始上涨，仅于 20 世纪 90 年代出现回落。到 2016 年，GDP 占比已达到 121.04%，仅次于第二次世界大战时的水平。联邦政府赤字为负的时间段仅有 1948 年、1951 年以及 1998～2001 年，其余时间均无盈余。美国国会为了控制政府开支，设置一定时期内美国国债最大发行额。自 1939 年开始，美国债务上限已上调了 100 多次，几乎平均每 9 个月就要上调一次，近 20 年速度进一步加快。美国的财政收入在 G7 国家中最低，支出水平与 G7 国家相似，可以看出，美国的高财政支出的很大一部分来源于债务而非财政收入。公共债务过大会增加经济风险，中国应对此持谨慎态度，避免过高的公共债务，在财政支出规模上不能简单粗放地对标发达国家，不能直接以某项 GDP 占比低于发达国家而认定支出不足，更重要的是提高支出效率，将钱以最有效的方式花在最需要的地方。

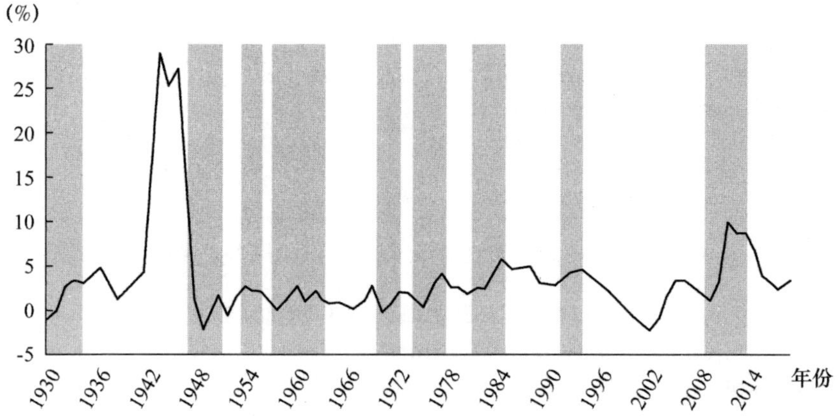

图 11－10　美国联邦政府赤字占 GDP 的比重

资料来源：1930～1970 年：Bicentennial Edition：Historical Statistics of the US，Colonial Times to 1970。1970～2016 年：Federal：Fed. Budget：Hist. Tables 3. 2，5. 1，7. 1；State and Local：State and Local Gov. Finances。由 https：//www. usgovernmentspending. com 整理。

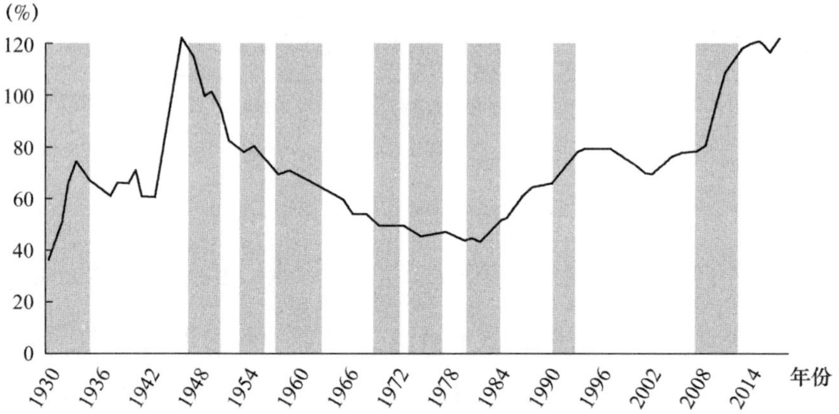

图 11－11　美国总公共债务占 GDP 的比重

资料来源：1930～1970 年：Bicentennial Edition：Historical Statistics of the US，Colonial Times to 1970。1970～2016 年：Federal：Fed. Budget：Hist. Tables 3. 2，5. 1，7. 1；State and Local：State and Local Gov. Finances。由 https：//www. usgovernmentspending. com 整理。

2. 依职能财政支出划分财政支出结构

20 世纪 70 年代以前，美国的社会保护、医疗保健支出不断扩大，国防支出开始缩减，教育支出较为稳定但占比较大，也是财政支出的重要构成。一般公共服务、经济事务支出占比较大但比重不断缩减，其余部分占比极小。20 世纪 80 年代后，社会保护支出不再快速上升，而是趋于平稳，财政支出占比稳定于 20% ~30%，是 1980 年后财政总支出增长放缓的主要原因之一。医疗保健支出仍然持续上涨，规模逐渐接近社会保护支出水平，成为财政支出在 21 世纪继续增加的主要原因。教育支出总体变化不大，稳定于财政支出的 16% 左右。国防支出进一步缩减，财政支出占比稳定于 10% 上下。从总的趋势来说，美国在 20 世纪 80 年代后除了医疗保健支出占比仍在持续上升，其他支出结构基本稳定。

20 世纪 70 年代以前，财政支出快速上涨源于多项社会福利支出从无到有的建立过程。到 20 世纪 80 年代后，除医疗保健支出外，各项支出的建立基本完成，且经济总体来说持续发展，危机烈度减轻、时间缩短，财政支出结构进入稳定状态。但随着“婴儿潮”一代的年龄增长，养老支出有再次上升的趋势，并继续推高医疗保健支出（见图 11 - 12）。

（1）社会保障。

①养老。美国政府在 20 世纪上半叶的养老金支出不高。第一次世界大战之前，地方政府即开始为员工提供养老金计划。第一次世界大战后，联邦政府和州政府也开始为员工设立养老金计划。到 1930 年，这些养老金计划的总成本已达到 GDP 的 0.1%。在大萧条时期，养老金支出激增，联邦政府支出达到 GDP 的 0.08%，州政府养老金支出达到 GDP 的 0.05%，地方政府养老金支出到 1940 年达到 GDP 的 0.08%。1935 年《社会保障法》通过以来，该计划已成为政府养老金支出的主导。社会保障支出的主要增长发生在 1965 ~1982 年，当时联

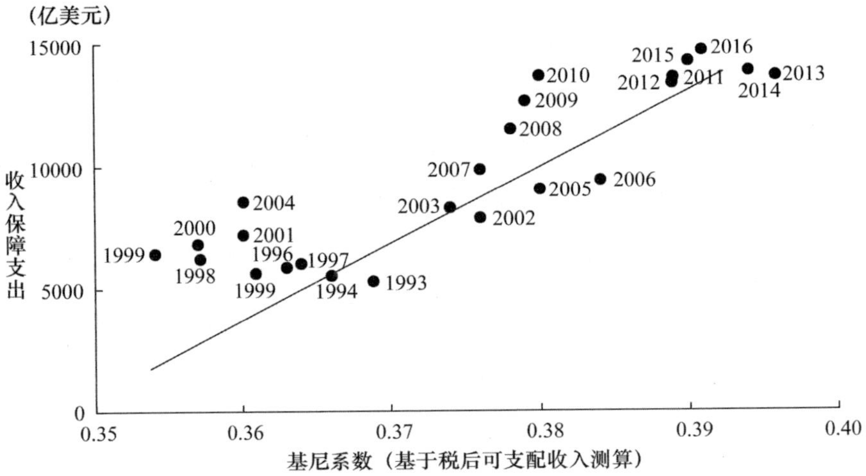

图 11－12　美国基尼系数与收入保障支出关系

注：美国公布的收入保障数据，分散于各个福利项目中，没有加总数据。此处采用经常性支出中的收入保障加政府总投资支出中的收入保障支出衡量这一指标。由图中可以看出，总的来说，美国基尼系数不断扩大，收入保障支出也随之增长。

资料来源：基尼系数：OECD 数据库。收入保障支出：美国经济分析局。

邦养老金支出从 GDP 的 2% 上升到 5%。之后的几年中，社会保障支出略有下降，2006 年触底达到 GDP 的 4.2%。但是，经济危机和第二次世界大战后“婴儿潮”一代的退休扭转了这一趋势，联邦养老金支出到 2015 年达到 GDP 的 5% 以上。在第二次世界大战后，州政府和地方政府养老金支出的增长比较温和。2015 年，州政府养老金支出占 GDP 的 1.5% 以上，地方养老金支出为 GDP 的 3%。

②救济。大萧条之前，唯一的福利项目是救济（relief 或 income security），之后被称为“公共福利”或“公共援助”，其成本为 GDP 的 0.1% ~0.15%。第二次世界大战期间福利待遇下降，1944 年的公共援助为 GDP 的 0.51%。第二次世界大战后，公共援助稳定在略低于 GDP 的 1% 水平。20 世纪 60 年代中期爆发了反贫困战争，到 70 年代中期，公共援助支出上涨了两倍，达到了 GDP 的 1.8%。此后经历了 15 年在 GDP 的 1.6% ~1.8% 徘徊的阶段。1990 年经济衰退，1991 年

公共援助达到了 GDP 的 1.97%。之后，克林顿在 1996 年签署了福利改革协议，该支出开始下降。2000 年后，收入保障福利持续低于 GDP 的 1.4%，2008～2009 年的经济危机使 2011 年收入保障福利提高到 GDP 的 1.85%，之后再次下降。公共援助目前包括补充营养援助计划（SNAP）、所得税抵免（EITC）、补充保障收入（SSI）和对贫困家庭的临时援助（TANF）等项目。

③失业。在大萧条之后，各国政府都致力于建立以政府为基础的失业制度，向下岗工人支付由雇主征收的税款带来的福利。20 世纪 30 年代中期，美国政府开始向失业工人支付失业救济金，到 1940 年，失业救济金占 GDP 的比例从 0 增长到 0.49%。之后随经济枯荣而增减，2008～2009 年的经济危机使 2010 年失业救济金支出达到 GDP 的 1.98%。

④住房补助。美国住房补助支出占 GDP 的比例从 1937 年的 0 迅速增加，在 1942 年达到峰值，占 GDP 的 0.37%。第二次世界大战后，住房补助支出下降到 GDP 的 0.1% 左右。从 1948 年占 GDP 的 0.09% 开始，在接下来的几十年里，住房补助支出迅速增长，1985 年飙升至 GDP 的 0.82%，并对低收入住房贷款计划进行了特别支付。自 20 世纪 80 年代中期的高峰以来，住房补助支出已在占 GDP 的 0.5%～0.55% 范围内稳定下来。2010 年经济衰退期间，住房补助支出达到 GDP 的 0.69%。

（2）医疗。

20 世纪初，美国政府医疗保健支出占 GDP 的 0.25%。它在 20 世纪上半叶增长缓慢，在 1933 年大萧条时达到 GDP 的 1%，然后在第二次世界大战中下降到 GDP 的 0.38%。直到 1961 年，医疗保健支出才恢复到 GDP 的 1%。随着医疗保险计划（一项针对 65 岁及以上人口的联邦计划）和医疗补助计划（一项针对穷人的联邦、州计划）的通过，医疗保健支出迅速增加，1980 年达到 GDP 的 3%。医疗保健支出的增长在 20 世纪 80 年代有所放缓，但 1990 年仍超过 GDP 的 4%，然后在 20 世纪 90 年代初迅速增长，1995 年达到 CDP 的 5.3%。经过一个短期下降后，医疗保健支出在 2000 年后恢复快速增长，2009 年达到 GDP 的 7%。2010 年，美国国会通过了由美国时任总统奥巴马提出的医疗改革法案，这项参众两院最终版本的医改法案使美国政府在此后 10 年内投入 9400 亿美元，把 3200 万名没有保险的美国民众纳入医疗保险体系。在新法案下，美国医疗保险覆盖率从 85% 提升至 95%，接近全民医疗保险。2016 年，医疗保健支出突破 GDP 的 9%。2017 年 5 月 4 日，美国国会众议院以 217 票对 213 票通过取消“奥巴马医保”。

①医疗保险计划。医疗保险计划是美国老年人的全民健康计划，于 1965 年通过。该计划最初包括两部分，即 A 部分的医院保险计划和 B 部分的补充医疗保险计划。2003 年，医疗保险在《医疗保险现代化法案》中得到了扩展，包括 C 部分的医疗保险优良计划和 D 部分的 SMI 药物计划。A 部分医院保险支出在 20 世纪 90 年代中期从占 GDP 的 1% 增长到 1.5%，而 B 部分补充医疗保险从占 GDP 的 0.4% 增加到 0.6%。从 20 世纪 90 年代中期开始，C 部分支出开始显示，虽然 C 部分医疗保险优良计划直到 2006 年才开始实施，但继 2003 年《医疗保险现代化法案》之后，医疗保险开始根据 1997 年的平衡预算法向私人医疗保健计划支付人头费，因此我们将此支出作为 C 部分支出。2006 年 C 部分正式实施后医疗支出大幅增加。事实上，基本医疗保险的所有增长都出现在 C 部分支出中，2006 年第一年达到占 GDP 的 0.4%，2016 年增加到 GDP 的 0.88%。D 部分 SMI 药物计划，由国会在 2003

年的《医疗保险现代化法案》中通过，并于2006年生效，当年支出占GDP的0.2%，2016年增加到GDP的0.44%。

②医疗补助。20世纪60年代，美国政府把GDP的1%花在了为穷人提供医疗保健上，现在这个数字已经达到了GDP的4%。20世纪初，州政府和地方政府的医疗保健支出约占GDP的0.25%。在第二次世界大战短暂的支出减少之后，到1960年，支出已达GDP的1%左右。为穷人提供医疗保健的联邦、州医疗补助计划始于20世纪60年代，1991年占GDP的1%。20世纪90年代，医疗补助迅速增长，2015年达到GDP的3%以上。其他医疗支出（主要是州和地方）在20世纪80年代初达到GDP的1.25%，此后一直保持在这一水平。

（3）教育。

美国的教育始于地方和个人，但从19世纪40年代在马萨诸塞州发起的普通学校运动开始，经历了一个集权和官僚化的过程，并在20世纪得到了充分的发展。20世纪初，教育支出占美国GDP的1%，主要集中在地方一级。从1910年到1940年，教育支出增加，以适应高中的建设。第二次世界大战后，由于高等教育的扩大和教师工资的增加，教育支出继续增加。除了第二次世界大战期间降至GDP的1.25%和1976年达到GDP的5.7%的峰值后降至1984年占GDP的4.7%，教育支出占GDP的比重基本逐年稳步增长，2008年达到了GDP的6%。2010年后，教育支出占GDP的比重开始下降，2014年下降至5.5%。

总的来说，美国教育支出先集中于基础教育，后扩展到高等教育，之后基础教育与高等教育的支出一起快速上升，高等教育占比小，但相对增长速度更快。2000年后，基础教育支出有所下降，高等教育维持上涨至2015年后也转为下降。20世纪上半叶的政府教育支出几乎全部用于儿童教育，即K-12教育。1950年，K-12教育支出占GDP的2%，高等教育支出占GDP的0.37%。但随后，高等教育份额开始增长。在20世纪70年代的教育支出高峰期，K-12教育支出占GDP的3.9%，高等教育支出占GDP的1.44%。K-12教育支出在2000年后增长到了GDP的4.4%，高等教育支出增长到GDP的1.6%～1.7%。2008～2009年的经济危机使K-12教育支出在2012年下降到GDP的3.8%以下。2015年，高等教育支出增长至GDP的1.81%，之后有所下降。

在整个美国政府提供教育资源的历史上，大部分教育支出都是由地方政府提供的。然而，自第二次世界大战以来，联邦政府通过增加联邦教育支出，增强了其在教育资源提供中的作用。几乎所有地方教育支出都用于K-12教育，大多数州政府的教育支出都用于高等教育。几十年来，联邦政府教育支出用途没有明确划分，总值约占GDP的0.7%。

（4）国防。

20世纪，美国的国防开支波动很大，从占GDP的1%上升到第二次世界大战时的41%，但战后再也没有回到以前的水平。1948年处在占GDP 7.2%的低水平，但到朝鲜战争的最后一年1953年时，这一比例翻了一番，达到了15%。从“冷战”开始到越南战争时，这一比例一直维持在10%左右。里根时代的国防建设从1979年占GDP的5.5%到1986年占GDP的6.9%都是温和的。布什时代从1999年占GDP的3.5%上升到2010年占GDP的5.7%，这主要是由反恐与伊拉克战争引起的。之后国防支出基本呈下降趋势。

3. 依财政支出部门划分财政支出结构

美国一直强调州与地方的权力，警惕中央政府过分干预地方的独立性，但是在过去的100年间，特别是战争与经济危机时期，中央政府的权力逐渐扩大。

从20世纪开始，联邦政府的支出每年不到GDP的3%，但在第一次世界大战中猛增到24%以上，然后在1929年下降到3%～4%。1929年经济崩溃后，联邦政府开支开始增加，在大萧条最严重时，联邦政府开支上升至GDP的10%以上。第二次世界大战期间，联邦政府支出激增至GDP的近48%，到20世纪40年代末下降至约15%。在20世纪50年代初的朝鲜战争期间，联邦政府支出增长至GDP的20%以上，到50年代末下降至17%～18%。20世纪60年代，联邦政府支出开始缓慢增长，到80年代初，已达到GDP的22%，到2000年略微下降到18%左右。2000年后，联邦政府支出按年温和增长。但在经济危机中，联邦政府支出以每年7000亿美元的速度增长，以援助银行并提供“刺激”。从与GDP的比值的角度来看，这一时期联邦政府的支出稳定在GDP的19%左右，然后在经济危机时期猛增到GDP的近25%。但在随后的经济复苏中，联邦政府支出稳步下降，在2014年下降到约20%。但在2015年，联邦政府支出再次开始增长。

20世纪初，州政府支出是政府支出的最小组成部分，每年只占GDP的1%不到。但整个20世纪，州政府支出稳步增长，从20世纪50年代初占GDP的3%增长到2000年占GDP的8%以上。2000年后，州政府支出同比大幅增加。在2008年经济危机后的几年里，州政府支出稳定在每年1.5万亿美元左右。从GDP的角度来看，2005年前后，州政府支出稳定在GDP的8%左右，然后在经济危机时期又猛增到9.75%，但在随后的经济复苏中稳步下降。

20世纪开始，地方政府作为政府支出的最大部门，支出占GDP的4%。在接下来的30年里，地方政府支出继续保持着这种增长，在1940年达到了GDP的8%。第二次世界大战期间，地方政府预算出现了一个巨大的下降，直到 20 世纪 60 年代，地方政府支出才再次超过 GDP 的 8%。自 20 世纪 60 年代以来，地方政府支出稳步增长，2000 年后，总量同比小幅增长，但在经济危机开始后的 2009 年停止了增长。自 2009 年以来，地方政府支出稳定在每年 1.7 万亿美元左右。从与 GDP 比值的角度来看，2000 年后，地方政府支出稳定在 GDP 的 10% 左右，然后在 2009 年上升到 GDP 的 11.5%，但在随后的经济复苏中，地方政府支出稳步下降（见图 11 - 13）。

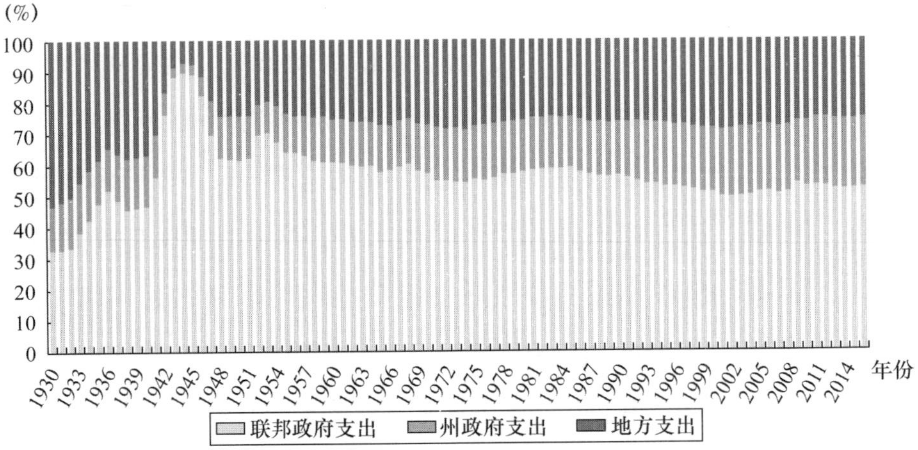

图 11 - 13　美国财政支出各级政府占比

资料来源：1930 ~ 1970 年：Bicentennial Edition：Historical Statistics of the US，Colonial Times to 1970。1970 ~ 2016 年：Federal：Fed. Budget：Hist. Tables 3.2，5.1，7.1；State and Local：State and Local Gov. Finances。由 https：//www. usgovernmentspending. com 整理。

由图 11 - 14 可以看出战争时期联邦政府一般公共服务支出上升，战后略有回落，但仍占多数。公共秩序与安全方面，联邦政府与州政府的支出不断上升，但地方政府支出仍占大多数。经济事务方面，联邦政府支出不断下降，地方政府支出持续上升，2010 年出现剧烈波动。医疗保健方面，联邦政府与州政府支出不断上升，2016 年达到了 90% 左右。教育支出在各级分配中较为稳定，以地方政府为主。社会保护方面，自 1950 年以后，联邦政府支出迅速上升，地方政府支出迅

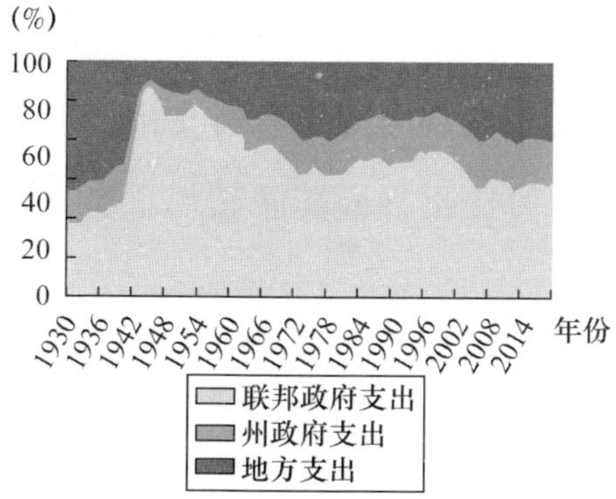

a. 美国财政一般公共服务支出各级政府占比

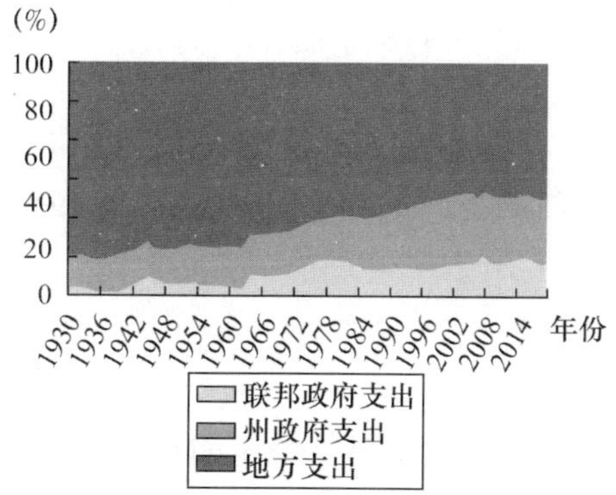

b. 美国财政公共秩序与安全支出各级政府占比

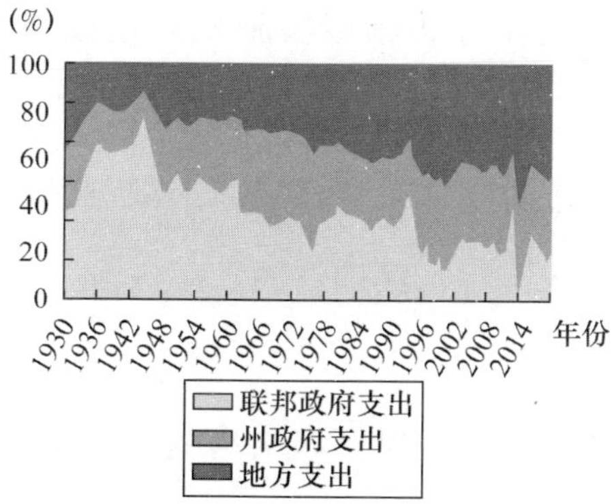

c. 美国财政经济事务支出各级政府占比

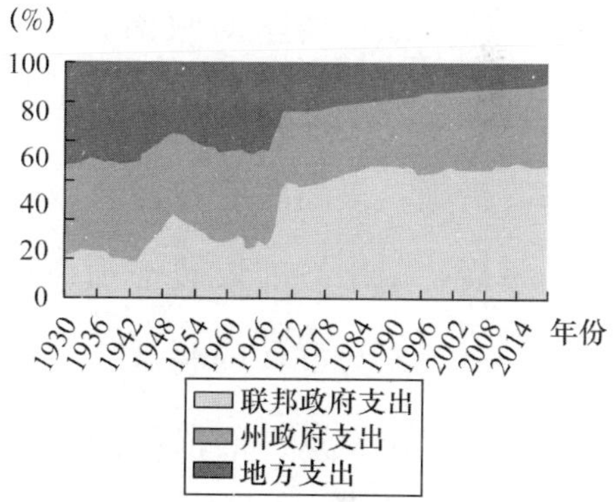

d. 美国财政医疗保健支出各级政府占比

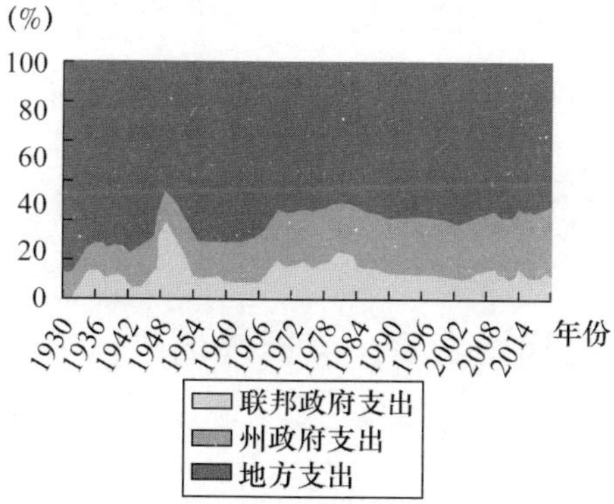

e. 美国财政教育支出各级政府占比

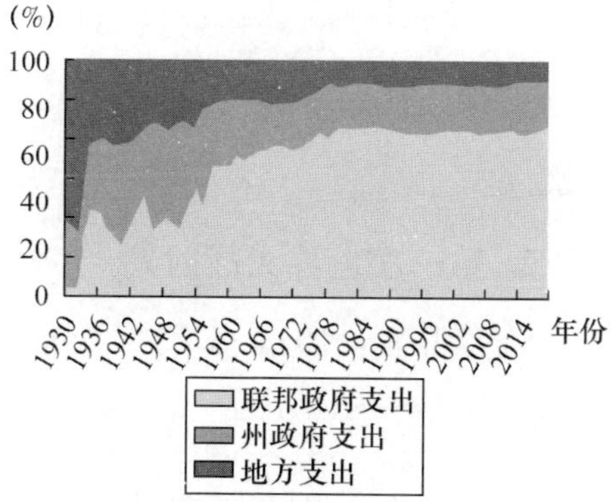

f. 美国财政社会保护支出各级政府占比

图 11－14　美国财政各项职能各级政府占比

资料来源：1930～1970 年：Bicentennial Edition：Historical Statistics of the US，Colonial Times to 1970。1970～2016 年：Federal：Fed. Budget：Hist. Tables 3.2，5.1，7.1；State and Local：State and Local Gov. Finances。由 https：//www. usgovernmentspending. com 整理。

速减少，1978 年后基本稳定。剩余两项职能中，国防方面全部由联邦政府支出，住房和社会福利设施方面几乎全部由地方政府支出。与其他国家不同的是，在医疗保健与社会保障支出方面美国联邦政府支出占比相当大。

（三）美国各经济阶段的财政支出变化

1. 19 世纪末至第一次世界大战前

阶段特征：要求对政治、经济、文化等各领域实施全方位改革，为实现社会公平进步的社会运动兴起。民众要求净化政治环境，实施普选等措施，提高政府的行政效率和透明度，在联邦层面上限制垄断企业发展，运用政府权威干预市场经济运行，保护农民、工人和广大中产阶级等弱势群体的利益。

财政支出：这一时段美国联邦政府的支出规模和结构基本维持稳定。20 世纪以前，自由放任是美国历届联邦政府的原则，财政支出相对较少。随着政府在经济社会活动中的重要性提高，公共服务、军事、公共工程、社会救助、生态环境等领域的需求使政府财政支出开始上涨。

2. 第一次世界大战时期

阶段特征：1914 年第一次世界大战爆发后，美国逐渐进入备战状态。

财政支出：几乎所有的行政部门都因战时新增职能而增加支出。美国参战之后，财政负担不断加重。

3. 1921 ~ 1929 年

阶段特征：长达 8 年的经济繁荣时期。这一时期的货币扩张温和，没有引起价格水平的大幅波动，货币供给持续稳定扩张给经济增长创造了良好条件；财政政策方面，先后进行了4次大规模的减税行动。

财政支出：尽管美国本土在第一次世界大战期间远离战场，但让整个国家回到和平时期的状态仍需要大量的财政支出，财政支出主要包括军事支出与抚恤金支出、经济事务与公共工程支出，支援农业支出。

4. 1929～1934 年

阶段特征：大萧条时期。1927年后，美国金融市场进入危机前的非理性繁荣时期，社会资本在金融市场上空前疯狂投机；大萧条期间，美国共发生了3次大规模的银行业危机，高额税收的负向激励、金融危机的非货币效果都促使总供给相应下降；不恰当的财政金融政策引发了美国总需求的急剧下降，经济出现大衰退。

财政支出：胡佛政府时期主张依靠私人刺激并重建民众对经济的信心，同时辅以有限的政府干预，以及进行一些间接的援助和救济支出，但规模无法与罗斯福新政时期相比。

新政时期，罗斯福政府强力介入经济的举措给人民以信心，财政支出扩大的趋势非常明显。然而这种凯恩斯主义的政策实践能否帮助美国走出经济萧条仍然存疑，因为政府财政支出对私人总需求存在挤出效应。虽然公共建设支出占GDP的比重从大萧条前的不到20%，猛增到新政时期的40%以上，但总的新增建设支出水平始终未能恢复到1926～1928年的水平。高财政支出不可避免地带来高税收和高财政赤字，加重了私人负担，进一步压抑了本不旺盛的私人总需求，阻碍了经济自然恢复的进程。新政从两个方面彻底改变了美国财政制度建构的基础：一是极大地扩展了联邦政府直接干预经济活动的范围和深度，联邦政府开始大规模地介入国民收入再分配的过程；二是联邦社会福利体系开始建立。抛开第二次世界大战军事支出的影响，社会福利支出的增长才是第二次世界大战后美国财政长期赤字运行的根本原因，自此除了20世纪开始的教育支出缓慢上涨外，随着养老、失业、济贫等支出的开展，社会保护支出也开始上涨。

5. 第二次世界大战时期

阶段特征：大萧条以来被压抑的生产能力得到全面的激发和释放。

财政支出：国防支出，再加上间接用于战争的财政支出，占美国联邦财政总支出的95%。

6. 1945～1970年

阶段特征：经济飞速发展期。第二次世界大战后美国的国内政治局面相对稳定，联邦政府对经济加强了干预，在解决危机的同时，不可避免地大增国债，通货膨胀加剧。这对70年代的美国经济产生负面影响。这一阶段美国的经济实力骤然增长，在资本主义世界经济中占有全面的优势。

财政支出：美国联邦政府对许多新兴的工业部门、重大科研项目、现代化公共设施进行大量的投资，使美国财政支出大幅上涨。此外，还在全国范围内建立科研和教育网点，推行社会保障政策等，这使得除原有的失业、养老、济贫支出继续推高社会保护支出外，随着医疗保障、医疗保险计划的通过，医疗保健支出开始上涨。同时，教育支出也快速上涨。这些政策在缓和国内阶级矛盾的同时，进一步促进了生产力的发展。

7. 20世纪70～80年代中期

阶段特征：经济低迷的缓慢增长阶段。布雷顿森林体系崩溃与美元贬值以及越南战争爆发使美国外部发展环境恶化。同时，支持经济增长的需求因素早在进入60年代后即已逐步消失，第三次科技革命进入末期，新技术革命还未成熟。此外，联邦德国、日本的崛起导致美国制造业竞争力下降，美国经济增长的内生动力开始减弱。

财政支出：扩张的财政政策在本轮经济危机中失效。里根上台后主要实行四个措施：稳定货币供应量、减轻税负、缩减开支、减少政府干预。最为有效的两个措施是稳定货币供应量和减少政府干预。前期财政支出的快速上涨使社会福利系统基本建立，较大规模的财政支出带来了巨大的赤字压力，自此美国财政支出总量上升的趋势开始减缓，除医疗保健外，财政支出结构基本趋于稳定。此后，美国政府开始对控制支出规模的方式进行探索。

8. 20世纪80年代中期至今

阶段特征：克林顿政府摈弃了共和党政府推行12年之久的“里根经济学”，基本继承了民主党重视政府干预经济的传统。克林顿把自己的政策解释为“既不是自由主义的，也不是保守主义的，两者兼而有之而又有所不同”。克林顿新政策的核心是以高科技带动经济发展，该政策使美国经济高速增长。

财政支出：克林顿政府采取了强有力的增税减支政策，消除高额赤字，实现了财政盈余，同时把政府拨款支持的联邦实验室的工作重心转向提高经济竞争力的研究上。在政府强力推动下，美国的信息产业快速发展，成为这时期美国经济突出的增长点。此外，医疗、养老、社会保障等方面公共支出的持续扩大给美国带来庞大的债务负担，至今没有解决。这一时期，美国经济持续上涨，经济危机烈度较轻，社会保障支出稳定，但2000年后，战后“婴儿潮”人口进入退休年龄，给社会保障支出提出新挑战。与此同时，医疗保健支出则继续上涨，奥巴马医疗改革继续推高医疗保健支出；教育支出则出现下降趋势。

（四）重要事件与重大变革

1. 美国联邦政府与州和地方政府的财政关系变迁

美国联邦政府与州政府之间的关系既由法律确认，又随着外部环境与内部发展环境变迁。

初期国家权力的建立与扩大常常伴随着战争，战争对于国家整体动员能力的要求使州政府同意向联邦政府让渡更多的权力。在第一次世界大战前，只有各州政府能够征收所得税，而为了应对第一次世界大战，联邦政府被赋予了这种权力。在20世纪后半叶，政府间财政援助成为联邦政府权力演进的中心。这是一种更为隐蔽的扩大权力的方式，联邦政府在公民不知不觉中更多地介入了社会经济生活。从这段历史可以看出，国家政府权力的增加并不是有意为之，而是作为对国内外危机的务实回应。

随着联邦政府权力的扩大，分权趋势开始出现。20世纪80年代，联邦政府下达了多条命令，增加了州和地方政府的事务却并未配套相应的资金，这激起了州和地方政府官员的不满。1995年的《无资金授权改革法案》（UMRA）允许任何国会议员提出程序问题，以阻止任何涉及未得到补偿的州或地方每年花费超过5000万美元的立法提案，这有利于控制联邦政府对于州与地方政府无资金配套的任务安排。但它也有一定的缺陷，一方面无法追溯以往，另一方面无法从根本上解决问题，在某些情况下，国会仅仅降低了授权费用估计数，使其低于5000万美元的门槛。

最值得注意的涉及分权的国会法令是福利改革法案。州政府官员尤其是州长，长期以来一直寻求放弃现行福利规则的严格要求，使个人不再自动有资格接受联邦政府规定的固定支付。改革后，各州在确定援助资格和援助水平方面有相当大的自由裁量权。它们可以通过工作培训、就业安置、儿童保育等来减少对联邦政府的依赖性，这有利于各州采取适宜各州的福利措施，同时有利于控制财政支出。但是，与该改革体现的分权趋势相悖的是，联邦政府对此仍然强加了许多规则和条件。

迄今为止，美国的福利改革一直被视为获得巨大成功的改革。它第一年就减少了25%的福利领取人数，这一方面是由于各州采取的福利措施改革，另一方面是由于经济的蓬勃发展。而福利改革的净效果则需要更多的研究与观察。

2. 现代预算决策机制的建立与变革

美国现代预算决策机制建立的第一阶段是从无序阶段到总统预算过程的过渡。19世纪与20世纪交替之际，由于分权与制衡理念的盛行，民众对于政府过度干预的排斥以及当时政府规模较小、政府支出并不繁杂等因素，美国当时仍然没有系统的预算过程。从联邦到州级再到地方，都是由立法机构投票决定政府运作所需用度，并以此征税。随着经济社会发展以及政府职能增加，这种个案处理方式到19世纪末20世纪初遇到了问题。1921年《预算与会计法案》通过后，联邦预算第一次有了法定预算过程——总统预算过程。

第二个阶段是从总统主导到国会预算过程的建立。1921年《预算与会计法案》在预算过程上给总统赋予更多权限。基于制衡的理念，国会尽其所能争取建立国会自己的预算过程来制衡总统在预算过程中的权力，由此展开激烈的“府院之争”。1974 年，国会通过了《国会预算与限制支出控制法案》，使国会对总统的制衡有了有效的依据与机制。1974 年《国会预算与限制支出控制法案》和 1921 年《预算与会计法案》一起构成了美国联邦预算制度的基石。

1974 年《国会预算与限制支出控制法案》通过之后，美国联邦预算的过程主要由行政部门编制与国会审批构成，整个预算草案在行政部门与国会之间有一个提交—审议—再认可的往返过程，具体环节可以用三个步骤来简述。第一步，总统按法定时限向国会提交下一个财政年度的预算草案，该草案由总统预算办公室的预算专职人员编撰，实质上是总统在下一个财政年度施政宣言的财政表述。第二步，国会参众两院分别对总统草案施行预算审核，之后参众两院经过一系列协调与商议解决两院之间不一致的审核结果，最终整合出协同预算决议。第三步，协同预算决议提交总统。总统对于国会提出的修改进行决策，总统同意时，该决议生效；总统不同意时，该决议将退回国会再议。

美国的预算规则除程序与制衡外还有两点值得注意。

第一点是联邦政府预算的公开制度。联邦政府预算公开透明，一方面体现在以法律的形式确定预算应是公开的，另一方面体现在有相应的组织与机制从技术上保障社会各界与普通民众能够理解专业性数据，保证预算透明落到实处。这既有利于各方制衡，限制政府滥用权力，也有利于增强民众对于政府运作的理解并提升其政治参与度。

第二点是预算过程中充斥政治博弈。尽管设立了较为有效的制衡机制，但是参与预算过程的个体之间的政治博弈使预算过程难以达到最优结果，更多的时候仅能得到一个妥协折中的产物。理想的预算过程应是一个除旧立新的过程，一方面减少不合理的支出，另一方面确立有建设性的支出。但是由于议员们仅对选区的选民负责，为了给选区争取更多经费，经常选择互投赞成票，这使预算过程中削减不必要支出的功能受到抑制。

3. 美国老龄化应对方案

美国一直具有相对较高的人口出生率水平，以及不断增加的青壮年移民规模，因此其老龄化问题相较于其他发达国家较为和缓。理论与实践皆已证明，人口老龄化问题处理得妥当与否，将对国民经济和社会发展产生重要的影响。人口老龄化问题一直是美国政府高度关注的问题之一。解决这一问题的思路包括节流与开源两个方面。在节流上，主要是以法律形式保证老年人继续工作的权益，通过延迟退休减少财政支出负担。在开源上，一是增加税源，提升税率，以税收收入支撑财政支出；二是建立完善的社会保障制度，同时发挥各方力量，由政府、企业、个人共同发力解决养老问题。

完善的法律保障。美国政府通过了《社会保障法案》《美国老年人法案》《禁止歧视老年人就业法》等一系列法案，给老年人的合法权益提供了强有力的保障。这些法案一方面通过提高社会保障支出为老年人的基本生活水平兜底，另一方面取消了强制退休的相关条文，并明令禁止强制70周岁以下的员工退休，给老年人解决老年生活保障来源提供更多选择。对于包括美国在内的大部分国家，养老支出都是社会保障支出的主要组成部分，也是财政支出压力的一大来源，合理解决养老问题不仅可以提升老年人的幸福感，同时也有助于减轻年轻人的生活压力，对于维持社会整体安定与正常运转十分必要。延迟退休是大部分工业化国家解决人口老龄化问题的另一种主要方法，它增加了社会劳动力的数量，减轻了社会保障的负担，但是对于老年人延迟退休是否影响年轻人就业仍存在争议。

提高工薪税税率。社会保障工薪税收入，是美国养老保险基金重要的资金来源。1983 年《社会保障法修正案》将社会保障工薪税税率上调到 12.4%。针对除社会保障收入以外还有充足收入来源的老年人家庭，政府会征收部分社会保障福利税。税收收入直接划拨信托基金。针对年收入总额在 2.5 万美元以上的个人，或年收入总额在 3.2 万美元以上的家庭，其所领取的退休金的 50%，应作为计税基数，计算缴纳退休金所得税。这些税收收入在一定程度上缓解了社会保障中养老支出带来的压力。

完善社会养老保障体系。如今美国已经构建了一个比较成熟的，包括政府公共养老金、公共部门养老金、雇主养老金和个人养老金在内的三大支柱养老保障体系。其中第一支柱是强制全民参加社会保障养老金计划，第二支柱是由公共部门和雇主提供的养老金计划，第三支柱则是个人与保险公司或其他金融机构签订的自愿性补充养老金计划，政府针对个人的自愿性补充养老金计划提供一定程度的税收优惠政策。1978 年颁布实施的《国内税收法案》中，制定了发展雇主养老金计划和个人养老金计划的相关条款（401k 计划），这是美国当今雇主养老金的主要形式，明显缓解了政府财政压力。此后的《税法改革修正案》《经济增长与减税调和法案》《企业改革法案》等，都极大地促进了 401k 计划的私有化发展，也使美国的三大支柱社会养老保障体系得到平衡发展。

执笔人：孙　萌

二、英国财政支出结构研究

（一）英国经济发展阶段

1. 以经济指标描述发展阶段

英国工业革命从18世纪中期开始，至19世纪30年代基本完成。其间的人均收入增长快于17世纪。

在1830~1913年，英国的人均收入增速达到历史高峰，是1700~1830年的大约3倍。经济表现突出的基本原因是，技术进步加速，实物资本存量快速增长，劳动力受教育水平提高和劳动技能的改进。

第一次世界大战结束后不久，英国在1920年下半年爆发了第一次经济危机。在战争期间萎缩的民用工业部门，本来指望在战争结束以后可以恢复和发展起来，然而1920年的经济危机使之成为泡影。1929年起，资本主义世界陷入历史上最深刻、最持久的经济大危机。危机首先在美国爆发，然后迅速波及整个资本主义世界，英国也深受其害。

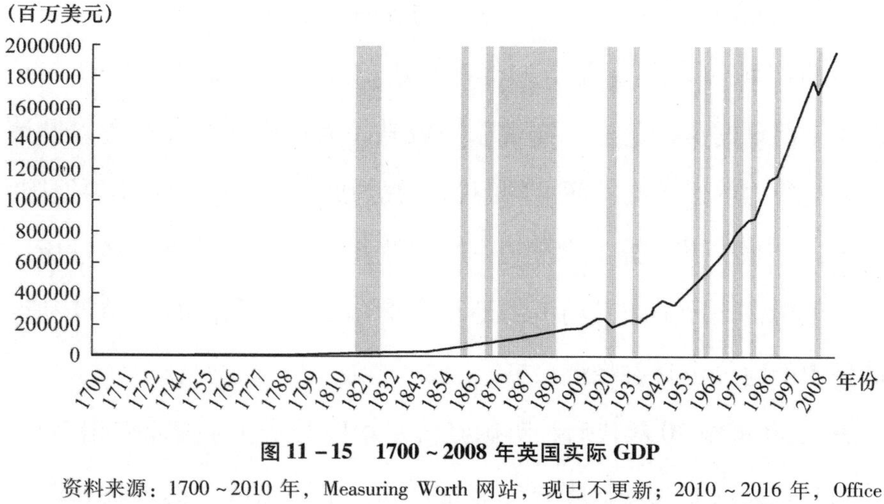

图11-15　1700~2008年英国实际GDP

资料来源：1700~2010年，Measuring Worth网站，现已不更新；2010~2016年，Office for Budget Responsibility，https：//obr. uk，由https：//www. ukpublicspending. co. uk整理。

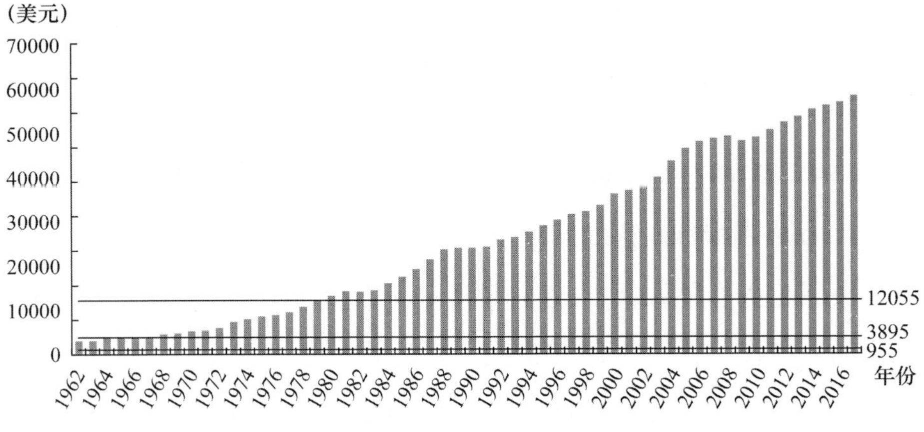

图 11－16　1962～2016 年英国人均国民收入

注：使用 Atlas 方法，单位为美元现价，与世界银行收入水平划分标准一致。

资料来源：the World Bank，World Development Indicators Database，http：//datatopics. worldbank. org/world-development-indicators。

1930～1945 年，经济危机和战争的双重打击，使英国经济更加衰败。

第二次世界大战后，美国推行马歇尔计划（The Marshall Plan），尽管有美国金融、技术、设备等各种形式的援助，但英国的工业技术改造、新工业部门的建立、生产效率的提高并没有迅速恢复。

20 世纪 60 年代后期是英国经济史上的又一个转折点。1967 年英国发生了严重的英镑危机，经常账户疲软、大规模的海外投资以及诸如缺乏竞争力等经济基本面上的问题被视为此次英镑贬值的主要原因。

1971 年底，英国外汇市场再一次发生抛售英镑的风潮。经过历次危机，英镑在国际金融市场上的地位大为削弱，在国际贸易结算和国际储备中的地位也日益降低。

进入 20 世纪 70 年代后，英国经济基本停滞不前，失业率相当高。与此同时，英国的通货膨胀率也非常严重，“双位数”的通货膨胀率是常见现象。

20 世纪 80 年代之后，英国经济增长较为迅速。然而一进入 20 世纪 90 年代，开始呈现严重的经济衰退趋势，一度减弱的失业与通货膨胀互换的现象重新困扰着英国经济的发展。

1993 年下半年，英国经济重新恢复了活力，进入 21 世纪以后基本上稳步增长。

2008 ~ 2012 年，全球金融危机与欧洲债务危机再次使英国经济出现衰退，直至 2013 年后经济恢复增长。2014 年第二季度，英国经济已经恢复到次贷危机前的水平。

1970 年后，在英国的产业结构中，农业占比已极低，建筑业、制造业等工业部门产值占比不断下降，服务业及其他领域持续上升，占 GDP 的比例达到 50% 以上。

2. 以人口结构划分

（1）人口年龄结构。

越来越严重的老龄化是英国财政支出的主要压力之一。与老年人相关的补贴、社会救助和相应医疗福利等财政支出比重日渐上升，总体压力猛增。而从财政收入方面来讲，老年人在人口中占比的增加降低了社会整体劳动人口数量，国民收入与税收收入相应也会存在缩减的压力。老龄化导致财政支出增加与财政收入减少同时出现，挑战财政的平稳运行。

英国 65 岁及以上老年人口占比在 1925 ~ 1930 年超过 7%，开始进入老龄化社会，2000 年升至 15.8%。此外，英国的“老年抚养比率”也在持续上升。2010 年后随着“老年抚养比率”急速上升，“总抚养比率”也出现上升，这反映了英国 15 ~ 64 岁的人承担的压力日渐上升（见图 11 - 17、图 11 - 18）。

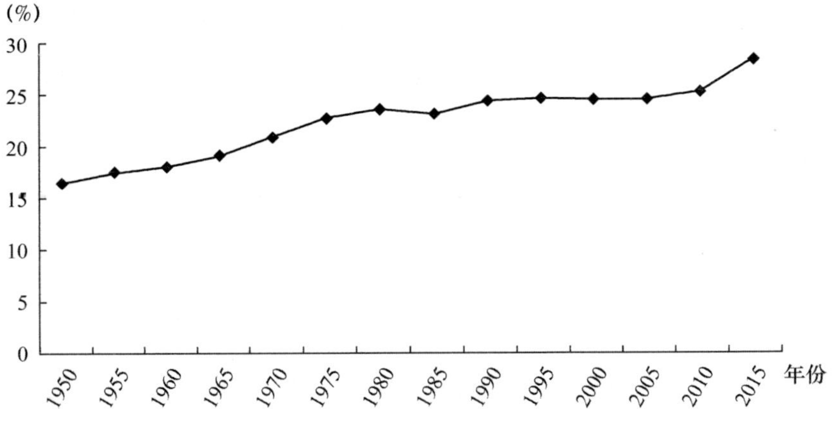

图 11－17　1950～2015 年英国老年抚养比率

注：老年抚养比率指每 100 个 15～64 岁的人需要抚养的 65 岁以上人口。

资料来源：联合国统计数据库，联合国经济和社会事务部人口司编制《世界人口前景》2017 年修订版，DVD 版。

图 11－18　1950～2015 年英国总抚养比率

注：总抚养比率指每 100 个 15～64 岁的人需要抚养的 65 岁以上及 15 岁以下人口。

资料来源：联合国统计数据库，联合国经济和社会事务部人口司编制《世界人口前景》2017 年修订版，DVD 版。

（2）人口城乡结构。

城市化进程和工业化进程与经济发展状况息息相关。在工业革命前的 1750 年，英国城市人口仅占全国总人口的 25%。工业革命后，城市就业机会增加，把大批农村人口吸引到城镇和工矿区，英国开始大规模城市化。工业革命使英国成为世界上第一个实现城市化的国家。

英国许多新城市不是以封建城镇为依托发展起来的，而是随着工业集中化的趋势出现的。在新兴的工业区，出现了曼彻斯特、格拉斯哥、伯明翰等大城市。新城市的发展促进了商业、运输业、服务业的发展。

第二次世界大战后，英国国力下滑，城市化进程出现小幅度反复。1993 年后，英国经济开始缓慢上升，直至 2008 年前，没有再发生经济危机；城市人口再次开始上升，2015 年达到全国总人口的 82.6%（见图 11－19）。

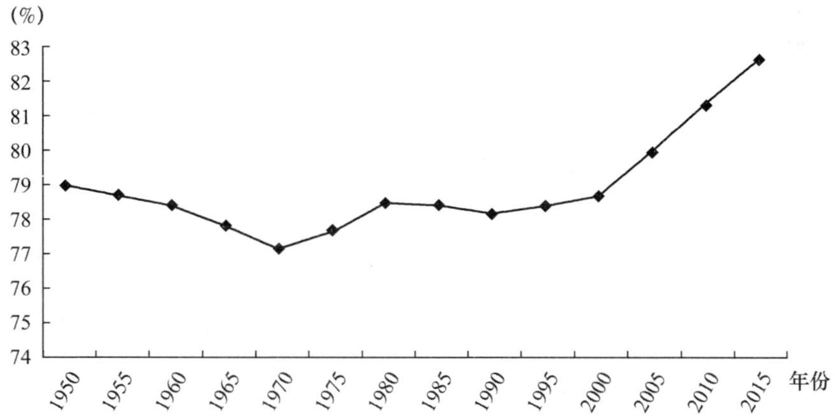

图 11－19　1950～2015 年英国城市人口占比

资料来源：联合国统计数据库，联合国经济和社会事务部人口司编制《世界人口前景》2017 年修订版，DVD 版。

城市化的过程不仅仅是农村人口向城市迁移的过程，还需要城市基础设施、公共服务设施和社会保障工作随之提高、与之配套，而这些方面的提高，依赖于国家大量的财政投入。

3. 中英经济发展阶段对比

相较于中国与美国，英国的工业化与财政制度起步较早，但发展相对缓慢，很多与中国现阶段相似的特征在英国历史上没有出现叠加，但总的来说，还是与第二次世界大战后到 20 世纪 80 年代前更相似。

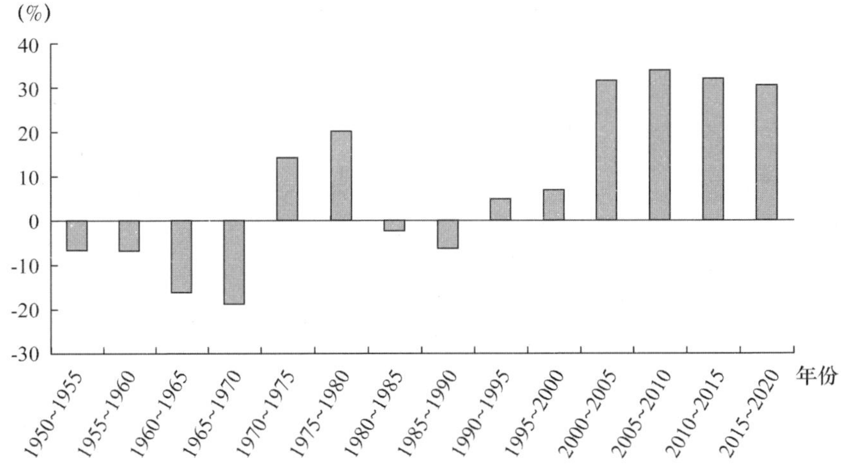

图 11－20　英国城市人口占比 5 年年均变化率

资料来源：联合国统计数据库，联合国经济和社会事务部人口司编制《世界人口前景》2017 年修订版，DVD 版。

表 11－3　　中国现阶段与英国历史阶段对应

项目名称	中国现状	对应英国时段	英国现状
人均 GDP	8643.11 美元	20 世纪 70～80 年代	2017 年达到 39800.27 美元
工业化阶段	工业增加值占比迅速上升（2010 年后出现下滑，生产率相对偏低）	19 世纪 20 年代至 20 世纪 40 年代	工业化完成，发达经济阶段
城市化	城市居民占 55% 以上	19 世纪 50 年代	城市居民占 83% 左右
老龄化	65 岁以上人口占 10% 左右	20 世纪 30～40 年代	65 岁以上人口占 17% 左右
财政支出	占 GDP 的比重为 32.8%，快速增长	1945～1980 年：G7 国家在此阶段财政支出快速增长	2018 年占 GDP 的比重为 38.54%（经历了高速增长后转为平稳）

（二）英国财政支出发展历程

1. 财政收入规模

19 世纪，英国的财政收入较为稳定。进入 20 世纪后，为了资助世界大战，英国公共收入逐步上升。第一次世界大战前，公共收入占GDP的11%左右。然后，在1921年达到GDP 33%的高峰之后，又恢复到GDP的22%～25%。除了20世纪30年代大萧条开始时公共收入占比激增外，其余时段基本保持在该水平。1945年第二次世界大战期间，公共收入猛增到GDP的37%。在1950年达到GDP 40%的峰值，直到50年代末才下降到33%。20世纪60年代，公共收入稳步增长，达到GDP的近41%。1973年公共收入下降到GDP的33%，然后在35%～39%波动。1982～1983年，公共收入飙升至GDP的43%以上。1994开始稳步下降至低于GDP的35%。1999年公共收入增加到GDP的37%，2008年超过39%。2010年，公共收入徘徊在GDP的36%～37%。可以看到，财政收入的规模和走势基本与财政支出一致，但是在具体额度上存在差距，特别是在财政支出激增的年份，入不敷出是英国财政的常态。

国债发行始于威廉三世，之后英国政府债务开始了长达一个世纪的攀升，为对法国的战争、对北美殖民者叛乱的战争提供资金，并在1815年拿破仑战争结束时达到顶峰，达到GDP的200%以上。拿破仑战争后，英国政府债务进入了长达一个世纪的缩减阶段。政府债务在两次世界大战中再次爆发了，1915年，达到了GDP 200%以上的水平。到20世纪70年代，债务下降到GDP的50%以下。2008年的金融危机使国债达到GDP的80%以上。

政府债务的风险之一是利息支付负担。包括中央政府和地方政府在内的政府利息支付的高峰期在第一次世界大战后的20世纪20年代和30年代。在第二次世界大战后的一段时期，偿还国债的成本保持在GDP的4%左右。在20世纪80年代撒切尔夫人抗击通货膨胀期间，还贷成本达 GDP 的 5%。到 2000 年后，国债利息已降至 GDP 的 2%。2008 年金融危机之后，利息支出增长至 GDP 的 3%，预计到 2020 年将降至 GDP 的 2.4%。由图 11－21 可以看出，除了由战争与经济危机引起的公共债务急速涨落的时期以外，英国其他时段依然长期伴有高额公共债务。英国是一个高福利国家，但需要注意的是维持这种福利水平依靠已达到 GDP 40% 的财政收入是不够的。

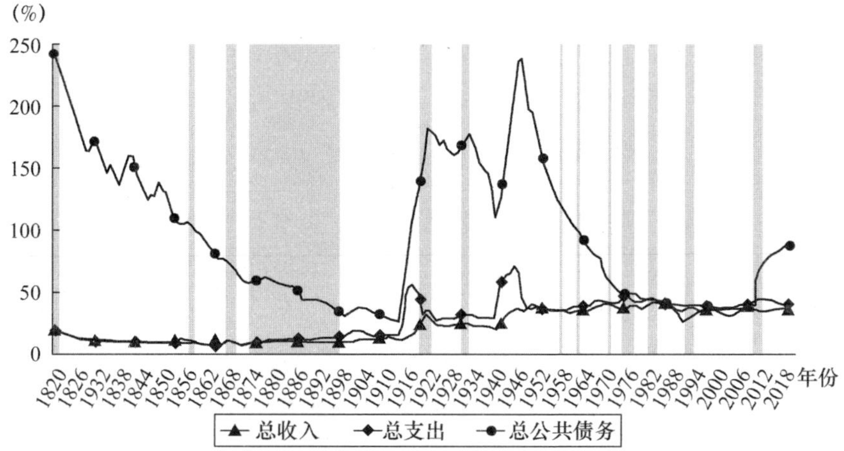

图 11－21　英国财政总收入、总支出、总公共债务占 GDP 的比重

资料来源：公共债务：1692 ~ 1983 年：B. R. Mitchell，British Historical Statistics；1983 ~ 2016 年：Office for Budget Responsibility，https：//obr. uk，由 https：//www. ukpublicspending. co. uk 整理；收入：1700 ~ 1946 年：B. R. Mitchell，British Historical Statistics；1947 ~ 2016 年：Office for National Statistics，Public Sector Finances time series dataset。

在工业革命时期，间接税在英国国家税收中的比例不断攀升，成为国家税收的重要来源，支撑着国家庞大的财政支出，英国形成了以间接税为主导的税收体系。1806 年开始，所得税以完整的税制出现，成为国家另一个重要的收入来源。从各种间接税的发展到现代所得税的建立是经济发展的要求和体现，而税收收入的提升又为对外扩张、攫取海外资源提供资金保障，推动了经济的进一步发展。

2. 财政支出规模

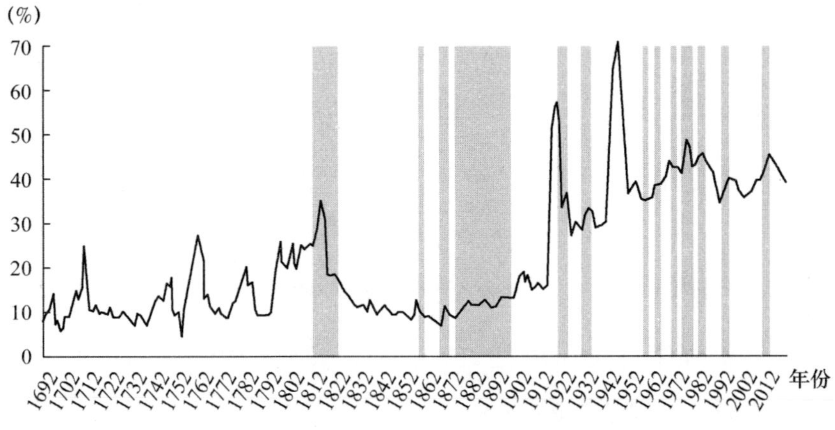

图 11－22　英国财政支出占 GDP 的比重

资料来源：1692～1983 年：B. R. Mitchell，British Historical Statistics；1983～2016 年：HM Treasury PESA。由 https：//www. ukpublicspending. co. uk 整理。

如图 11－23 所示，在完成第一次工业化的前几十年，财政支出受工业化进程影响，特别是社会保障、医疗保健、教育、环境保护等支出从无到有，快速发展，之后增长减缓的过程是英美两国的共性；但是具体的财政支出规模要上升到什么程度，每个国家有其自身特性。

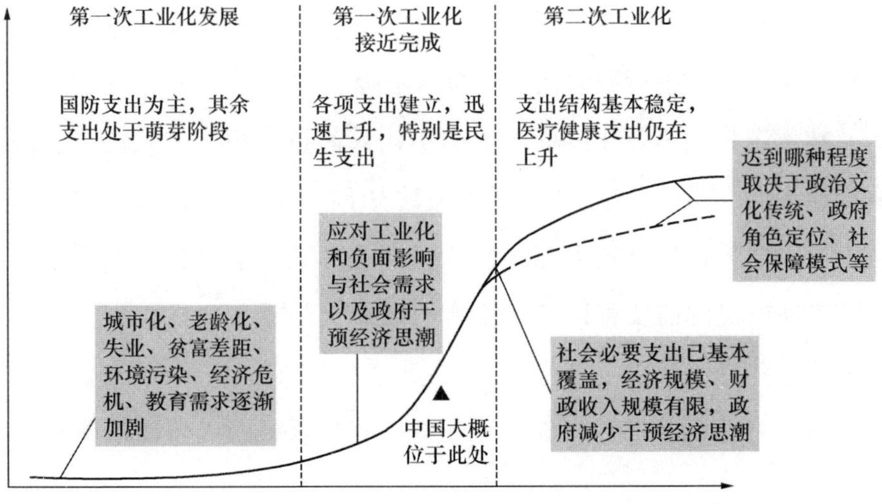

图 11－23　英国、美国财政支出变化规律

3. 按职能划分的财政支出结构

20世纪初，英国最大的支出项目是国防，占GDP的比重不到4%。在第一次世界大战期间，英国国防开支大幅增加，达到GDP 47%的峰值。两次世界大战之间，国防开支降至GDP的2.5%左右。此时，教育支出占GDP的3%~3.5%，医疗保健支出从1920年占GDP的0.4%增长到1939年的1.75%，养老金从1921年占GDP的2.25%下降到1939年的0.7%。当时的福利，即失业救济金，在20世纪20年代勉强维持在GDP的2%左右，1933年猛增到GDP的3.66%，1939年缓慢下降到2.75%。

1945年，英国的国防开支飙升至GDP 52%的峰值，之后开始下降。朝鲜战争期间的1952年，达到GDP的11%，此后开始了长期的下降。2013年时低于GDP的2.5%。

英国政府从1948年开始承担卫生保健，国家福利全面繁荣。凯恩斯主义和《贝弗里奇报告》受到重视，市场力量受到抑制。充分就业、收入再分配、社会福利和混合经济成为主要的政策目标。福利国家建设不断推进，政府职能明显扩大，公共服务支出占比不断上升，直至撒切尔夫人推行财政改革才有所下降。

技术进步在工业化过程中的作用让人们重视教育的发展。经济的富裕让人们在获取财富以外开始关注如何建立一个更文明和谐的社会，对于弱势群体以及生态环境的保护成为人们的共识。民主化的政治环境使人民的需要可以转为落实的政策。最重要的是，庞大的经济规模使这些支出变成了可能。

（1）社会保护。包括失业、济贫、养老、残疾人生活保障和住房津贴等。

战争时期，国防支出挤占其他支出。战争结束后与经济危机时总会引起福利支出的猛然上涨，之后会有所回落。第一次世界大战后，社会支出激增，1922 年福利支出达到 GDP 的 2.2%，20 世纪 20 年代中期时下降到 GDP 的 1.9%，在 1926 年大罢工后上升到 GDP 的 2.4%。大萧条导致福利支出进一步增加，1933 年达到 GDP 的 3.66%。第二次世界大战中期，福利支出降至 GDP 的 1.5% 左右。第二次世界大战后福利支出在 1948 年猛增至 GDP 的 3.2%，然后在 20 世纪 50 年代的大部分时间内回落至 GDP 的 3% 左右。20 世纪 50 年代后期，国家干预经济、建立福利社会的思潮流行，福利支出稳步增长。1984 年，福利支出增加到 GDP 的 7.4%，到 1989 年下降到 GDP 的 6.4%。1993 年之后，福利支出开始下降。2002 年降至 GDP 的 5.5%。在 2008 年的金融危机中出现增长，2010 年达到了 GDP 的 7.24%。到 2015 年左右，福利下降到 GDP 的 6.2%。

在社会保护的演变历程中，立法是社会保障体系完善以及社会保护支出的起点。1834 年，当时工业生产还不能充分吸收迅速增长的农村过剩人口，农村劳动者的骚乱促进了《济贫法修正法案》的通过。新法律的目标是改革英格兰南部农业工人工资与政府补助之间的关系，其规定农业工人以工资补助方式得到救济。1905 年的萧条时期使《失业工人法》获得通过。这项法律的目的是通过在公共工程中雇用失业者，以解决就业问题。1929 年通过的《地方自治法》把无劳动能力人员的救济责任划归地方政府，从而中央政府只负责失业问题的处理。1911 年英国政府建立国民保险，其内容包括对疾病和丧葬费用进行自愿保险的体系以及失业保险等。20 世纪工业的持续发展，社会福利思想的广泛传播，在战争中扩张的政府权力等因素共同作用，使英国的社会福利得到大规模的扩展，相应的财政支出也不断扩张。

养老是社会保护支出的重要组成部分。第二次世界大战后，英国的养老金支出占 GDP 的 2.2%，并在 20 世纪 50 年代缓慢增长，1961 年达到 GDP 的 3.1%。整个 20 世纪 60 年代，养老金支出继续保持稳定增长，到 1968 年 GDP 的 3.9%。此后稳步增长，80 年代达到 GDP 5.05% 的峰值。1990 年后，该支出下降至 GDP 的 4.2%。1993 年开始，养老金支出再次增长，1998 年略低于 GDP 的 6%。2002 年达到 GDP 的 7.28% 后开始温和下降。2007 年，养老金支出下降至 GDP 的 6.68%。但 2008 年开始的金融危机使养老金成本在 2010 年增长至 GDP 的 7.6%，而且危机过后没有回落，2016 年时增长至 GDP 的 8.2%。

（2）医疗保健。

工业和城市的发展以及人员迁徙的逐渐频繁导致卫生状况的明显恶化和流行病的传播，这引起了人们的关注。1848 年《公共卫生法》在英国获得通过，这个法律的重要目的是通过中央机构卫生总署的劝告和监督，强制地方当局和个人实行公共卫生标准。

20 世纪初，英国政府将 GDP 的 0.3% 用于医疗保健。但在 1909 年《国民保险法案》通过后，医疗支出开始增加，在 1921 年达到了 GDP 的 0.93%。医疗支出在 20 世纪 20 年代和 30 年代稳步增长，在第二次世界大战开始时达到 GDP 的 1.76%。第二次世界大战后迅速增长，在 1948 年国家卫生服务机构（NHS）成立之前，开支突破了 GDP 的 2%。在国民保健制度的早期，医疗支出急剧上升，到 1951 年达到 GDP 的 3.4%，1955 年下降到 GDP 的 3%。20 世纪 50 年代中后期，医疗支出稳步增长，到 60 年代初占 GDP 的 3.5%，1975 年达到 GDP 的 4.94%。医疗支出在 20 世纪 70 年代末下降，1979 年下降到 GDP 的 4.6%。此后又有所增加，1981 年达到 GDP 的 5.24%，1988 年又下降到4.28%。1993年该支出增加到GDP的5.35%，到1998年下降到GDP的5.05%。1999年后，该支出开始急剧增长，2010年达到GDP的7.65%，2015年下降至GDP的7.29%，到2020年预算为GDP的7.1%。

（3）教育。

英国对教育的关注开始于新兴制造业地区的需要。新兴制造业地区对教育的需要来自两方面：第一，这些地区人口集中且对儿童的照顾疏忽，这使有组织的初等教育成为必要；第二，随着工业的进步和外国竞争的加剧，人们越来越意识到需要技术培训。资金来源主要是地方税收，自1870年《教育法》通过以后，为教育征收的地方税迅速增加。

英国的教育支出始于20世纪，当时只占GDP的2%不到。从1956年开始教育支出迅速增长，1975年达到了GDP的6.5%。20世纪70年代末和80年代，教育支出占GDP的百分比下降，1989年达到4.19%的低点。20世纪90年代初，教育规模扩大，教育支出在1993年达到GDP的5%。90年代末，教育支出有所下降，1999年该支出占GDP的4.37%。2000年后教育支出迅速增长，2010年上升到GDP的5.79%，然后在2016年大幅下降到GDP的4.5%，恢复到2000年左右的水平。2020年教育支出预算占GDP的4%。

（4）国防。

英国的国防支出在第一次世界大战期间快速上涨，1914年国防支出占GDP的3.15%，到1919年猛增到GDP的47%。但是，第一次世界大战后国防支出迅速萎缩，到1923年下降到GDP的3%以下，此后保持在3%以下。第二次世界大战前国防开支开始增长，从1936年占

GDP 的 2.9%，增加到 1939 年的 9%。第二次世界大战开始后，英国为战争调动了所有的国家资源，英国国防支出占 GDP 的 40% 以上，1945 年达到 GDP 的 52%。这一时段财政支出大量用于国防，其他项目受到压缩。国防开支在 1950 年前下降到 GDP 的 6%，然后在朝鲜战争时上升到超过 11%。此后，国防开支开始长期下降。2020 年国防开支预算占 GDP 的 2.33%。

（5）经济事务。

英国经济事务支出占比较大的情况主要发生在 19 世纪 80 年代到 20 世纪 70 年代之间，特别是第二次世界大战后。这主要是由于凯恩斯主义盛行，人们认为政府对经济的干预可以弥补市场的不足，减少危机发生。20 世纪 70 年代经济危机发生后，政府干预经济失效，这让人们重新反思政府的作用，减少了政府对经济的干预。

4. 按照财政支出层级划分财政支出结构

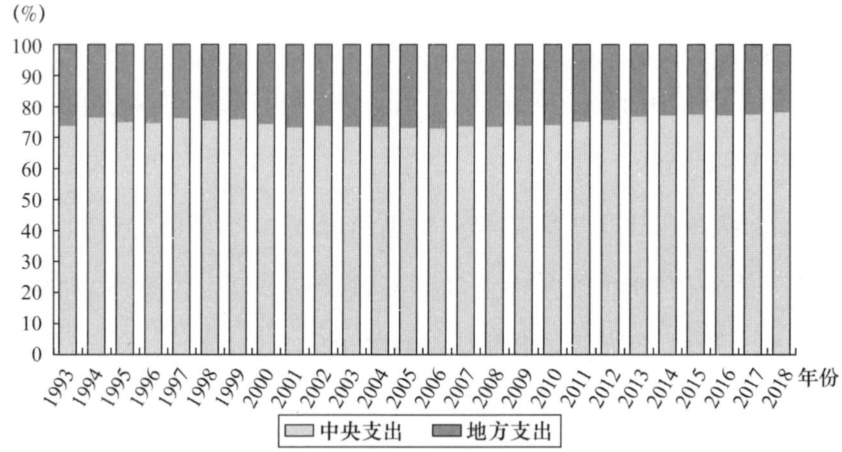

图 11－24　1993～2018 年英国财政支出各级政府占比

注：不同来源的数据口径有轻微差异，同一年份数据并不完全一致，但总体涨跌趋势一致。

资料来源：1993～1998 年：Archived Public Expenditure Statistical Analysis；1998～2019 年：HM Treasury（HMT）Public Expenditure Statistical Analyses（PESA）。由 www.ukpublicspending.co.uk 整理。

第二次世界大战后的英国，由于在战争时期对于国家集权有了新的认知，布雷顿森林体系的建立，凯恩斯主义与《贝弗里奇报告》的流行等因素，国家职能逐步增加，建立福利国家的目标日渐明确。地方政府作为公共服务的重要提供者，职能与支出迅速扩大。进入20世纪70年代，英国面临经济下滑、社会老龄化等压力，地方政府的巨大公共支出难以为继。撒切尔夫人对地方政府进行了改革，地方公共支出明显下降，之后又出现小幅上升，2008年经济危机后再次缓慢下降。

由图11－25可以看出，在英国，社会保护、经济事务、一般公共服务方面中央支出占比较高。此外，国防全部由中央支出，医疗健康的96%以上由中央支出。教育，公共秩序和安全，环境保护，住房和社会福利设施，娱乐、文化和宗教由中央和地方分担。与大部分G7国家民生支出主要由地方政府支出不同，英国主要由中央一级承担医疗保健与社会保护支出。

5. 影响英国财政支出规模的因素

（1）战争的影响。

在第一次世界大战期间，英国国防开支大幅增加，达到GDP 47%的峰值。两次世界大战之间，国防开支降至GDP的2.5%左右。

在第二次世界大战中，英国的国防开支在1945年飙升至GDP 52%的峰值，之后开始下降。朝鲜战争期间的1952年达到GDP的11%；此后开始了长期的下降。战争对政府支出的影响是巨大的，在这一时期，其他支出都被压缩至最低水平。

（2）宏观调控思路的影响。

20世纪初，剧烈的经济危机在资本主义世界爆发，凯恩斯主义思潮在各国流行起来，政府干预经济被普遍接受。20 世纪 30 年代大萧条后，公共开支占 GDP 的比例开始激增。第二次世界大战后，凯恩斯主义与建设福利国家思想盛行，公共支出迅速上升，占 GDP 的35%左右，这一水平一直持续到 1950 年前后。1960 年左右，公共支出开始稳步增长，在 1980 年初达到峰值，即占 GDP 的 45%以上。在 20 世纪 80 年代，“滞胀”危机使政府干预经济受到质疑，公共开支占 GDP 的比例从 45%左右下降到 1989 年的 34%。但随后，随着英镑危机和相关的衰退，它又回到了占 GDP 的 40%，之后在 2000 年下降到 35%。2008 年金融危机后，公共支出在 2011 年达到占 GDP 44.9%的峰值，随后在2016 年缓慢下降至 GDP 的40.6%，预计到2020 年达到 GDP 的38.8%。

（3）政府职能转变。

随着工业化的深入，经济发展迅速，经济规模日渐扩大，工业化进程中的负面影响日益严重，都需要政府来对市场力所不及的部分进行补充。19 世纪 90 年代以后，经济萧条、两极分化、贫困失业、青年危机、工人罢工等诸多问题接踵而至，在这样的背景下出现了费边社、社会民主联盟、独立工党、劳工代表委员会以及新工会运动的劳工团体或同情劳工的社会团体，这些团体旨在维护劳动工人的利益。进入 20 世纪，在工人运动的推动下，自由党政府制定了一系列的社会保障法规，如《儿童法》《劳工介绍法》《国民保障法》等。社会保障体系的完善伴随着政府职能的扩张以及财政支出的上涨。

（4）经济发展与经济规模。

值得注意的是，对比英美两国，美国自 1800 年开始工业革命，

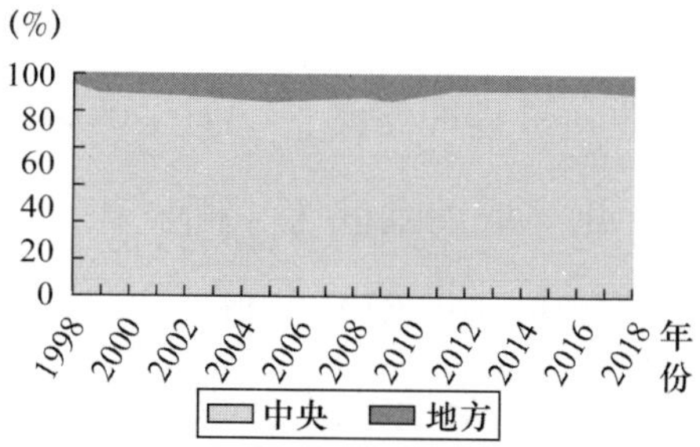

a. 一般公共服务央地占比

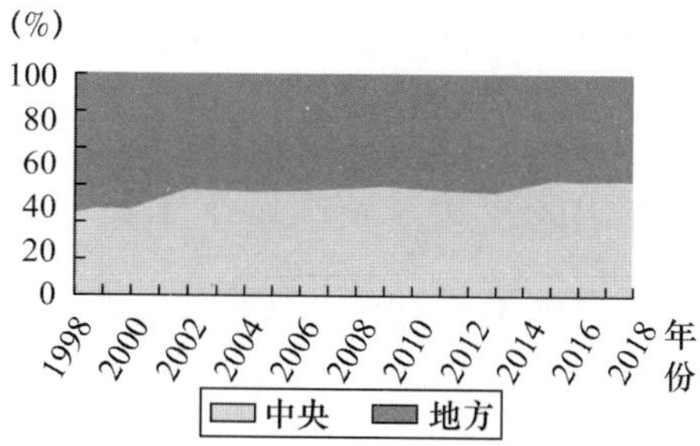

b. 公共秩序和安全央地占比

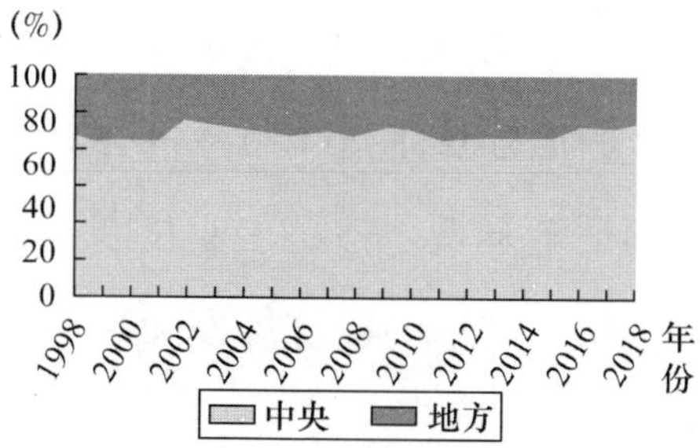

c. 经济事务央地占比

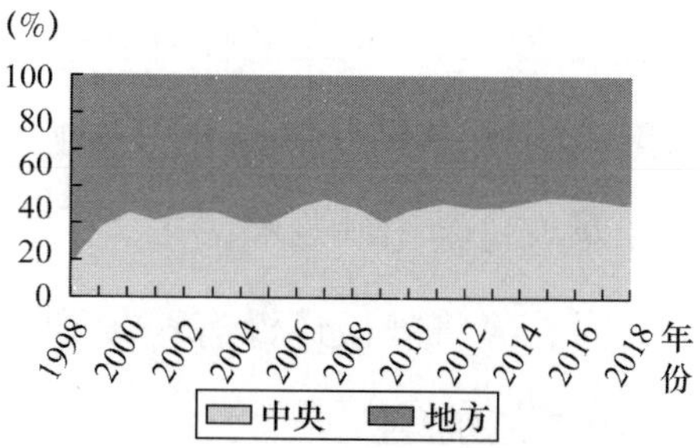

d. 环境保护央地占比

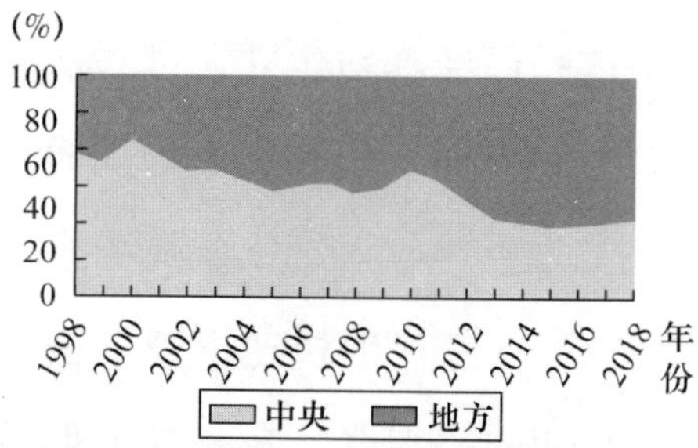

e. 住房和社会福利设施央地占比

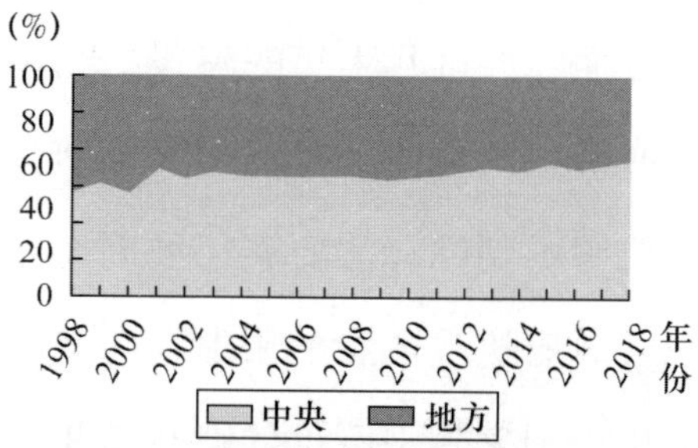

f. 娱乐、文化和宗教央地占比

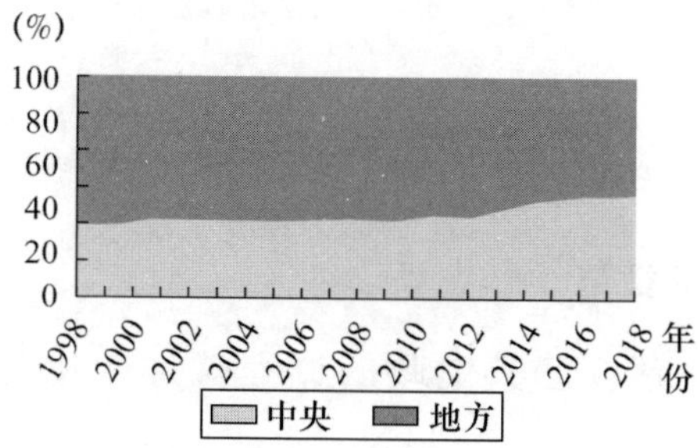

g. 教育央地占比

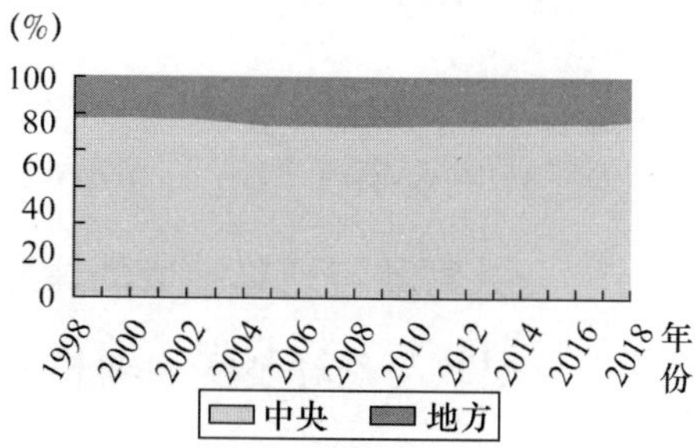

h. 社会保护央地占比

图 11 - 25　英国各项职能财政支出各级政府占比

1870 年完成第一次工业化；英国自 18 世纪中期开始工业革命，19 世纪 30 年代完成第一次工业化。整个工业化进程非常漫长，但是两国财政支出的快速增长都发生于第一次工业化完成的前几十年间。在此之前，英国虽然建立了财政制度，但主要支付于一般公共服务与国防，支出总量稳定于一个较低的水平，而美国更是连公共财政都没有建立。这背后的原因可能主要有以下几点：一是工业化起步阶段，虽然经济快速增长，但是总体规模较小，失业、贫富差距、城市化、环境污染等问题并不严重。二是工业化带来的医疗技术进步与生产方式的转变对人口结构的影响需要漫长的时间逐渐显现。三是工业化刚开始进行时，经济规模还没有积累到一定水平，较小的经济规模无法负担过多的社会福利支出。

第一次工业化结束后，英美两国的财政支出增长减缓。究其原因，一方面，经过几十年的建设，公共支出体系已经基本建立，过去从无到有带来的迅速上升的趋势得到缓和；另一方面，公共支出的规模除了要考虑到社会需要，还要时刻受到经济规模、收入规模、债务规模以及政府执政观念的限制与影响。20 世纪 70 年代前快速上涨的公共支出为国家带来巨大的财政负担，同一时期的“滞胀”危机使人们重新思考政府对经济合理干预的程度应有多大。

（三）重要事件与重大变革

1. 公共财政与预算制度的建立与变革

公共财政与预算制度相辅相成，建立公共财政的过程就是构建现代预算制度的过程，二者密不可分。公共财政与预算制度最先在英国诞生，其过程可分为五个阶段。

（1）原则确立阶段：从诺曼征服到《大宪章》问世（1066～1215年）历经150年，《大宪章》确立了“非赞同毋纳税”的宪政原则。

（2）组织确立阶段：从《大宪章》产生到中世纪末期（1215～1485年）历经270年，议会制度的建立与完善是其中一条主线，议会是公共财政制度形成的组织基础。

（3）主权国家财政确立阶段：都铎王朝时期（1485～1603年）历经近120年建立了民族国家，截断了英国财富流向教皇与国外的渠道，结束了宗教财政与主权国家财政并存的局面。

（4）公共财政确立阶段：从斯图亚特王朝到“光荣革命”以后的渐进改革（17世纪至19世纪中叶）前后250余年，“光荣革命”确立议会最高财政主权，此后不断改革，19世纪中期政府预算制度形成，公共财政确立起来。

（5）确立下院“一元财政权”阶段：从公共财政确立直到20世纪初期，议会上院、下院都享有财政审核权，议会财政权是二元的。通过1909年“人民预算案”斗争之后，下院剥夺了上院的财政权力，二元财政权转变为下院一元财政权。

200余年间，围绕财政控制权问题，议会与国王以及其领导的政府长期斗争的结果，在制度上的表现就是最终形成了预算制度。预算制度不是在某一天突然出现的，而是经过了长期的发育和成长，有一个漫长的形成过程。从发展脉络来看，1688年“光荣革命”后的一些标志性事件，是预算制产生过程中关键性的组成要素。

1690年议会成立了第一个现代意义上的公共账户委员会，以审查政府的开支，此时国家预算的基本部分就形成了。1787年议会通过了一项“汇总基金法案”，取消专款专用制度，将所有基金合并为唯一的联合王国综合基金，此时预算制度已经基本完善。1802 年开始出版年度财政账册，财政公开迈出了关键的一步。1854 年议会通过《国家收入及国库支出法》，所有财富一概存入国库，预算制度进一步完善。1861 年 4 月，议会通过“格莱斯顿议案”，在全院大会之下设立国家审计委员会。1866 年议会通过《国库和审计部法》，设立审计总长。到此，可以说预算制度最终确立了。

2. 增强公共支出管理

1998 年以来，英国预算的重点在于加强公共支出管理，颁布了《财政法案》和《财政稳定法》，基本思路和目的是通过明确规定财政部制定和实施财政政策的原则，及其对政府报告的责任和要求，加强和完善财政管理工作，强化中长期财政计划管理。

（1）建立部门限制支出（DEL）和年度管理支出（AME）机制。

DEL 是对各政府部门稳定的、跨度为三年（中期）的支出限制，它包括了各部门的全部运作成本和所有投资项目的支出。这类支出比较稳定，具有非短期性，可以合理地确定它在三年内的限额，并在三年内受到严格控制。与 DEL 配套的管理机制还有“公共服务协议”（PSA）制度。部门支出限额采用特定的资源预算和资本预算。

AME 主要包括那些具有年度变动特性、需要根据年度经济状况进行调整、不适宜进行硬性限制和管理的各种其他支出，如社会保障、税收扣免、住房补贴、共同农业政策支出等。AME 通常结合初预算和正式预算报告过程，一年度进行两次评价检查和调查。

按多年度管理和年度管理来划分预算支出，打破了经常项目和资本项目的界限，所以在 DEL 和 AME 下往往既包括经常支出，又包括资本支出。

（2）建立资源预算和资本预算。

资源预算是对经常预算的改进和发展。经常预算以现金支出需求为基础，只记录年度现金成本。资源预算以部门的全部资源需求为基础，记录全部资源的使用成本，还包括了非现金成本，如部门的资本耗费（折旧）、资产变化的成本（拥有资产的机会和成本）、对未来支付的补偿（如对退休者的补偿）等。资源预算就是计入公共服务全部成本的预算，是英国实施绩效预算的内容之一。

资本预算与资源预算是分离的。资本预算是对新投资项目的预算，部门仅仅将资本预算经费用于资本目的，保证投资不被用于短期的经常项目。2000 年度，英国中央财政主要部门的部门限额支出正式运用资源预算和资本预算。

（3）建立黄金规则和可持续投资规则。

1997 年 7 月，新当选的英国工党政府提出了一系列财政准则，并首先由当时的财政大臣戈登·布朗在其 1997 年的预算演讲中提出。1998 年 6 月，英国政府宣布，根据其“财政稳定准则”（Code for Fiscal Stability）的指导方针，政府将遵守两项财政准则，即黄金准则和可持续投资准则，旨在“实现高水平和稳定水平的经济增长和就业”。随后，在 1998 年《财政法案》和 1998 年 12 月下议院批准的《财政稳定法》中正式确定这两条准则。这些财政准则构成了政府财政政策框架的核心部分。

①黄金准则。

黄金准则（Golden Rule）旨在通过确保当代纳税人只为他们从中受益的公共支出支付费用，以实现代际公平。如果必须限制公共支出，黄金准则还意在消除可能的投资偏见。黄金准则规定，在整个经济周期中，政府借款只会用于投资而不是为当前支出提供资金。这意味着就平均而言，在经济周期的起伏中，政府只能将借款用于有利于后代的投资。今天纳税人的日常开支应该用今天的税收支付，而不是用杠杆投资。因此，在整个经济周期中，当前预算（即投资净额）必须平衡或带来盈余。在此情况下，削减资本性而非经常性支出可能更具吸引力，因为选民通常需要更长的时间才能感受到削减资本性支出对公共服务质量的影响。

黄金准则框架的核心是，在整个商业周期中，政策制定应该保持公共部门资源的稳定分配。稳定性根据三个比例指标来定义：一是公共部门净资产与国民收入的比率；二是公共支出与国民收入的比率；三是公共部门收入与国民收入的比率。如果国民收入不断增长，而净财富保持为正，则黄金准则意味着平均而言存在着收入超过支出的净盈余。

采用黄金准则的理由源于宏观经济理论。在其他条件相同的情况下，政府借款的增加会提高实际利率，从而挤出（减少）投资，因为投资需要更高的回报率才能有利可图。除非政府使用借来的资金投资于那些与私人投资回报率相近的项目，否则资本积累会下降，这会对经济增长产生负面影响。

然而，黄金准则也存在着局限性，它并不一定保证代际公平的实现。尤其是我们目前尚不清楚，每一代人是否仅仅因为税收收入与当前支出相等，便能够实现为其所受益的公共支出而付费。例如，债务利息支出可能不会完全落在从债务融资支出中受益的几代人身上。2009 年之后，英国政府不再将黄金准则作为财政准则之一予以遵守。

②可持续投资准则。

可持续投资准则（Sustainable investment rule）是与黄金准则相对应的另一条财政准则。该准则规定，公共部门净债务占 GDP 的比重将在经济周期内保持在稳定和审慎的水平。英国财政大臣表示，在其他条件相同的情况下，在当前经济周期中，政府债务净额将维持在 GDP 的 40% 以下。然而，该准则仅仅是一个明确目标，如果现任政府突破该准则规定，议会并不对政府实施制裁，这与其他国家使用的一些平衡预算条款有所不同。

③两个准则的区别和联系。

政府采用两个准则的理由之一，就是公共支出形成的负担应该在代际平摊。政府认为这意味着所有的公共消费都应该由当代人支付。黄金准则通过声明政府不会通过借款来资助经常性支出以确保这一目标的实现。可持续投资准则补充了黄金准则，寻求避免为子孙后代造成过度的债务偿还负担。

两个财政准则的区别在于：黄金准则针对经常性项目，在中期的财政计划中控制经常性支出。具体要求在一个经济周期内，公共债务收入仅用于公共投资支出，不允许用于增加经常性项目支出。然而，可持续投资准则针对资本性项目，要求政府借款占 GDP 的比重在整个经济周期内维持在一个市场可以接受的水平上。与黄金准则相比，可持续投资准则被认为接近最优的，因为它排除了通常需要借贷的投资支出，并且是在允许反周期财政政策的周期内衡量的。但是，财政准则的遵守需要在最优性和可执行性之间权衡。政府有冲动将某些支出重新归类为投资，并重新调整经济周期以允许自己获得最大限度的借款。其结果是，尽管经济经历了长时间的强劲增长，但净债务仍在增长。

3. 20 世纪 80 年代以来的地方财政改革

（1）改革背景。

英国地方政府在财政方面具有显著的自治权利，又在一定程度上受到议会主权体制的限制。英国实行的是有限的地方财政自治，其地方政府的职能范围介于西欧其他单一制国家与美国等联邦制国家之间。体现在财政收入上，地方政府既有一部分完全自主的收入，又有一部分来源于中央，受到中央的制约与控制。英国在 20 世纪 80 年代出现了规模较大的地方政府财政改革浪潮。其原因主要有两个方面：一方面，战后英国的国家干预不断加深，福利制度日渐完善，地方支出快速攀升，与此同时经济发展却停滞不前。当时的主流观点认为庞大的财政支出负担使社会资源从市场部门向非市场部门流动，影响了市场部门的资本积累，阻碍了经济的发展。另一方面，到了 20 世纪 70 年代，西方世界陷入“滞胀”，大量失业再次出现，凯恩斯的宏观经济政策工具不再奏效，自由市场的观念再次回归，人们开始反思国家干预的必要性。下行的经济压力以及对国家干预、社会福利认知的转变使英国政府最终作出进行地方政府财政改革，削减地方政府财政支出的决定。

（2）改革的措施与结果。

英国地方政府财政改革的措施与结果主要如表 11 - 4 所示，可以看出推进财政改革以及控制财政支出的复杂性。一个意图良好的改革措施并不一定可以得到理想的结果，相关利益集团的阻力会使政策实施结果与最初的设计大相径庭。此外，在任何政策的实施中，民众的接受度必须得到充分的重视。

表 11－4　　英国地方财政改革措施情况

时间	1980 年	1984～1989 年	1989～1993 年	1993 年
政策	一揽子拨款与相关支出控制	地方税封顶	地方税改为社区费	社区费改为市政税
主要内容	为了控制支出，在当时中央向地方拨款时采用一揽子拨款的方式，并配套设定支出目标与拨款处罚制度	对于支出较高的地方，在下一财年对其地方税加以限制	由社区费取代住宅地方税、由国家统一商业房产税代替工商地方税	由市政税取代社区费，保留了统一商业房产税
实施目的	控制中央拨款比例	增强中央对地方公共支出的控制	改善不同纳税群体之间税负不均，地方支出与选民责任缺乏联系的现象	在社区费无法继续的情况下，推行新税制度，建立新的地方税制
地方政府反应	地方政府反对，并认为是对地方自行决定支出水平的自由的损害。一些地方通过建立储备金或创造性会计等手段来应对中央拨款的不确定性，一些地方通过提高地方税维持服务	地方政府反对削减和控制的意愿强烈，出现了一系列反对地方税封顶运动，但由于中央政府在法律政治上有明显优势，而地方政府类型多样，很难统一意见和行动，这些运动最终瓦解	由于社区费主要涉及政府与个人的关系，地方政府没有明确的倾向	地方政府接受了新的税收制度
民众反应	多数人认为是中央政府直接导致地方税上涨，没有对地方选举产生不利。相对于税收削减，公众更愿意增税以维持服务	民众的态度复杂，既不想地方税上升，同时也不愿意公共服务下降	民众强烈反对，在一些地方引发示威与反抗。社区费需要纳税人登记缴税，大量纳税人拒绝登记	尽管仍有许多批评，但民众接受了新的税收制度

续表

时间	1980 年	1984～1989 年	1989～1993 年	1993 年
结果与影响	该制度具有不确定性，使地方政府制定计划变得困难，目标设定参考过去支出，产生了与中央相反的效果。支出较高的地方可能会削减支出，但支出较低的地方可能会调高支出。处罚力度年年加码，有的地方拨款不断减少，但支出水平却更高了。整体上，公共支出下降不如预期。与此伴随的还有中央与地方关系的恶化。资本性支出有所下降，经常性支出不降反升，财政负担转移给地方税纳税人	地方政府财政自治地位下降。但从数据上看，地方平均支出不降反升，这有三个原因：其一，20 世纪 80 年代后期，中央控制有所放松。其二，支出高的地方没有兴趣降低支出，支出低的地方试图提高支出。其三，封顶越严格，就需要保证目标合理，无形之中导致目标提高	社区费改革经历多年酝酿，一经实施便引起各界广泛反对，给撒切尔政府带来危机，加深了社会裂痕。实施、修正、放弃人头税的整个过程耗资甚巨，是英国财政史上的一次惨败。但也留下宝贵的经验，地方税制不仅要考虑推行者的目的，也要考虑公众接受性、制度灵活性、税负公平性、地方责任性。税收推行的过程必须充分重视民众接受度	英国新的地方税制建立，并推动了新的地方政府改革，虽有缺点有待完善，但并未出现系统性的大问题

资料来源：整理自黄小东：《当代英国地方财政研究》，人民出版社 2017 年版。

4. 退出欧盟对英国财政规则的影响

欧盟内部有一致的财政规则，当英国脱离欧盟后将不需要继续遵守。这些规则具体如表 11－5 所示。

（1）预算平衡规则（起始于 1993 年）。

预算平衡规则要求预算接近平衡或盈余，即不违反《马斯特里赫

表 11 - 5　　欧盟财政规则情况

规则类型	覆盖范围	外部监督	正式执行程序	明确的免责条款	存在政府投资与优先项目不受规则约束方法
预算平衡规则（1993，2005，2012）*	一般广义政府	是	是	是（2005）	否
债务规则（1993）*	一般广义政府	是	是（2012）	是（2005）	否
支出规则（2012）*	一般广义政府	是	是（2012）	是（2012）	否

注：＊括号内为起始日期。

特条约》中3%的赤字率标准（年度财政赤字/GDP），以及不超过国家特定的中期预算目标（MTO）的结构性赤字率标准。后者一般来说设定为当政府债务高于GDP的60%时，赤字率高于0.5%，或债务不高于GDP的60%，赤字率高于1%。

如果成员国赤字率超过3%，通常就会启动“过度赤字程序（EDP）”。按《稳定与增长公约》与《马斯特里赫特条约》规定，成员国满足以下三种情况不属于过度赤字：一是异常性，即造成财政赤字的原因超出正常范围，如严重自然灾害、战争、出现经济下降2%以上的严重衰退等。二是暂时性，允许财政赤字占GDP的比重在有限的时间内高于3%。三是接近性，即财政赤字比重始终接近3%。

如果成员国赤字率超过0.5%，该国要制定政策自动修正；如果超过3%，将进入自动制裁程序。即当成员国赤字率超过0.5%时，欧盟将要求其上缴相当于GDP 0.2%的无息押金，并制定政策自动修正；如果赤字率超过3%，这笔押金将自动转变为罚款，没有商量的余地。

（2）债务规则（起始于1993年）。

《马斯特里赫特条约》的标准包括一般政府债务占GDP 60%的限

制。如果公共债务总余额占GDP的比例超过60%，必须制定债务削减指标。每年必须削减债务总额的1/20，如果做不到，也要被罚款，没有商量的余地。

无论是赤字率超过3%或是债务率超过60%，欧盟委员会可直接对违规成员国采取惩罚措施，成员国须自愿接受欧盟委员会和欧盟理事会的制裁。成员国要想获得豁免，只有通过“反向投票机制”，获得多数成员国反对处罚时才可以豁免。

虽然规定了赤字率和债务率两项指标，但一般来说，赤字率指标对成员国具有强制约束力，债务率指标只对成员国具有参考意义。如1997年《稳定与增长公约》生效时，比利时公共债务率曾高达122%，2002年时也高于100%，但由于比利时的赤字率连续几年一直低于3%，债务率一直呈明显下降趋势，欧盟既没有向比利时提出警告，也没有启动过度赤字惩罚程序。

（3）支出规则（起始于2012年）。

随着2011年11月的治理改革，基本支出年增长不应超过长期名义GDP增长（不包括失业救济金和扣除可自由支配收入增加额）。这一基准只适用于当一个国家没有处于过度赤字程序（EDP）的情况，该规则仅是评估MTO进展的一部分。当该规定被违反时，任何EDP都不能适用，但对于使用欧元的成员国可以实施一个占GDP 0.2%的押金的制裁。

5. 应对老龄化

2011年7月，英国预算责任办公室（OBR）发布《财政可持续报告》指出，英国政府需要增收减支，以保证财政能够应对老龄化带来的支出压力。具体来说，在增收方面，主要是提高养老金缴费比例；在减支方面，主要是通过延迟退休，降低政府支付的养老金水平。然而，这个改革方案遭到了极强的反抗，引发了大规模的公营部门罢工事件。人口结构老龄化使老年人口与劳动人口的比值持续上升，单位劳动人口负担随之加重，表现在财政上就是财政收入增速无法与财政支出增速相匹配，财政资金压力与日俱增。

总体来看，目前各国解决这一问题的思路就是增收与减支两条路径，问题的关键在于如何设计机制减少政策实施阻力，同时不影响老年人口生活的基本水平。英国政府非常重视人口老龄化问题，实施了一系列的财政政策改革，开源与节流并举。

（1）以税收优惠政策支持个人养老金计划发展。

英国政府认识到仅靠财政支出无法维持养老金的持续稳定运行，必须纳入更多社会力量共同发力。因此，英国政府陆续推出了相关税收优惠政策，刺激个人养老金发展，构建社会养老保障的多支柱体系。例如，在个人养老金计划中，减免缴费阶段以及投资阶段的个人所得税，以鼓励企业、个人通过商业保险保障个人老年生活。

（2）提升老年人参与劳动市场能力。

年龄增长与丧失劳动能力并无必然联系，真正导致老年人退出劳动力市场的原因主要有两个，其一是所掌握的工作技能被时代淘汰，无法参与新型的生产模式；其二是随着年龄增长导致健康状况下降，无法适应工作强度。英国政府长期重视通过增加公共教育支出提高人力资源素质，弥补人口老龄化对社会人力资本积累的影响。相关数据显示，早在2002年，英国的3520万就业人口中，受到高等教育的人口比例已达到17%左右，而在这17%左右的人口中，又有大约38%的人具有科学家或工程师资格。受过更多教育的人口在把握时代发展方向以及更新工作知识储备与技能方面具有更强优势。

英国政府同样重视健康对人力资本积累的影响，并通过加大对社会医疗保健项目的资金支持，提高健康人力资本水平。国民健康水平的提升，一方面可以增加国家劳动力人口，另一方面从根源上缓解养老与医疗支出压力，是长远的缓解老龄化问题的方案之一，但实施周期较长，无法对短期的财政压力有所缓解。

（3）调整增值税税率。

最为迅速地缓解养老金不足的方式就是增税。自2011年1月4日起，英国政府将增值税标准税率从17.5%提高到20%，以增加财政收入，弥补日益严重的财政赤字，从而更好地应对不断增加的社会养老金支出。与此同时，英国增值税制度除20%的标准税率外，还设置了5%的低档税率和零税率档次，向社会老龄事业给予一定程度的税收优惠政策。比如，在领取养老金的家庭中，家庭供热设施和安全设备的安装保养或者维修的费用，适用5%的低税率或者零税率。增税的方式适用于经济发展较为平稳且税率调整空间较大的国家。当经济形势严峻时，财政政策的宏观调控功能会制约税率增加的可行性。此外，增税有可能对经济发展产生负面作用，反而导致税收收入减少。总的来说，通过增加税收收入缓解老龄化问题不具有可持续性。

英国应对人口老龄化问题，除了实施有效的财政政策外，也实施了促进就业、放宽移民限制等其他社会政策。

6. 1950年至今的福利体系改革

第二次世界大战以后，英国财政支出迅速上涨，给国家带来沉重负担。20世纪80年代后，国家干预经济的思想由于在经济危机中失效受到质疑，再加上高额的财政支出难以为继，此阶段的大量改革主要在于提升财政支出效率，控制财政支出规模。

（1）养老金制度改革。

养老金津贴是英国最大的单项社会福利支出，政府先后对其进行了三次改革。第一次是在20世纪80年代，政府对养老金制度进行了三项修改：①国家基本养老金制度不变，但只保证最低生活费；②重新规定领取养老金的最低年龄（男50岁、女45岁），领取的养老金由原为工作期间平均工资的25%降为20%；③强制所有企业推行职业养老金制度。第二次是在20世纪90年代初，政府规定“公民在工作过程中累积附加养老金”，并进行附加养老金私有化，该基金可以投资于金融市场、不动产等。第三次是在1997年，工党政府要求“劳资携手共建职业养老金和个人养老金”，并重新制定了最低收入保证和“国家第二养老金计划”。这种养老金主要是为那些最需要帮助者提供的，以保障他们实际生活的需要。此外，新工党政府还在1999年颁布了《福利改革和养老金法》，对老年妇女的养老权益予以法律保护。

（2）失业保障制度改革。

鼓励企业创造就业机会。英国政府从20世纪80年代中期开始实施新的《企业津贴方案》，规定落后地区的中、小企业根据经济发展需要招收工人，每创造一个就业机会可获得5000英镑的一次性补贴。政府还强调，企业要改“因人设岗”为“因岗招人”，强化对工人的管理，增强企业创造就业机会的后劲。

启动就业培训计划。英国政府于1991年成立了“国家就业培训委员会”，负责制定全国企业培训计划、技能考核标准，实施小型企业培训和市场培训计划。1997年5月新上台的英国工党政府组阁不久，很快提出了一个预计耗资56亿美元、鼓励人们积极谋职和削减失业津贴的“权利和义务”兼容的就业计划；1998年4月1日又实施了一项新的改革方案，即政府拿出40亿英镑，对雇用18～25岁的失业者或失业长达两年之久的失业者的公司和企业，给予补贴和有关的培训费。

严格失业登记制度。英国政府于1993年加强了失业津贴发放管理，严格登记，定期核查，防止就业者冒领失业津贴。解决青年失业者的失业保障是布莱尔政府“新政”的主要任务。具体而言，“新政”的主要内容是，为失业半年以上的年轻人提供四种选择：第一，雇主提供的有补贴工作，每雇用一名年轻失业者的雇主可获得每周60英镑的补贴；第二，环境保护部门提供的为期6个月的工作；第三，自愿性组织提供的工作；第四，接受全日制教育和技术培训。其目的是实现“使能工作者得到工作，使不能工作者得到保障”的目标。“新政”得到多数失业者的支持和参与。

（3）国民医疗保健制度改革。

英国政府采取先易后难的做法，首先在1988年实施国民医疗保健市场化计划，号召医院之间自由竞争，医院内部采用商业模式的经营管理。接着在1998年，布莱尔政府推行新的国民医疗保健计划，主要是减少医疗保健服务覆盖面，鼓励医疗保健服务的市场化。2000年7月，布莱尔政府又公布了国民保健五年计划，旨在建立全面有效的国民保健服务体系。

（4）住房制度改革。

英国在20世纪80年代初开始了住房改革。撒切尔夫人的保守党政府规定，“国家为私人购房者提供优惠贷款和各种帮助”，从而减轻了地方政府在营造住房、低价出租公房及住房津贴方面的压力。进入90年代后，梅杰政府又提出了新的房改方案，规定私房自由出租，国家为私人建房提供优惠贷款，设立房屋修理津贴。1991～1997年英国政府为此提供了近28亿英镑资金，帮助贫困户修缮住房。

（5）教育改革。

改革的重点是在压缩教育经费的同时调整教育经费结构。1985年以来，政府对大学的预算每年递减2%，1990年起实施“学生贷款计划”，把高等院校学生的助学金制度改为贷学金制度。此外，政府每年拨出 1500 万英镑作为特别困难基金，由地方教育机构管理，以保证家境困难的学生能进入高等学校学习。

执笔人：杨光普　孙　萌

三、德国财政支出结构研究

（一）德国经济发展阶段

按照经济发展阶段与经济体制的不同，我们对德国 1949 年第二次世界大战结束后的发展阶段作简单划分（见图 11 －26）。第二次世界大战结束后，德国作为战败国被一分为二。今日所称之德国，其体制前身是在英国、法国、美国占领的西德地区成立的联邦德国（通常称西德）。而另一部分则是在苏联占领的东德地区成立实行社会主义和计划经济体制的民主德国（通常称东德）。

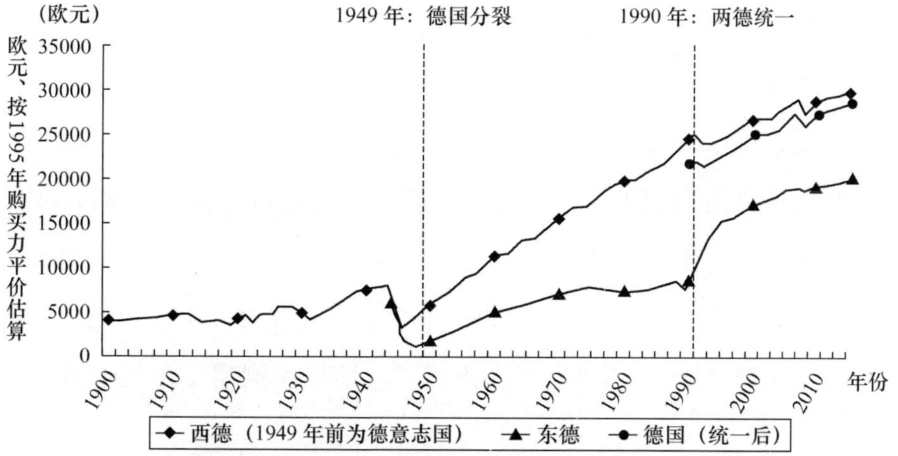

图 11 －26　德意志国、西德、东德与统一后德国的人均 GDP（1990 ~ 2000 年）

资料来源：Blum，U. etc.（2010）. Ostdeutschlands Transformation seit 1990 im Spiegel wirtschaftlicher und sozialer Indikatoren. 2（No. 1/2009）. IWH-Sonderheft. P. 9。

1. 废墟上的重生（1949～1970 年）

第二次世界大战后 20 年，东德、西德都有不俗的经济表现。西德依靠制造业出口创造了“废墟中的经济奇迹”。1951～1960 年，西德的 GDP 平均增速高达 8.26%；而经济奇迹的第二个十年（1961～1970 年），经济平均增速为 4.47%[①]，失业率持续降低。1962～1970 年，西德全国失业人数维持在 15 万人左右[②]。

同一时间，东德的经济表现亦可圈可点。1949 年成立的东德在 1950 年与 1951 年分别实现了 21.8% 和 27.4% 的超高经济增长率。1951～1960 年，东德平均经济增长率为 8.34%；第二个十年间（1961～1970 年）经济增长有所放缓，平均增长率为 4.21%[③]。

2. 石油危机与后危机时代（1970～1989 年）

1973 年，第一次石油危机爆发。西德作为原材料、能源短缺的出口型国家，一方面石油价格上涨导致生产成本上升；另一方面，全球市场需求疲软，西德的出口也陷入困境。1970～1990 年，西德平均 GDP 增长率仅 2.6%，同时失业率攀升。1983 年，失业人数达到 230 万人的高峰，当年失业率达 8.1%。

相反，东德从苏联以低价购入石油，转而高价卖给资本主义国家，得以利用价格扭曲套利[④]。在危机年代，东德的经济发展反而达到第二个繁荣时期，年均增速 5%。但从 20 世纪 80 年代开始，政府需要大量举债才能维持体制的运行。到 80 年代末，公共债务难以为继，东德经济呈风雨飘摇之势。1989 年戒备森严的柏林墙倒塌，东德的计划经

① 联邦统计局，https：//www. destatis. de/DE/Startseite. html。

② 联邦劳动局，https：//statistik. arbeitsagentur. de/。

③ Steiner，A. （2006）. StatistischeÜbersichtenzurSozialpolitik in Deutschland seit 1945. p. 63。

④ Fernández Pradales，D. （2017）. Compendium of Economic and Industrial History of the German Democratic Republic，P. 27。

济体系随之崩溃。

3. 经济转型的“欧洲病夫”(1990～1998年)

1990年，历经长达40年的分裂，两德终于统一为德意志联邦共和国（简称德国）。合并后，东德迅速开放市场，引入西德货币，“休克式”的货币转换、制度重建导致东德经济陷入短时间的混乱，原东德企业在短时间内失去竞争力，大批倒闭或裁员，导致结构性失业急剧增加。尽管经济落后的东德在合并后进行了大量投资与建设，但这些投入并未如预期一般有效改善东德地区的失业。1991年，东德地区失业率是10.2%，2003年突破20%，全德国平均失业率超过10%。[①]

高失业率进一步加重了为老龄化所困的德国福利体系的负担。1990年，德国65岁以上人口占总人口的比例为15%，这相当于平均每四个劳动人口就需要供养一位老年人；2010年，德国老龄人口占比已达20.6%，平均每三位劳动人口供养一位老年人[②]。德国高福利社会保障体系与僵化的劳动力市场制度，在人口老龄化和高失业率的背景下更显出弊端。高福利与苛刻的劳动保护使公共财政和企业负担过重，过高的劳动成本削减了德国企业的全球竞争力，企业利润降低，国家税收减少，企业和财政更难负担社会福利支出。1998年，作为施罗德改革的“前奏”，德国开始逐步实施针对个人和企业的减税改革。

4. 施罗德改革与“欧洲奇迹”(1998年至今)

单方面减税并未有效地改善德国的经济状况，要想削减社会福利、改革劳动力市场，对于当时的执政者来说又有失去选民支持的风险，因此涉及社会福利的改革迟迟没有开启。受福利负担的拖累，全德失业率持续升高，到2003年已经超过10%。此时，时任总理施罗

① 联邦劳动局，https：//statistik. arbeitsagentur. de/。

② 德国2011年人口普查结果。

德才终于出台“Agenda2010”（2010 议程），在其中阐述了涉及劳动力市场、社会保障制度、税收、教育科研制度等多方面的深度改革方案，并于 2004 年逐步实施。然而，福利改革并没有给德国经济带来立竿见影的改变，全德国失业率继续走高，在 2005 年达到统一后的最高峰 11.2%，施罗德政府因失去支持而下台。接任施罗德的默克尔政府选择继续推进施罗德的财政改革，2006 年以后，德国失业率开始从高位稳步下降。到 2017 年，被称为“欧洲奇迹”的德国失业率仅为 5.7%①。

（二）德国财政体制概述

德国实行合作型财政联邦制，这种联邦制的特点是联邦和州之间的共治，强调相互制约、依存和合作的关系。联邦和州的事权划分以职能分立与上下协作为特色，事权（支出权）与财权高度配合。

德国财政收入主要来自税收（包括与税收性质相似的缴费）、资本项目收入和其他经常性收入。其中，税收是公共财政收入的主要来源，以 2016 年为例，税收类收入占公共财政收入的 88.58%②。财权分配以分税制为主体，辅以财政平衡体系。根据分税制，税收按税种分为专享税和共享税：专享税为某级政府专有收入，共享税按比例在各级政府间分配，分税比例一般通过立法设定。其中增值税为特例，其分配比例可协商调节。分税的原则是保证各级政府享有与事权相匹配的支出能力。

在分税制基础上，再通过财政平衡体系来减少地区差异，使各地区人民享受同等公共服务，具体分为三步。

① 联邦劳动局，https：//statistik. arbeitsagentur. de/。

② 联邦统计局，https：//www. destatis. de/。

第一步是增值税预先平衡。在联邦政府的监督下，增值税由税收强州向税收弱州流转。

第二步是富州与穷州之间的横向转移支付。富州和穷州由各州人均财政能力相对比而定，通过对各州的税收能力和资源需求进行测算并加以对比。将税收能力与资源需求的比值作为衡量标准，高于100%的州为富州，低于100%的州为穷州。州与州之间的拨付额和补贴额按阶梯累进制，收入越高则边际拨付比例越高。经过第二步转移支付后，穷州财力指数达到全国平衡指数的95%。①

第三步是联邦补充拨款。经过前两步平衡后，人均财政能力仍然低于全国平均的州，还可以获得联邦拨款。联邦拨款包括一般性联邦补充拨款和特别联邦补充拨款。其中，特别联邦补充拨款的受益对象主要是东部新联邦州，用于补充新联邦州的财力和基建投资。以2017年为例，一般性联邦补充拨款占联邦全部转移支付的0.34%，特别联邦补充拨款占65.63%。② 联邦对下级政府的纵向拨款使联邦对地方有一定的调节和管理能力。在两德合并的背景下，为了使联邦匹配相应的拨款能力，联邦从1991年起开始对西德居民征收团结税，为联邦专有税。

通过以上的三步调节，穷州的财政收入基本达到全国平均水平。

在具体的预算编制和执行上，德国具有法制化程度高、注重绩效管理、预算执行刚性、高度公开与透明等特点。预算程序分为预算编制、议会审议通过、各部门组织预算执行、预算的事后检查和评价四个阶段。

预算编制由各级政府各自负责，但统一要求各州在预算和会计方

---

① 罗湘衡："德国联邦制下府际财政关系研究"，南开大学，2014年。

② https：//www. bundeshaushalt. de/#/2017/ist/ausgaben/gruppe/6. html。

面的立法必须体现《德意志联邦共和国基本法》中规定的预算原则。在此基础之上，联邦、州、市镇政府各自编制预算，分别对本级议会负责。同时，预算编制时，每年财政预算需要与5年中期财政计划协调一致。

预算的编制采用以零基预算和日落立法[①]为主的绩效预算制，资本项目预算期为5年。各部门的预算草案上缴财政部汇总，评估和评价过程中须参考上一年度开展项目的绩效报告。财政部设有专家顾问委员会，负责审查、评估和形成总预算草案，总预算草案再由联邦总理递交联邦议院进行三次讨论。联邦议院下设有财政委员会、预算委员会和审计委员会，议会通过的预算草案，需再提交给联邦参议院审议，若无异议即可通过。预算审核督察主要由联邦审计署和联邦议会预算委员会实施完成，联邦审计署独立于议会和政府，受法律约束。

预算编制、预算审查情况、预算书和决算书均要公开。预算一经确定，即通过财政部电子转账系统划入各部门账户，各部门严格按照预算执行。在预算的执行过程中，议会、财政部门、审计部门、预算执行专员、社会中介机构和公民一起对预算执行进行监督。预算执行部门不定时上交绩效报告，以示项目执行的情况。如项目执行中出现开支偏离预算的情况，财政部有权提出限制和冻结该部门资金。如有预算外支出需求，部门须主动向财政部门申请追加小额资金（500万欧元以内），追加的支出须具备不可预见性和不可避免性才能予以追加，若追加资金超过500万欧元，则须上报议会。

---

① 所谓“日落立法”（Sunset Legislation），就是立法机关对授权立法的时间加以限制。立法机构在授予行政机构立法权时，会给授权设定一个期限，行政机构在此期限内可以行使立法权，但到期之后，如果立法机构没有再次授权，行政机关的立法权就自行消失。

（三）德国财政支出发展历程

1. 财政支出变迁分析

从财政支出的规模来看，1975 年以来，德国的财政支出占当年 GDP 的比例有缓慢降低的趋势，直到 1990 年两德合并，财政支出占比才有大幅提高，占 GDP 的比例从 45% 上升到 52%，此后又逐渐回落，至 2003 年降回合并前水平（45%），此后继续下降。2008 年金融危机爆发后，由于经济调控和经济衰退两个因素的共同作用，财政支出再次出现上升（见图 11 -27）。

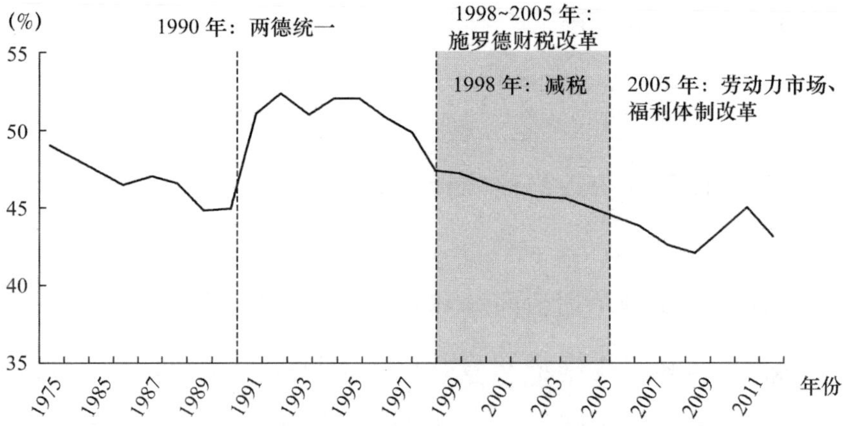

图 11 -27　公共财政支出占 GDP 的比例

资料来源：联邦统计局。

从支出主体来看，德国公共部门包括联邦、州、市镇、社会保险和其他公共法人，其他公共法人包含负担平衡基金、联邦复兴计划特殊基金等。其中，财政支出规模最大的是社会保险部门，其次是联邦、州和地方政府。各部门支出比例基本稳定：联邦占 28%，州一级占 22.1%，市镇一级占 11.9%，社会保险占 34.9%，其他公共部门共占 3.1%。1990 ~2003 年，德国社会保险支出比例持续增加，直到 2005 年进行劳动力市场和福利体制改革后才有所缩减。与社会保险支出膨胀相对应的是联邦和市镇一级支出比例的缩减，2005 年以后，联邦支出的份额有所回升，州一级则有所回落（见图 11－28）。

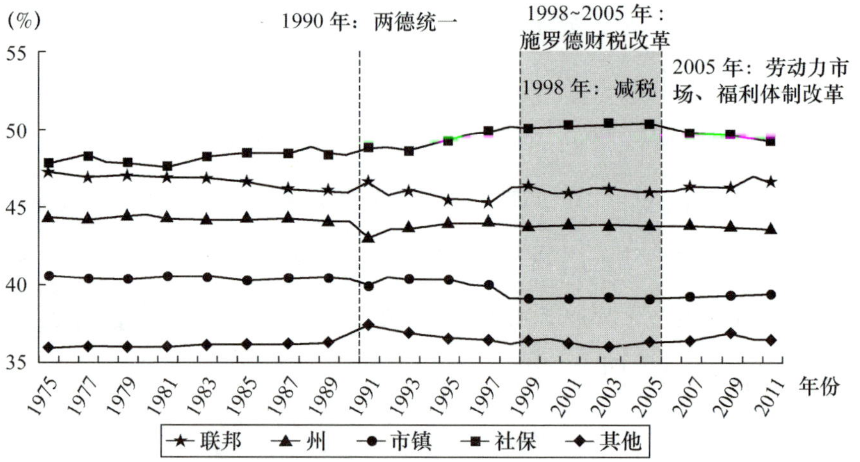

图 11－28　公共部门财政支出占总财政支出的比例（1975～2011 年）

资料来源：联邦统计局。

根据德国联邦统计局的统计口径，财政支出按功能分为 11 类，即国防，公共秩序安全，教育，科研（不含高校科研），文化与宗教，社保（包括战争遗留问题和重建），健康、环保、体育与娱乐，住房、市政建设、土地规划与城乡社区事务，经济发展，交通和通信，以及其他。德国联邦统计局提供了 1950～2011 年所有公共部门的支出额（按功能），但由于 1974 年统计口径有重大的调整，导致该年前后数据可比性有限，本文仅分析 1975～2011 年财政支出结构（见图 11－29）。

支出占比最高的是社会保险类的支出，约占 GDP 的 1/4，在 20%～26% 的区间内波动。要说明的是，社会保险支出与 GDP 比值的增减受当年 GDP 总量的影响，与社会保险支出绝对值增减并不一致。例如，图 11－29 中 2009 年社会保险支出比重骤增，主要是因为金融危机背景下当年 GDP 总量减小。其他支出项目的比重在金融危机期间也有类似的发展。1975～1989 年，社会保险支出在西德的当年 GDP 中

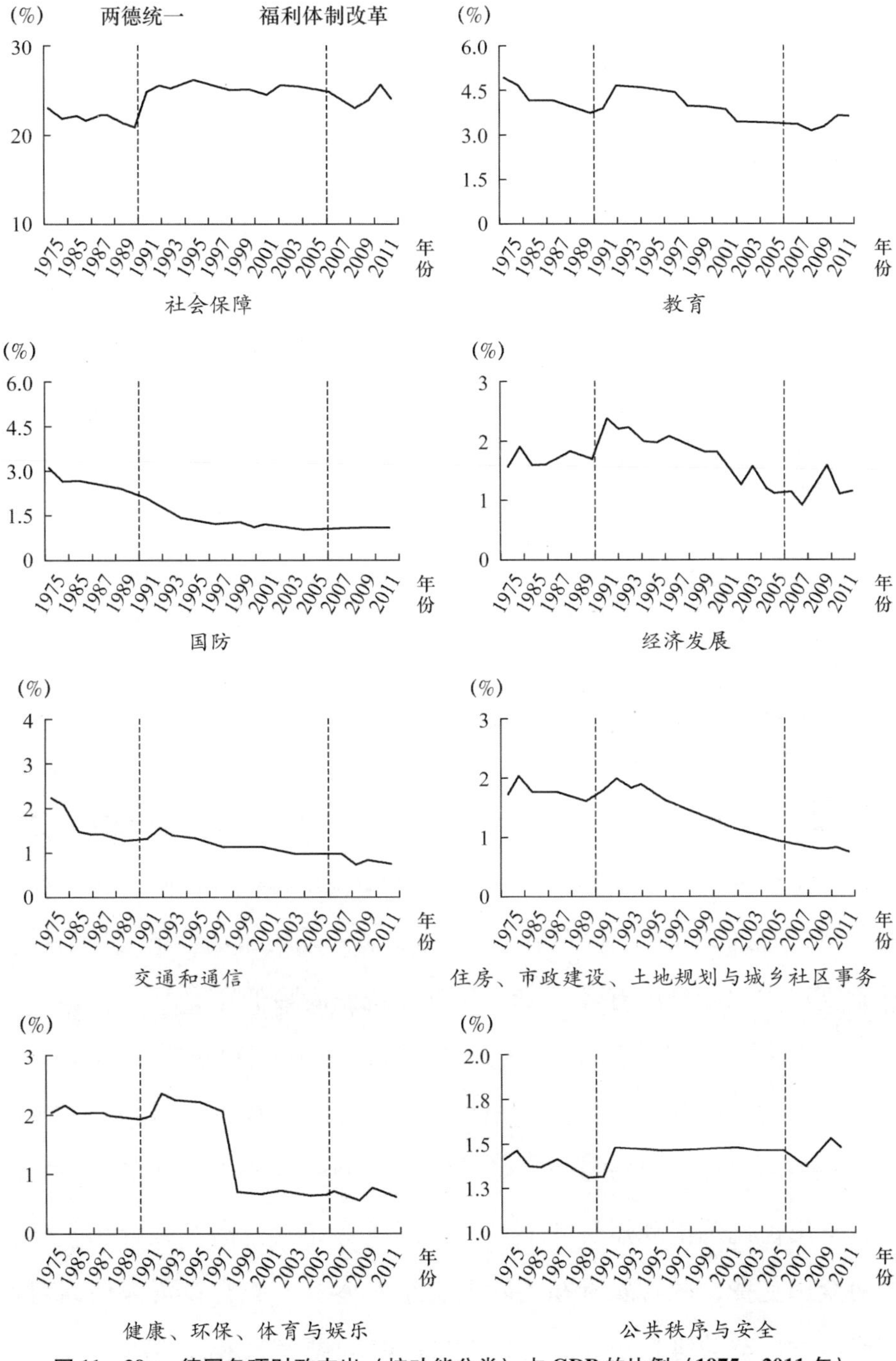

图 11－29a　德国各项财政支出（按功能分类）占 GDP 的比例（1975～2011 年）

资料来源：联邦统计局。

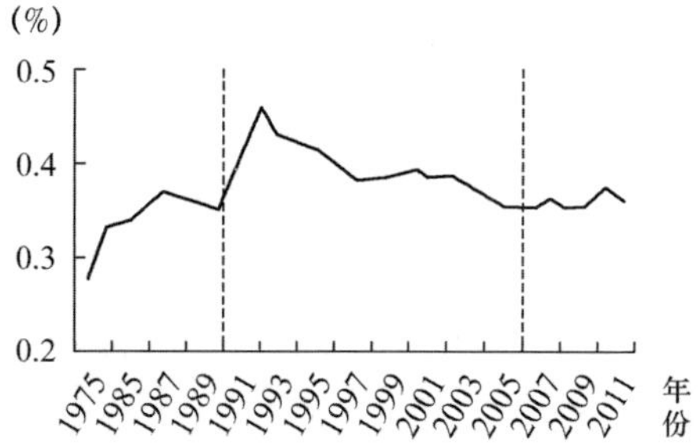

文化与宗教

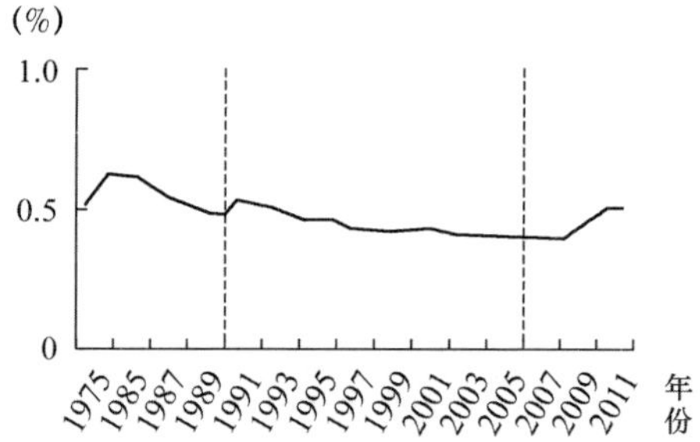

科研（不含高校科研）

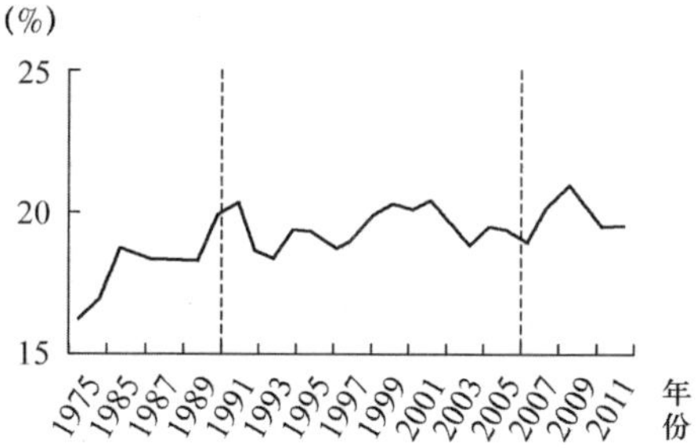

其 他

图 11-29b 德国各项财政支出（按功能分类）占 GDP 的比例（1975～2011 年）

资料来源：联邦统计局。

约占22%。1990 年两德合并后，社会保险支出比例骤升至25%，这是因为两德合并后对社会保险支出需求增大。此后社会保险支出维持在此高位，直到2005 年施罗德对福利体制和劳动力市场改革之后，社会保险支出占比才稳中有降，2007 年降至统一后最低点。

开支占比第二位的是教育支出，特指公共财政对教育机构（大学、中学和其他教育业）的支出。教育支出占 GDP 的比重从 1975 年的5.6%下降到2008 年的3.3%。1990～1999 年经济转轨的10 年间，教育支出占比曾出现短暂的上升。德国教育尤其是高等教育和基础教育对全民免费，教育质量在国际上也享有盛誉，教育投资被认为对德国经济发展有关键作用。但是从更长的时间维度来看，1975～2011 年德国对教育体系的公共投资有降低之势。首先这里要说明的是，公共财政在教育方面的支出只是广义教育支出的一部分，此外还有高校外科研、在非教育机构的采购、对受教育者的资助补贴以及企业职业培训等。其次，国家整体的教育支出还要考虑私人部门，后者约占德国教育支出的1/5。[①] 2008 年，德国决定到2015 年将全国的教育支出占GDP 的比例提高到 10%，此后教育和科研支出都有明显上升。根据2015 年的数据显示，全国广义教育（包括科研）支出占 GDP 的比例已提升至9.1%。[②]

第三大开支类别是国防开支。1975 年，这项开支占当年 GDP 的3%，此后持续降低并稳定在1.4%。德国这一趋势顺应了20 世纪 80年代全球国防支出降低的大趋势。

第四大开支类别是经济发展支出，包括对农林牧业、能源和水资源、商业、服务业和商业企业的支出。经济发展支出在 GDP 中的占比呈下降趋势，但在经济转轨期间有短暂的上升。2007 年，达到最低比例0.9%。

第五和第六项开支是交通、通信方面和住房方面的支出。总的来说，两者都呈缓慢下降趋势，在 GDP 中占比从约 2.0% 降至0.8%，并在1990 年两德统一前后出现短暂上升。这两项支出与经济发展类的支出都属于 OECD 财务支出分类中的经济事务类支出。这三项之和，可以体现德国公共财政在经济事务方面的支出比例。总的来说，除了在德国统一后的前10 年，德国政府对经济的直接干预有下降趋势。

第七项支出是健康、环保、体育与娱乐方面的支出，从1975 年起基本稳定在占 GDP 的2%。统一之后，该项比例有明显上升。1998 年

① 联邦统计局，《教育财务报告 2016（Bildungsfinanzbericht 2016）》，第15 页。

② 联邦统计局。

出现了断崖式下跌，随后稳定在 GDP 的 0.7%。文献显示，1998 年的骤降是由于统计口径调整造成的，1998 年以后对商业性质的医院、大学附属医院和保险的补充保障机构等的支出不计入此类统计。

第八项支出是公共秩序与安全支出，该项占 GDP 的比重较为稳定。1991 年之后，该项支出由统一前的缓慢下降，重新上升到 GDP 的 1.4%，此后基本维持在这一水平。

第九项支出是文化与宗教的支出，其 GDP 的占比有所上升，从 1975 年的 0.28% 上升到 1992 年的 0.46%，随后又平缓降低到 0.36%。

第十项支出是科研（不含高校科研）支出，在 2008 年之前，呈现稳定降低之势，从最高点占 GDP 的 0.64% 降到 2007 年的 0.41%。之后显示出上升的态势，与上文提到 2008 年关于提升教育科研支出的决议有关。

PPP 在德国公共采购中仅占极有限的比例。据统计，从 2002 年到 2016 年 9 月，公共建设领域 PPP 项目执行额约为 90 亿欧元，占全部公共建设领域的 2%。①

最后，对国有企业的转移支付也是德国公共财政重要的一部分，但受数据限制，未找到直接显示公共财政支出中对国有企业转移支付的统计数据。可以确定的是，经过前些年的自由化改革，德国国有企业已经大量被私有化，国有企业在实体经济中的规模极为有限，2016 年德国国有企业数量占所有德国企业数量的 0.52%，贡献的营业额约为 9%。而根据德国国有企业报告，1999 ~ 2006 年，转移支付占德国国有企业总收入的比例分别平均为 2%、3%、8%、12%、11%、

---

① 德国联邦经济事务和能源部。

11%、11%、11%。[①]

2. 东德经济转型与转移支付

东德实行中央计划经济。国家规划委员会（Staatliche Plankommission）是东德最高的经济机构，其任务是进行经济预测，根据中央的经济目标作出长、中、短期的经济计划，并呈予国务院，由后者依照中央经济长期计划实施。因此，其财政收支与特定时期的经济计划联系紧密。

东德公共财政主要由中央政府、地方政府和社会保险机构等构成，其中中央政府和地方政府的收支分别占公共财政收支的约 3/4 和 1/4。[②] 收入来源按其重要性排列为：国有资产收益、税收、费用和捐赠等。

以 1980 年为例，东德公共支出共计约 1607 亿东德马克，占当年国民总收入 1883 亿东德马克的 85%。[③] 其中最能体现计划经济特色的是占比 25% 的用于保障经济发展的补贴类支出，主要包含对工业、农业和消费者价格的补贴；7% 用于科研、交通和对国有经济的投资。而国家一般性职能（不包含社会保险），如国家在教育，科研，健康和社会福利、文化机构，行政，国防和市政公共服务等方面的支出，占总支出的 25%。社会保障占总支出的 18%。此外，其余领域支出占 25%，据统计，这些支出大部分用于外贸补贴，对企业亏损的补贴和对经营困难的企业的其他支持措施也包含在这个类

---

① Dietrich, I., "Öffentliche Unternehmen in Deutschland. Eine Analyse von Mikrodaten der Amtlichen Statistik", in: Strohe, H. G. (Hrsg.), Potsdamer Schriften zu Statistik und Wirtschaft, H. 3, Universitätsverlag Potsdam: Potsdam, 2012, S. 227。

② Vortmann, H. (1981), Staatshaushalt（国家财政），见 DDR und Osteuropa（东德与东欧）。威斯巴登：VS Verlag für Sozialwissenschaften（VS－社会科学出版社），1981：136～142，第 136 页。

③ Steiner, A. (2006). Statistische Übersichten zur Sozialpolitik in Deutschland seit 1945. P63。

别（见图 11 -30）[1]。

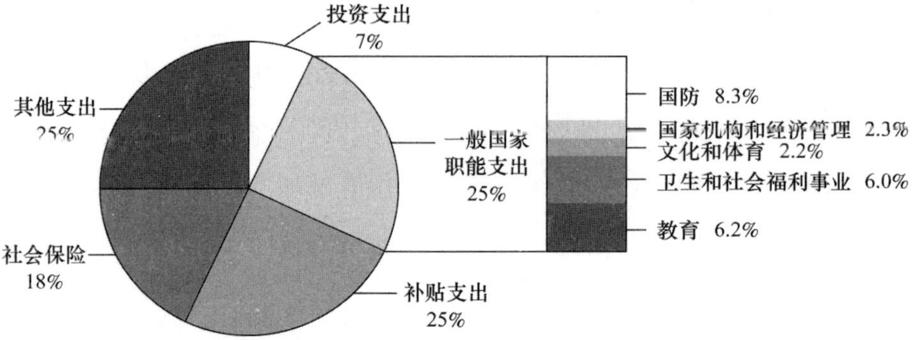

图 11 -30　1980 年东德公共财政支出结构（按功能划分）

资料来源：Vortmann，H. （1981）. Staatshaushalt. In DDR und Osteuropa（pp. 136 -142）；VS Verlag fürSozialwissenschaften，Wiesbaden. P. 139。

德国在东德经济转制中的治理目标，主要是提升东部基础建设水平和保障转型中的民生水平。从全国支出结构可以看出，除国防以外，所有经济事务支出和民生支出都出现了结构性上升。1990 ~1994 年，德国设立了“德国统一基金”和“信托机构”来为并轨进程提供资金。德国统一基金由联邦和老联邦州的注资以及信贷构成，共向东部地区提供了 820 亿欧元资金。而“信托机构”接管了 8000 多家人民企业（即国有企业），监督国有资本私有化，其所获资金用于支持东部经济转型。1994 年初期改造结束以后，德国通过《团结公约Ⅱ》将 5 个新联邦州纳入联邦财政平衡体系。由于西部州经济发展远好于东部州，根据州与州之间的转移支付规定，西部大部分州属于富州，义务向东部穷州提供转移支付。此后 10 年中，西部州平均每年通过增值税平衡向东部转移近 70 亿欧元，通过州与州之间的横向转移支付约 57 亿欧元。[2] 但是，这种转移支付并未有效地促进东德地区内生性的经济增长，

① Vortmann，H. （1981），Staatshaushalt（国家财政），见 DDR und Osteuropa（东德与东欧），威斯巴登：VS Verlag für Sozialwissenschaften（VS -社会科学出版社），1981：136 ~142。

② 根据联邦统计局数据计算。

直至今日，州与州之间的转移支付规模也未见减小（见图 11－31）。

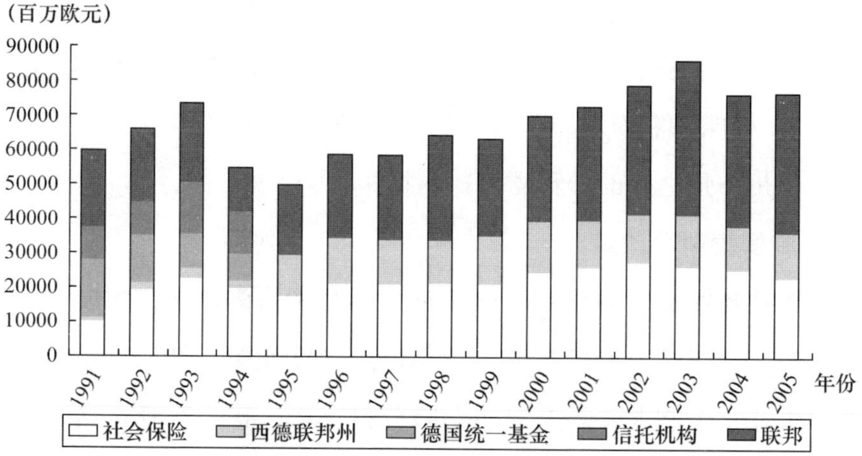

图 11－31　东德地区（含柏林）接受的转移支付规模及其来源（1991～2005 年）

资料来源：Blum，U.，Buscher，H. S.，Gabrisch，H.，Günther，J.，Heimpold，G.，Lang，C.，…& Schneider，L.（2010）；Ostdeutschlands Transformation seit 1990 im Spiegel wirtschaftlicher und sozialer Indikatoren. 2（No. 1/2009）. IWH-Sonderheft. P. 9。

在大量的转移支付下，东德地区 1998 年经常账户赤字达本地区 GDP 的 50%。[①] 全德国财政赤字率超过 3%，德国公共部门的债务率从 1990 年的 40% 增长到 2003 年的 64%，超过《稳定与增长公约》中的财政赤字率 3% 和公共债务率 60% 的门槛。于是，德国财政部受到欧盟委员会的警告，必须削减赤字。但是德国的债务率依旧持续上升，2009 年为 80%。同年，德国政府将“债务刹车”（Debt Brake）写入宪法，规定在不考虑经济周期引起的赤字的情况下，联邦结构性赤字不能超过名义 GDP 的 0.35%。同时，各联邦州从 2010 年起逐年缩小赤字，2020 年后不得再新增债务。至此，德国公共债务率得以控制，开始降低。

东德、西德之间的平衡转移体系一定程度上损害了各州经济发展

① 李秋锦：“1990 年代后德国经济表现与改革”，*Economic Research*，2007（7）：199。

激励机制，抑制了富州政府发展经济创造税收的动力，也减小了穷州政府通过经济发展改善自身财务状况的动力。同时，东德重建投资往往都集中于资本密集产业，产业结构的扭曲阻碍了产业发展和劳动力提升。2017 年，联邦议会和联邦参议会共同决定，2019 年之后取消平衡机制中州与州之间的转移支付这一措施。

3. 施罗德财税改革

施罗德政府提出的财税改革涉及社会经济诸多领域，主要包含税收体制改革、劳动力市场改革与社会保障制度改革。结构改革重点包括调整失业年金制度，降低雇主保险分摊比率，扩大医疗机构合作可选主体，减少阻碍失业人员再就业的影响因素，合并失业津贴与社会救助等。其中，1998 年率先实行的是税制改革，2003 年以后才开始劳动力市场改革与社会保障制度改革。

1998 年起先行的是税收体制改革，大幅降低了个人所得税、企业所得税以及营业税等。对个人所得税的改革包括提高个人所得税起征点，最低税率从 25. 9% 降至 15%，最高税率从 53% 降到 42%。企业所得税税率由 40% 降低到 25%，中小企业的营业税也有一定降低。这次税改可谓德国历史上最大规模的减税。同时，对于提供兼职或雇用临时工的企业，给予一定减税以资鼓励。

劳动力市场改革主要是增加就业灵活性以促进就业，内容包括：放宽解雇保护制度；放宽对兼职、临时工等非全职工作的管制并对低收入工资实行免税；鼓励失业人员创业；降低手工业者的进入门槛；改革联邦劳动局为联邦职业局，以管理失业金和帮助失业人员再就业为主要职能，并对拒绝再就业的失业人员惩罚性地降低其救济金。

社会保障制度的改革主要包括：改革养老金体系，引入私人养老保险；提高医疗保险保费，削减部分报销的医疗项目，并降低雇主和雇员的缴费比例；合并失业救济金和社会救济金，将长期失业金领取年限缩短为一年。其间，失业人员的失业金是最后一份工作工资的57%，此后失业人员仅能领取第二阶段失业金，金额仅为300～400欧元。

另外，德国于2011年决议，将在2012～2029年逐步将退休年龄从65岁提高到67岁。

2006年后，德国就业率开始上升，尤其是55～65岁居民的就业率，养老金支出和失业金支出都明显减小。2005年，养老金支出占联邦总支出的约30%，2016年降至26.4%。2006年失业金占联邦总支出的10.2%，之后随失业率与失业金的降低，2016年时仅占联邦支出的6.41%（见图11－32）。

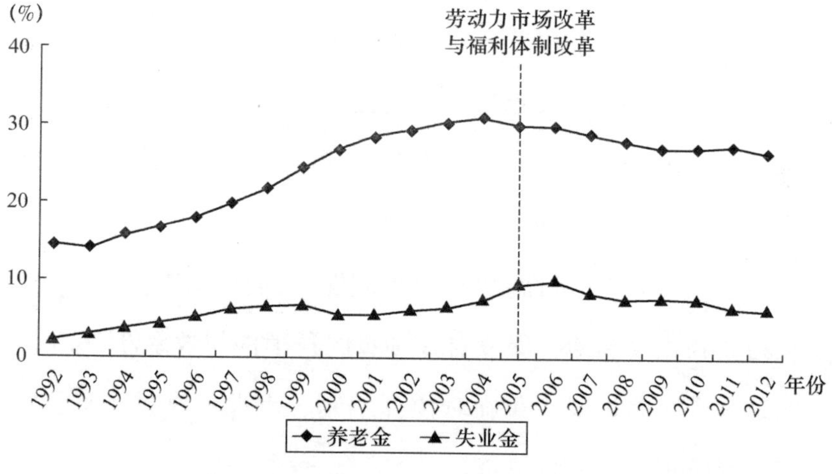

图11－32　德国联邦养老金与失业金支出占联邦总支出比例

资料来源：根据德国联邦财政部数据绘制。

近几年，随着经济形势的改变，改革后的劳动力市场和福利体制再次引起了争论。大量兼职或"迷你工作"（Mini Job）取代了大量正式岗位，对这些非正式工作的保障不足导致罢工频现，新的福利体制创新与改革似乎又在跃跃欲试。实际上，相对价格变化是制度变迁的重要根源，而德国福利变迁一定程度上反映的是德国生产要素——劳动力和资本——相对价格的变迁。德国政府在经济约束变迁中显示出的适应性，在福利制度改革中体现出来的批判、反思精神和务实的改革行动力，或许是“德国奇迹”最根本的原因。

（四）经验与启示

德国财政制度在时代变迁中体现出的适应性，一方面来源于德国实事求是的改革态度，另一方面也依赖于与之匹配的制度设置，如透明的监督机制和前瞻性、预警性的规定等，前者如欧盟委员会等国际组织以及国内选民的监督，后者如《稳定与增长公约》对财政赤字和政府债务命令的限制等。本文总结德国财税改革经验如下。

一是财权分配“量出为入”，保障各级政府有其财、支其出，各司其职，弱化政府间关系的相互“纠缠”。

二是以量化、公式化的测量体系实现区域平衡体系，减小地区相互“竞争”中央补助造成的无效浪费。

三是权力分立以应对腐败与寻租问题。预算编制、审批与监督部门相互独立和相互制衡，保障财政预算的科学性与效率性。

四是提升法治程度，明确对预算编制、审批、执行、监督的一般性规定，保障每一步有法可依。

五是编制中期预算，年度预算需与之协调。增加年度预算的科学性、前瞻性以及和经济的整体协调性。细化预算编制，明确开支的单位、项目和用途，方便监督预算执行，严格控制预算偏离。预算审批部门配有专业委员会，提高预算审批部门专业性。

六是完善绩效评估，兼具事前、事中、事后评估，提高预算编制的科学性和可执行性。增加透明度与公开性，让社会多方共同参与，切实保证监督权力有所制衡。

七是从财税改革的时间顺序来说，德国经验是减税措施先行，再进行财政减支。

执笔人：胡　坤　钟佳睿

四、日本财政支出结构研究

（一）日本经济发展阶段

1. 界定指标一

界定指标一包括经济增速（GDP 增长率）、人均收入水平（人均 GDP）、经济结构、城市化率数据（见图 11－33、图 11－34、图 11－35、图 11－36）。

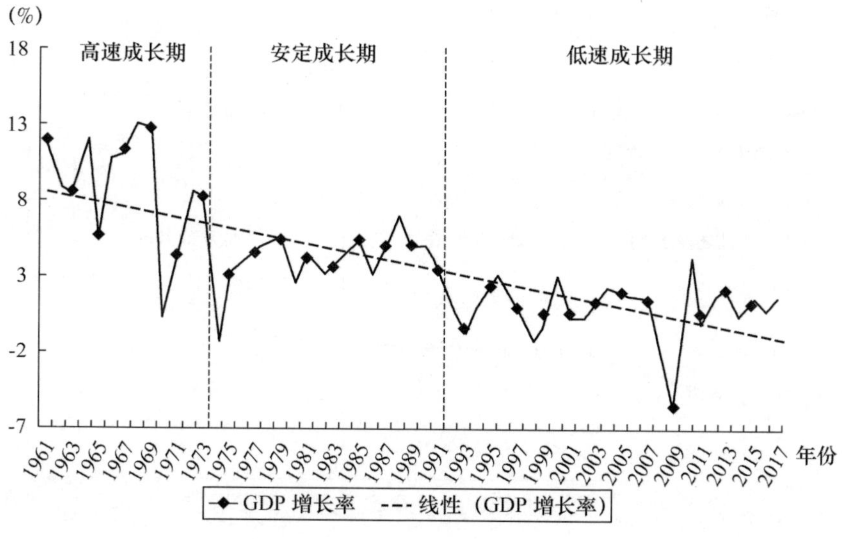

图 11－33　日本 GDP 增长率

资料来源：世界银行数据库，http：//databank. worldbank. org/data/home。

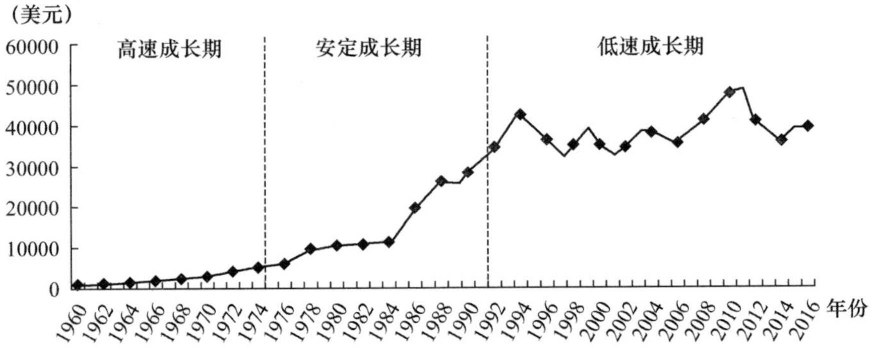

图 11－34　日本人均 GDP

资料来源：世界银行数据库，http：//databank. worldbank. org/data/home。

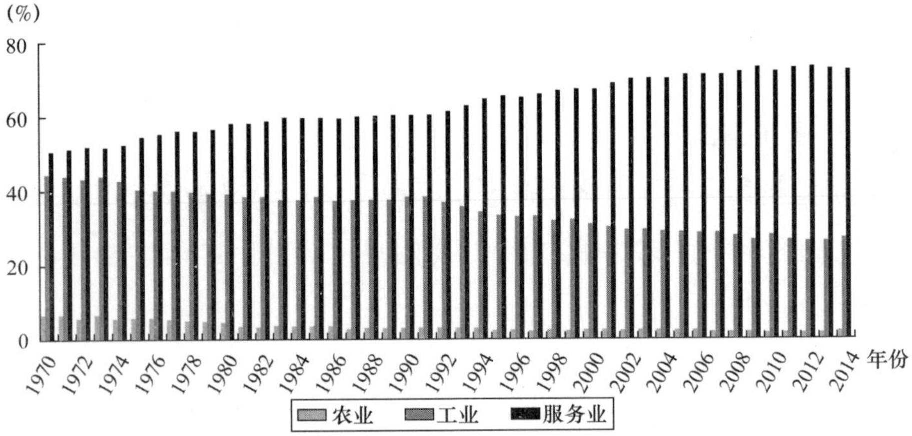

图 11－35　三次产业在日本国民经济中的比重

资料来源：日本内阁府数据库。

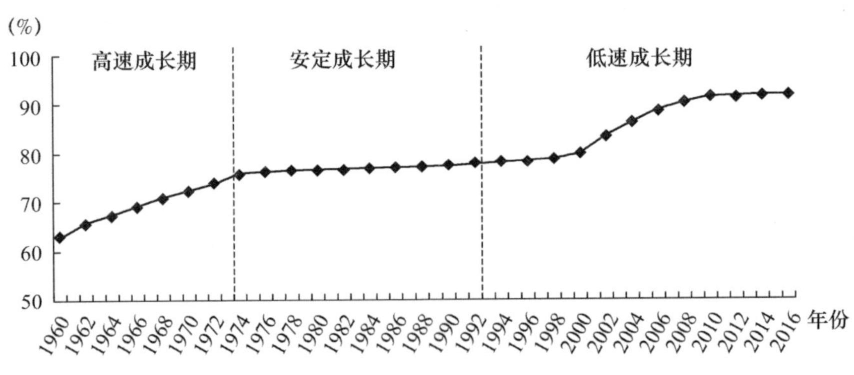

图 11－36　日本城市化率数据

资料来源：世界银行数据库，https：//data. worldbank. org/indicator/SP. URB. TOTL. IN. ZS。

2. 界定指标二

界定指标二即人口老龄化指标。老龄化社会指65岁及以上人口占总人口比重高于7%，老龄社会指65岁及以上人口占总人口比重高于14%。

日本的人口老龄化阶段：1970年老龄化率为7.1%，进入老龄化社会；1995年老龄化率为14.6%，进入老龄社会。20世纪80年代，日本老龄化率尚低于大部分发达国家；20世纪90年代后，其老龄化加速，仅用25年左右即从老龄化社会转型为老龄社会。2015年，日本老龄化率高达23%（见图11－37）。

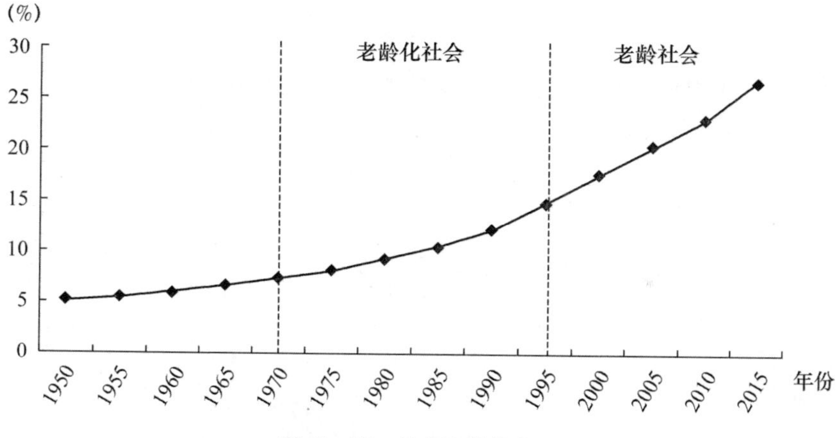

图11－37　日本老龄化率

资料来源：日本内阁府数据库：各年高龄社会白皮书，http：//www8.cao.go.jp/kourei/whitepaper/index-w.html。

3. 日本的经济发展阶段

划分方法一：高速成长期（1955～1973年）、安定成长期（1974～1991年）、泡沫经济破灭后的低速成长期（1991年至今）。

划分方法二：高速发展时期（1960～1970年）、1971～1974年转型期、中高速增长时期（1974～1990年）、1991～1994年转型期、泡沫经济破灭后时期（1994年至今）。

（二）日本财政收支的发展历程

1. 财政支出总量转型

从经济转型期角度观察日本财政支出规模的转型。1960～1970年，日本经济处于高速成长期，此时日本财政支出较少。但1972年为克服“尼克松冲击”导致的日元升值，日本政府大幅增加公共事业支出①，并完善了老年人医疗费用免费等社会福祉制度。田中角荣执政期间的1973年被称为日本的“福祉元年”，该政府以完善社会保障制度和克服石油危机为目标，这一时期财政支出大幅增加。此后，1995年日本步入老龄社会，社会保障支出大幅增加导致财政支出也增加。2008年发生金融危机，日本为刺激经济，财政支出有小幅度提升。2010年后，财政支出规模基本呈平稳状态（见图11－38、图11－39）。除此之外，赤字率以及负债率也是衡量财政支出规模、财政健全化的常用指标。

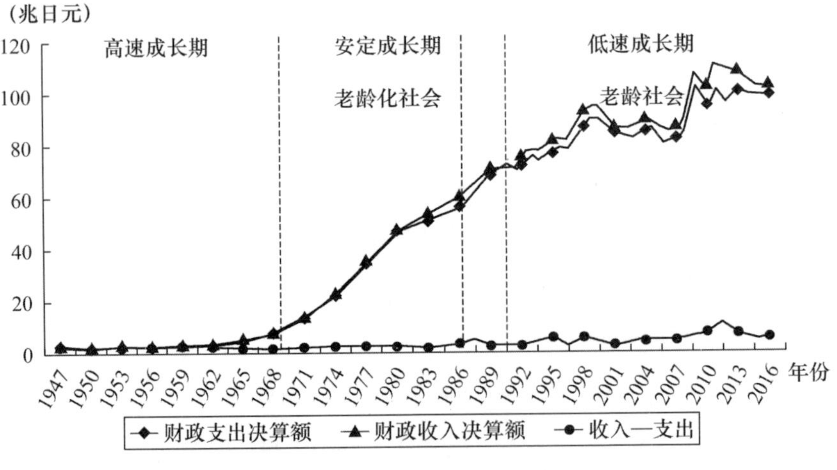

图11－38　日本财政收支总额

资料来源：日本财务省数据库，https：//www. mof. go. jp/budget/reference/statistics/04. xls。

① 由于“尼克松冲击”导致的日元升值，使日本经济陷入了景气衰退之中。为缓和日元升值对出口和经济的不利影响，日本政府采取了增加公共财政支出、扩大财政规模的应对措施。

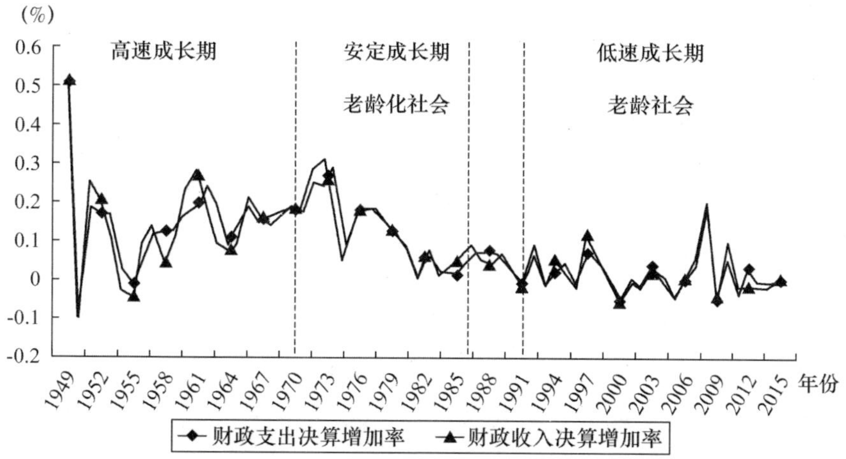

图 11－39　日本财政收支增长率

资料来源：日本财务省数据库，https：//www. mof. go. jp/budget/reference/statistics/04. xls。

2. 财政支出结构转型

观察长期数据可见，日本经济结构带来的财政支出结构变化主要体现在社会保障相关费用和国债费用所占比例总体呈不断增长趋势，以及公共事业、科教、国防等支出所占比例呈下降趋势（见图 11－40）。

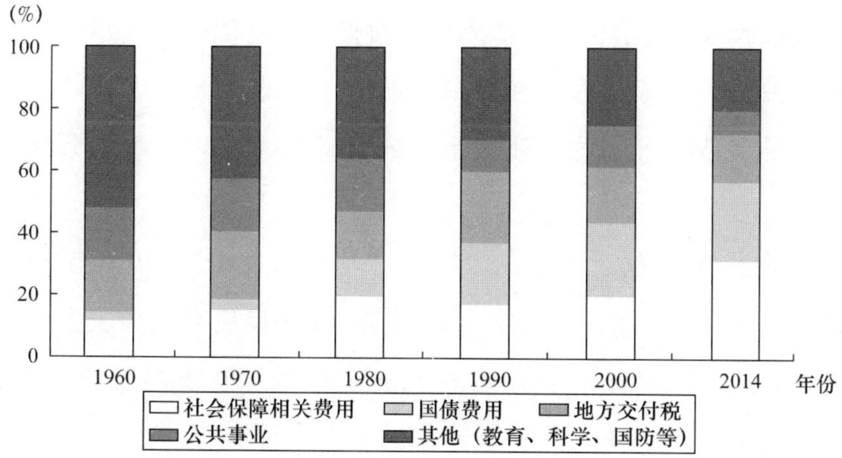

图 11－40　日本财政支出结构比率

资料来源：日本财务省数据库。

社会保障支出中，养老金占比最大，这与日本的老龄化程度密切相关。1970 年日本老龄化率为 7.1%，进入老龄化社会。1995 年老龄化率为 14.6%，进入老龄社会。特别是近 15 年来，与 1990 年财政支出总额相比，2015 年财政支出总额增加了约 30 兆日元。而其中，社会保障相关费用增加了 20 兆日元，占比 2/3。国债费用是国家用于偿还国债、支付利息、事务经费等的总成本。1990 年后，日本国债发行的增加是导致这段时期国债费用不断增加的重要原因。

公共事业支出总体金额及比例在 2000 年后呈下降趋势。在高度成长期，日本建设了大量的桥梁、隧道、河川管理设施、下水道管渠等，这意味着要面临巨额的维护费用。此后，日本继续削减公共事业支出，目前大体上已经与主要发达国家的水平相当。

1951 年日本与美国在旧金山签订军事同盟条约《日美安全保障条约》后，国防支出的比例下降。此外，科教方面支出的减少与日本少子化密切相关。

3. 财政收入结构转型：税收与公债占比动态调整

税收收入包括消费税、法人税、所得税、其他税收（烟酒税、继承税、关税等），政府债券包括特例国债、建设国债（见图 11－41）。日本最早于 1965 年，为弥补由于经济萧条造成的税收短缺而开始发行国债。

20 世纪 70 年代后半期：1971 年“尼克松冲击”、1973 年石油危机所导致的经济萧条，使日本在 20 世纪 70 年代后半期税收大幅度下跌。与此同时，随着赤字国债的大量发行，公债依存度急剧上升，1979 年达到了 39.6%。

泡沫经济时期（1980～1991 年）：经济高速发展时期，日本的税收不断增加。此外，由于对国债依赖的增加会使财政丧失自由度，大

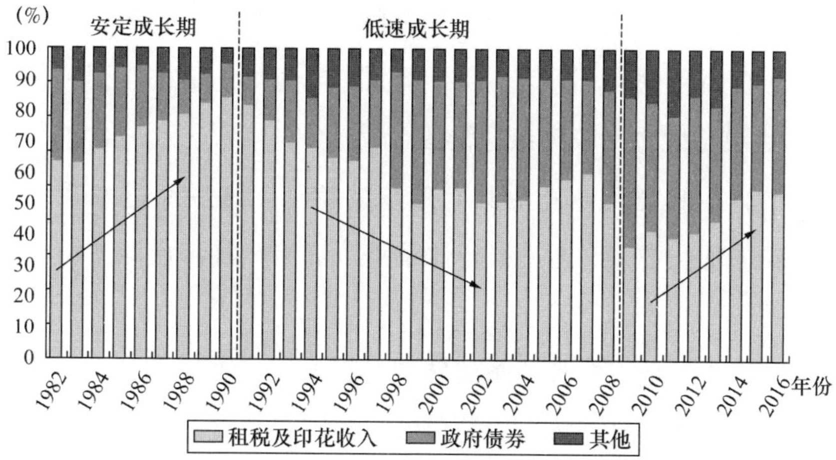

图 11－41　日本财政收入来源

资料来源：日本财务省数据库，https：//www. mof. go. jp/budget/reference/statistics/data. html。

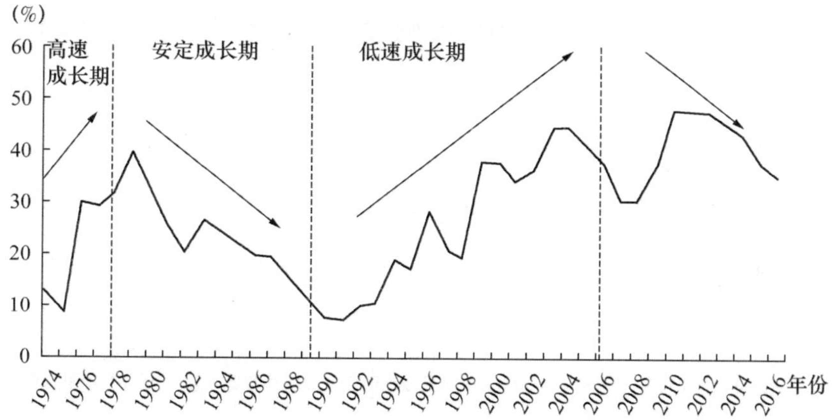

图 11－42　日本公债依存度

资料来源：日本总务省数据库，http：//www. stat. go. jp/data/nenkan/66nenkan/index. html。

额的利息甚至会导致财政破产，大藏省以“摆脱赤字国债的体质”为最大政策目标，进行了改革，终于在 1990 年摆脱了赤字国债。

泡沫经济破灭后的低速成长期（1991～2008 年）：在这一时期，日本财政支出不断增加，但由于经济发展速度放缓，税收大幅下跌，产生的差额不得不依存国债进行弥补。泡沫破灭后经济萧条，政府为刺激经济减少税收，增加了国债发行。

2008年以后：消费税改革，加之民间需要增加，使税收增加。与此同时，公债减少。

4. 中央与地方财政关系的转型

战前日本的财税体系更具有集权的特征。其后经过一系列的改革，日本的现代中央与地方财税体系得以确立，其特征即“集权下的分权体系”。

日本中央与地方财政关系的转型过程如下：①战前日本中央和地方的税源分配特征是，将重要的税源归为国税，给地方分配“国税附加税”。但由于国税附加税具有上限，伴随着地方财政支出的不断增加，地方财政收入依赖于户数率（原住民税），这就会产生日本地区间的租税负担差距加大的问题。②财政调整制度最早于《市町村义务教育费国库负担法》颁布时设立。③1940年引入“地方让与税制度”。④1954年日本政府（民主党）引入“地方交付税制度”。地方交付税制度的基本目的是，在不损害地方团体的自主性的前提下谋求其财源的均衡化，并保障地方政府计划的进行，加强地方政府的独立性。⑤减轻对交付税的依赖，“三位一体”改革。

近年来，日本中央与地方财政关系已比较稳定。在全国财政总收入中，中央与地方“六四开”，而在全国财政总支出中，中央与地方

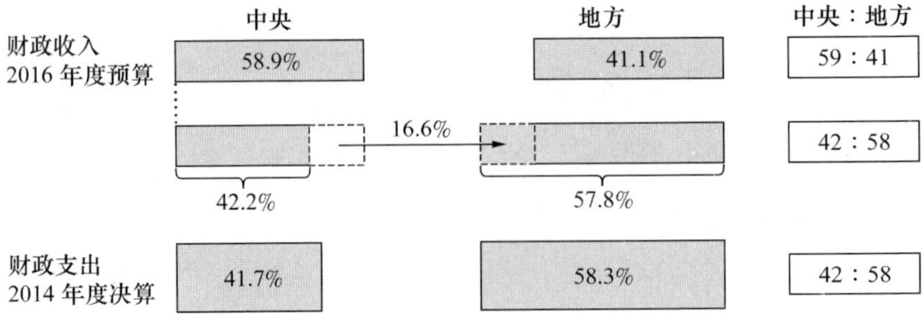

图11－43　日本中央与地方财政制度介绍

资料来源：总务省、地方财政统计报告（2016年3月）。

的比例关系正好倒过来，是“四六开”。地方交付税等的财政转移后，日本中央和地方财政支出比大概是4∶6。地方财政财源包括地方税、地方交付税和地方让与税、地方特例交付金、国库支出金、地方债、其他等。

地方交付税[①]是国家为消除各地方自治体间的财政实力差距而向地方转移的资金。地方是否有产业会导致各地方自治体间的经济实力差距较大，因此，根据地方财政状况，由国家向地方进行财政援助的制度就称为地方交付税制度。地方交付税又分为普通交付税、特别交付税两大类。近年来，地方交付税由法定比率部分，即国税中所得税、法人税的33.1%（从2015年开始），酒税的50%（从2015年开始），消费税的19.5%（从2017年开始），地方法人税的全额（从2014年开始）和法定加算部分构成（见表11-6）。

表11-6　　日本地方交付税税率变化

年度	地方交付税（%）		
	国税	消费税	香烟税
1999	所得税32.0 法人税32.5 酒税32.0	29.5	25.0
2000~2006	所得税32.0 法人税35.8 酒税32.0	29.5	25.0
2007~2013	所得税32.0 法人税34.0 酒税32.0	29.5	25.0
2014	所得税32.0 法人税34.0 酒税32.0	22.3	25.0

① http：//www.soumu.go.jp/main_sosiki/c-zaisei/kouhu.html。

续表

年　度	地方交付税（%）		
	国税	消费税	香烟税
2015～2016	所得税 33.1 法人税 33.1 酒税 50.0	22.3	
2017	所得税 33.1 法人税 33.1 酒税 50.0	19.5	

资料来源：日本财务省数据库。

地方让与税[①]主要包括地方挥发油让与税、地方道路让与税、石油气让与税、汽车重量让与税、飞机燃料让与税、特别吨位让与税以及地方法人特别让与税等。

地方特例交付金是为了弥补地方税减收的一部分，作为具有地方税的替代性质的财源。

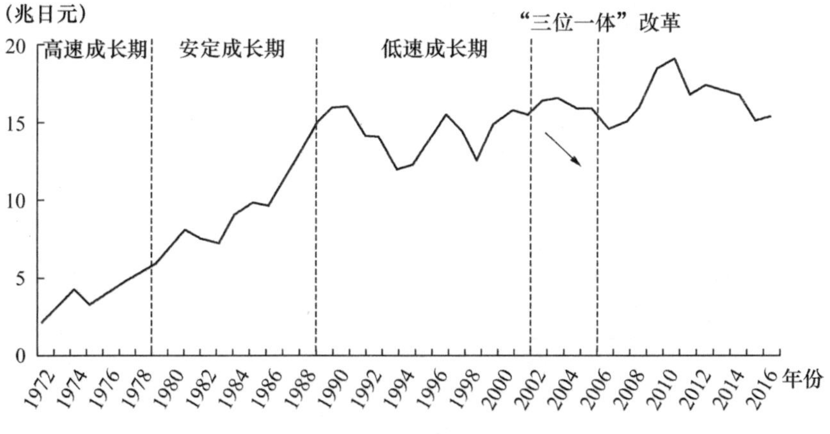

图 11－44　日本地方交付税规模

资料来源：日本财务省数据库，https：//www. mof. go. jp/budget/reference/statistics/data. htm。

① http：//www. soumu. go. jp/main_ content/000493608. pdf。

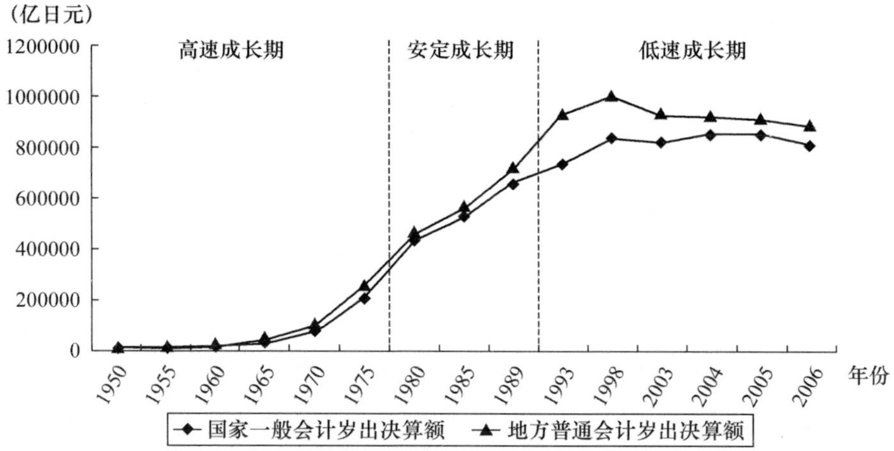

图 11－45　日本中央与地方财政支出规模

资料来源：日本财务省数据库。

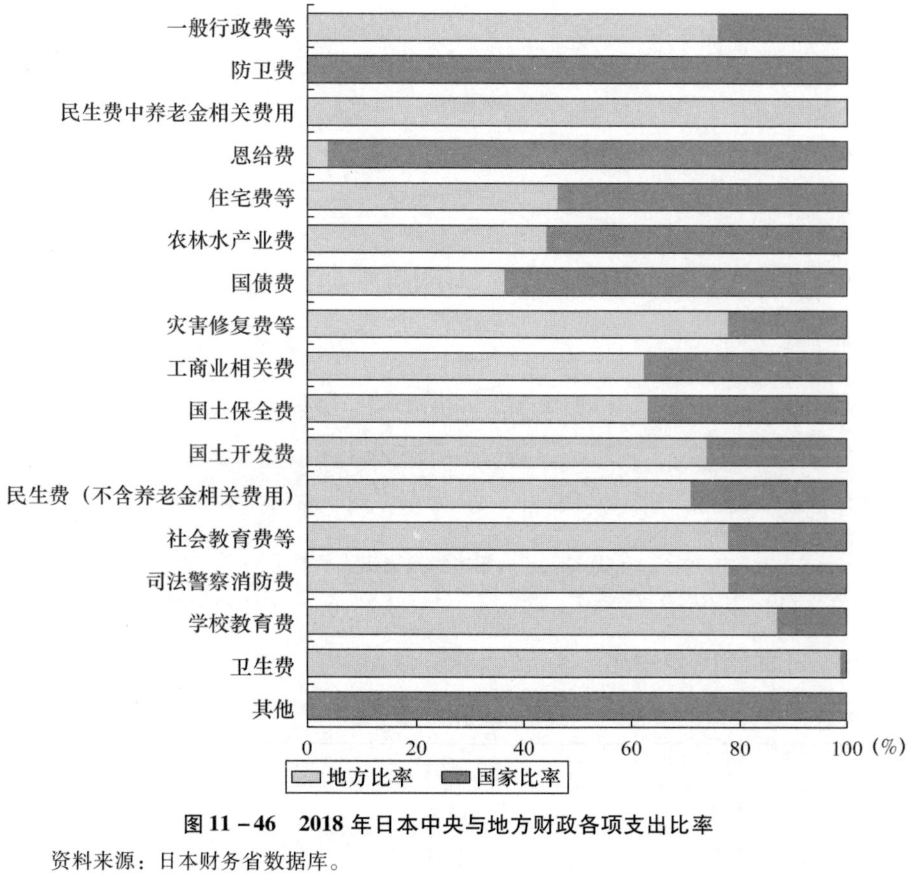

图 11－46　2018 年日本中央与地方财政各项支出比率

资料来源：日本财务省数据库。

日本中央与地方的财政支出各有侧重，防卫费、养老金相关支出、恩给费、农林水产业费、国债费、住宅费等主要由中央支付，但学校教育费、民生费、卫生费、国土保全费、国土开发费等与居民生活直接相关的经费，最终通过地方公共团体支出的比例很高。

日本财务省负责中央财政，地方财政由地方公共团体基于地方的地理条件及经济状况进行自主管理。在地方收入方面，税收及交付金（即按都道府县的税收的一定比率交付给市町村）由地方自治法及地方税法进行详细规定。地方支出也主要由地方自治法进行规定。

5. 日本政府官员人员费支出

从图 11 –47 可见，官员人员费并不是日本政府支出的重要项目，而且变动幅度并不大。

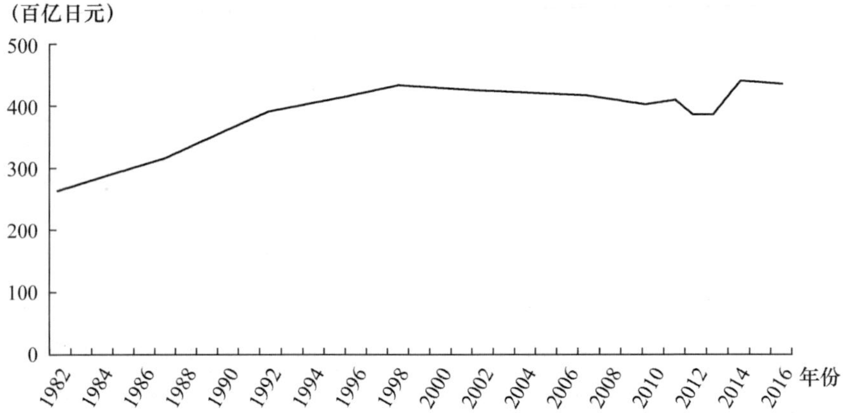

图 11 –47　日本财政支出人员费

资料来源：日本财务省数据库，https：//www. mof. go. jp/budget/reference/statistics/32. xls。

6. 日本的民生支出

表 11 –7　2018 年日本民生支出

项　目	金额（亿日元）	比重（%）
社会福祉费	71536	27. 2
老人福祉费	62193	23. 6

续表

项　目	金额（亿日元）	比重（%）
儿童福祉费	81526	30.9
低保费*	39939	15.2
灾难救助费	8214	3.1
合计	263408	100.0

注：*低保费，即对于因失业或生病等生活困难的家庭，基于宪法第25条为了保障其健康生活而支付的费用。

资料来源：日本财务省数据库，http：//www.soumu.go.jp/menu_ seisaku/hakusyo/chihou/30data/2018data/30czb01 -04.html。

（1）日本厚生养老金与《老年人雇用安定法》改革。

20世纪90年代后，伴随着日本急速的人口老龄化，日本政府的社会保险费用支出激增。据日本财务省统计，1990年度日本一般财政支出为69.3兆日元，2014年度支出额增长至95.9兆日元，增长了26.6兆日元。具体观察财政支出的各项目，1990年度政府支出11.5兆日元的社会保险相关费用，2014年度增长至30.5兆日元，增长了19兆日元。可见20世纪90年代后日本政府财政支出额的增长主要由社会保险费用支出的激增所致。日本政府主要财政收入来源税收增幅较小，财政支出额的增幅远超GDP的增幅，入不敷出状况日益严重。2000年以来，日本的国债依存度接近50%，政府面临严重的财政难问题，解决此问题刻不容缓。在此背景下，日本开展了厚生养老金改革。

日本养老保险金主要分为国民养老金、厚生养老金、共济养老金及企业养老金。国民养老金自设立初期规定领取养老金的年龄为65岁，并且因为属于全民需加入的基础性养老金，日本政府未曾延迟国民养老金的支付年龄。但日本政府对与收入相关的厚生养老金的支付年龄进行了数次改革。厚生养老金制度设立于1942年（昭和17年），制度设立初期《劳动保险法》规定男性开始领取养老金的时间为55

岁，此后伴随日本平均寿命的延长，政府财政压力的加大，日本政府数次修正了领取养老金的时间。修正主要分为以下两个阶段。

第一阶段修正为1954年（昭和29年）。修改案规定，男性开始领取养老金的年龄由55岁推迟至60岁，从1957年开始每4年推迟1岁，推迟至65岁。

第二阶段修正为1985年（昭和60年），将男性开始领取养老金的年龄由60岁推迟至65岁。为了阶段性稳健地推迟发放厚生养老金，日本政府建立"特别支付老龄养老金"制度。"特别支付老龄养老金"即过渡性发放给60~64岁老年人的养老金，具体分为"定额部分养老金"及"报酬比例部分养老金"。

"定额部分养老金"即根据缴纳厚生养老金保险费的时间所支付的养老金，"报酬比例部分养老金"即根据月收入及缴纳保险费时间所支付的养老金。其后，1994年（平成6年）法案明确了"特别支付老龄厚生养老金"中延迟领取"定额部分养老金"的具体实施时间，男性从2001年开始将领取"定额部分厚生养老金"的年龄提高至61岁，此后每3年提高一次，至2013年时提高至65岁。此部分女性养老金的改革比男性晚5年实施。2000年（平成12年）法案明确了"特别支付老龄厚生养老金"中延迟领取"报酬比例部分养老金"的具体实施时间，男性从2013年开始领取"报酬比例部分养老金"的年龄提高至61岁，此后每3年提高一次，至2025年时提高至65岁。此部分女性养老金的改革同样比男性晚5年实施。政府将逐步推迟厚生养老金的支付时间。表11-8汇总了推迟支付厚生养老金的时间及男性适用人群。

近年，日本生育率持续下降，老龄化率迅速上升，少子高龄化加剧了劳动年龄人口的减少并导致社会生产力下降，阻碍经济发展。在

表 11 -8　　厚生养老金改革阶段

改革时间	适用人群（出生年月）	定额部分	报酬比例部分
2001 ~ 2003 年度	1941. 4. 2 ~ 1943. 4. 1	61 岁	60 岁
2004 ~ 2006 年度	1943. 4. 2 ~ 1945. 4. 1	62 岁	60 岁
2007 ~ 2009 年度	1945. 4. 2 ~ 1947. 4. 1	63 岁	60 岁
2010 ~ 2012 年度	1947. 4. 2 ~ 1949. 4. 1	64 岁	60 岁
2013 年度	1949. 4. 2 ~ 1953. 4. 1	65 岁	60 岁
2013 ~ 2015 年度	1953. 4. 2 ~ 1955. 4. 1	65 岁	61 岁
2016 ~ 2018 年度	1955. 4. 2 ~ 1957. 4. 1	65 岁	62 岁
2019 ~ 2021 年度	1957. 4. 2 ~ 1959. 4. 1	65 岁	63 岁
2022 ~ 2024 年度	1959. 4. 2 ~ 1961. 4. 1	65 岁	64 岁
2025 年度	1961. 4. 2 以后出生	65 岁	65 岁

此背景下，日本政府通过立法开发老年人力资源，其中最为核心的法律即《老年人雇用安定法》。日本政府于 1971 年制定《中老年人就业促进法》，此后对该法进行了数次修改。修改主要分为以下两个阶段。

第一个阶段，政府修改该法案，逐步提高日本老年人退休年龄，由 55 岁提高至 60 岁。1986 年，将《中老年人就业促进法》更名为《老年人雇用安定法》，并规定企业有义务尽量雇用劳动者至 60 岁。1994 年改革进一步明确规定，禁止企业让劳动者 60 岁前退休的行为，此后老年人作为正式员工退休的最低年龄变更为 60 岁。

2000 年后，伴随日本老龄化再次加深，日本政府开展了第二个阶段的法案修改，逐步促进企业提高日本老年人退休年龄至 65 岁。此阶段的改革与第一个阶段相比更为缓和。2000 年修改规定企业不仅可以采取继续雇用的形式雇用老年人，也可以实施 65 岁退休制度。2004 年政府再次修改《老年人雇用安定法》，修改后的第 9 条原文为：“为确保老年人 65 岁前有稳定的就业环境，采用退休制（退休年龄为 65 岁）的雇主，必须采取下列措施之一：①提高退休年龄。②采取继续雇用制度（在现在雇用的老年人希望工作的情况下，退休后雇主继续雇用该老年人的制度）。③废除退休年龄制度。”企业履行上述法案的时间与厚生养老金定额部分的领取年龄同步，即2006年4月1日至2007年3月31日保障老年人工作至62岁，2007年4月1日至2010年3月31日延长至63岁，2010年4月1日至2013年3月31日延长至64岁，2013年4月1日开始延长至65岁。2013年政府再次修改《老年人雇用安定法》：①禁止企业对继续雇用对象设定条件。②扩大实施继续雇用措施的企业范围。③对企业实施状况的监管并公布未履行义务的企业名单。企业履行上述法案的时间与厚生养老金报酬比例部分的领取年龄同步。

（2）日本介护保险制度。

介护保险制度的推出主要是为了应对老龄化带来的社会医疗和护理问题，为老年人提供治疗和照顾服务。所谓“介护”，是介于“照顾”和“护理”之间的一种服务，从字面来看，是指以照顾日常生活起居为基础，为独立生活有困难者提供帮助之意。日本学者住居广士所著的《日本介护保险》一书中是这样解释“介护”一词的：一方面是指在日常生活中衣食住行等方面的帮助，另一方面也包括医疗、看护、康复训练等方面的援助。日本政府于1997年制定了《介护保险法》，2000年4月介护保险制度正式实施。

介护保险制度把参保人缴纳的养老保险费和税款作为资金来源。介护保险费由政府公费与参保人缴纳的保险费共同负担。介护保险的缴纳额度根据每个人的收入情况而定。按照介护费用筹资的多元化方式来看，政府公费与保险费各承担50%。介护保险制度的对象明确限定为40岁以上有服务需要的公民，其他年龄段的社会成员，即使有介护的需要，也不包括在内。所以说，日本公民年满40周岁就必须缴纳相关保费。

享受这一制度的参保人可以被划分为两类人群：第一类是65岁以上的人群，他们是“第一被保险者”；第二类是40～64岁已经参加医疗保险的人群，他们被称为“第二被保险者”。其中第一类人群被纳入强制性保险，而第二类人群则需要申请。

（三）重要事件与重大变革

1. 20世纪80年代，中曾根康弘政府所推动的改革

中曾根康弘政府所推动的改革主要为“三公社”即日本国有铁道公社、日本电话电报公社、日本烟草专卖公社的民营化。

2. 20世纪90年代，桥本龙太郎政府推动的行政机构改革

1996年，日本在首相桥本龙太郎的主导下开始实行改革，把第二次世界大战后形成的臃肿的“省厅”[①] 进行再编。桥本内阁在行政改革会议上决定对2001年的日本中央政府机关重新进行编制，从“1府22省厅”精简到“1府12省厅”，并且设立了内阁府、经济财政咨询会。经济财政咨询会是以总理为中心讨论经济财政政策的机构，其职能是改变预算权和决定程序。

3. 21世纪初，小泉政府推动日本邮政民营化、有关地方财政的“三位一体”改革

2004年，日本内阁会议通过邮政民营化方针。2005年，邮政民营化法案被参议院否决。小泉首相解散众议院，举行了以邮政民营化为争论焦点的选举。此次选举中自民党取得大胜，决定实施邮政民营化。

“三位一体”改革包括削减中央给地方的补助金和交付税、将中

---

① 日本省厅的行政层级相当于中国的部委和总局，下同。

央部分税源移交给地方等内容的一系列地方税收财政改革。“三位一体”改革的目的在于加强地方相对于中央政府的自律性。

4. 2014 年以来，安倍政府上调消费税同时实施财政改革

日本自 1989 年来多次上调消费税，从 2012 年起实行“社会保障与税制一体化改革”，并决定将消费税分阶段上调至 10%。2014 年将消费税上调至 8% 以后，于 2019 年 10 月将该税率提高到 10%。

（四）日本财政体制概述

日本内阁府拥有财政预算案提案权，每年由其编制财政预算案，并提交至国会。因此，首先由财务省主计局接受各个省厅提出的概算要求，在进行审核、修订后向各个省厅进行内部公示。各省厅如有不同意见，可以向财务省提出修改。内阁最终于 12 月下旬制成政府案。

众议院有预算决议权，内阁府必须先将预算案提交至众议院（日本宪法第 60 条第 1 项）。在众议院会议上，财务大臣进行财政演说，演说内容包括预算案的编制方针、内容、特色，关于财政政策的基本方针，经济状况等，同日财务大臣也会在参议院会议上进行演说。

预算案首先由众议院的预算委员会进行审议后在正式会议上审议，其后在参议院也是按照相同的流程进行审议。如果两院意见一致，预算案通过。如果意见不一致，则召开两院协议会。如果意见仍不一致，或是讨论 30 日以上仍没有结果，则执行众议院的决议（日本宪法第 60 条第 2 项）。

根据成立的预算案，由内阁向各省厅长分配收入、支出预算额度。财政支出预算的执行过程，分为尚未实际付出金额但已签订合同或是开具支票等构成了未来政府支出负担的部分以及现金支付两类。各省厅长在支出公共事业经费时，需要制作支出负担行为执行计划，并得到财务大臣的许可。

执笔人：魏加宁　姜茗予

专题报告十二

我国财政支出结构调整历程与改革建议

围绕高质量发展和现代化经济体系建设，面向现代化的财税体制改革要求财政支出结构适应性调整，进一步从一般竞争性领域退出，加大对基本公共服务均等化等政府履职的保障力度，加大对创新驱动、乡村振兴、区域均衡、生态建设等方面的支持力度，加大对加力提效、补齐短板、保障民生等领域的投入力度。为进一步优化调整我国财政支出结构，本文在梳理相关理论研究文献的基础上，分析总结了典型经济体财政支出结构调整的经验，整理了新中国成立以来我国财政支出总量和结构的变化情况，并比较了当前我国财政支出结构与典型经济体的差异，对经济建设、产业发展等领域的重点财政支出政策进行了效果评估，最后对我国财政支出结构优化提出了政策建议。

一、财政支出结构调整的宏观背景

财政支出结构不仅仅是一个财政问题，更与经济体制、经济发展阶段、人口结构等因素息息相关。1949 年新中国成立以来，我国经济体制改革经历了几个重要阶段，财税体制改革既是经济体制改革的重要内容，也为经济体制改革提供了动力。经济体制对我国财政支出结构的影响十分深远。同时，为适应不同经济发展阶段的实际需求和人口结构变化的客观要求，财政支出结构需要进行必要调整。

（一）经济体制改革经历的重要阶段

计划经济时期实行统收统支的财税体制。根据1950年《关于统一国家财政经济工作的决定》，除批准征收的地方税外，所有关税、盐税、货物税、工商税的收入，均归中央人民政府财政部统一调度使用。同时，各级国有企业基本将利润全部上缴，构成了财政收入的大头。在财政支出方面，均由中央统一调配，财力分配上实行平均主义。

改革开放初期探索“分灶吃饭”的财税体制。党的十一届三中全会指出，要采取措施充分发挥中央部门、地方、企业和劳动者个人四个方面的主动性、积极性、创造性。从1978年开始，中央逐步向地方政府和国有企业放权让利。财政领域改变了原有的统收统支制度，在先后实行两步“利改税”和“拨改贷”后，1987年推行全面承包制，中央与地方承包，国家与企业承包，交够承包额剩下都是自留的。财税体制从中央的统收统支到“分灶吃饭”的财政包干，改变了中央和地方的财政关系，赋予了地方政府一定的财政自主权。

社会主义市场经济建设时期实施央地分权的财税体制。1992年，党的十四大正式提出建立社会主义市场经济体制，1994年正式推开的宏观经济体制改革，就是要建立与社会主义市场经济相适应的宏观调控体制框架。财税体制改革在1994年改革中处于中心地位。一是统一税制，规范按企业性质和地区实行的差别待遇，让企业间、地区间税负更加公平。二是改善税种设计，建立以抵扣型增值税为核心的流转税体系。三是提高中央财政比重，扭转了此前“两个比例”下降的局面。四是财权与事权相匹配，先后建立税收返还和转移支付制度。

2012 年，党的十八大提出全面深化改革的宏伟目标。2013 年 11 月党的十八届三中全会对若干重大问题作出了决定，提出财政是国家治理的基础和重要支柱，科学的财税体制是优化资源配置、维护市场统一、促进社会公平、实现国家长治久安的制度保障；必须完善立法、明确事权、改革税制、稳定税负、透明预算、提高效率，建立现代财政制度，发挥中央和地方两个积极性。

（二）经济发展水平得到快速提升

经济总量跃居世界第二。2018 年，我国国内生产总值为 90 万亿元，稳居世界第二。按实际同比增速计算，2018 年国内生产总值是 1952 年的 174.3 倍，此间年均实际同比增速为 8.1%。在不同经济体制下，经济增长也表现出较大差异。1952 ~ 1978 年，国内生产总值年均增长 6.2%，而 1978 ~ 2018 年年均增长 9.4%，其中 1978 ~ 1994 年为 9.9%，1994 ~ 2012 年为 9.8%，2012 ~ 2018 年为 7.0%。

人均收入水平迈入中等偏上收入国家行列。按照世界银行的收入划分标准，2017 年我国人均国民收入为 8790 美元，位于中等偏上收入国家标准 3896 ~ 12055 美元的中间水平，摆脱了新中国成立初期的贫穷状态，有望进一步向高收入经济体行列迈进。从全球来看，世界银行 2018 年统计的 218 个经济体中，高收入经济体 81 个，中等偏上收入经济体 56 个，中等偏下收入经济体 47 个，低收入经济体 34 个，我国人均收入水平仍处于全球中间水平。

经济发展不同阶段存在差异性财政支出需求。经济发展初期，国家积贫积弱，需要投入大量经济建设支出。随着经济逐步发展，人民收入水平不断提高，生活水平持续改善，衣食住行等基本需求得到较好满足后，对教育、医疗、文化等的更高需求得以逐渐释放，财政在这些领域的支出就会大幅增加，相应地减少了其他领域的支出。虽然我国人均收入水平仍然不高，但经济总量大、集中力量办大事。我国在基础设施、基本经济建设方面投入了大量资金，并形成了较好的积累，但人民对美好生活的向往尚未较好满足，所以近年来民生领域的支出逐步加大。

（三）人口规模和结构发生重要阶段性变化

人口数量快速扩张。2018 年，我国人口总量为 13.9 亿人，是 1949 年的 2.58 倍，年均增长 14‰。20 世纪 70 年代，计划生育政策实施以来，我国人口增速表现出明显的阶段性下台阶的特点。从经济体制改革的阶段来看，1949～1978 年人口平均增长率为 20‰，1978～1994 年为 13.8‰，1994～2017 年为 6.4‰，近 10 年来人口增速在 5‰左右波动。早些年由于人口快速扩张，面临的温饱问题和物资短缺问题十分严重，所以必须以经济建设为中心，财政支出中相关支出占比也较高。

城镇化水平提高较快。改革开放后，我国城镇化步伐加快，城镇化率快速提高，由 1978 年的 17.92% 提高至 2018 年的 59.58%，40 年间年均提高 1.04 个百分点，其中 2009～2018 年这 10 年间城镇化率年均提高 1.26 个百分点。大量人口涌入城市对城镇基础设施和公共服务提出了巨大需求，相应地财政支出中城乡社区支出占比已经超过 10%。

老龄化问题日趋严重。随着人口预期寿命延长，加之人口出生率下降，老年人口占比迅速提高。1953 年 65 岁以上人口仅占总人口的 4.4%，1982 年也仅为 4.9%，1994 年提高至 6.4%，2017 年已上升至 11.4%，其中近 10 年提高较快。随着人口老龄化问题日益突出，财政在养老、医疗等社会保障领域的支出占比日益提高。

工作年龄人口数量下降。以 15 ~ 64 岁人口占总人口的比例来看，1994 年这一比例为 66.6%，此后这一年龄段人口占比逐步提高，人口数量红利持续释放。2010 年，15 ~ 64 岁人口占总人口的比例达到历史峰值 74.5% 后不断下降，2017 年已经降至 71.8%。从 15 ~ 64 岁人口的绝对数量看，2013 年达到 10.06 亿人峰值后也开始下降，2017 年已降至 10 亿人以下。可见，2012 年前后，工作年龄人口数量的下降，老龄人口占比的快速上升，是当前我国面临的重大挑战之一。

二、财政支出结构调整的基本情况

（一）财政支出总量变化

财政支出总量变化与经济体制和财税制度息息相关。在经济体制改革和财税体制改革的几个重要阶段，财政支出占国内生产总值的比重也发生了重大调整。

计划经济时期财政支出相对规模保持基本稳定。1978 年以前，财政支出占国内生产总值的比例保持相对平稳且较高水平，1952 ~ 1977 年的平均水平达到 28.4%。

改革开放初期财政支出相对规模持续下降。伴随改革开放，财税改革首先从分配关系着手，理顺政府与企业、中央政府与地方政府的关系，放权让利，激发各类主体的活力和改革动力。但随之改变的是财政支出比重持续下降，从 1978 年的 30.5% 一直下降至 1994 年的 11.9%，最低点 11.1% 出现在 1995 年。

1994 年财税体制改革使国家财政能力逐步恢复。为了进一步理顺中央与地方的财政分配关系，更好地发挥国家财政的职能作用，增强中央的宏观调控能力，促进社会主义市场经济体制的建立和国民经济持续、快速、健康的发展，改革当时的地方财政包干体制，实行分税制财政管理体制。此后，财政支出占国内生产总值的比重逐步提高至25%左右的水平。2015 年财政支出与国内生产总值的比值为 25.5%，2018 年下降至 24.5%（见图 12－1）。

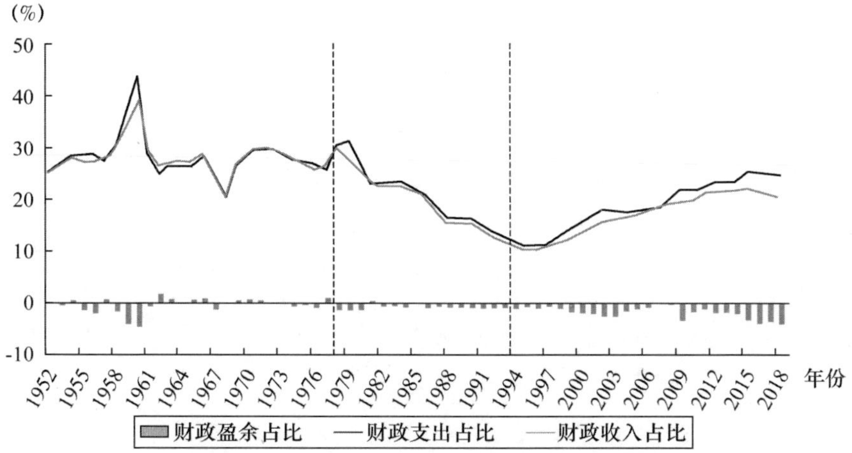

图 12－1　国家财政收支与国内生产总值的比值

资料来源：Wind 数据库和《中国统计年鉴》。

（二）财政支出结构变化

按功能分五大类财政支出结构变化显著。按功能性质分类，财政支出可以分为经济建设支出、社会文教支出、国防支出、行政管理支出、其他支出五大类。图 12－2 展示了 1950 年以来五大类支出在财政支出中占比的变化。需要注意的是，由于 2007 年开始不再公布按功能性质分五大类财政支出，本文根据 2007 年前后按项目分类别重新归类后进行了衔接。经济建设支出方面，1950 年开始经济建设支出占比由25.5%逐步提高至 1959 年的 71.7%，随后稳定在略低于 60%的水平，1950～1977 年平均占比为 54.1%；20 世纪 80 年代开始经济建设支出占比逐步下降，直至2008年全球金融危机爆发后略有回升，2012～2017年的平均占比为28.9%，2017年已降至26.7%。社会文教支出方面，总体上呈现缓慢上升态势，2017年占比已达到39.3%。国防支出方面，总体上呈现缓慢下降态势，2017年占比已降至5.1%。行政管理支出方面，2007年以前呈现占比提高态势，近年来有所降低，2017年占比为17.6%。其他方面，2017年支出合计占比11.2%。

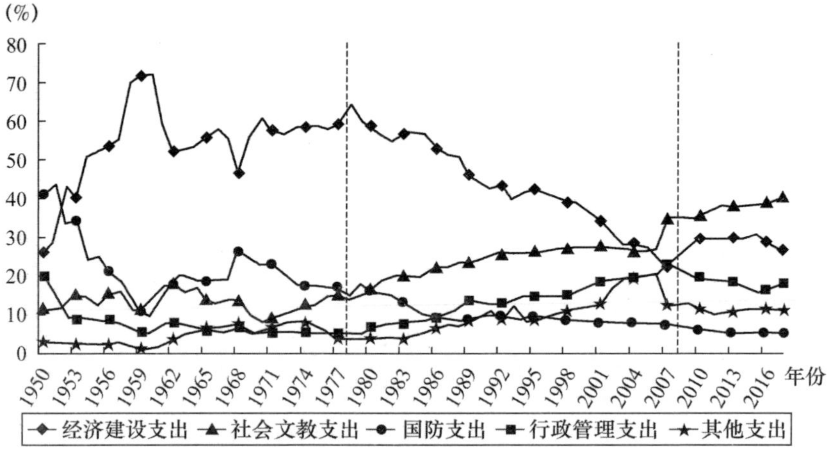

图12－2　国家财政按功能性质分类的支出结构

注：由于指标名称和口径调整，2007年以后数据由作者重新归类后与2006年以前数据进行了衔接。

资料来源：Wind数据库和《中国财政年鉴》。

按项目细分财政支出结构变化明显。按2007年以后财政支出项目分类，财政支出包含20多个项目，其中占比较高的项目有教育、社会保障和就业、一般公共服务、城乡社区、农林水、公共安全、国防、交通运输等。表12－1展示了2007年、2012年和2017年各项目财政支出占比情况，通过对比可以发现10年来我国财政支出结构的变化。其中，一般公共服务支出占比由2007年的17.1%下降至2017年的8.1%，教育支出2017年保持在14.8%的较高水平，社会保障和就业支出占比由2007年的10.9%提高至2017年的12.1%，医疗卫生与计划生育支出占比由2007年的4.0%提高至2017年的7.1%，节能环保支出占比由2007年的2.0%提高至2017年的2.8%，城乡社区支出占比由2007年的6.5%提高至2017年的10.1%，农林水支出占比由2007年的6.8%提高至2017年的9.4%。

表12－1　　按项目分类财政支出结构　　单位:%

支出项目	2007年	2012年	2017年
一般公共服务	17.1	10.1	8.1
外交	0.4	0.3	0.3
国防	7.1	5.3	5.1
公共安全	7.0	5.6	6.1
教育	14.3	16.9	14.8
科学技术	3.6	3.5	3.6
文化体育与传媒	1.8	1.8	1.7
社会保障和就业	10.9	10.0	12.1
医疗卫生与计划生育	4.0	5.8	7.1
节能环保	2.0	2.4	2.8
城乡社区	6.5	7.2	10.1
农林水	6.8	9.5	9.4
交通运输	3.8	6.5	5.3
资源勘探电力信息等	0.0	3.5	2.5
商业服务业等	8.6	1.1	0.8
金融	0.0	0.4	0.6
援助其他地区	0.0	0.2	0.2
国土海洋气象等	0.0	1.3	1.1
住房保障	0.0	3.6	3.2
粮油物资储备	0.0	1.1	1.1
国债付息和发行费用	0.0	2.1	3.1
其他	5.9	2.0	0.9

资料来源：Wind数据库和《中国财政年鉴》。

从支出明细分类看，商品和服务支出占比下降幅度较大。基于全国70余万户预算单位汇编情况，2016年财政支出中工资福利支出占比23.1%，比2007年下降2.6个百分点，但比2012年提高3.4个百分点，工资福利待遇明显好转；2016年商品和服务支出占比28.7%，分别较2007年和2012年下降6.3个和3.7个百分点，呈现逐步降低态势，但仍为财政支出中的第一大项；2016年其他资本性支出占比23.4%，较2007年提高9.5个百分点，资本性支出的重要性明显提高；2016年对企事业单位的补贴占比5.4%，分别较2007年和2012年提高3.4个和1.8个百分点，呈现逐步上升态势（见表12-2）。

表12-2　按支出明细分类财政支出结构　单位:%

支出类别	2007年	2012年	2016年
工资福利支出	25.7	19.7	23.1
基本工资	10.9	5.3	6.9
商品和服务支出	35.0	32.4	28.7
办公费	2.1	2.3	1.6
维修（护）费	3.0	3.4	2.6
会议费	0.9	0.8	0.2
对个人和家庭的补助	12.8	13.8	13.8
离休费	0.6	0.3	0.2
退休费	5.3	4.3	3.5
助学金	0.6	0.8	0.7
基本建设支出	5.8	5.0	4.5
其他资本性支出	13.9	24.0	23.4
对企事业单位的补贴	2.0	3.6	5.4
债务利息支出	0.0	1.1	0.9
其他支出	4.2	0.3	0.2

注：①基本建设支出和其他资本性支出主要包括：房屋建筑物购建、办公设备购置、专用设备购置、交通工具购置、基础设施建设、大型修缮、信息网络购建、物资储备、其他支出，主要区别在于是否由发改部门安排。②根据海通证券研究所的研究，2017年A股上市公司获政府补助总计1302亿元，占其利润总额的2.9%，若假设非上市公司补助占利润比例为上市公司的50%，则估计企业所获补贴金额超过4300亿元。

资料来源：《中国会计年鉴》。

（三）中央与地方财政支出的关系

地方财政支出占比提升至较高水平。1978 年改革开放前后，中央和地方在财政支出中各占 50% 左右。随着放权让利，更多事权下放给地方政府，地方政府的支出责任增加，在财政支出中的占比也随之提高，20 世纪 90 年代上升至 70% 左右，2000 年以后又逐步提高，2012 年占比超过 85%，此后一直稳定在略高于 85% 的水平（见图 12－3）。可见，地方政府承担了主要的财政支出责任。

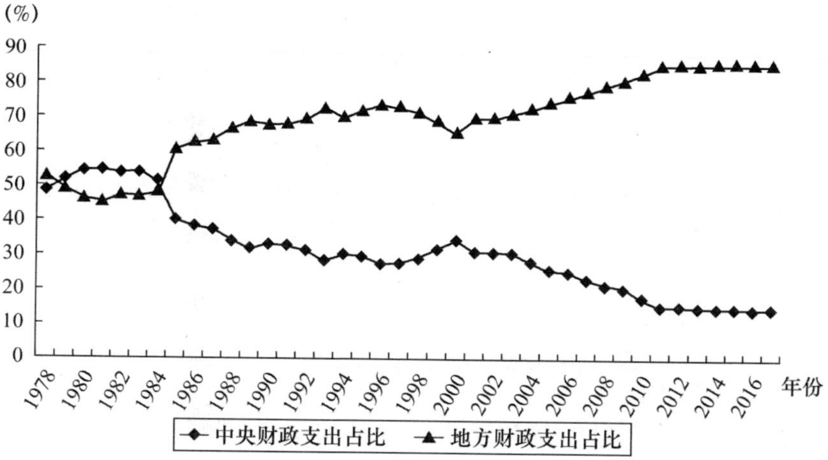

图 12－3　中央与地方财政支出结构

资料来源：Wind 数据库和《中国财政年鉴》。

三、财政支出结构的国际比较

基于国际组织的数据库，我们对部分国家的广义财政支出结构进行了对比。所谓广义是指包括社会保障支出，主要对比财政支出占国内生产总值的比重、财政分项支出结构，以及相同发展阶段的部分国家财政支出结构。

我国财政支出占国内生产总值的比重处于较低水平。从包括社会保障的广义财政支出看，2015 年我国广义财政支出占国内生产总值的 31.2%，普遍低于同期 OECD（经合组织）经济体，例如，法国为 56.6%、德国为 43.8%、英国为 42.2%、日本为 39.4%、美国为 37.6%、韩国为 32.3%。从增长态势看，我国广义财政支出占国内生产总值的比重提高较快，2005 年和 2010 年分别为 21.0% 和 25.4%。

我国分项财政支出中经济事务占比较高。在进行对比的 31 个经济体中，中国的经济事务支出占财政支出的 27.7%，排第 1 位，超过第 2 名 9.5 个百分点；一般公共服务支出占比 8.6%，排第 31 位；社会保护支出占 22.0%，排第 29 位，仅略高于美国的 20.8% 和韩国的 20.1%；健康支出占 8.9%，排第 29 位；教育支出占 12.3%，排第 12 位；环境保护支出占 2.3%，排第 9 位；公共安全支出占 4.3%，排第 12 位；国防支出占 4.2%，排第 8 位，远低于以色列的 14.7%、美国的 8.8%、韩国的 7.7%；住房和社区设施支出占比 8.2%，排第 1 位；娱乐、文化和宗教支出占 1.5%，排第 28 位。

我国财政支出结构调整滞后于经济发展阶段的变化。根据宾夕法尼亚大学世界表 9.0 公布的数据测算，2015 年我国按照购买力平价衡量的人均国内生产总值约为 13300 美元，将人均国内生产总值达到这一水平的主要经济体进行对比，并考虑数据可得性，我们主要选择了 1991 年的韩国（见图 12－4）和 1972 年的日本。从相同发展阶段的韩国和日本来看，当时的经济事务支出占比也比较高，随着经济发展水平提高，经济事务支出占比逐步下降；健康和社会保护支出也是经历逐步提高的过程。所以，随着我国经济从高速增长转向高质量发展阶段，社会主要矛盾已转变为人民日益增长的美好生活需要和不平衡不充分的发展之间的矛盾，财政支出结构性矛盾更加突出，理应随着经济发展加快推动财政支出结构调整。

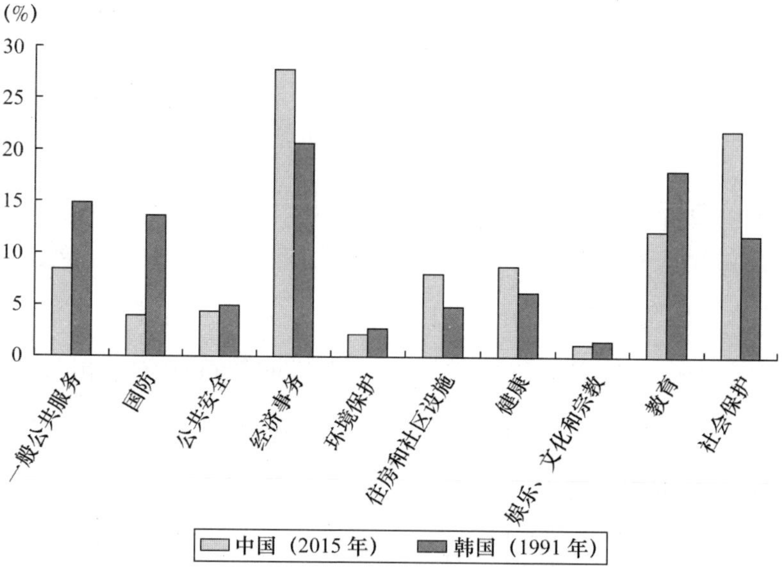

图 12－4　中韩相近发展阶段的财政支出结构对比

资料来源：国家统计局、经合组织网站。

四、财政支出结构调整效果评估

通过回顾我国财政支出的结构变化和进行财政支出结构的国际比较可以看出，经济发展阶段、经济体制、财税体制、人口结构等都是影响财政支出结构的重要因素。不同发展阶段财政支出的目标有所差异。在经济起步阶段，经济基础薄弱，需要政府加大经济建设领域的投入，同时居民温饱问题需要政府加大基本民生支出；经济经过高速增长实现一定积累后，政府在经济事务领域的支出就会相应减少，而是加大居民生活质量方面的投入。经济体制主要影响政府在经济社会发展中所扮演的角色，计划经济时期财政支出占国内生产总值的比重更高，市场经济时期政府对经济的参与和干预都会相应减少。财税体制直接影响中央与地方分权和支出结构，影响不同项目间预算调整的机制，进而影响财政支出结构。人口结构也对财政支出产生重要影响，人口快速扩张期需要加大教育、住房、公共资源等方面的投入，人口老龄化时期又对养老、医疗等方面提出巨大需求。我们通过实证方法，评估了财政支出在经济建设等方面发挥的作用和效果。

用省际分项支出 2007～2017 年的面板数据作回归分析，数据来源为 CEIC（环亚经济数据有限公司）数据库，删除了样本数小于 100 的财政支出分项，分别是外交支出、地震灾后恢复重建支出和预备费支出。根据 GDP、财政总支出和各分项支出的名义值计算得到年度增速。具体结果如下。

一是财政支出对经济增长有一定影响。实证结果显示，财政总支出增速的提高对经济增长具有一定的促进作用。中、西部虚拟变量与财政总支出的交互项系数不显著，说明东、中、西部地区的财政总支出在影响经济增长上不存在显著差异。

二是仅有部分财政支出分项对经济增长有显著影响。与经济增速显著相关的财政支出分项主要有一般公共服务支出、教育支出、科学技术支出、医疗卫生和计划生育支出、农林水事务支出、交通运输支出、住房保障支出、国债付息支出，其他财政支出项目与经济增长不具有显著相关性。

三是固定效应模型显示，一般公共服务支出、医疗卫生和计划生育支出、住房保障支出、国债付息支出增速对经济增长有显著正向影响。各项财政支出与时间虚拟变量的交互项表明，2011 年及以后，教育支出、科学技术支出和交通运输支出增速对经济增长的促进作用增强；医疗卫生和计划生育支出、国债付息支出、农林水事务支出的增速提高对经济增长的促进作用减弱。

四是系统矩估计方法表明一般公共服务支出和住房保障支出对经

济增长有正向作用，2011 年及以后科学技术支出、住房保障支出对经济增长的正向作用增强。考虑到经济增长与财政支出增长之间存在互为因果关系的可能，因此还使用动态面板系统 GMM（广义矩估计）方法和差分 GMM 方法进行了估计。结果表明，仅有部分变量依然显著，确实对经济增长具有重要作用，而且作用在增强，比如科学技术支出和住房保障支出。

综合来看，多数财政支出项目与经济增速并不直接相关，更多体现的是公共服务的性质，而且这些项目占财政总支出的比重正逐步提高，更多地向公共服务倾斜，也体现了现代化财税体制的要求。同时，我们也发现，在某些领域的财政支出对经济增长具有重要意义，比如一般公共服务支出、科学技术支出、住房保障支出与经济增长高度相关，而且促进作用更趋明显。

五、财政可持续性分析

维持财政可持续性，必须综合考虑财政收入、财政支出、政府债务，三者缺一不可。当前，我们对政府债务设置了限额，在经济增速放缓和减税降费的背景下财政收入增速也在放缓，那么为了满足债务限额约束，只能对财政支出进行约束。从国际经验看，同时控制收入、支出、债务的难度和挑战很大。经济增速换挡是经济增长阶段转换的重要表现。处于相同发展阶段的日本和韩国，其前后 10 年的经济增速变化十分明显，其他相关指标也将随之变化，从财政方面而言，债务率上升、收支矛盾加大等现象较为普遍。通过比较可以发现，转型期在财政方面呈现出一些较为明显的特征。

一是政府债务水平呈快速扩张态势。一般而言，经济发展转型期往往与经济增速下行同步，此时各国也都会采取强有力的经济刺激政策，提高财政赤字和施行扩张型的财政政策，迅速推升政府债务占GDP的比重；加之GDP增长速度放缓，但政府债务扩张速度加快，从而加速了债务率的升高，政府债务占GDP的比重呈现一定加速上升的趋势。例如，1973年日本的中央政府债务占GDP的比重仅为11.7%，而10年后的1983年迅速上升至49.5%，1994年开始更是经历迅速扩张，从1994年的59.0%攀升至2015年的209.6%。当然，债务扩张有不同的形式，也有以其他部门债务扩张形式出现的。例如，韩国在1995年后的10年，中央政府债务占GDP的比重仅上升至26.0%，20年后的2015年也仅为35.7%，属于政府债务规模控制较好的国家之一，但是韩国居民部门杠杆率上升较快，占国内生产总值比重较高（见图12-5）。

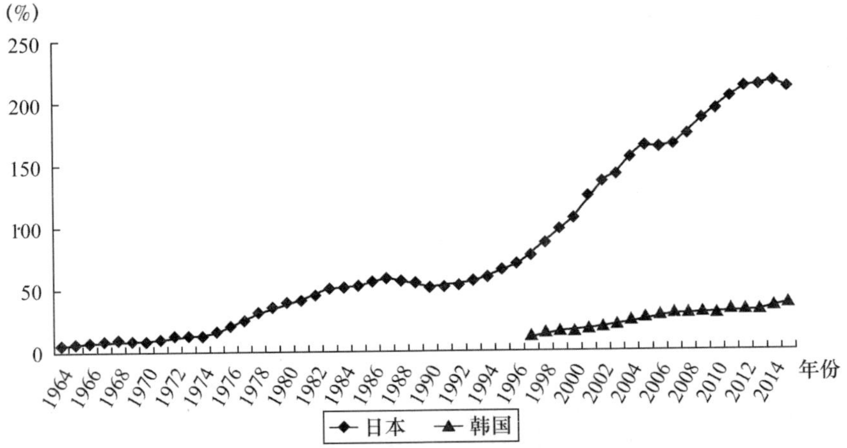

图12-5　中央政府债务占GDP的比重

资料来源：经合组织网站。

二是财政收支矛盾加大。由于经济增速下行使得税基扩张速度下降，同时减税等刺激政策加快了财政收入增速放缓，财政支出增速虽也随之下降，但是财政支出具有一定的刚性，其增速下降幅度将小于财政收入增速的降幅。例如，日本1973年前10年的财政收入平均增速为18.1%，后10年为12.1%，降幅6个百分点，而财政支出增速由17.2%降至13.3%，降幅仅为3.9个百分点（见图12－6）；韩国1995年前10年的财政收入平均增速为17.6%，后10年为10.3%，降幅为7.3个百分点，而财政支出增速由16.9%降至10.3%，降幅仅为6.6个百分点（见图12－7）。

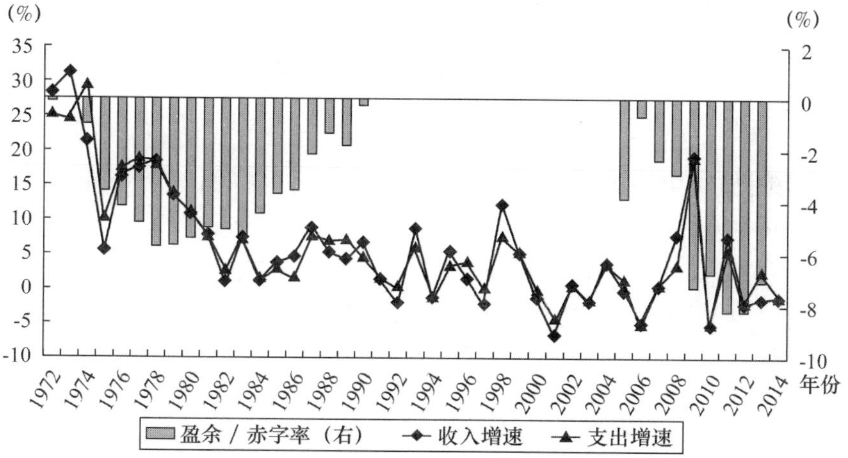

图12－6　日本财政收入与支出增速

资料来源：经合组织网站。

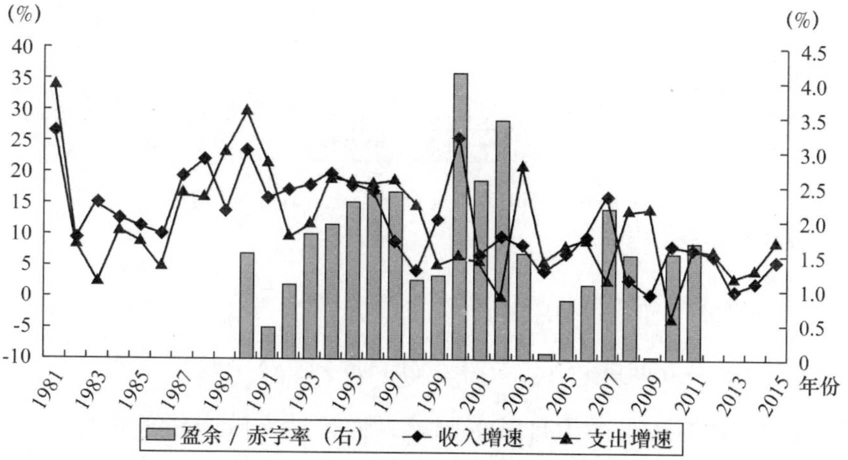

图12－7　韩国财政收入与支出增速

资料来源：经合组织网站。

三是老龄化带来的社会保障支出增加。在工作年龄人口占比较高时，经济增长可以受益于人口红利，但随着这批人进入老龄状态，将给社会保障体系带来巨大压力，社会保障方面的支出也将迅速增长，将构成财政风险的重要因素。日本在1975年和1985年65岁以上人口的占比分别为7.9%和10.3%，韩国在1995年和2005年65岁以上人口的占比分别为5.9%和9.3%（见图12－8）。2015年，我国65岁以上人口的占比已达到10.5%，日本和韩国65岁以上人口的占比达到10%左右时，人均GDP分别约为中国的1.3倍和1.6倍，我国未富先老现象明显。可以预见，未来一段时期中国也将面临更严重的老龄化问题。

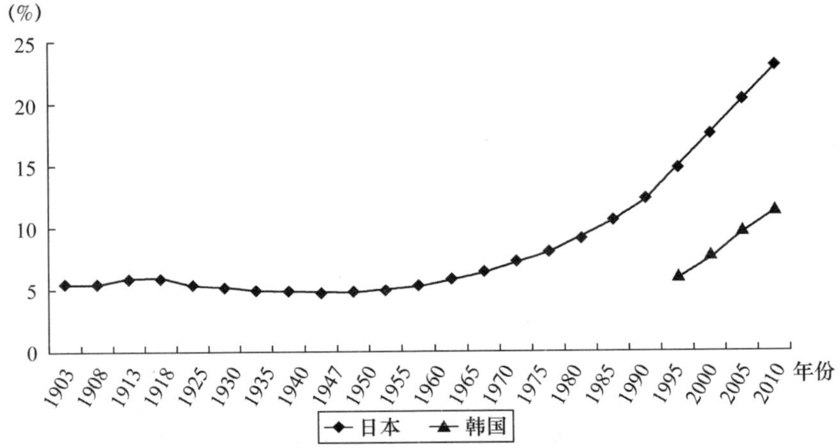

图12－8　日本和韩国65岁以上人口的占比情况

资料来源：联合国网站。

综合来看，我国财政可持续性面临债务率上升、收支矛盾加大、老龄化问题等方面的挑战。我国政府债务已处于较高水平，中央政府债务占GDP的比重高于日韩等国家，而且地方政府债务水平与其他国家相比更高，地方政府债务甚至高于中央政府债务，可见对于我国当前的发展阶段，我国债务水平处于较高水平。同时，我国财政收支已表现出一定压力，财政收入增速下行，但是财政支出具有一定刚性，财政支出增速下降幅度小于财政收入增速的降幅，财政收支矛盾逐渐凸显。同样，我国也面临着老龄化问题带来的社会保障支出压力。在较大财政收支矛盾下，政府债务面临进一步攀升的压力，需要做好债务管理工作，避免债务过快扩张。

六、财政支出结构面临的主要问题

几十年来，我国对财政支出结构做了巨大调整，基本适应了经济社会发展的需要，但是在一些方面还存在亟待解决的问题。

财政支出总量增长较快。从我国财政支出规模的演变看，近 20 年财政支出与国内生产总值的比例持续提高，从 1997 年的 11.6% 提高至 2017 年的 24.6%，目前已处于历史较高水平。从国际横向比较看，将社会保障支出考虑在内，2015 年我国财政支出占国内生产总值的比重已达 31.2%，而且比重提高速度较快，考虑到与 OECD 国家相比当前我国健康和社会保障支出占比仍然较低，未来潜在需求的释放将较大幅度推高财政支出规模。

地方政府承担了过多事权和支出责任。近年来，地方财政支出在总支出中的占比一直处于略高于 85% 的历史高位，不仅承担了地方政府应有的责任，很多中央政府的事权也下达给地方政府，中央政府下拨的资金还要求地方配套，地方财政支出压力较大，财权与事权不匹配问题十分严重。

经济事务占比依然较高。与 OECD 国家相比，我国经济事务支出在总支出中占比排名第 1 位，较第 2 名高出 9.5 个百分点。即便考虑我国所处发展阶段，也比处于类似发展阶段的国家高许多。而且我国基础设施日趋完善，财政投资效率明显下降，财政支出对经济的干预造成的市场扭曲日趋凸显。

社会保障支出的潜在压力较大。在工作年龄人口占比较高时，经济增长可以受益于人口红利，但随着这批人进入老龄状态，将给社会保障体系带来巨大压力，社会保障方面的支出也将迅速增长，将构成财政风险的重要因素。

七、基于国内外经验的启示和建议

第一，财政支出占 GDP 的比重持续提高的态势需要控制。随着经济的发展，财政支出的相对规模并不一定要持续扩大，瓦格纳法则并不必然成立。比如，美国 2015 年的广义财政支出占 GDP 的比重为 37.6%，过去 10 年经历了提高后回落的过程，仅比 10 年前水平略高，远远低于欧洲发达国家的平均水平。又如，韩国 2015 年的广义财政支出占 GDP 的比重为 32.3%，在发达国家中处于较低水平。我国 2015 年广义财政支出占 GDP 的比重已达 31.2%，而且过去 10 年年均增长 1 个百分点，增长势头较快。同时，"大政府"与"大财政"并不等同，政府监管行为不一定付出较大的财政支出，例如，新加坡政府监管较多但财政支出规模并不大。为了财政可持续发展，需要做好财政支出管理，控制好财政支出过快增长的势头。

第二，加快调整优化财政支出结构。从财政可持续角度讲，在减税降费和控制债务的背景下，必须打破刚性财政支出，调整财政支出结构，提高财政支出效率。财政支出结构调整应该以减少对经济的直接干预、提高公共服务均等化水平、增强经济长期发展能力为目标，打破各领域财政支出刚性增长的僵局，减少低效投资和企业补贴，保持合理水平的一般公共服务支出，加强科学技术和住房保障等方面的投入，提高医疗养老和基础设施补短板等领域的财政资金使用效率。

第三，从财政纪律着手推动财政支出结构调整优化。零基预算、中期预算等方法倡导已久，但难以落地见效，主要是缺乏有效约束。从国际经验看，只有执行强有力的财政纪律，才能打破刚性支出、提高支出效率。加强第三方对预算编制、执行、评价等环节的监督，对于不合理之处具备强制干预的能力。建立科学合理的绩效评估体系以及相应的奖惩约束激励机制，使预算能够严格执行。引入竞争政策审查机制，减少财政支出对经济的干预及其带来的扭曲。

第四，有效盘活存量财政资金。在财政支出压力加大的情况下，盘活财政存量资金对于促进经济发展和提高财政资金使用效率具有重要意义。一是有效保障在建项目资金需求，对必要的在建项目要避免资金断供、工程烂尾。二是对存量资金较多的部门适当调减下一年度预算总额，建立事权与支出责任相适应、与财力相匹配的财税制度，提高财政管理绩效。三是盘活财政存量资金也有利于加强监督，避免财政资金被挤占挪用。四是加大补短板力度，推动公共服务均等化，提高科技创新能力，促进高质量发展。

第五，通过转移支付促进公共服务均等化。目前，中央财政与地方财政之间通过上解、返还、转移支付等方式分配财力，再通过中央财政的转移支付平衡各地区之间的财力差距。这具有较强的妥协特征，平衡财力的作用不足，地区间公共服务均等化的目标也较难实现。德国执行高度平衡的财政政策，通过增值税预先平衡、横向转移支付、联邦补充拨款三步实现人均财力基本平衡，这些做法值得借鉴。

第六，财政补贴要有进有退、总量控制。对于现存的财政补贴政策，评估其效果和经济社会影响，判断是否需要及时进行调整，该退出的应及时退出，并给出退出时间表，让市场主体能够提前适应调整生产计划。对于新增的财政补贴项目，需要充分评估财政补贴的必要性、补贴方案的合理性、补贴标准的科学性，同时引入竞争政策审查，减少对经济的干预和扭曲。总的来讲，就是要减少财政补贴的惯性，增强财政补贴的收放自如程度，让有限的财政补贴发挥更大的作用。

执笔人：魏加宁　李承健　杨光普

财政体制与财政管理改革篇

专题报告十三

改革开放以来我国财政税收改革的历程与主要成效

财政税收体制改革是我国改革开放的关键内容和领域之一。改革开放以来，财政税收改革有力促进、配合和引领了经济体制从计划经济向社会主义市场经济的转型，自身也实现了向公共财政的不断转型，对于经济体制改革以及政治、社会、文化、生态文明等领域的改革起到了重要的促进和支撑作用。

一、财政税收改革的背景和历程

总的来看，我国财政税收改革与经济体制改革和全面深化改革同步同行，大致可以分为改革探索、初步适应社会主义市场经济体制、完善公共财政体制、建设适应现代国家治理的财税制度四个阶段。

（一）1978～1994年：改革探索阶段

改革开放初期，财税改革首先从分配关系着手，理顺政府与企业、中央政府与地方政府的关系，放权让利，激发各类主体的活力和改革动力，打破或改变“财权集中过度、分配统收统支，税种过于单一”的传统体制格局。

在中央与地方的财政分配关系上实行“分灶吃饭”。1979 年，对预算内基本建设项目实行“拨改贷”，财政一律不再拨款。同时，改革国有企业财务管理体制，实行固定资产有偿调拨和固定资金有偿使用，打破了计划经济下国有企业之间无偿调拨的旧规。财政体制相继于 1980～1984 年实行“划分收支，分级包干”，1985～1988 年实行“划分税种，分级包干，核定收支”，1988～1993 年实行“多形式包干体制”。“分灶吃饭”打破了原来财政统收统支、“吃大锅饭”的局面，增强了地方的财权和财力，也激发了地方政府促进经济发展的积极性。

在国家与企业的分配关系上实行“减税让利”。推出企业基金制、利润留成制、第一步“利改税”、第二步“利改税”、各种形式的盈亏包干制和多种形式的承包经营责任制等。第一步“利改税”是 1983 年 4 月，国务院批转《财政部关于国营企业利改税试行办法》，将所得税引入国营企业利润分配领域，把国营企业向国家上缴的利润逐步改为缴纳税金。第二步“利改税”是 1984 年 9 月，国务院颁布《国营企业第二步利改税试行办法》等文件，基本模式是将国营企业原来上缴国家的财政收入改为分别按 11 个税种向国家缴税，即将企业上缴利润全部改为上缴税收。两步“利改税”改革，确定了税收在国家财政收入中的主体地位，一定程度上解决了政府与国营企业之间的分配问题，是中国财税体制走向市场化的起点，也是改革开放整体进程中的关键一步。

在税收建设制度上着眼于实行“复税制”。从 1980 年起，通过建立涉外税制、建立内资企业所得税体系、全面调整工商税制、建立个人所得税制、恢复和改进关税制度、完善农业税等改革，改变了原来相对单一的税制格局，建立起以流转税、所得税为主体，其他税种相配合的多税种、多环节、多层次征收的复税制体系。国务院决定从1984年10月起在全国实施工商税制改革，发布关于国营企业所得税、国营企业调节税、产品税、增值税、营业税、盐税、资源税等一系列行政法规，进行了我国改革开放后第一次大规模的税制改革。同时，为适应对外开放的需要，从1980年9月到1981年12月，第五届全国人大先后通过了《中华人民共和国中外合资经营企业所得税法》《中华人民共和国个人所得税法》和《中华人民共和国外国企业所得税法》，初步形成一套大体适用的涉外税收制度。

这一时期财政改革的措施推进了社会主义市场经济体制的建立。给企业和地方政府一定的自主权力，促使企业和地方政府成为市场经济发展的强大动力；推动社会资源配置方式由国家计划配置为主转向市场机制配置为主，调动了地方政府和企业等主体的积极性。

这一阶段的改革存在的主要问题是：只解决统收而未解决统支，地方支出有赖中央，财政收入在国民收入中的比例下降，中央财政缺乏保障，宏观管理和调控能力不断弱化等。包干制造成在通货膨胀时财政收入比重快速下降、通货紧缩时财政收入比重快速上升的局面。承包制进一步削弱了税基，税基过窄。这些都与资源配置方式的根本转变不相适应。一方面，财政收入占GDP的比重和中央财政收入占全国财政收入的比重迅速下滑：前者由1978年的31.1%，相继减少到1980年的25.5%、1985年的22.2%、1990年的15.7%、1993年的12.3%；后者则先升后降，1978年为15.5%，1980年为24.5%，1985年为38.4%，1990年下降为33.8%，1993年下降至22.0%。另一方面，财政支出急剧增加（如农副产品购销价格倒挂所带来的价格补贴以及为增加行政事业单位职工工资而增拨的专款等）。从1978年至1993年，财政支出由1122.09亿元增加至4642.20亿元，15年间增加了3.1倍，年均增加21%。从1979年起，政府恢复了中断长达20年之久的外债举借。1981年，又开始以发行国库券的形式举借内债。后来又先后发行了重点建设债券、财政债券、国家建设债券、特别国债和保值公债。1992年预算外资金达到3854.92亿元，是当年全国财政收入的110.67%①。加之20世纪80年代宏观经济不稳定，对财税体制进行根本性变革的呼声日益高涨。

（二）1994～2002年：建立适应社会主义市场经济体制的财税体制

1992年，宏观经济一改前两年高度紧缩的局面，开始出现通货膨胀趋势。面对宏观形势变化和“两个比重”过低的局面，党中央国务院用新的宏观调控方式控制需求，同时建立长期起作用的工商税制和财政管理框架，进行了价格、税收、财政和金融体制的配套大改革。

实行分税制。市场化程度的加深使“分灶吃饭”和财政包干制的弊端显现：各种“放权”“让利”举措的实施使“诸侯经济”和地方保护主义盛行，地方自成一级利益主体，一定程度上助长了地方经济的封锁和盲目建设，地方财力差距扩大，且影响国家产业结构调整、产业政策的贯彻和全国统一市场的形成，“两个比重”降低，稀释了中央对地方的宏观调控能力。为此，国务院决定从1994年1月1日起对各省、自治区、直辖市以及计划单列市实行分税制改革。在财政体制方面，按照中央政府和地方政府各自的事权，划分各级财政的支出范围；根据财权、事权相统一的原则，划分了中央和地方收入；采取

① 《中国统计年鉴（2007）》，中国统计出版社2007年版。

分省确定税收返还，实施过渡期转移支付等方式，保证了改革的顺利开展。在税收体制方面，按照“统一税法、公平税负、简化税制和合理分权”的要求，简化了税制、优化了税种、调整了税率。此轮改革的重点是解决政府间财政关系，通过统一税法、简化税制和合理分权的举措产生了巨大的制度效力，“两个比重”逐年提高，中央的宏观调控能力得到了增强。新体制还推动了统一市场的形成，地区“封锁和割据”问题得到了缓解，同时促进了经济结构的调整与优化。这次改革初步构建了与市场经济相适应的现代财政管理体制，成为改革开放以来最为重要的一次制度建设里程碑。“有了这个基础，目前存在的困难可以得到缓解甚至于基本解决，大好形势就可以继续发展，经济发展速度还可以保持在一个较高的水平之上。”①

健全税收体系。将“统一税制”作为主旋律，建立了以增值税为核心的新的流转税制，同时辅之以消费税和资源税，以实现引导消费行为、纠正过低的资源价格、保护环境等目的。分别统一了内资和外资企业所得税制，取消了“两项基金”，统一了内外有别的个人所得税制，并对其他一些税种进行了改革。在公平企业税负的基础上，进一步规范了国家与企业的分配关系，规范了政府的分配行为，这也有力地促进了现代企业制度的建立。建立以增值税为主体和以营业税为补充的流转税制，统一内资企业所得税，建立统一的个人所得税制，扩大资源税的征收范围，开征土地增值税以及确立适应社会主义市场经济体制需要的税收基本规范等。在降低国有企业所得税税率、取消能源交通重点建设基金和预算调节基金的同时，实行国有企业统一按国家规定的33%税率依法纳税，全面改革国有企业利润分配制度。随

① 朱镕基：《整顿财税秩序　严肃财经纪律　强化税收征管　加快财税改革》（1993年7月3日），参见《十四大以来重要文献选编》，人民出版社1996年版。

着税收体系不断健全，费大于税的问题日益突出，1998 年又实行了税费改革，2000 年后取消乡统筹费、农村教育集资等专门面向农民征收的行政事业性收费。

开始向公共财政转型。这一阶段，随着市场经济体制建立，财政在提供公共产品、弥补市场失灵方面的公共性职能开始强化，财政支出由专注生产建设领域逐步扩展至整个公共服务领域。对一般性竞争领域的投资减少，对公共管理和公共服务领域的财政投入增加，向"三农"倾斜，向薄弱环节、弱势群体和基层倾斜。支持建立社会保障体系，增加社会保障投入，支持城镇社会保障体系改革试点，落实就业和再就业政策；在保证教育支出法定增长的同时，重点支持农村义务教育；支持公共卫生体系建设，建立和完善突发公共卫生医疗救助体系、疾病信息网络、卫生执法监督体系，加强重点疾病防治，加大支农力度，增加农民收入，保障国家粮食安全，促进农村地区发展。分税制改革以来，为了均衡地区间财力差距，促进公共服务均等化，中央财政保留了分税制改革前的转移支付项目，着重建立和完善了财力性转移支付制度，改进了专项转移支付的分配和管理办法，初步形成较为规范的转移支付体系。分项目看，民族地区转移支付主要是针对民族省区和民族自治州，有利于促进民族地区发展和维护国家统一；农村税费改革转移支付主要是减轻 8 亿农民的负担，为广大农村的基本公共服务提供资金保障；一般性转移支付主要是弥补地方标准收支缺口，财政越困难的地区补助越高。

建立预算制度。从 1992 年起开始实行复式预算，即把国家预算分为经常性预算和建设性预算。经常性预算收入是各种税收和其他收入。经常性预算支出用于维持政府活动，保持国家安全和社会秩序，发展各项公益事业以及人民生活和社会保障方面；建设性预算收入是国家以国有资产所有者身份取得的收入，各专项基金和国家明确规定的用于建设方面的收入。建设性预算支出用于各项经济建设活动。2000年，实行部门预算改革。主要内容包括：改革预算编制形式，初步实现了“一个部门一本预算”；改革预算编制方法，按照基本支出和项目支出编制部门预算；深化“收支两条线”改革，初步实现综合预算；规范预算编制程序，初步建立起财政部和中央部门的预算编制规程。2001年底，国务院办公厅转发《财政部关于深化收支两条线改革进一步加强财政管理意见的通知》，以综合预算编制为出发点，以预算外资金管理为重点，以强调收支脱钩为中心，以国库管理制度改革为保障，明确提出进一步深化“收支两条线”改革的步骤与相关措施。2003年1月1日，《中华人民共和国政府采购法》正式实施，我国政府采购制度进入了全面推行阶段。

这次改革的不同之处在于它突破了以往“放权让利”思路的束缚，走上了转换机制、制度创新之路。从重构适应社会主义市场经济体制的财政体制及其运行机制入手，在改革内容与范围的取舍上，既包含利益格局的适当调整，更注重新型财税体制的建立，着重财税运行机制的转换。财政收入步入持续快速增长轨道，“两个比重”持续下滑的局面得以根本扭转，财政的宏观调控功能得以改进和加强，国家与国有企业之间的利润分配关系有了基本的规范，初步搭建起了适应社会主义市场经济体制的财税体制及其运行机制的基本框架。

（三）2002～2012年：继续完善公共财政体制

2002年11月8日，党的十六大召开，明确了市场在资源配置中的基础性作用，强调要“健全统一、开放、竞争、有序的现代市场体系”。这一时期我国公有制经济进一步壮大，国有企业改革稳步推进；

个体、私营等非公有制经济较快发展；加入 WTO 之后，市场体系建设全面展开，每年 GDP 增速都在 9% 以上，成为世界上最大的潜在市场。为促进社会主义市场经济体制继续完善，我国继续完善公共财政体制，以合理界定政府与市场职能为前提，大大增强了财政收支的“公共性”。财政收入方面，税收收入占财政收入的比重下降，政府性基金收入规范增长；房地产相关行业在营业税收入中所占的比重逐渐上升。财政支出方面，财政支出绝对规模和相对规模增长，缩减了经济事务支出和一般公共服务支出的比例，对“三农”和涉及民生的教育、医疗、就业和社会保障支出逐步增大，对于这一阶段的经济发展和福利提升起到了重要作用。

深化税制改革。2003 年，党的十六届三中全会提出，“完善政府社会管理和公共服务职能，为全面建设小康社会提供强有力的体制保障”，并提出“简税制、宽税基、低税率、严征管”的思路。新一轮的税制改革自 2004 年起陆续启动。2006 年，通过不断试点、逐步推广的方式，在全国范围内彻底取消农业税；同年新增烟叶税税种。2007 年，结束了企业所得税法律制度对内外资分立的局面；同年，新修订的《中华人民共和国车船税暂行条例》和《中华人民共和国城镇土地使用税暂行条例》正式实施，税收法制化进程迈出重要步伐。2008 年，通过提高成品油消费税税额的方式，替代公路养路费等“六费”。2009 年，生产型增值税转变为消费型增值税改革启动；同年，废止《中华人民共和国城市房地产税暂行条例》，外商投资企业、外国企业和组织以及外籍个人统一适用《中华人民共和国房产税暂行条例》。2010 年，在新疆率先进行资源税改革。本轮改革中还多次修订《中华人民共和国个人所得税法》，提高工薪所得减除费用标准，降低居民和个体工商户税负。总体看，此轮财税改革是对上轮财税改革的修订和补充，维持了1994年分税制财政体制的基本框架，进一步促进了税收公平、增强了市场统一，中央财政进行宏观调控的能力不断增强。这为克服2008年全球金融危机对中国的冲击奠定了制度基础。

优化央地关系。伴随着分税制体制的持续运行，中央和地方在事权与支出责任方面不匹配、地方财政支出缺口逐步增大的问题日益突出，中央财政加大了对地方财政的转移支付力度。2002年和2009年两次调整企业所得税分享模式。进一步完善转移支付制度，加大对中西部地区和民族地区的财政支持。2010年开始，全面推进县级基本财力保障机制建设。到2012年底，基本消除县级基本财力保障缺口，全面实现了基层政府“保工资、保运转、保民生”的既定改革目标。“十二五”时期，中央对地方转移支付累计214696亿元，年均增长12.9%。其中，一般性转移支付累计120147亿元，年均增长16.6%，专项转移支付累计94549亿元，年均增长8.9%。转移支付结构不断优化：一般性转移支付占比进一步提高，特别是以促进地区间基本公共服务均等化为目标，按统一公式分配给地方的均衡性转移支付占比显著提高，并从严控制、清理整合专项转移支付项目。此外，重点增加对革命老区、民族地区、边疆地区、贫困地区转移支付。完善民族地区转移支付办法，健全生态功能区转移支付制度，资源枯竭城市转移支付规模逐步扩大。

加强预算管理。全面推进构建全口径预算管理体系，将按资金性质划分的一般公共预算、国有资本经营预算、政府性基金预算和社会保险基金预算全部纳入统一管理，保证“四本账”规范操作；统一预算口径，各级政府所有非税收入全部纳入预算管理，全面取消预算外资金，初步建立政府收入的“四本账”。

这一阶段财政改革的成果主要体现在以下几点：初步构建起公共

财政体制框架，形成了四类预算体系和两类预算权力，全口径预算管理促进了公共资源的透明高效配置，也增强了各级财政预算的财力来源、规模约束，加重了自收自支、自求平衡的责任，促进了经济建设和财源建设向依靠科技进步、低投入、高效益的方向转变。财政的民生导向更加明显，主要体现在农业基础进一步巩固和加强，教育公平进一步推进，基本医疗保险覆盖范围继续扩大，社会保障体系建设取得突破性进展，推进节能减排和生态环境保护。市场待遇更加平等，内外资企业所得税统一。《中华人民共和国企业所得税法》实现了“四个统一”，对于维护良好的市场竞争环境具有重要意义。

（四）2012 年以来：建设适应现代国家治理的财税制度

2012 年以来，以习近平同志为核心的党中央领导中国进入中国特色社会主义新时代。2012 年党的十八大提出要确保 2020 年完成全面建成小康社会的目标。党的十八届三中全会在提出全面深化改革总目标的同时，赋予财政“国家治理的基础和重要支柱”这一全新且高端的定位。十八大和十八届三中全会对深化财税体制改革作出了顶层设计，主要内容包括：一是加快财税体制改革的步伐，健全中央和地方财力与事权相匹配的体制。二是完善促进基本公共服务均等化和主体功能区建设的公共财政体系。三是构建地方税体系，形成有利于结构优化、社会公平的税收制度。

优化税制结构。2016 年 3 月发布的“十三五”规划纲要明确提出，要按照优化税制结构、稳定宏观税负、推进依法治税的要求，全面落实税收法定原则，建立结构优化、体现公平与效率的税制。2012 年以来，“营改增”改革全面实施，打通了商品和服务的增值税抵扣链条。实施煤炭资源税从价计征改革，同时清理相关收费基金。在全国范围内实施稀土、钨等资源税清费立税、从价计征改革。全面推进资源税改革，河北省率先将水资源纳入资源税的扩围范围。《中华人民共和国环境保护税法》正式实施。为扩大对外贸易，中国几次对关税税率进行调整，总的调整思路是减低关税税率。实施跨境电子商务零售进口税收政策，规定跨境电子商务零售进口商品按照货物征收关税和进口环节增值税、消费税。在自贸试验区的海关特殊监管区域积极推进选择性征收关税政策先行先试。多次提高个人所得税的免征额、扩大扣除范围，先后推出了税延型养老险和税优型健康商业险等政策。

加强预算管理。2014 年 8 月，新《中华人民共和国预算法》出台，这是现代财政制度建设具有里程碑意义的一件大事，标志着我国建立全面规范、公开透明的现代预算管理制度迈出了决定性的一步。修改后的《中华人民共和国预算法》确立了全口径政府预算体系，确立了预算法定、公开透明、讲求绩效等重要预算原则，对细化预算编制、加强预算审批、规范预算执行、严肃预算调整、严格预算监督等作出明确规定。明确要求政府的全部收入和支出都应当纳入预算，预算外资金的历史在法律层面被彻底终结。同时，保障建立了由“四本预算”——一般公共预算、政府性基金预算、国有资本经营预算和社会保险基金预算构成的全口径预算体系，并逐年通过调整预算科目、提高一般公共预算比例等局部改革，在“四本预算”之间逐渐架起桥梁，实现了各类预算资金的有效衔接和统筹协调，发挥出全口径预算的整体性功能。从法律层面对地方政府举债进行了规范，明确规定地方举债主体只能是省一级政府，并且只能采取发行地方政府债券的方式，筹措的资金只能用于公益性资本支出而不得用于经常性支出，举债规模需由全国人大或全国人大常委会批准。首次在法律层面对财政转移支付提出了系统性、规范性要求，包括对财政转移支付的种类、原则和目标以及一般性转移支付、专项转移支付和管理制度等，均作了明确细致的规定。

税收征管体制建设和改革不断推进。《深化国税、地税征管体制改革方案》出台，提出6大类31项具体举措，以期实现到2020年建成与国家治理体系和治理能力现代化相匹配的现代税收征管体制，降低征税成本，提高征管效率，增强税法遵从度和纳税人满意度。事实上，分设国税、地税两套税务机构进行税收征管源于分税制改革在中央、地方划分收入，此轮以问题为导向的税收征管体制改革，对于在新的历史条件下深化分税制改革具有重要意义。

二、财政税收改革取得的主要成效

我国的财政税收改革，为改革开放和全面深化改革起到了支撑性作用，初步建立了适应社会主义市场经济体制和中国特色社会主义大国治理体系的财政税收体系，不断调整和规范国家、集体、企业和个人之间的分配关系，强化了国家治理能力，促进社会公平正义，推动新发展理念的实施，对于全国统一市场形成、促进经济增长、增进人民群众的获得感具有重要意义。

（一）建立了基本和社会主义市场经济体制相适应的财税体制

经过40年改革，我国财税体制从计划经济时期内嵌于计划经济制度、主要服务于国有企事业单位，转变为和市场经济条件下的多种所有制相适应，覆盖公有制经济和非公有制经济在内的多种所有制部门，延伸至包括城市和农村在内的所有地方与所有社会成员，从单纯的生产建设事项延伸到社会管理、经济调节和改善民生等众多公共服务事项，我国财政已经和社会主义市场经济体制，和经济发展形成了良性循环。财政改革在体制、机制各方面为经济发展起到了保障作用，推动了经济持续高速发展。反过来，因为经济持续高速发展，也给财政的壮大打下了坚实的经济基础，财政和经济双双高速增长。

（二）大大增强了国家的财政能力

国家能力，指国家将自己的意志、目标转化为现实的能力，财政能力、汲取能力、再分配能力是国家能力的重要内容。改革开放以来，我国在建立社会主义市场经济体制的同时，建立了符合我国国情和发展阶段的财税体制，特别是以分税制改革为基础，建立起强大的中央财政，充分发挥财政在实施宏观调控、提供公共产品、调节收入分配、矫正市场失灵、支持国有经济发展、推动自主创新、实施国家重大战略等方面的积极作用。我国成功应对了1997～1998年东南亚金融危机和2008年以来的全球金融危机。中国的财税体制改革的影响已经走出国门、扩展到国际社会，开始在国际舞台上发挥重要作用。

（三）有效促进了统一市场建设

财税制度是全国性公共产品，是全国性统一市场建设的基础。财税改革40年来，不断加强财政市场监管，营造统一公平的市场环境，建立分税制，调动中央和地方两个积极性，促进全国范围的税收统一，清理和废除了妨碍全国统一市场和公平竞争的各种规定与做法，抑制了通过财税手段实施地方保护主义以及对各类违法事项实施优惠政策的行为，维护市场秩序，为企业创造权利平等、机会平等、规则平等和准入平等的环境，为市场主体自主决策提供基础信息支撑，引导资源优化配置。通过建立有利于市场统一和公平竞争的税制，有效促进了全国统一市场的建设。

（四）有效促进了社会公平正义

随着财政收入的不断增长和财税体制改革的深化，国家对民生领域的投入不断增加。以人为本，着力保障和改善民生，成为财税改革的最大亮点。取消农业税、增加农民补贴，为我国粮食生产连年增长提供了保障；全面实施增值税转型改革，推动了企业技术改造、产业升级；企业所得税合并，使内外资企业处于同一“起跑线”，市场环境更加公平；调整个人所得税，居民税收负担减轻，有助于提升居民的消费信心，促进扩大内需和经济结构的调整；营业税改征增值税，解决了货物和劳务税制中的重复征税问题，将积极促进第三产业加快发展和经济发展方式转变。

（五）规范了政府自身行为

自 2002 年提出构建公共财政体制以来，我国财税改革已经初步构建起公共财政体系，规范了政府自身行为。党的十八届三中全会决定首次将“税收法定”写入党的重要文件，通过完善预算制度、推进信息公开，已经实现了各级政府公布部门预决算信息，把政府的全部收支纳入预算范围，推进预算民主，完善预算审查、监督，明确预算责任，强化对预算的硬约束，明确规范和完善转移支付制度等措施，规范了政府自身行为，为国家走向法治化建设道路奠定了坚实基础。

（六）调动了企业和居民的积极性

通过依法征税将政府与企业和居民的分配关系固定下来，充分调动企业和居民积极性。财税改革促进了企业改革和城市改革。我国城市改革是从财政“放权让利”改革起步的，财税改革打破了财政对企业财务的统收统支体制，提高了企业的自主权，为搞活经济打开了突破口。对个人来说，调节收入分配差距、促进社会公平正义的财税政策，增进了机会公平和社会团结，让广大群众更有创业就业的积极性。

（七）更加规范中央和地方关系

处理好中央和地方关系，调动两者的积极性，是大国治理的难题。通过财税改革，中央和地方的财政事权与支出责任划分更加明确，转移支付结构得到进一步优化，一般性转移支付资金管理办法不断完善，加强了中央和地方预算管理的衔接。通过地方债置换改革有效降低地方政府债务支出压力。2015 年新《中华人民共和国预算法》实行之后，开始以债务置换的方式处理 2014 年底的 14. 34 万亿元包括地方融资平台等在内的地方政府负有偿还责任的存量债务，化解地方债务潜在风险。经过近三年时间的改革，地方存量债务成本已经从 10% 左右降至 3. 5% 左右，为地方政府每年节省利息 2000 亿元，有效缓解了地方政府债务集中还款的压力。

三、财政税收改革的经验和启示

40 年的财税改革，体现了具有中国特色的改革方法论，积累了丰富的经验并带来许多启示。

第一，财政改革和全面深化改革同步谋划推进。财政和经济体制改革互为条件、互相促进，在不同历史阶段，围绕经济体制改革的主要任务，同步谋划推进，是改革成功的重要经验。1984 年进入整体改革之初，我国出现了先价格改革还是先企业改革的争论，并于 1986 年开始了以价格、税收和财政为主的改革，采取了一系列减税让利的措施扩大企业的财权和决策权，有力促进了企业改革；同时，企业增强活力，也为 1994 年的分税制改革创造了条件。进入构建社会主义市场经济体制阶段，财政改革和国有企业、金融体制、投资体制等领域的改革协调推进。进一步理顺政府与国有企业的分配关系，以国有企业改革的同步推进为前提，构建自主经营、自负盈亏的国有企业经营实体，国家以对国有企业的出资额享有经营管理权限。财政改革和金融改革密切配合，使财政、货币政策各自发挥积极作用。

第二，采取正确的改革顺序。财税改革涉及全局和稳定，必须正确处理改革中的重大问题，采取正确的改革顺序。例如，在 1994 年的财税改革中，先改“收”再改“支”。当时财经秩序混乱，地方政府减税竞争，“两个比重”下滑。如不首先解决税制、税收征管和中央与地方的分配关系问题，就无法提高“两个比重”，不利于驾驭当时的通胀形势，社会主义市场经济体制的基本框架也无从确立。因此，税制、税收征管以及分税制改革是最为迫切需要解决的问题，而财政支出结构与管理问题，包括预算外资金问题，当时基本没有触动，在几年之后才成为改革的重要内容。在税制改革中，先进行流转税改革，再进行所得税改革，因为流转税税基较宽，下力气改革流转税可以使财政收入更为牢靠，再加上如果不改革原有的流转税，会阻碍市场的形成，而且无法保证财政收入。相对而言，所得税改革的难度较大，需财务会计制度改革先行，同时所得税的征管难度较大，因此将改革步骤置于流转税之后。

第三，坚持“公共财政姓公”，推动基本公共服务均等化。财政是市场失灵的产物，没有市场失灵，就没有财政。财政支出的核心目标是弥补市场失灵，表现在提供公平的公共服务，调节市场带来的失业、收入差距等问题，提供市场失灵的产品，如基础科研、保障性住房等。在40年的改革中，财政不断扭转过去的“市场财政”导向，增加教育、医疗卫生、社会保障和就业、保障性住房、文化方面的民生支出，改善社会公平和保障民生成为经济增长的重要动力。

第四，坚持集权与分权的平衡，努力调动中央与地方的积极性。财政集权有利于中央政府集中财力，在特定时期能够更大程度上体现财政政策的调控力度，然而一味地集权会导致体制僵化；财政分权可以激励地方发展经济的积极性，允许最了解地方发展问题的地方政府制定更有针对性的财政政策，但过度分散又会造成“尾大不掉、诸侯经济”。新中国成立以来我国财政体制的变迁是集权与分权交替出现、有机统一的过程。我国地域辽阔，各地条件差异很大，区域经济不平衡，各个行业千差万别，需要制订一套统一的、科学的改革方案，但必须在实践中不断完善方案，并且要在不影响总原则的前提下，处理好整体与部分、普遍与特殊的关系，实现方案与实际的有机结合。必要时，要采取过渡性措施，确保改革方案具有较强的可行性和可操作性。1980年的“分灶吃饭”财政体制改革，允许地方在划定的收支范围内可以多收多支，赋予地方一定的自主性；1993年实施分税制改革时，中央接受了广东等地对改革方案的调整建议，既促进了改革及时出台，又适当照顾了地方的诉求。2011年，在重庆市、上海市试点对个人住房征收房产税，这些举措都体现了尊重基层实践的理念。

第五，不断推进财政理论创新。1978年以来的财税制度改革，是在坚持社会主义制度的前提下，不断进行理论创新，不断深化改革的。党的十二大提出计划调节为主、市场调节为辅的改革模式，财税体制改革则进行大胆尝试，推行“利改税”；党的十四大提出社会主义市场经济体制的重要论断，促使了1994年的分税制财税体制改革的顺利开展；党的十八届三中全会提出全面深化经济体制改革的核心问题是“处理好政府和市场的关系，使市场在资源配置中起决定性作用和更好发挥政府作用”，这标志着中国对社会主义市场经济体制的认识提升到了新高度，也决定了财税改革的大方向，明确了财税改革在预算体制、税收制度、事权与支出责任相适应等方面的改革内容。财税体制改革的历程，就是不断加强理论创新，不断深化对社会主义市场经济的认识过程。

第六，正确处理好改革、发展和稳定的关系。将改革的力度、发展的速度和社会可承受的程度统一起来，稳步推进各项财税改革事宜：从两步“利改税”的试点到推开；从分税制财税体制改革认可既得利益的前提下，分省确定税收返还额，到妥善处理原体制中央补助、地方上缴以及有关结算事项，实施过渡期转移等措施；从内外资企业所得税的分立到统一；从“营改增”的分类试点到全面“营改增”试点的实现。这些改革内容比较妥善地处理了改革、发展和稳定的关系，充分体现了中国智慧，在保障中国财税体制整体平稳运行的同时，不断推进和深化改革，从而实现了中国经济社会的持续发展。

执笔人：江　宇

专题报告十四

优化央地收入分配关系

中央与地方政府收支分配是影响国民经济和社会发展的一个重要因素。改革开放以来，我国中央和地方政府收入改革逐步推进，以税收收入、转移支付等为主要内容的分配框架初步形成，为各级政府开展经济社会各项事业、发挥宏观调控作用、提高人民生活质量奠定了基础。同时，也要看到政府间收入分配还存在不少问题，相关制度建设和改革尚未完成，一些新的问题和矛盾也随着经济社会发展不断出现，迫切需要我们进一步厘清政府间收入分配关系相关问题，将有关改革向纵深推进。

一、我国政府间收入分配关系改革的主要内容

（一）1994 年分税制改革

1994 年全面推开的社会主义市场经济体制改革中，财税体制改革处于中心位置。这次税制改革以“统一税制”为主线，建立了以增值税为核心的流转税制，实行了增值税、消费税和营业税并行，同时扩大资源税征收范围，以实现引导消费行为、纠正过低的资源价格、

环境保护等目的。分税制改革的重要原则是事权与财权相结合，但对一些事权划分不够科学，导致地方自有财力与支出责任之间差距较大，因而也同步建立了中央对地方的税收返还制度和转移支付制度。

（二）政府间收入划分相关改革

一是开展所得税收入分享改革。为进一步规范中央和地方政府之间的分配关系，扭转地区间财力差距扩大趋势，2002 年起国务院实施所得税收入分享改革，除少数特殊行业企业缴纳的企业所得税归中央政府之外，其他企业所得税和个人所得税收入实行中央与地方按比例分享，自 2003 年起中央分享比例为 60%，地方为 40%。二是开展出口退税负担机制改革。为调动地方政府打击骗退税的积极性，同时与增值税分享比例相一致，2004 年起中央决定改变出口退税全部由中央财政负担的机制，建立中央和地方共同负担出口退税的机制，但随着外贸形势的变化，2015 年起再度变为由中央全部负担。三是提高中央分享印花税比例。随着证券交易规模快速扩张，印花税也出现较大幅度增长，考虑到证券交易中心仅设立在上海和深圳但交易来自全国，国家决定提高中央分享印花税比例，从 2002 年起中央分享比例为 97%，地方为 3%。四是其他税收收入分享改革。除上述税种外，还开展了营业税、车辆购置税、成品油税费等税种的收入划分改革。

（三）转移支付制度的建立和完善

我国转移支付制度是作为分税制改革的配套措施提出的。1995 年国家开始推行“过渡期转移支付”，根据各地区总人口、GDP 等，按照统一公式计算其标准财政收入和财政支出，对存在财政收支缺口的地区按一定系数给予补助。2002 年起，“过渡期转移支付”改为“一般性转移支付”，初步形成了包括一般转移支付（包括普通转移支付、民族转移支付、革命老区转移支付和边境地区转移支付四项）、体制补助和上解、年终结算补助或上解、专项补助的转移支付体系。2005 年，国家调整统计口径，将一般性转移支付定义为中央政府对地方政府一般财力的补助，2009 年再次调整，将转移支付项目简化为一般性转移支付和专项转移支付两大类。目前，我国中央政府对地方政府的财政补助架构主要包括一般性转移支付、专项转移支付和税收返还三部分。

（四）其他相关领域的政府间收入分配

一是预算外资金管理逐步规范化。各类收费等预算外资金是政府取得财政收入的重要补充形式，但是长期以来也存在过多过滥、游离于政府预算之外、不受社会公众监督等问题。自 1996 年起，国家开始大力度清理整顿预算外资金，逐步扩大“收支两条线”管理模式的实施范围，近年来不断提高非税收入征缴管理和监管水平。2011 年起明确要求除教育收费纳入财政专户管理外，其他预算外资金全部纳入预算管理。二是逐步建立规范地方政府举债融资机制。自 2009 年起，我国地方政府债券先后经历了“代发代还”“自发代还”和“自发自还”的阶段。近几年随着“去杠杆”工作深入推进和地方政府隐性债务治理，发行地方政府债券成为补充地方政府财力的重要渠道。地方政府债券分为地方政府一般债券和地方政府专项债券，由省、自治区、直辖市政府（含经省级政府批准自办债券发行的计划单列市政府）发行和偿还。

二、优化中央和地方收入分配关系的目标

（一）政府间收入分配的基本原则

我国处于经济转型期，中央和地方收入划分应综合考虑我国的政治体制、经济发展与民生建设需求，同时充分吸收理论研究成果和发达国家经验。我国政府间财政收入分配应遵循以下四个基本原则。

公平和效率原则。党的十八大报告中指出“初次分配和再分配都要兼顾效率和公平，再分配更加注重公平”。传统经济学理论认为间接税发挥作用更多体现在提高效率方面，而直接税由于其不可转嫁特点，可以更好地调节国民收入分配，因此直接税更多地被赋予了实现公平的职能。

中央和地方兼顾原则。根据中央和地方职能分工的不同，收入分配应当相应兼顾。中央政府承担宏观调控和收入分配职能，有些税种政策的制定和调整会有区域外溢性，这些收入也应划归中央政府。有些职能主要由地方政府承担，或一些税种如车船税、土地使用税等只对本地区的个人和企业发生影响，则应该划分为地方税。

激励相容原则。即要使所有参与人即使按照自己的利益去运作，也能实现整体利益最大化。激励相容是提高效率的基本条件，比如，能够实现以最小的征管成本足额征税，能够避免风险损失的转嫁，能够促进实现近期利益和远期利益的平衡，等等。

事权和财力相匹配原则。在满足以上原则的条件下进行的财权划分，往往难以和事权相匹配，因而要从其他方面完善各级政府的财力，让最终的财力与事权相匹配。我国应当坚持按各级政府职能和税种属性分配财权，对不同层级政府支出责任的财力保障，通过

转移支付等方式解决，既保障财政体制有效运转，也促进收入和支出相匹配。

（二）优化政府间收入分配的迫切性

当前政府间收入分配存在一些问题，对保障财税政策有效发挥作用、优化国民收入分配结构、促进地区间均衡协调发展、推动关键领域和产业发展等都产生了一些负面影响，政府间收入分配的一些突出问题亟待解决。

一是政府间税种划分不够合理。长期以来，我国财税制度受财政联邦主义影响较大，但是由于政治体制存在差异，财政联邦主义并不完全适合我国国情。如：种类繁多、规模庞大的专项转移支付使用效率偏低；中央出台政策减税降费、增加公共服务政策，但支出责任往往落在地方政府身上；中央政府实施扩张性财政政策，在年中增加预算支出，却要求地方政府提供配套资金；等等。总的来看，分税制逐步受到侵蚀，越来越多的税收被共享，地方财政收入来源未能有效落实。另外，基于提高税收征管效率的考虑，国税、地税两套税收征管体系进行了合并，也应当避免可能对分税制制度基础造成的负面影响。

二是转移支付的制度性建设不足、资金使用效率较低。目前，我国一般性转移支付与专项转移支付结构不尽合理，专项转移支付所占比例仍然偏大，拨款覆盖了几乎所有预算支出科目，补助对象涉及各行各业。专项转移支付缺少足够科学的标准和依据，项目决策随意性大，资金使用不够公开透明，导致分配有效性合理性不足、专款他用、挤占挪用等现象时有发生，降低了资金使用的有效性。

三是基层财政保障能力偏弱，部分基层政府收支缺口大。虽然中央转移支付和税收返还力度持续加大，但县乡基层政府事权与财力不匹配的局面没能得到根本改变。而且，在推动经济转型升级、加快社会事业发展方面，地方财力有时难以充分支撑中央确定的建设发展任务，这又进一步加剧了地方财力的紧张。

四是地方政府本级财力紧张导致的土地财政依赖和债务风险。地方政府事权偏重、财力偏紧的矛盾长期存在，导致各地方财政收入难以支撑当期支出需求。为弥补财政缺口，各地均较大程度依赖土地出让金收入，形成了巨大规模的“土地财政”，2019 年全国土地出让金收入相当于税收收入的 45.9%。同时，近年来地方政府依托资本市场，通过融资平台等，大规模利用各种融资工具弥补当期收支缺口，导致地方政府隐性债务不断攀升。

五是省以下财政体制不健全。一些省级政府没有承担均衡省以下财力、保障基层基本支出的责任，部分省、市、县人均财力差距较大。省以下财政体制不统一，各级政府收入划分不够合理，与分税制原则不尽一致。政府和企业之间的关系对税收产生影响，一些地方为短期促进经济发展，对企业进行税收返还等变相减免税收，干扰了公平竞争和市场配置资源。

（三）优化政府间收入分配的目标

优化完善政府间收入分配，目标不仅局限于这一问题本身，还应确保收入分配关系能够服务于我国经济社会发展的各种综合性目标。

有助于转变发展方式，实现高质量发展。改革开放 40 年来，我国经济迅猛发展，社会事业显著进步，取得了举世瞩目的成就，但是目前也存在一些阻碍我国转向高质量发展的因素。优化政府间收入分配，应当有助于提高各级政府推动高质量发展的能力，引导、优化和支持地方政府转变发展观念，降低对经济增速的单一追求，更好地贯彻落实五大发展理念，促进经济社会全面发展。

有助于提高政府运行效率。近年来，我国围绕提高财税征管能力推出了金税工程等一系列重大改革举措，下一步应继续提高信息化水平，充分利用信息技术、大数据等条件，为提高政府管理水平、完善税收征管、科学制定财税政策等提供有效支撑。同时，我国也开展了“扩权强县”“省直管县”等改革，对推进依法行政、提高政府透明度等发挥了积极作用，应当进一步完善有关改革举措，促进政府运行效率不断提升。

调动基层政府的积极性和创造性。基层政府是直接服务百姓、落实政策的主体，义务教育、就业培训、公共卫生、失业和贫困救助等各项社会事业，离不开基层政府的主动作为和创新实施。社会保障水平和效率的高低直接关系人民对政府的满意度，关系社会主义宗旨的实现。收入分配应适当合理向基层倾斜，赋予基层政府更好服务的基本财力保障。

三、优化中央和地方收入分配关系的基本设想

（一）明确政府职能，建立有限政府

合理界定政府的职能和支出责任，不断缓解政府“越位”和“缺位”问题，是确定收入规模和收入分配制度的基础。各级政府要减少对经济活动的直接参与，特别是应逐步有序退出竞争性、有收益的领域，持续放开垄断行业准入限制，开展国企国资改革、投融资体制改革等不断适应市场经济要求，利用混合所有制改革、基础设施和公共服务 PPP 等具体方式在垄断领域培育与发展民营经济，创造政府逐步退出的条件。同时，要加强“缺位”填补，将政府财力用在有益于改

善民生、优化宏观调控、完善要素市场化配置、完善市场决定价格机制、改善营商环境、维护公平竞争等方面。并且着力提高在收入分配方面的能力水平，通过再分配，一方面解决起点公平问题，如加强教育领域支出；另一方面不断调整优化支出结构，促进关键领域事业的发展，如推动科技进步、补齐民生短板等。

（二）优化政府层级，考虑确立四级政府行政架构

确立中央—省—市（县）—乡四级政府行政架构，精简政府层级。主要原因在于我国国土面积大，人口众多，地区间差异大、发展不平衡，西方国家普遍实行的三级政府架构不完全符合我国基本国情。比如欧洲，其面积和我国面积相当，但人口不到我国的一半。虽然欧洲国家大多采用三级政府架构，但如果把欧盟也看作一级政府，那么欧洲就是四级政府架构。

（三）完善税收制度，适当调整收入划分

不断完善税收制度。一是深化增值税改革。稳妥推进降低增值税税率改革，完善增值税期末留抵退税政策，在促进制造业和小微企业发展的同时，为税收长期可持续增长打好基础。二是改革消费税。合理调整消费税范围、税率结构和征收环节，充分发挥消费税促进节能减排、引导理性消费的作用。三是完善企业所得税制度。研究支持科技创新型企业、现代服务业发展的企业所得税政策，实施鼓励研发投入的所得税优惠政策，适时修订完善《中华人民共和国企业所得税法》，为各类市场经济主体创造一个税负统一、政策公平的税收制度环境和合理稳定预期。四是完善个人所得税制改革。完善费用扣除，优化税率结构，更好地发挥个人所得税调节收入分配的职能作用。五

是稳步推进房地产税改革。推进房地产税立法，统筹考虑房地产税和土地出让金收入，成为市县级以下政府的重要收入来源。

合理调整政府间收入划分。一是调整省级政府收入来源。省级政府承担规划、公共服务等职能，职能属性兼具中央政府和地方政府特征，收入格局应和中央政府统筹考虑，可考虑将增值税、所得税作为省级政府主要税收来源，科学制定基于来源地、人口规模等综合因素的分享比例。二是消费税从中央税改为共享税。这可以缓解“营改增”后地方主体税种缺失的问题，调动地方积极性，维护消费环境，提高流通效率。三是资源税留在地方。我国资源主要分布在中西部贫困地区，为支持这些地区经济社会发展和加强环境资源保护力度，有必要将资源税留在地方，由省本级统筹平衡省内资源分配和协调发展。四是加强对各级政府履职所需资金的规模测算能力。根据收入缺口科学确定其他收入分享比例，提高人口规模等要素在测算中的权重。

（四）完善转移支付制度

在优化政府间事权基础上设计转移支付体系。强化中央事权和支出责任，明确各级政府事权和支出责任范围，减少对地方事权和支出项目的干预。一是强化一般性转移支付，将现行对地方支出责任范围内实施的专项转移支付调整并入一般性转移支付。二是专项转移支付重点解决外部性、共同支出责任问题和服务中央特定政策目标，对中央事权和支出责任范围内的事项由中央全额支出，不再通过专项转移支付安排，对地方事权和支出责任范围内的事项原则上通过一般性转移支付安排，增强地方自主权。

完善一般性转移支付制度。自下而上确定一般性转移支付数额，根据人口规模、地理特点、气候条件等客观因素进行地区分类，针对不同类别地区设定行政管理人员配备、办公条件和行政经费标准，完善明确计算公式，依此测算各级政府一般支出需求，减少资金分配的随意性。进一步加大中央一般性转移支付力度，提高各省（自治区、直辖市）间人均财力的均等化程度，逐步取消税收返还制度，增加中央政府一般性转移支付支出的责任，如因收入分享规则调整带来的收入增量，应全部用作增加对落后地区的一般性转移支付等。

优化专项转移支付制度。对专项转移支付开展系统评估，根据政府间支出责任划分，对既有转移支付项目进行分类规范、清理整合和充实提升，设定专项转移支付门槛和准入机制。同时应明确：属于中央事权委托地方执行的，或省级政府事务委托县级政府执行的，应当由中央或省级政府足额拨付相关费用；上级政府和下级政府均受益、需要由双方共同承担的事务，应根据受益范围和受益程度确定上级政府和下级政府之间的资金分担比例；外部性小、笔数较多、单笔资金数额较小的项目，应予以归并整合，委托给省级政府代为审核发放。

发挥横向转移支付的积极作用。在纵向转移支付之外，我国还有以“对口支援”方式存在的横向转移支付，如对汶川地震灾区恢复重建、对三峡库区生态补偿等方面的省际转移支付，对于统筹全国资源推动整体发展、促进地区间平衡等发挥了积极作用。应进一步总结经验、完善政策，制定金额合理、支付稳定、激励相容的横向转移支付体系，同时加强项目对接，增加地方合作的透明度、规范性，提高合作效率和意愿。

完善财政转移支付监督机制。对于一般性转移支付，由于中央不规定其具体用途，由地方政府自行支配，对这部分资金的运用，主要通过对地方政府的预决算审查和预算执行监督等机制进行监督管理。对于专项转移支付，要从项目的立项审查、跟踪督办、验收考核等全过程进行监督管理。同时，建立转移支付制度的绩效评价机制，纳入政府绩效评价体系。健全转移支付法律法规制度，适时出台政府间财政关系法和转移支付条例。

执笔人：雷潇雨

专题报告十五

全面实施预算绩效管理

一、预算绩效管理改革步入“全面铺开”新阶段

预算绩效管理改革，是我国财政管理改革推进到一定阶段的产物。在确立社会主义市场经济体制改革目标之后，我国预算管理改革步伐明显加快。20 世纪 90 年代，财政管理的侧重点在收入侧，主要表现就是 1994 年的工商税制改革、分税制改革；到 21 世纪初，财政管理的改革重点转向支出侧，实施了公共财政“三项改革”，即部门预算、国库集中支付和政府采购改革。财政改革重点的转移为绩效预算管理改革开启了大门。一时间，“绩效预算”成为国内财政研究的热点。

2003 年 10 月，党的十六届三中全会就完善社会主义市场经济体制问题作出部署。会议提出，要“建立预算绩效评价体系”。2005 年，财政部发布《中央部门预算支出绩效考评管理办法（试行)》。2009 年，财政部发布《财政支出绩效评价管理暂行办法》和《关于进一步推进中央部门预算项目支出绩效评价试点工作的通知》。各地也积极开展了关于绩效预算改革的试点工作，探索绩效预算发展的可能路

径，甚至产生了“焦作模式”（河南省）、“闵行模式”（上海市）和“南海模式”（广东省）。

2011 年 4 月，国务院召开第一次政府绩效管理工作部际联席会议，决定在北京、吉林、福建、广西、杭州、深圳等地开展地方政府绩效管理试点；国土资源部、农业部、质检总局进行国务院机构绩效管理试点；国家发改委、环境保护部进行节能减排专项工作绩效管理试点；财政部进行财政预算资金绩效管理试点，为全面推行政府绩效管理积累经验。此后，绩效预算改革（以绩效管理的方式）的步伐明显加快。2011 年 4 月，财政部发布《财政支出绩效评价管理暂行办法》，就绩效评价的对象和内容、绩效目标、绩效评价指标、评价标准和方法、绩效评价的组织和工作程序、绩效评价报告的撰写、绩效评价的结果应用等作出明确规定。财政部同时还发布一系列附属文件，包括《财政支出绩效目标申报表》《财政支出绩效评价指标框架（参考）》《财政支出绩效评价报告（参考提纲）》《财政支出绩效评价指标体系（参考样表）》《财政支出绩效评价指标评分表（参考样表）》《财政支出绩效评价工作流程图》等，为各地区、各部门评价财政支出绩效提供了基本的行为规范。同年 7 月，财政部发布《关于推进预算绩效管理的指导意见》，明确了建立“覆盖所有财政性资金，贯穿预算编制、执行、监督全过程的具有中国特色的预算绩效管理体系”的工作目标；还提出要逐步建立起“预算编制有目标，预算执行有监控、预算完成有评价、预算结果有反馈、反馈结果有应用”的预算绩效管理新机制。在此基础上，财政部发布了《预算绩效管理工作规划（2012—2015 年）》。和预算绩效管理工作规划一道，财政部还发布了两份配套文件：《县级财政支出管理绩效综合评价方案》和《部门支出管理绩效综合评价方案》，为县级财政绩效评价和部门支出绩效评价提供了基本行为规范。2013 年 4 月，财政部又下发了《关于印发〈预算绩效评价共性指标体系框架〉的通知》，发布了《项目支出绩效评价共性指标体系框架》《部门整体支出绩效评价共性指标体系框架》和《财政预算绩效评价共性指标体系框架》，指导和引领各地区、各部门构建相对完善的绩效评价指标体系。

2014 年 8 月，全国人大常委会表决通过《中华人民共和国预算法（修正案）》（以下简称“新《预算法》”）。新《预算法》从多个方面对预算绩效提出要求，把预算绩效管理上升到法律层面上。根据党的十八届三中全会精神，按照新《预算法》的要求，国务院于 2014 年 10 月发布了《关于深化预算管理制度改革的决定》（国发〔2014〕45 号）（以下简称《决定》）。《决定》明确提出要健全预算绩效管理机制：“全面推进预算绩效管理工作，强化支出责任和效率意识，逐步将绩效管理范围覆盖各级预算单位和所有财政资金，将绩效评价重点由项目支出拓展到部门整体支出和政策、制度、管理等方面，加强绩效评价结果应用，将评价结果作为调整支出结构、完善财政政策和科学安排预算的重要依据。”① 党的十九大站在社会主义新时代的历史方位，从推动治理现代化和高质量发展的高度明确提出：“建立全面规范透明、标准科学、约束有力的预算制度，全面实施绩效管理。”根据上述要求，中共中央、国务院于 2018 年 9 月发布了《关于全面实施预算绩效管理的意见》（以下简称《意见》）。《意见》明确了全面实施预算绩效管理的总体要求，即“力争用 3 ~ 5 年时间基本建成全方位、全过程、全覆盖的预算绩效管理体系，实现预算和绩效管理一体化，着力提高财政资源配置效率和使用效益，改变预算资金分配的固

① 中国政府网，中央有关文件，http：//www. gov. cn/zhengce/wenjian/zhongyang. htm。

化格局，提高预算管理水平和政策实施效果，为经济社会发展提供有力保障”[①]。《意见》还就构建全方位预算绩效管理格局、建立全过程预算绩效管理链条、完善全覆盖预算绩效管理体系、健全预算绩效管理制度、硬化预算绩效管理约束，强化改革组织保障等作出全面部署。该《意见》的发布，标志着我国预算绩效管理改革步入了“全面铺开”的新阶段。

二、全面实行预算绩效管理的有利条件和挑战

（一）当前全面推行预算绩效管理面临的有利条件

经过10多年来的酝酿和探索，特别是2011年以来有关部门的大力推动，当前我国全面实行预算绩效管理面临一系列有利条件，主要表现在以下方面。

一是我国已初步建立起了全过程预算绩效管理的新机制。全国预算绩效管理工作会议以来，有关部门积极完善相关法律法规，健全评价指标体系，加强绩效管理信息系统和专家库、中介组织库等基础设施建设，以重大民生支出项目为重点，不断扩大试点范围，创新评价模式，拓宽结果运用，强化绩效约束，已初步建立起了“预算编制有目标、预算执行有监控、预算完成有评价、评价结果有反馈、反馈结果有应用”的预算绩效管理新机制。

二是有关部门绩效意识显著增强，预算管理规范化、科学化水平明显提高。经过多年的努力，人们对于“花钱必问效，无效必问责”已经耳熟能详。并且，随着制度的不断完善，上述理念也正逐渐落实

---

① 中国政府网，中央有关文件，http：//www. gov. cn/zhengce/wenjian/zhongyang. htm。

为行动。具体如：在预算编制环节随项目报送绩效指标，广泛推行项目支出绩效自评，财政部门对部分项目绩效情况进行抽查，以及把项目绩效评价结果作为单位绩效考评的有机组成部分等。绩效管理还带来了资金分配方式的改变。以前，预算资金管理相对粗放，各支出部门和财政部门围绕预算分配展开激烈的讨价还价，最终形成的分配结果往往充满主观随意性。现在把项目绩效作为资金申请的重要依据。对各支出部门来说，申请到项目资金固然重要，但更重要的是把财政资金按预定方式花出去并取得预期的政策效果，这就推动着各部门把工作重心从尽可能多地争取资金支持转向更高质量地开展工作，推动着财政资金分配从“人为分钱”转向“靠制度分钱”。

三是财政资金分配保证了重点支出，推动了政府职能转变。长期以来，民生项目存在着“口头上重视，但资金拨付不到位”的现象，重点项目则因为主要领导重视而经常出现监督弱化、资金浪费严重的现象。把重点项目支出和民生支出作为绩效管理的重点，就抓住了问题的关键，对于引导各地区、各部门优化资金配置，切实加强预算管理，提高财政资金使用效益发挥了重要的作用。

四是预算管理的科学化和民主化水平有了明显提高。实施预算绩效管理是庞大的系统工程。无论是相关制度设计、绩效目标确定，还是项目绩效评审，都离不开相关研究机构、专业人士、媒体乃至社会公众的参与。特别是研究机构（专家）、专业中介机构的参与，为预算绩效管理提供了强大的智力支持。这一过程同时也是公共决策逐步开放，走向民主、科学的过程，是有序提高公众对社会事务参与度的过程。

（二）全面实行预算绩效管理面临的困难和挑战

在看到有利条件的同时，我们也应清醒地看到当前全面推行预算绩效管理所面临的问题和挑战。

首先是前一时期预算绩效管理改革所暴露出来的问题，主要表现在以下几点。

一是预算绩效管理“上热下冷”，基层政府积极性不足。具体表现为：政府层级越高，对预算绩效管理的态度越积极，改革动作越大；而越接近基层政府，改革动力越小，改变也越小。总的来看，在中央和省级层面上，绩效评价已经比较普遍地开展起来了。但在市级以下，多数地区还只是处于试点阶段。

二是一些支出部门配合不积极，改革浮于表面。新修订的《中华人民共和国预算法》明确规定：“各级政府、各部门、各单位应当对预算支出情况开展绩效评价。”这就从法律上明确了各级政府、各部门、各单位在预算绩效管理中的主体地位。事实上，一些地方、部门和单位对预算绩效管理抱有消极态度，甚至把新的规则和制度看作套在自己头上的“紧箍儿”。再加上一些深层次问题难以通过预算绩效管理予以解决，就导致实务操作中出现了形式主义：各种表格都填了，各种流程都走了，但实质性要求落实不到位，绩效管理流于形式。

三是绩效信息利用不充分，没有形成真正的问责机制。“无效要问责”是绩效管理的基本理念和基本原则。事实上，一些地区、部门在安排项目资金时，首先考虑的往往是非绩效因素，如领导重视程度、是否符合政策要求以及财政收入状况等。从项目角度看，即便项目绩效评价结果并不如人意，也很少出现后续资金调整乃至取消后续资金支持的情形。问责机制的弱化严重制约了改革潜力的发挥。

其次是全面实行预算绩效管理所面临的新困难、新挑战，主要表现在以下几点。

一是相关各方组织能力严重不足。全面实施预算绩效管理需要体现三方面要求：第一，要涵盖政府预算、部门预算、政策和项目预算等不同层次，从而形成全方位的绩效管理格局；第二，要涵盖立项时事前绩效评估、预算编制时绩效目标设定、执行过程中绩效监控以及事后绩效评估和结果运用等环节，从而形成全过程的绩效管理新局面；第三，要涵盖一般公共预算、政府性基金预算、国有资本经营预算以及社会保险基金预算，从而形成全覆盖的绩效管理新体系。要达到上述“全方位、全过程、全覆盖”的要求，需要各相关机构大量增加人员和资金投入。目前，无论是财政部门还是各支出部门，都面临组织能力严重不足的制约。

二是专业服务市场发育不健全，社会化服务功能不全。政府购买服务、依托社会机构开展绩效评估，是缓解目前财政部门人手不足的重要途径，各地也为此开展了积极的探索。但在市、县、乡三级层面上，专业评价机构发育很不充分，评估公司的能力瓶颈十分明显，有些绩效评价过程充满主观性、绩效评价结果也良莠不齐。在专业服务市场发育不健全，政府监管制度没有有效建立的情况下，贸然把政府职能外包给企业，很有可能出现混乱局面，预算绩效管理也有可能因此而流于形式。

三、全面实施预算绩效管理

全面实施预算绩效管理，是适应经济发展步入“新常态”、财政收支矛盾加剧的客观需要，也是推进治理现代化的战略性举措。在党中央、国务院作出全面实施预算绩效管理的决策之后，如何提高执行力，把党中央、国务院的要求和部署不折不扣地落到实处，就成了摆在各级党委、政府面前的重要政治任务。

从管理学角度看，在决策作出之后，接下来就是执行的问题了。前面提到的预算绩效管理改革中存在的问题，如激励机制不完善、组织能力不足等，换个角度看都是执行过程中存在的问题。当前有关完善预算绩效管理改革推进机制的诸多讨论，其实也是围绕提高执行力而展开的。所谓执行力，指的是贯彻战略意图，完成预定目标的操作能力。按照蒋小华的观点，要打造高效的系统执行力，需要采取“三管齐下”的策略：决策层需要将组织的战略、意图、主要行动和时间进度明晰化，以统一思想和统一行动，形成最大的组织合力。中间层需要转换角色、激活团队。所谓转换角色，就是指中层领导要完成自己的角色认知，明白自己的任务；而激活团队则指把总的发展目标、行动计划分解为部门的发展目标和行动计划，并进一步将其分解、转化为员工的个人行动目标和个人行动计划。一线基层则需要完善激励机制以增加员工的动力，减少变革的阻力①。沿着上述思路，笔者认为，可从如下几方面入手推动全面预算绩效管理改革走向深入。

（一）为预算绩效管理改革创造良好的外部环境

一是要在全国范围内发起一场政府绩效管理运动。20 世纪 90 年代以来，（新）预算绩效管理在发达国家蓬勃发展起来，与当时“新公共管理革命”的兴起是密不可分的。预算绩效管理强调“结果导向”，放松“过程控制”，本质上属于“放权式改革”。近年来，“全方位管理”在政府管理中流传开来。在许多领域，上级政府（部门）

---

① 蒋小华主讲课程“高效执行”，https：//baike. baidu. com/item/高效执行/4582576？fr = aladdin。

不仅为下级政府（部门）规定了工作目标，还规定了工作流程、工作方法和工作进度，并且对下级政府（部门）实施严格的督导和检查。这种既要结果又要过程的“保姆式”管理方法，挤压了地方（下级）政府的自由度，本质上属于“集权式管理”。在“集权”的背景下推行“放权式改革”，就使预算绩效管理改革面临难以调和的文化冲突。应当在政府系统开展一场“绩效管理”运动，以结果为导向，放松过程控制，为全面实施预算绩效管理改革创造好的外部环境。

二是把预算绩效考评结果纳入政府和干部绩效考核体系。预算管理是政府管理的重要内容。预算管理水平高，公共资金使用效果好，是政府管理水平高的重要体现。因此，应把预算绩效考核看作干部绩效考核的有机组成部分，把预算绩效考核结果作为决定干部升迁、任免的重要依据，真正使预算绩效评价结果应用“硬起来”。

（二）进一步明确角色定位，调动相关各方积极性

一是要明确财政部门和支出部门的关系。应进一步明确：预算绩效管理的目标是提高政府各支出部门的资金使用效率，并以此推动工作的改进和提高。财政部门引导、推动预算绩效管理工作，不是在给支出部门添麻烦，而是依托专业优势给专业部门提供帮助。在全面预算绩效管理过程中，各支出部门和财政部门的目标是一致的，都是为了提高支出部门的履职能力和履职水平。因此，支出部门应该对财政部门的介入、对预算绩效管理持积极、欢迎的态度。

二是要明确各支出单位内部规划财务管理部门和各内设机构的关系。在各支出单位内部，规划财务部门受财政部门业务指导，负责推动各内设机构预算绩效管理工作，而各内设机构则根据职能定位，履

行相关政府（管理、监督或公共服务等）职能。规划财务部门与其他内设机构的关系，类似于发改、财政部门与各支出部门间的关系。在预算绩效管理改革过程中，各内设机构是预算绩效管理的责任主体，而规划财务部门则提供业务指导、技术援助等工作。

三是要明确人大与财政部门、各支出部门的关系。提到预算监督，人们通常会把人大与政府（财政部门）对立起来。事实上，在预算绩效管理过程中，人大和财政部门既有对立的一面，又有广阔的“合作空间”。比如：人大代表或预算工作委员会提前介入项目绩效的初审，既弥补了财政部门评估力量的不足，又为后期人大开展监督工作提供了信息来源。再比如：既然各支出部门是实施预算绩效管理的主体，人大开展监督工作时就应该把监督重点放到各支出部门上（当然，人大对财政部门的监督和问责也是必不可少的）。

四是要进一步发挥舆论监督在预算绩效改革中的积极作用。企业、公众是政府管理和公共服务的对象。企业和公众的“获得感”是判断政府是否有效履职、公共资金使用是否高效的最终依据。这就注定了预算绩效管理改革必须是公众广泛参与的改革，必须是普遍接受舆论监督的改革。因此，我们不仅需要在事后的绩效评价环节广泛听取企业和公众的评价，就是在事前的绩效设定环节、事中的执行监督环节也需要广泛听取社会意见。

（三）强化能力建设，推动各相关部门充分履职

一是要优化财政部门机构设置，提升绩效管理能力和水平。预算绩效管理要求切实加强财政部门在政策分析、战略规划、绩效评估方面的职能。应进一步优化财政部门机构设置和人员配备，不断强化财政部门在预算绩效管理改革中的引领和服务职能。

二是要提升各支出部门中规划财务机构的地位。从企业管理的角度看，财务管理早已超越出纳和财务核算的角色定位，成为企业管理的重要组成部分，企业在决策层也普遍设立了首席财务官（CFO）。同样，要全面推行预算绩效管理，也必须显著提升政府内部规划财务管理的地位。建议在政府各支出部门内部设立首席规划财务师，以加强对规划财务工作的领导。

三是要整合社会资源，弥补基层人大、政府人手不足。毋庸讳言，当前基层政府和人大机关普遍存在经费紧张、人手不足、业务素质难以满足全面实施预算绩效管理需要的现象。建议加快人才库建设，选聘部分专业能力强、政治素养高的退休（或退居二线）政府官员担任业务指导或绩效评价员，以弥补地级市、县（区）、乡（镇）级财政部门（绩效评价中心）绩效评价能力不足的缺陷①。同时，建议市、县级人大常委会普遍设立专门委员会和预算工作委员会，在提高人大监督工作专业性和针对性的同时，鼓励、支持人大常委会委员“跨界”参与有关预算绩效管理的专题调研、质询和督导工作。政协机关也应发挥其人才优势，围绕预算绩效管理开展专题调研和献计献策活动。人大在组织专题调研和质询活动时，也可以邀请政协委员“合署办公”以形成更大的、推进改革的合力②。

四是要加快培育第三方服务市场，提高政府服务能力。首先，要加强人才培养和技能储备工作。各地级市可以考虑在当地大学内设立公共管理学院或公共管理研究中心，以加强绩效评价人才培养和知识

---

① 人才库应由地市级财政部门统一建立，候选人由县（区）级政府（或其财政部门）推荐产生，人员应涵盖乡镇基层领导干部；人才库资源由下一级财政部门按需调配和使用，以显著提升财政部门的绩效评价能力。

② 当然，在决议环节政协委员是没有投票权的。

储备；同时，借助高效灵活的体制优势，鼓励专业人员以多种形式（如政策调研、社会化服务）参与到预算绩效管理改革进程之中。其次，要以地级市机构库和专家库为依托，建立合格第三方评估机构库和专家库网络，扩大县（区）、乡（镇）级政府绩效评价服务外包的选择，建立有效的、竞争性的服务外包市场。最后，要加快建立第三方评估机构服务质量评价与控制体系，确保绩效评估服务外包市场秩序，确保第三方评估机构的服务质量。

（四）加强顶层设计，加快改革步伐

一是要进一步发挥财政部门的枢纽作用。预算绩效管理改革涉及方方面面，应根据项目评价、政策评价、部门评价乃至政府评价侧重点的不同，由财政部门联合支出部门，在深入分析制约高效使用资金的障碍，并就改进措施达成共识的基础上，分门别类编制绩效评价工作行为指引，以更好地协调各部门行动。

二是要明确改革路线图，由浅入深逐步推进。各部门、各单位应从本级政府财政事权或由本级政府主导的共有财政事权入手，以试点经验、典型案例为引导，从主要矛盾切入，从突出问题改起[①]，确保改革“初战”告捷。在此基础上，不断扩大改革覆盖范围，逐步实现对所有财政性资金收支的全覆盖。同时，还要根据提高资金使用效益的内在需要，稳步推进财政透明度、中期预算、权责发生制会计等专项改革，不断夯实预算绩效管理的制度基础。

三是要制定标准化工作模板，快速普及预算绩效管理活动。财政

① 例如，政策评估从解决突出问题，优化资金配置结构入手；项目评估从消除财务违规做法、合理设定绩效指标、提高预算编制科学性入手；国有资本经营预算则从消除财务管理漏洞、提高国有企业分类管理水平入手。

部门应联合支出部门，为项目评价、政策评价、部门评价编制行为指引和绩效评价标准模板，大幅降低预算绩效管理的技术门槛和工作量，以激发各支出部门的改革热情，推动改革步入“快车道”。

执笔人：张俊伟

专题报告十六

深化我国财政透明度建设

党的十九大报告中提出新时代中国特色社会主义思想，明确全面深化改革总目标是完善和发展中国特色社会主义制度、推进国家治理体系和治理能力现代化。因此，我国未来财税改革应以推进国家治理体系和治理能力现代化为目标。财政透明以向公众提供更多政府治理和支出信息、促进公众参与和监督政府行为、推动政府行为规范、建设高效能政府为目标，是现代化财政制度中不可或缺的一环。本文详细论述财政透明的概念和意义、我国提高财政透明度的实践与不足、提高财政透明度的国际经验及其对我国的启示。

一、财政透明的概念、理论逻辑和现实意义

（一）财政透明的概念

不同国际组织和专家对财政透明有不同但核心含义相似的定义。

OECD（经合组织）将透明定义为对政策趋向、表达和执行的公开；透明是良好的治理政府的核心要素，透明政府才是一个易于治理的政府，它使公众能了解政府发生了什么及为什么发生。

国际货币基金组织认为财政透明，即对公共财政的过去、现在和将来形势的公开报告相关信息的综合性、明晰度、可靠度和及时性，对高效财政管理和责任非常关键。

联合国开发计划署认为透明度是建立在信息自由流动的基础上的，相关人可以直接了解有关程序、制度和信息，可以获取充分的信息以便理解和监督政府。

GeorgeKopits 和 Jon D. Craig 认为，所谓财政透明度，是向公众最大限度地公开关于政府的结构和职能、财政政策的意向、公共部门账户和财政预测的信息，并且这些信息是可靠的、详细的、及时的、容易理解并且可以进行比较的，便于选民和金融市场准确地估计政府的财政地位和政府活动的真实成本与收益。

综合下来，可归纳为，财政透明是指向公众公开政府怎样筹集财政收入、支出、管理公共资源的高质量信息，以便于公众和选民监督与评价，促进财政和政府良好治理。财政透明度即财政透明的程度。

（二）财政透明的理论逻辑

委托代理理论在财政领域的运用，为财政透明要求提供了理论依据。如下简述：在市场经济条件下，由于公共产品具有非排他性和非竞争性，市场机制无法保证公共产品和公共服务的有效供给，需要政府对这部分产品和服务进行资源配置。对于公共产品的供给成本，政府通过强制征税加以解决。由此，政府和纳税人之间形成一种委托—代理关系。公众为委托人，通过法律程序委托政府为代理人，由政府按照公共利益的要求来筹集公共资源以及生产市场机制无法提供的公共产品和公共服务，来满足公共需要。但由于双方信息不对称，不可避免会产生逆向选择和道德风险问题。完全消除政府部门违背纳税人意愿的行为是不可能的。为了提高公共政策的有效性，与其追求政府部门与公共利益目标的一致性，不如尽力防范道德风险的发生，或降低道德风险的程度。那么，消灭道德风险产生根源，即委托人和代理人之间的信息不对称就至关重要。通过提高公开的政府信息质量，缩小必要的保密信息范围，将有助于克服代理带来的问题。财政信息关乎政府运营，能反映政府活动及效率，因此提高财政透明度格外重要。其他理论，如公共受托责任理论和善治理论，也为财政透明必要性提供了理论支持。

（三）财政透明对我国的现实意义

当前，我国财政支出结构不尽合理、效率不够高；政府资产负债公开程度不高、资产端仍存在统计问题，隐性负债公开程度很低、评估混乱，越来越影响财政可持续性及其评估判断和风险预警防范，甚至影响到地方债发行人（地方政府）的可信度和声誉以及投资人的判断与市场情绪，对债券市场良性发展构成不利因素；公众对财政行为缺乏监督和信息来源；更不用说中期规划这样前瞻性的财政报告的缺乏，导致缺乏公开信息引导稳定预期；更缺乏完善社会主义民主监督的财政制度机制。这些因素都对我国提高财政透明度，构建高效透明、良好治理的财政体系提出了要求。

从党的十八届三中全会决定中提出的建立现代财政体系的要求看，提高财政透明度也是必须做的一项财政改革措施。十八届三中全会通过的《中共中央关于全面深化改革若干重大问题的决定》中指出，“财政是国家治理的基础和重要支柱”“改进预算管理制度。实施全面规范、公开透明的预算制度”。可见，提高财政透明度是深化财政改革的一项任务。

二、我国提高财政透明度的探索历程和现实不足

（一）我国提高财政透明度的探索历程

计划经济体制下，我国政府只向人民代表大会公开简要的财政预算和决算，而随着市场经济体制的建立和完善，法治化的推进，财政信息公开的广度逐渐扩大。先是中央财政预决算向社会公开。而后，随着2000年部门预算改革和2001年国库集中收付制改革的推开，2002年《中华人民共和国政府采购法》的实施，2005年起绩效预算试行，对政府的监督逐渐加强，财政信息公开的内容逐渐增加。2006年，《财政部关于进一步推动地方财政部门政务公开工作的意见》中要求地方财政部门政务公开应遵循全面真实原则，并明确了政务公开内容，规定县乡财政部门须公开本级人大通过的预决算报表、财政转移支付资金的分配使用与管理情况、财政专项资金分配使用与管理情况、乡镇财政负责征收的各项税费的征管政策。

而后，2008年5月1日起施行的《中华人民共和国政府信息公开条例》成为主要推动力。其中第十条规定，县级以上各级人民政府及部门重点公开的政府信息包括："财政预算、决算报告""行政事业性收费的项目、依据、标准""政府集中采购项目的目录、标准及实施情况""重大建设项目的批准和实施情况"。第十二条规定，乡（镇）政府应主动公开"财政收支、各类专项资金的管理和使用情况""乡（镇）的债权债务、筹资筹劳情况"等。此条例实行后县级及以上层级政府财政预决算被强制公开。

而在2011年5月国务院要求中央部门公布"三公"经费——因公出国（境）费、公车购置及运行费、公务接待支出，地方比照中央公

开经费后，中央各部门及一些地方政府陆续公开了上年“三公”经费决算数和当年预算数，大大促进了社会监督及经费合理化、“三公”经费管理的加强。

2015年，国办印发《2015年政府信息公开工作要点》。随后，财政部门信息公开得到进一步推进和落实。《2015年财政部政府信息公开工作年度报告》中提道：2015年财政部实现了按月在门户网站公开全国财政收支情况、全国彩票销售情况、全国国有及国有控股企业经济运行情况；在中央财政预决算中，在2014年公布到支出功能分类项级科目的基础上，2015年基本支出公开到经济分类款级科目；在专项转移支付公开到具体项目的基础上，增加了公开分地区税收返还、一般性转移支付和专项转移支付预算情况；100个中央部门同一天公开部门预决算和“三公”经费预决算。

2016年《财政部政务公开规定》出台，2017年在国办发布《2017年政务公开工作要点》后，财政部制定了《财政部2017年政务公开工作要点》，将公开政府行政事业性收费、政府性基金目录清单和减税降费信息，推进政府和社会资本合作项目信息、国资国企信息、地方政府债务情况（包括债务种类、规模、结构、使用和偿还等信息）公开，列为工作要点。这些均将促进我国财政透明度的提高。

在中期财政规划方面，2015年国办下发《国务院关于实行中期财政规划管理的意见》后，财政部印发《关于实行中央部门中期财政规划管理的意见》，要求依据国民经济和社会发展规划、部门职能和事业发展等需要，合理确定规划期内中央部门的支出总量和结构，并以此指导分年度预算的编制和实施周期性管理。这在一定程度上弥补了此前缺乏中期财政规划的空白，但在公开方面尚有待推进。

（二）现实不足及问题

目前披露的财政信息内容仍很不足，与国际规范有较大差距。预算报告没有公布预测收入和支出的依据，即没有公开预测财政收支的经济模型。预算报告简单介绍了政策重点，但缺乏详尽的数量指标，人们难以对资金使用进行绩效评估。披露了债务指标，但数据不完全，没有包含所有既有债务，并且对外债和内债采用不同的披露标准。对于或有债务，预算报告既无定量分析，也无定性判断，更没有对财政风险进行定期评估。披露债务的同时，缺乏对政府资产信息和资产负债表的披露。预算报告也没有对税式支出、准财政活动进行分析、统计和披露。

财政透明仍缺乏法律保障。现有财政信息公开方面的规定推行效果有限，且仍不能满足推进财政透明的需要。例如，县级债务信息须公开已有多个文件规定，但是推行缓慢落实不够。一些信息公开受制于保密范围界定不明等因素未能公开。财政信息公开方式尚未完全法定，造成通过媒体公布的有限。

预算信息公开的范围较窄。全口径预算体系中目前后三本预算的公开程度较一般公共预算都低，很难起到预算信息公开的作用。

此外，在预算监督过程中，审计、人大监督不够，公众参与推进和监督不够，政府主动公开的动力和意识仍然不足。

三、提高财政透明度的国际经验

这里简要介绍国际货币基金组织和经合组织总结的财政透明良好实践方面的守则。

（一）国际货币基金组织的《财政透明度良好做法守则》

亚洲金融危机后，国际货币基金组织（IMF）于1998年推出了《财政透明度良好做法守则》，2007年、2012年先后进行了修订。2012年的这版守则将财政透明的四个关键要素归纳为以下四大支柱。

支柱Ⅰ：财政报告。财政报告应提供全面综合、相关、及时、可靠的对政府财政状态和绩效的概览。具体又从报告覆盖范围、频率和及时性、报告质量和真实性四方面提出了要求。

支柱Ⅱ：财政预测和预算。预算和财政预测应提供对政府预算目标和政策意图的清晰陈述，以及对公共财政发展的全面、及时和可靠预测。并从预测和预算的全面综合性、秩序（立法和及时性）、政策导向、可信度方面提出了更细的要求。

支柱Ⅲ：财政风险分析和管理。政府应揭示、分析、管理公共财政面临的风险，并确保财政决策在公共部门之间的有效协调。具体包括风险揭示与分析、风险管理、财政协调几方面的要求。

支柱Ⅳ：资源收入管理。

这版守则的总体理念大概可以归纳为：第一，财政透明度要求全面提供有关政府过去、现在和未来活动的可靠信息，这些信息有助于了解和提高经济决策的水平。财政透明度还有助于凸显未来财政可能发生的风险。这样，就可以更从容地制定和通过财政政策。第二，财政透明有利于公民利益，公民由此获得必要信息，敦促政府恪尽职守。第三，政府可以从财政透明度提高中获益，并改善进入资本市场（包括国际资本市场）的条件，通过鼓励政府追求稳健来促进金融稳定。

（二）经合组织提升预算透明度最佳做法

表16－1中大致归纳了经合组织（OECD）提升预算透明度最佳做法。

表 16-1　　　　OECD 提升预算透明度的最佳做法

<table>
<tr><th>公开形式</th><th colspan="2">具体内容</th></tr>
<tr><td rowspan="6">预算报告</td><td>年度预算报告</td><td>应完整反映政府收支。在下一财年的三月前提交议会，包括绩效目标等非财务表现数据，并更新预测值。支出按功能和经济分类。内容包括政府金融资产负债情况及或有负债等</td></tr>
<tr><td>先期预算报告</td><td>鼓励对预算总额和其对经济的影响进行辩论，阐明政府长期经济和财政目标（包括接下来两个财年的赤字和债务水平）等</td></tr>
<tr><td>月度报告</td><td>展示预算执行进度、政府借款行为信息等</td></tr>
<tr><td>中期报告</td><td>当前和接下来两个财年预算的更新预测，基础经济假设的审视。报告应包括对政府金融资产负债、非金融资产、养老保险的综合讨论</td></tr>
<tr><td>年终报告</td><td>应提交最高审计机构审计，展示对国会批准预算的遵从。与绩效目标的比较，应包括对政府金融资产负债、非金融资产、养老保险的综合讨论</td></tr>
<tr><td>竞选前报告</td><td>用于阐明竞选前政府财务所处的总体状态</td></tr>
<tr><td>专项公开</td><td colspan="2">经济假设、税式支出、金融负债与金融资产、非金融资产、雇员退休金债务、或有负债</td></tr>
<tr><td>诚信保证</td><td colspan="2">会计政策说明、体制与责任、审计、公众与议会审查</td></tr>
</table>

资料来源：作者根据 OECD Best Practices for Budget Transparency 整理归纳。

四、对我国未来提高财政透明度的建议

基于我国财政透明度存在的问题，借鉴国际经验做法，建议明确制定预算公开的目标，继续推进财政透明的措施。具体措施包括：完善信息公开的法律法规，为推进财政透明提供制度保障；借政府信息公开目录明确应公布的财政及相关政策信息；公开较完善的财政月度报告。改进政府会计制度，引入权责发生制，早日公开金融资产负债表，制定完善的财务报告；改进财政收支和债务预测，完善中期规划和中期财政报告制度；逐渐公布各层级政府债务规模、期限结构，发

布偿债率、债务负担率等风险指标；改进财政风险分析监测，尤其是或有负债的分析；提高项目预算透明度，公布其绩效目标和绩效评价结果，减少腐败，并提高效率；提高几种预算报告的及时性和一些报告的公布频率，对一些影响财政收支的政策或影响经济的重要财政收支政策（包括税收政策）调整进行公开分析和讨论；结合部门预算改革，将罚没收入与部门行政经费脱钩，清理和调整不合理的收费，消除执法机构乱罚款、乱收费的内在激励；结合国企改革，推进国有资本经营预算的进一步公开，促进国有资本领域调整，明确政府和国企的角色定位，确保经营过程中的政企分离，促进国有资本功能实现和保值增值；加强对养老金账户的预测分析和可持续性评估及相关政策设计；充分发挥各级人大的监督作用，引导媒体对公开内容理性分析对待；鼓励公众参与，但要注意引导公众的理性积极情绪；加强与国际组织的沟通。

执笔人：戴　慧

专题报告十七

促进政府与社会资本合作的健康发展

党的十八大特别是十八届三中全会以来，我国 PPP 发展进入新阶段。六年多的 PPP 实践，推动了基础设施和公共服务事业快速发展，在促进经济增长、推动改革创新等方面也取得了一定成效。但是，PPP 运行过程中也出现了对其深层内涵认识不足、相关法律法规不健全、部分政府部门和社会资本操作不规范、社会资本来源单一等问题。对此，在充分肯定 PPP 对经济建设和推动改革的积极作用的同时，要进一步优化提升 PPP 运作能力，在健全风险分担机制、建立项目全生命周期管理体系、完善政策法规、加快转变政府职能和培育 PPP 参与机构等方面，不断提高政策制度条件和各参与方综合水平，推动 PPP 更好地发挥作用。

一、当前我国 PPP 运行情况和效果

（一）近年 PPP 运行情况

项目进展方面，截至 2020 年 6 月，财政部 PPP 项目库共入库项目 12907 个，涉及总投资 18.5 万亿元，落地率达到 68.59%，其中，进

入执行阶段的有 6568 个，涉及总投资 10.3 万亿元，涉及基础设施和公共服务各方面共 19 个行业，覆盖 31 个省（自治区、直辖市）和新疆生产建设兵团。

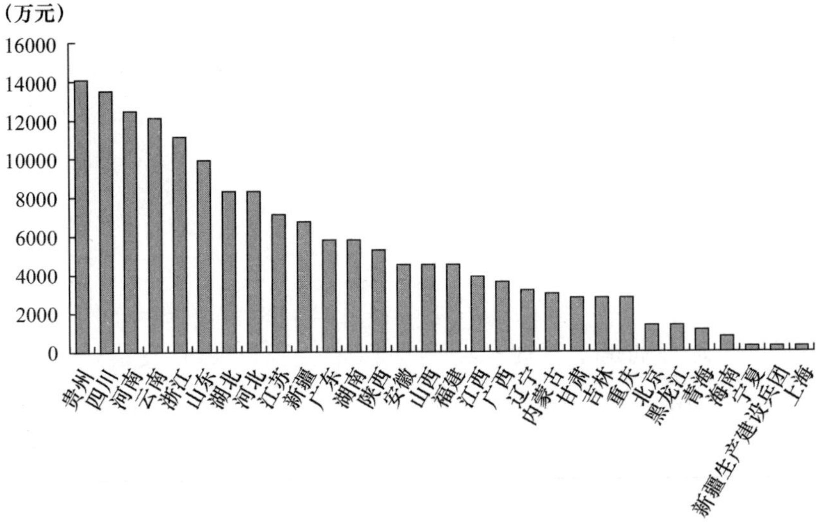

图 17－1　截至 2020 年 6 月末各地区 PPP 项目总投资额

资料来源：财政部政府和社会资本合作中心，Wind 数据库。

建章立制方面，有关国家部委和地方政府均逐步建立了指导 PPP 规范运行的政策制度。国家部委层面，财政部和国家发展改革委分别统筹公共服务和基础设施两类 PPP 项目的总体运行，交通、水利等行业主管部门分别对不同领域 PPP 项目的实施过程进行行业指导，对于 PPP 的适用范围、投融资建设和运营合作方式、推进模式、审批流程、退出程序、权利义务等作了详细规定，同时开展了示范项目跟踪分析、对口联系、动态调整等工作，财政部和国家发展改革委等也分别建立了 PPP 项目库。在地方政府层面，许多地方在国家政策之下制定了符合地方实际的 PPP 指导意见，对于实施细节进行了更明确的规定。

模式创新方面，在学习和借鉴西方 PPP 模式的基础上，我国结合国情探索创新，拓展了 PPP 的形式和职能。一是拓展了社会资本方的范畴，既包括私人资本，也包括国有控股、参股、混合所有制企业。实践中，很多地方引入了非本地国有企业作为社会资本，也起到了引入竞争、专业运作的作用。二是创新了最终出资来源。截至 2020 年 6 月末，财政部 PPP 项目库中，“使用者付费”项目投资额 2.5 万亿元，占比 13.5%；“可行性缺口补助”（即政府市场混合付费）项目投资额 11.9 万亿元，占比 64.6%；“政府付费”项目投资额 4.1 万亿元，占比 21.9%。三是把 PPP 和全面深化改革结合起来，推动打破行业准入限制，推动“放管服”改革，深化投融资体制改革，推动完善财政投入和管理方式，推动公共服务供给机制创新，提升公共服务的供给质量和效率。

政府监管方面，以 PPP 项目为平台开展了一系列事中事后监管创新。一是各级政府广泛开通重大项目库。通过信息化方式在线填报、获取和分析项目运行情况，在信息充分公开的基础上进行招投标、融资和监管工作，促进项目管理有痕迹、可追踪、公开化。二是有效开展项目监管。PPP 项目运行中，具体项目由社会资本方操作，项目的协调推进由政府出资人代表开展，改变了传统项目中政府作为业主的运行方式，政府因而能够更有精力和更加客观地对项目开展监管。三是实现了项目的“有进有出”。2017 年 11 月至 2018 年 4 月，财政部对各地区 PPP 项目开展了集中清理工作，累计清理退库项目 1700 余个，涉及投资额约 2.2 万亿元（见表 17－1），针对 PPP 认识不充分、PPP 模式与既有政策衔接不畅、项目前期准备不到位、项目公共属性较强不宜引入社会资本等原因，重点清退了一些项目，确保 PPP 项目真正符合政策意图和规范，提高了 PPP 模式生命力。目前，PPP 项目清理工作仍在分阶段滚动进行，确保在库项目合规有效。

表 17－1　　2017 年 11 月至 2018 年 4 月 PPP 项目累计清理情况

排序	省、区、市	PPP 出库项目总投资额（亿元）	占全国出库项目投资额比重（%）	占本地区 PPP 项目总投资额比重（%）	与过去三年年均地方公共财政收入的比值（%）
1	新疆	4576	20.9	37.2	339.2
2	辽宁	2146	9.8	46.8	95.9
3	河北	2112	9.6	27.7	72.6
4	甘肃	1793	8.2	55.3	229.3
5	内蒙古	1635	7.5	24.2	86.3
6	宁夏	1561	7.1	67.2	397.3
7	山东	1443	6.6	12.2	24.8
8	河南	1302	5.9	8.0	42.0
9	云南	909	4.1	8.8	49.5
10	黑龙江	885	4.0	38.6	74.6
11	江苏	796	3.6	8.4	9.8
12	湖南	564	2.6	5.7	21.2
13	湖北	440	2.0	5.5	14.1
14	重庆	400	1.8	16.8	18.1
15	海南	277	1.3	17.6	42.9
16	四川	260	1.2	1.6	7.6
17	广东	155	0.7	4.4	1.5
18	天津	151	0.7	10.7	5.6
19	福建	144	0.7	3.3	5.4
20	安徽	95	0.4	2.7	3.6
21	陕西	74	0.3	1.4	3.8
22	贵州	59	0.3	0.3	3.8
23	吉林	50	0.2	1.5	4.0
24	广西	35	0.2	1.8	2.2
25	青海	17	0.1	1.3	6.8
26	山西	17	0.1	1.1	1.0
27	北京	15	0.1	0.6	0.3

续表

排序	省、区、市	PPP 出库项目总投资额（亿元）	占全国出库项目投资额比重（%）	占本地区 PPP 项目总投资额比重（%）	与过去三年年均地方公共财政收入的比值（%）
28	浙江	15	0.1	0.2	0.3
29	江西	0	0	0	0
30	上海	0	0	0	0
31	西藏	0	0	0	0
	总计	21926	100	12.1	25.1

资料来源：财政部政府和社会资本合作中心，Wind 数据库。

（二）PPP 的效果和影响

提升公共服务质量和运营效率。PPP 项目通过发挥社会资本专业化优势、引进竞争机制、项目打包整合等途径，提升了公共服务的质量和运营效率。一是发挥了社会资本专业优势。如贵阳南明河水环境综合治理 PPP 项目，社会资本方接手后改变优化原规划方案，节省管网建设、征地费用约 15 亿元，每年节省生态调水费用 1.58 亿元、调水补水运营电费约 3000 万元。二是通过竞争降低成本。根据财政部 PPP 中心分析，2016 年通过物有所值定量评价的 335 个国家示范项目，PPP 模式与传统投融资模式相比，平均每个项目在全生命周期内节省政府投入约 3.8 亿元。

推动政府职能转变。一是倒逼政府增强契约精神。政府将 PPP 项目的建设权、经营权、部分收益权让渡给社会资本，有利于倒逼政府公开信息、接受社会监督、按合同办事，增强了政府的平等意识和契约精神。二是促进政府提高精细化管理水平。例如，山东省打造政府项目管理和社会资本公开竞争两个平台，江苏省率先建立运营省级

PPP 融资支持基金等。三是促进了若干具体领域改革。为适应 PPP 项目推进的需要，有关部门对投融资、信息公开、行政审批、城乡规划、土地利用、事中事后监管等进行了相关改革。

探索投融资改革。以政府投资项目为平台创新开展一系列融资方式，为投融资改革探索新渠道。一是设立专业基金。截至 2020 年 6 月，中国 PPP 基金累计拨款项目 98 个，涉及项目总投资超过 8500 亿元。江苏、山东、安徽、四川、贵州等省份也设立了省级 PPP 引导基金。二是开展项目股权融资。例如，北京地铁 16 号线创新实现了金融机构作为财务投资人参与 PPP 运行的模式，中再资产管理股份公司投资 150 亿元，占项目总投资的近 1/3，大幅降低了项目融资成本，同时探索了周期长、回收慢的基础设施项目与融资成本低、兑付时间久的保险资金有效合作的方式。

二、推进 PPP 存在的主要问题和原因分析

当前，PPP 已成为我国推进基础设施和公共服务项目实施的重要方式，经过六年左右的政策完善和项目清理，PPP 模式也得到优化升级，但是由于项目复杂性强、涉及面广，相关政府、社会资本、中介机构等能力不足，当前 PPP 运行过程中仍然存在一些深层次矛盾和问题。

对 PPP 的认识仍有误区。对 PPP 认识不深刻不充分是当前 PPP 运作中出现一些乱象的根本原因。一是部分地方政府和企业仅将 PPP 作为一种融资手段和加快项目审批的方式，不按规范引入合格社会资本，不加区分地扩大 PPP 运用范围。有的地方政府将本地国企和事业单位作为社会资本方引入项目；有的沿用 BT 等传统模式让社会资本

带资建设，存在重融资重建设、轻运营轻监管的现象；有的还将纯商业化项目包装成 PPP。部分地方政府、企业和金融机构没有认识到 PPP 的真正含义，导致项目合作的制度性、法治性不足，为长期合作埋下隐患。二是一些地方开展 PPP 的积极性不足，推出的示范项目和落地项目比较少，很多项目较长时间停留在准备阶段，地方政府观望情绪浓，放开相关领域垄断、推进投融资改革创新的劲头不够。

PPP 相关法律法规体系不健全不协调。PPP 作为一种相对创新的模式，既存在自身法律法规不健全的问题，也存在和相关现行法规矛盾的地方，导致一些项目无法可依、难以推进，另一些项目违背现行法规、面临执行风险。一是 PPP 顶层立法缺失。目前国务院法制办、发展改革委、财政部等联合起草的《基础设施和公共服务领域政府和社会资本合作条例》已列入立法工作计划，但目前尚未正式出台。顶层法律的缺失导致部门职责边界、政府与市场责权利划分、权益保障和争议处理等缺乏统一明确的规范，造成部门职责不清、制度规定相互冲突，政府和社会资本纠纷难以解决、权益难以保障。二是部分现行法律法规相互间有冲突。例如，国办发〔2015〕42 号文和财政部关于 PPP 协议的法律性质的规定，不完全符合《中华人民共和国行政诉讼法》和最高法的司法解释。三是部分现行规定不适用于 PPP。例如，大量 PPP 项目需要社会资本方从立项等前期筹备工作开始时就介入，但当前社会资本参与 PPP 项目前期工作仍然受到大量行政管理规定的限制。

部分 PPP 项目操作不规范。当前，一方面大量 PPP 项目收益率低、成本回收时间长，另一方面项目公共属性强、社会压力大、建设时间紧，导致一些地方急于推动项目落地，产生了一些程序不规范的问题，如部分项目的“两评一施”（物有所值评价、财政承受能力论证、初步实施方案）、招标采购、事后监督等流于形式。部分地方政府将PPP项目作为促投资、促项目的方式，为PPP项目开通审批绿色通道，实际造成了项目不成熟、审批有漏洞、资金有浪费的现象。同时，一些地方政府和项目实施机构由于人员、经验等方面的局限，在方案编制审核、评估论证、采购谈判、运营监管等方面操作能力相对不足，容易依赖传统路径，导致社会资本的专业能力无法充分实现、招投标未能发挥筛选作用、中介机构敷衍了事、部分社会资本违规进行明股实债等问题。

社会资本方性质单一。当前PPP项目的社会资本方仍然以国有企业、建设类企业为主，民营企业、运营型企业参与较少。一是由于重建设、轻运营的惯性思维，在运营阶段愿意支付的资金较少，难以吸引高质量运营企业。二是运营领域缺乏优质的社会资本。基础设施和公共服务领域的项目社会责任重、风险大，许多企业仅希望“赚快钱”，在两三年建设完工后立即撤出项目，不愿承担后续运营的责任和风险，或者对长期运行提出过高收益要求。三是现行招投标方式导致中标企业以施工单位为主。目前PPP项目普遍采取项目商和运营商“两标合一标”，以简化程序、加快实施，但也导致中标企业以施工企业为主，限制了其他类型社会资本参与新建PPP项目的机会。

政府管理能力有限，社会资本合规意识较差。由于基础设施和公共服务需求有刚性、项目规模大、具体困难多，难以在早期对合作事项和全部问题作出详尽约定，而一旦项目启动，政府和社会资本都难以承担项目停止或中断的后果。从政府来看，目前控制PPP项目财政风险的主要措施为前期的财政承受能力论证，对项目实施期间的实际支出缺乏有效监控措施，一些社会资本在拿到项目后将自身高风险经营业务“装”入PPP项目，将风险传递给政府，或以项目实际资金不足可能引发社会风险为由对政府进行“绑架”，导致政府实际支出大于合同约定。一些政府为了防止风险，倾向于制定不公平合同，把主要风险都转移给企业承担。同时，也存在社会资本要求政府变相担保项目债务、变相承诺回购、规避10%支出上限约束等情况，增加了地方政府隐性债务负担。

三、推进政府与社会资本合作健康发展的政策建议

针对PPP运行过程中存在的问题和风险，当前重点是推动有关各方面不断提高能力、加强体制机制建设、优化合作方式、找到问题出现的根本原因，从而推进PPP更好地发挥作用。

建立责权利对应的风险分担机制。明确合理的风险分担机制是合作的基础，是促进各方长期规范自身行为的内在约束力。要按照公平原则、风险与收益对等原则协调不同参与主体利益，规范政府和社会资本的责权利关系，明确界定相关部门的管理权限和监管职责。一是进一步明确风险防控机制的原则。原则上，项目风险同风险控制能力相匹配、同收益相匹配，如政府承担土地获批、法律政策变更、项目审批和最低需求等方面的风险，社会资本承担项目建设、财务、运营和维护阶段的商业风险，双方共同承担通货膨胀风险、汇率风险、利率风险、自然灾害等不可抗力风险。风险防控机制还应具备防止风险转移的功能，防止政府方滥用强势地位，也防止社会资本方将风险转移给政府和社会。二是提高政府防控风险的能力。加强对各地PPP相关工作运行合规性的监管，对造成重要影响和不良示范效应的项目进行严格惩罚，总结一批典型案例形成负面清单，推动形成正确的PPP观和债务意识。三是建立分担长期风险处置机制。对于公共风险不大、

竞争性强的领域，可以通过特许经营等方式提供，对于公共风险较大、竞争性不强的领域，应审慎评估是否适用 PPP，并实行动态调整合同和再谈判机制。各行业细化研究 PPP 项目收益分配机制，科学确定可行性缺口补助机制和额度。

建立项目全生命周期管理体系。随着大量 PPP 项目陆续进入运营阶段，建立全生命周期管理体系的要求越来越迫切。一是明确监管目标。坚持建设和运营并重，针对 PPP 项目各阶段设立运行目标，加强质量监管，确保责任到位、风险可控。二是健全监管机制。不断完善监管框架体系。如：明确稳定 PPP 监管机构，避免职责交叉，按照职能划分负责政策指导、总体规划、综合平衡、审核监管；建立监管考核评估和社会监督机制，加大信息公开力度，实行问责机制；完善财政金融、政策法规、市场准入、投资回报、价格调整等保障体系。三是明确监管内容。在项目准入阶段，从严从细深化项目可行性研究、物有所值评估、财政可承受能力论证、招投标、特许经营协议签订等工作；在项目建设阶段，加强对工程进度、建设质量、项目资金和环境安全的监管和评价；在项目运营阶段，加强对公共产品和服务质量、服务价格以及设施维护等方面的监管和评价；在项目移交阶段，重点对项目的产权监督、合同执行情况和公共设施的养护维修、社会资本退出等进行监管。

完善顶层设计和法律法规体系。加强顶层设计，以解决现实突出问题为突破口，完善法律法规体系。一是加快推进 PPP 立法工作。在国务院层面研究制定 PPP 条例，明确 PPP 定义、范围、管理机制和操作程序、各方权利义务等。做好 PPP 条例与现行法律、财政规定、投融资政策、行业监管政策的衔接，解决政策不协调和“政出多门”问题。明确对有关法律中与 PPP 全流程各环节相关条目的司法解释，完善特许经营、项目审批、环评、价格等 PPP 项目相关配套政策。二是推进信息公开。在现行 PPP 项目库基础上，完善全国范围的政府投融资和信用信息公开平台，同步公开项目运行情况、社会资本方和地方政府履约守信情况，对重大违约的相关责任人列入信用黑名单，严格惩戒。

加快转变政府职能和治理方式。一是提高思想认识。从地方政府主官、PPP 主管部门负责人、PPP 政府经办人员三个层次进行思想动员和专题培训，推动意识转变和提高专业化素养。二是推广成功经验。包括：成立 PPP 管理中心，把 PPP 监管职责落实到专业化人员；完善 PPP 引导基金，吸引保险等有中长期资金配置需求的社会资金参与到 PPP 中来；建立 PPP 项目案例库，让实际操作人员有例可循。三是进一步加强分类指导。出台政府性基金支持 PPP 的相关规定。结合地方实际财力，适当调整关于 10% 的财政支出上限。行业主管部门按领域出台 PPP 实施细则，充分考虑公共服务各专业领域特点。

综合施策加强民间资本参与率。一是确保准入公平。在项目规划设计阶段即充分公开信息，降低准入门槛，确保各种所有制企业公平竞争。二是增进政商互信。加强政府和民营企业的信息沟通，通过广泛开展项目对接会、更新完善项目推介库、加强“政企银”对接等方式，促进民营企业畅通信息、提高信心。三是加强典型引导。依托条件成熟的项目，培育一批基础条件好、专业能力强、有社会责任感的示范民营企业，以优质服务和负责态度赢得公众和政府的认可。四是完善社会资本退出、争端解决、长期监管和考核等机制。

规范发展 PPP 中介服务机构。中介咨询机构是推动 PPP 顺利实施的重要保障，必须加强能力建设和监管规范。一是优化市场环境。清理妨碍全国统一的 PPP 中介咨询市场和公平竞争的规定，完善 PPP 咨询服务招投标制度。二是加强行业监管。形成由政府、政府出资人代表和社会资本方共同筛选考核中介机构的机制。严格落实《政府和社会资本合作（PPP）咨询机构库管理暂行办法》，加快完善入库项目咨询机构信息，加大信息公开力度。三是规范收费机制。公开已签约PPP项目的咨询服务收费价格情况报告或数据，根据项目运行情况建立中介机构黑名单，加强中介机构招投标管理。四是加强能力建设。建立复合型、实用专业人才的培养和激励机制。明确中介机构独立角色定位，建立流程规范、标准明确、监控有力、评价科学的全过程质量控制机制。

执笔人：雷潇雨

专题报告十八

我国省级人大预算审查监督效力评估

党的十八大以来，党中央国务院对预算审查监督制度体系建设多次作出重要部署，推动人大预算审查监督制度改革驶入“快车道”。本文拟以党的十八大以后第一个财年2013年为起点，对近6年我国人大预算审查监督效力进行评估。

一、评估对象

人大财政预算审查监督是宪法和法律赋予各级人大及其常委会的一项重要职权（详见表18－1）。目前常见的针对人大预算审查监督效力的评估方式有三种，分别是问卷调查评估、文本评估和调研（案例）评估，本文拟采用文本评估的方式，评估对象的选择秉承针对性、典型性、数据可得性和连贯性四个原则确定。依据《中华人民共和国宪法》《中华人民共和国预算法》《中华人民共和国各级人民代表大会常务委员会监督法》《中华人民共和国审计法》的相关规定，人大财政预算审查监督职权包括审查监督、审计监督和公开监督三种形式，并分别从审查批准预决算、监督预算执行、规范预算管理三个层

表 18－1　　宪法与法律对人大财政预算审查监督权的相关规定

法律条款	内　容
《中华人民共和国宪法》第 99 条	县级以上地方各级人大审查和批准本行政区域内的国民经济和社会发展计划、预算以及它们的执行情况的报告
《中华人民共和国预算法》第 21 条	县级以上地方各级人大审查本级总预算草案及本级总预算执行情况的报告；批准本级预算和本级预算执行情况的报告
《中华人民共和国各级人民代表大会常务委员会监督法》第 3 章第 15～21 条	审查和批准决算，听取和审查国民经济和社会发展计划、预算的执行情况报告
《中华人民共和国审计法》第 4 条	国务院和县级以上地方人民政府应当每年向本级人大常委会提出审计机关对预算执行和其他财政收支的审计工作报告。审计工作报告应当重点报告对预算执行的审计情况。必要时，人大常委会可以对审计工作报告作出决议

面发挥作用。各级人大及其常委会对各级政府财政预算的审查监督最终以各年度预算、决算的审查结果报告呈现出来，审查监督的具体实施则参照本省预算审查监督条例执行。与此同时，相比于更低层级的地方人大，省级人大在立法、组织、信息、技术等各方面拥有更多的资源；相较于全国人大，省级人大又具有较大的改革试错的空间。[①] 基于以上考虑，此次评估的对象确定为省级人大及其常委会 2013～2018 年发布的预算、决算的审查结果报告和正在实施中的预算审查监督条例三种文本。通过各省人大官方网站的搜索，最终获得北京、四川、辽宁 3 省（市）2013～2018 年决算草案的初步审查报告，广东、青海、江苏、浙江 4 省 2013～2018 年预算执行情况和 2014～2019 年预算草案的审查结果报告，以及 17 省（区、市）发布的预算监督审查条例，作为评估对象。

① 林慕华：“重塑人大的预算权力——基于某省的调研”，载于《公共行政评论》2008 年第 4 期。

二、评估内容

（一）省级预算审查监督条例的评估

为有效衔接新《中华人民共和国预算法》，2015 年以来，全国已有 17 个省（区、市）出台或修订了预算审查监督条例，从地方立法层面对人大预算审查监督工作进行全面系统的规定。

1. 立法特点

2015 年以来，先后有河北、重庆等 10 个省（区、市）新出台了省级预算审查监督条例，安徽、云南等 7 个省（区、市）对原有的预算审查监督条例进行修订（见表 18 -2）。在整体篇幅上，各省份差异较大，四川的最长，共 11028 字，河北的最短，共 4645 字，大部分省份条例的字数在 7000 字左右。尽管各省份在条例篇幅、修订幅度及立法重点上有很大的差别，但立法依据大同小异，立法机构均秉承“不抵触、可操作、有特色”的原则，在制定（或修订）预算审查监督条例时，一是严格贯彻落实党中央国务院有关会议和重要文件的精神。二是紧密衔接《中华人民共和国预算法》《中华人民共和国各级人民代表大会常务委员会监督法》等上位法，并对有关条款进行细化或修正，提高可操作性。三是充分学习吸收外省（区、市）的成熟经验。四是系统总结本省（区、市）的实践经验和创新探索，通过立法加以规范和固化，同时修改、完善个别已不适应当前工作需要的条款。

2. 制度创新

新的预算审查监督条例在规范程序、加强管理方面有许多创新的探索。

表 18-2　　2015~2019 年出台或修订的省级预算审查监督条例

条例名称	发布时间	实施时间	字数
《河南省预算审查监督条例》	2019. 01. 20	2019. 10. 01	8465
《四川省预算审查监督条例》	2019. 01. 10	2019. 04. 01	11028
《内蒙古自治区预算审查监督条例》	2018. 12. 06	2019. 01. 01	6199
《宁夏回族自治区预算审查监督条例（2018 年修订）》	2018. 11. 29	2019. 01. 01	6767
《天津市预算审查监督条例》	2018. 11. 21	2019. 01. 01	5513
《辽宁省预算审查监督条例》	2018. 10. 11	2019. 01. 01	7497
《上海市预算审查监督条例》	2017. 06. 23	2017. 10. 01	8437
《吉林省预算审查监督条例（2017 年修订）》	2017. 06. 02	2017. 06. 02	9427
《贵州省预算审查监督条例》	2017. 03. 30	2017. 07. 01	7350
《北京市预算审查监督条例》	2016. 12. 29	2017. 03. 01	7062
《浙江省预算审查监督条例》	2016. 12. 01	2017. 03. 01	6268
《重庆市预算审查监督条例》	2016. 09. 29	2017. 03. 01	8338
《广西壮族自治区预算监督条例（2016 年修订）》	2016. 05. 25	2016. 07. 01	7133
《云南省预算审查监督条例（2016 年修订）》	2016. 03. 31	2016. 07. 01	7281
《河北省预算审查监督条例》	2015. 11. 27	2016. 03. 31	4645
《甘肃省预算审批监督条例（2015 年修订）》	2015. 11. 27	2016. 01. 01	7753
《安徽省预算审查监督条例（2015 年修订）》	2015. 11. 20	2016. 01. 01	7545

扩大条例适用范围，规范基层人大预算审查监督。大部分省（区、市）的原预算审查监督条例（办法）中，适用范围仅为省（区、市）本级的人大及其常委会，区（县）人大及其常委会参照执行，未涉及乡镇一级。在开展立法调研时，“将条例适用范围扩大到全省（区、市）各级，为基层人大预算审查监督工作提供法制保障”的意见较为集中。因而，为全面贯彻执行《中华人民共和国预算法》，回应基层关切，切实落实《中共中央转发〈中共全国人大常委会党组关于加强县乡人大工作和建设的若干意见〉的通知》精神，大部分省份的新条例从本省

（区、市）的实际出发，扩大条例的适用范围①。从表18－3可以看到，天津、上海、吉林、贵州、广西、安徽6个省（区、市）将条例适用范围扩大至“省（区、市）、区（县）、乡（镇）”三级。扩大适用范围后，监督条例中相应增加对区（县）层级人大及其常委会或区（县）、乡（镇）人大的审查监督职责、各专门委员会的分工、预算审查监督程序等相关内容，进一步推动基层预算审查监督工作的规范与加强。

表18－3　　17个省（区、市）预算监督条例的适用范围

省、区、市	适用范围	
河　南	县级以上地方人民代表大会及其常务委员会	
四　川	县级以上地方人民代表大会及其常务委员会	
内蒙古	县级以上地方人民代表大会及其常务委员会	
宁　夏	县级以上地方人民代表大会及其常务委员会	
天　津	市、区人民代表大会及其常务委员会	乡（镇）人民代表大会
辽　宁	县级以上人民代表大会及其常务委员会	
上　海	市、区人民代表大会及其常务委员会	乡（镇）人民代表大会
吉　林	县级以上地方人民代表大会及其常务委员会	乡（镇）人民代表大会
贵　州	县级以上地方人民代表大会及其常务委员会	乡（镇）人民代表大会
北　京	市人民代表大会及其常务委员会	
浙　江	县级以上地方人民代表大会及其常务委员会	
重　庆	县级以上地方人民代表大会及其常务委员会	
广　西	县级以上地方人民代表大会及其常务委员会	乡（镇）人民代表大会
云　南	县级以上地方人民代表大会及其常务委员会	
河　北	县级以上地方人民代表大会及其常务委员会	
甘　肃	县级以上地方人民代表大会及其常务委员会	
安　徽	县级以上地方人民代表大会及其常务委员会	乡（镇）人民代表大会

① 甘肃省由于乡镇一级财政实行“乡财县管”，大部分乡镇没有独立完整的一级政府预算，乡镇预算只相当于县级财政的一个部门预算单位，许多乡镇人民代表大会严格按照预算法的规定对预算决算进行审批监督的条件尚不成熟。因此，条例修订草案第60条规定，乡镇人民代表大会对预算、预算调整、决算的审批监督参照本条例执行。

引入外脑和第三方机构参与预算监督机构开展监督工作。为进一步增强预算监督机构的执行力、客观性、科学性，安徽、北京、浙江、辽宁、宁夏、上海、天津、云南8个省（区、市）的监督条例中明确了引入外脑支持预算监督机构开展工作。一是吸收具备一定专业知识的人大代表参与预算审查工作。例如，安徽提出建立预算审查监督联席会议制度，邀请各专门委员会和工作机构共同参与预算审查工作。二是建立预算审查专家（或顾问）制度。邀请预算审查专家参加财经委员会相关的预算审查监督和调研等活动，就有关专业性问题提供咨询意见。三是引入第三方机构提供咨询和技术服务，北京、浙江、辽宁、宁夏、上海、天津、云南7个省（区、市）都提出预算监督机构可以聘请第三方机构对预算审查监督有关事项提供专业服务，协助开展工作。

完善预决算初步审查机制。新《中华人民共和国预算法》中对人大及其常委会在预算、决算草案的审查和批准方面都作出了明确规定，各省份立法空间不大，只是在一些条款细节上作进一步的具体化和地方化，如充实重点审查内容。但新《中华人民共和国预算法》中对预决算初步审查机制的着墨不多，只作了原则规定，不够具体，操作性也不强。北京、上海、重庆三市针对预决算初步审查机制的健全和完善，做了很多探索。三市的预算监督审查条例对初步审查涉及的时间节点、前期调研、部门预决算审查、财政部门应当提交的材料、初步审查的程序和方式，以及初步审查结果的处理等都作了明确规定。

创新预算监督方式和手段。天津、上海、贵州、北京、重庆、安徽、四川、内蒙古、辽宁、吉林、河北、河南12个省（区、市），都提出县级以上地方人民代表大会有关的专门委员会、常务委员会工作机构，要推进预算联网监督工作，逐步与本级人民政府财政、收入征管、社会保险、国资和审计等部门建立信息联网系统，实现信息共享，实时监控预算收支执行状况，从而实现政府预算决算全口径审查和预算执行全过程监督。在加强绩效审查监督方面，重庆提出委托第三方对重点支出资金、重大投资项目资金、政府债务资金的使用绩效进行评估。

进一步强化审计监督。新的预算监督条例中，各省份分别各有侧重地强化审计监督作用，除常规的程序化审计监督报告以外，审计监督在其他环节也发挥重要作用。一是开展专项审计。安徽、北京、上海、重庆、河北、云南、内蒙古 7 省（区、市）建立专项审计制度，人大常委会监督预算执行时，可就特定事项（如重点支出和重大投资项目）要求本级政府进行专项审计或者审计调查。二是开展绩效审计。安徽、北京要求审计部门定期要对财政资金的使用效果、国有资产和国有资源的经营利用、财政政策的制定等重点事项开展绩效审计。三是追踪审计问题整改。上海、浙江、北京、重庆、浙江、广西、吉林、辽宁、安徽、贵州、云南、四川、河南 13 个省（区、市）预算监督条例规定，人大常委会在审议审计整改报告时，市人民政府相关负责人和审计及重点整改部门、单位的主要负责人应当到会听取审议意见，并回答询问。人大常委会预算工委或财经委，要组织开展对审计整改情况的跟踪监督，并向本级人大常委会提出跟踪调研报告。安徽、浙江、四川提出常委会可要求有关被审计部门单独作整改情况报告，并进行满意度测评，也可以开展质询或者启动特定问题调查。四是加强审计问责。贵州、辽宁、内蒙古、四川、云南 5 省（区）指出，未按规定程序、时限和内容报送或者提交审计工作报告、审计整改情况报告及相关资料的，对审议意见不按要求研究处理、整改落实的，将依法追究有关责任人的行政责任。

提出预算草案修正条款。是否能够有效实施预算修正权，是立法部门预算监督效力大小的重要衡量标准。新《中华人民共和国预算法》没有在上位法层面明确规定预算修正权，因而地方立法拥有了充分的探索空间。重庆、云南、河北3省（市）的新预算审查监督条例中，提出了明确预算修正的条款，包含预算修正案的提出主体、有效流程、修正案的撤回及法律效力四个层面的内容（见表18－4）。

表18－4　　重庆、云南、河北3省（市）预算修正的相关内容

省份	流程	要求
重庆	各级人民代表大会会议期间，大会主席团、人大常委会、各专门委员会可以提出本级预算草案修正案，由主席团决定列入大会议程；人大代表依法联名可以提出本级预算草案修正案，由主席团决定是否列入大会议程	列入大会议程或者提交大会审议、表决的修正案，在交付表决前，提案人要求撤回的，经大会主席团同意，会议对该修正案的审议即行终止。本级预算草案表决前，应当先对修正案草案进行表决。修正案草案通过后，本级政府应当按照修正案修改本级预算草案，大会再对修改后的本级预算草案进行表决
云南	各级人民代表大会会议期间，大会主席团、人大常委会、各专门委员会、人大代表依法联名，可以书面提出预算草案修正案，由有关专门委员会或者人大常委会有关工作机构审议或者研究，并征求本级人民政府财政部门的意见后，再由大会主席团决定是否列入大会议程或者是否提交大会审议、表决	预算草案修正案应当对所提议的事项、理由作出说明。提出增加支出的修正案应当提出增加收入或者减少其他支出的具体方案。对交付表决的预算草案，有修正案的，先表决修正案，再表决关于预算的决议草案。修正案通过后，本级人民政府应当按照决议修改预算
河北	县级以上人民代表大会召开期间，代表可以按照收支平衡的原则依法联名提出修正本级预算草案的议案，由大会主席团决定是否提交大会表决	修正案通过后，人民政府应当调整预算，提交本次大会表决

（二）预算执行情况和预算草案审查结果报告评估

下文将对广东、浙江、青海、江苏4省2013～2018年预算执行情况和2014～2019年预算草案的审查结果报告文本（6年共24份）进行评估。

1. 报告篇幅及结构

广东、浙江、青海、江苏4省的预算执行情况和预算草案审查结果报告的整体篇幅都不大，各年度报告的字数变化呈现阶段性稳定特征。例如广东的审查结果报告近三年稳定在2000字左右，青海近两年稳定在2300字左右，江苏近四年稳定在1700字左右，浙江近两年稳定在1400字左右。

各省审查结果报告的主要结构均为四部分，包括预算审议经过，上年度预算执行取得的积极成效和存在问题，本年度预算通过标准，以及更好完成本年度预算的建议。广东、浙江、青海、江苏4省6年的审查结果报告，合计24份，涉及2013～2018年预算执行情况，2014～2019年预算草案的审查结果，历年报告的结论均为“较好地完成上年度预算，本年度决算完全符合国家大政方针、省级发展战略，《中华人民共和国预算法》相关规定以及收支平衡等原则，建议予以通过”。从整个文本结构上看，全文主体部分是“更好完成本年度预算的建议”，青海、浙江的报告占比50%以上，广东、江苏的报告占比大部分年份分别在40%、20%以上。全文占比最少的是上年预算执行存在的问题，各省份占比均为个位数，成效描述是问题描述篇幅的两倍，立法部门针对各省份上年预算执行情况的审查结果是肯定表述多于否定表述（见表18－5、表18－6、表18－7、表18－8）。

表 18－5　　广东省 2013～2018 年预算执行情况和 2014～2019 年预算草案的审查结果报告各部分内容占比情况

报告结构		2013 年预算执行情况和 2014 年预算草案的审查结果报告	2014 年预算执行情况和 2015 年预算草案的审查结果报告	2015 年预算执行情况和 2016 年预算草案的审查结果报告	2016 年预算执行情况和 2017 年预算草案的审查结果报告	2017 年预算执行情况和 2018 年预算草案的审查结果报告	2018 年预算执行情况和 2019 年预算草案的审查结果报告
总字数		1949	2317	2633	2020	2071	2093
审议经过		11%	9%	9%	11%	9%	8%
上年预算执行情况	积极成效	11%	9%	9%	14%	15%	11%
	存在问题	4%	5%	4%	5%	7%	6%
本年预算通过标准		15%	24%	21%	22%	23%	13%
完成预算的建议		51%	43%	50%	39%	38%	52%
其他		8%	10%	8%	10%	8%	9%

表 18－6　　青海省 2013～2018 年预算执行情况和 2014～2019 年预算草案的审查结果报告各部分内容占比情况

报告结构		2013 年预算执行情况和 2014 年预算草案的审查结果报告	2014 年预算执行情况和 2015 年预算草案的审查结果报告	2015 年预算执行情况和 2016 年预算草案的审查结果报告	2016 年预算执行情况和 2017 年预算草案的审查结果报告	2017 年预算执行情况和 2018 年预算草案的审查结果报告	2018 年预算执行情况和 2019 年预算草案的审查结果报告
总字数		2295	1623	1684	1697	2420	2391
审议经过		6%	8%	7%	7%	7%	7%
上年预算执行情况	积极成效	13%	6%	14%	12%	10%	10%
	存在问题	7%	8%	7%	6%	4%	3%
本年预算通过标准		4%	7%	5%	7%	7%	8%
完成预算的建议		62%	63%	55%	59%	68%	67%
其他		9%	9%	11%	11%	7%	5%

表 18－7　江苏省 2013～2018 年预算执行情况和 2014～2019 年预算草案的审查结果报告各部分内容占比情况

报告结构		2013 年预算执行情况和 2014 年预算草案的审查结果报告	2014 年预算执行情况和 2015 年预算草案的审查结果报告	2015 年预算执行情况和 2016 年预算草案的审查结果报告	2016 年预算执行情况和 2017 年预算草案的审查结果报告	2017 年预算执行情况和 2018 年预算草案的审查结果报告	2018 年预算执行情况和 2019 年预算草案的审查结果报告
总字数		1732	1989	1729	1694	1752	1772
审议经过		7%	6%	7%	7%	7%	5%
上年预算执行情况		21%	22%	21%	19%	16%	15%
上年预算执行情况	积极成效	9%	7%	8%	6%	8%	10%
	存在问题	4%	6%	6%	6%	4%	0%
本年预算内容		18%	24%	22%	21%	19%	16%
本年预算通过标准		9%	11%	10%	11%	8%	12%
完成预算的建议		26%	18%	22%	24%	32%	38%
其他		6%	5%	5%	5%	5%	4%

表 18－8　浙江省 2013～2018 年预算执行情况和 2014～2019 年预算草案的审查结果报告各部分内容占比情况

报告结构		2013 年预算执行情况和 2014 年预算草案的审查结果报告	2014 年预算执行情况和 2015 年预算草案的审查结果报告	2015 年预算执行情况和 2016 年预算草案的审查结果报告	2016 年预算执行情况和 2017 年预算草案的审查结果报告	2017 年预算执行情况和 2018 年预算草案的审查结果报告	2018 年预算执行情况和 2019 年预算草案的审查结果报告
总字数		1294	1135	1455	1297	1462	1455
审议经过		8%	9%	8%	9%	8%	7%
上年预算执行情况	积极成效	13%	11%	11%	12%	10%	14%
	存在问题	4%	7%	6%	7%	9%	5%
本年预算通过标准		17%	9%	8%	9%	8%	7%
完成预算的建议		51%	56%	59%	55%	57%	59%
其他		6%	8%	7%	8%	7%	7%

2. 报告内容

各省连续6年的审查结果报告中，审议经过、上年预算执行中取得的积极成效、本年度预算通过的标准三部分内容尽管在表述上略有差异，但实质内容大致相同，基本都属于常规性描述。下文主要分析上年度预算执行存在的问题和完成本年度预算的建议。

（1）上一年度预算执行中存在的问题。

24份审查结果报告，每一年都提出“对这些问题要高度重视，采取有效措施切实加以解决”，尽管这一部分在全篇报告中占比最低，且主要为原则性概述，内容也仅有三四条，但历年报告仍存在大量重复内容，整体呈现“篇幅少且重复率高”的特点，显示出一方面各省存在长期难以解决的结构性问题，另一方面立法机构提出的一些短期问题也没有受到重视并尽快妥善处理。

总的来看，尽管4省经济规模、发展速度存在很大差异，但历年预算执行中存在的问题几近相同，即财政收支问题、地方政府债务问题、财政资金使用效益不高问题、预算编制及执行问题四项。其中部分财政资金使用效益不高这一问题，年年都出现在4省的报告中。此外，广东的长期结构性问题，“区域间财力不均衡状况比较突出”出现5年、“部分地区非税收入比重过高、收入可持续增长压力较大”出现4年。青海长期存在的财政收支矛盾问题连续出现6年，地方政府债务问题出现3年，预算执行与编制问题出现3年。江苏的事权财权划分尚不够清晰问题出现4年，地方债务问题出现4年。浙江的预算编制问题出现4年，地方政府债务问题出现6年。

各省报告中关于上年预算执行中存在问题的表述，近两年有一个显著的变化是，问题的表达从大的原则性描述，开始向细节化、具体化过渡，预算执行的具体问题的表述正逐年增加，涉及预算编制、执行、公开、管理等各个层面。

（2）关于更好完成本年度预算的政策建议。

各省的审查结果报告中针对2014～2019年预算执行的建议，大都围绕解决财政收支平衡问题，积极推进财税体制改革，加强预算的管理与监督，努力防范财政风险四个大方面展开。在篇幅上，涉及预算改革的相关内容是这一部分的主体，广东大多数时间占比都在50%左右，青海大多数时间都在40%以上，浙江在40%左右（见表18－9）。

表18－9　各省政策建议部分涉及预算内容占比

省份	2014年	2015年	2016年	2017年	2018年	2019年
广东	50%	62%	47%	33%	56%	50%
青海	44%	28%	64%	40%	64%	43%
江苏	64%	52%	28%	36%	39%	61%
浙江	39%	42%	34%	37%	25%	41%

从表述上看，关于财政收支平衡、财税体制改革等，提出的建议是原则性、理论性、框架性的，且重复率较高。虽然各年表述上有所差别，但基本情况大同小异。例如，广东2014年提出“大力培植财源税源”，2015年修改为“努力培植地方支柱财源”。2014年提出“加快建立事权与支出责任相适应的制度”，2017年再提出“加快建立健全全省以下财政事权和支出责任相适应的制度”，2019年继续提出“加快推进落实财政事权与支出责任划分改革”。

相对而言，占比较高的预算改革建议的描述更加细致、具体，且重复率较低，显示各地积极推进预算体制改革。从4省审查结果报告中“预算关键词”可以看到，6年里虽然各省的预算改革推进的力度、顺序不一，但每年都在有所侧重地改革完善。例如，广东2014年实施了预算制度的全面改革，涵盖编制、监督、执行、绩效管理工作，2015年继续完善预算绩效管理，2016年则侧重改进预算编制工作，2017年着力加强预算监督，2018年健全完善绩效制度，2019年进一步完善预算监督机制和绩效管理制度。总的来看，2016 年以前，各省侧重于预算编制工作水平的提升，近几年更注重预算绩效管理制度、预算监督制度的健全，但各省报告均未涉及绩效不达标的问责条款（见表 18－10、表 18－11、表 18－12、表 18－13）。

表 18－10　　　　广东审查结果报告预算关键词分布

关键词	2013 年预算执行情况和 2014 年预算草案的审查结果报告	2014 年预算执行情况和 2015 年预算草案的审查结果报告	2015 年预算执行情况和 2016 年预算草案的审查结果报告	2016 年预算执行情况和 2017 年预算草案的审查结果报告	2017 年预算执行情况和 2018 年预算草案的审查结果报告	2018 年预算执行情况和 2019 年预算草案的审查结果报告
编制	4	0	4	0	1	1
监督	5	2	5	3	2	5
约束	1	1	0	1	2	1
执行	6	3	1	1	3	2
绩效管理	1	0	2	1	2	4
绩效评价	9	5	2	2	5	0
绩效问责	1	0	0	0	0	0

表 18－11　　　　青海审查结果报告预算关键词分布

关键词	2013 年预算执行情况和 2014 年预算草案的审查结果报告	2014 年预算执行情况和 2015 年预算草案的审查结果报告	2015 年预算执行情况和 2016 年预算草案的审查结果报告	2016 年预算执行情况和 2017 年预算草案的审查结果报告	2017 年预算执行情况和 2018 年预算草案的审查结果报告	2018 年预算执行情况和 2019 年预算草案的审查结果报告
编制	2	3	1	0	1	2
监督	3	2	0	0	1	1
约束	0	0	1	0	1	3
执行	0	1	1	1	10	1
绩效管理	1	0	1	0	4	3
绩效评价	2	0	5	0	8	0
绩效问责	0	0	0	0	0	0

表 18－12　江苏审查结果报告预算关键词分布

关键词	2013 年预算执行情况和 2014 年预算草案的审查结果报告	2014 年预算执行情况和 2015 年预算草案的审查结果报告	2015 年预算执行情况和 2016 年预算草案的审查结果报告	2016 年预算执行情况和 2017 年预算草案的审查结果报告	2017 年预算执行情况和 2018 年预算草案的审查结果报告	2018 年预算执行情况和 2019 年预算草案的审查结果报告
编制	2	0	0	1	0	0
公开	2	1	1	1	1	0
监督	2	2	1	3	2	4
约束	0	0	1	1	1	0
执行	1	0	1	1	0	0
绩效管理	2	1	0	0	2	1
绩效评价	1	0	1	1	4	2
绩效问责	0	0	0	0	1	0

表 18－13　浙江审查结果报告预算关键词分布

关键词	2013 年预算执行情况和 2014 年预算草案的审查结果报告	2014 年预算执行情况和 2015 年预算草案的审查结果报告	2015 年预算执行情况和 2016 年预算草案的审查结果报告	2016 年预算执行情况和 2017 年预算草案的审查结果报告	2017 年预算执行情况和 2018 年预算草案的审查结果报告	2018 年预算执行情况和 2019 年预算草案的审查结果报告
编制	0	1	2	0	1	0
监督	0	2	2	3	0	0
约束	0	1	1	1	1	2
执行	1	2	5	2	1	3
绩效管理	0	1	0	1	2	3
绩效评价	1	1	2	1	1	2
绩效问责	0	0	0	0	0	0

（三）决算草案审查结果报告的评估

1. 报告篇幅与结构

北京、四川、辽宁 3 省（市）2013～2017 年决算草案的审查报告的篇幅有所差异。近两年，北京审查报告都在3000字以上，四川、辽宁审查报告都在2000字以上。3省（市）报告在结构上略有差别，报告内容中占比最高的是针对市级决算反映出的问题的建议，占比在30%以上，内容最少的是后续跟踪（落实审计整改）部分，北京、四川都在10%以下，辽宁则缺少这部分表述（见表18－14、表18－15、表18－16）。

表18－14　北京2013～2017年决算草案的审查报告各部分内容占比情况

报告结构		2013年市级决算草案的初步审查报告	2014年市级决算草案的初步审查报告	2015年市级决算草案的初步审查报告	2016年市级决算草案的初步审查报告	2017年市级决算草案的初步审查报告
总字数		2712	2713	2748	3209	3004
审议经过		14%	19%	21%	21%	10%
决算内容		13%	15%	13%	11%	12%
决算执行情况	积极成效	6%	6%	7%	6%	7%
	存在问题	5%	4%	10%	6%	7%
后续跟踪		6%	5%	4%	3%	5%
建议		34%	29%	24%	30%	36%
上半年预算情况		18%	19%	20%	20%	22%
其他		3%	2%	1%	2%	1%

表18－15　四川2013～2017年决算草案的审查报告各部分内容占比情况

报告结构		2013年省级决算草案的初步审查报告	2014年省级决算草案的初步审查报告	2015年省级决算草案的初步审查报告	2016年省级决算草案的初步审查报告	2017年省级决算草案的初步审查报告
总字数		2475	2108	1937	2015	2241
审议经过		5%	5%	7%	7%	6%
决算内容		30%	22%	23%	28%	27%
决算执行情况	积极成效	8%	6%	7%	8%	6%
	存在问题	5%	6%	8%	9%	5%

续表

报告结构	2013年省级决算草案的初步审查报告	2014年省级决算草案的初步审查报告	2015年省级决算草案的初步审查报告	2016年省级决算草案的初步审查报告	2017年省级决算草案的初步审查报告
后续跟踪	8%	10%	8%	9%	9%
建议	42%	48%	42%	36%	44%
其他	3%	1%	4%	4%	3%

表18-16　辽宁2013~2017年决算草案的审查报告各部分内容占比情况

报告结构		2013年省级决算草案的初步审查报告	2014年省级决算草案的初步审查报告	2015年省级决算草案的初步审查报告	2016年省级决算草案的初步审查报告	2017年省级决算草案的初步审查报告
总字数		1754	1722	1868	2152	2712
审议经过		7%	7%	6%	5%	4%
决算内容		22%	23%	29%	14%	27%
决算执行情况	积极成效	8%	8%	8%	12%	10%
	存在问题	8%	6%	7%	6%	7%
后续跟踪		0%	0%	0%	0%	0%
建议		49%	47%	43%	55%	46%
其他		6%	8%	7%	8%	7%

2. 报告内容

北京、四川、辽宁3省（市）审查报告对决算草案的总体评价全部为“决算草案反映了预算执行情况是好的”。报告文本中关于决算执行过程中存在的问题，每一年大多有四五条，主要集中在预算编制、执行、绩效几个层面。3省（市）每年决算执行出现的问题重复率也很高，例如，北京的“部分财政资金绩效使用不高”年年出现，“预决算管理不够规范”连续出现3年，“预算执行不够严格”出现4年，“整改问责执行还不到位”出现4年。四川的“部分财政资金使用效益不高”也年年出现，“违规举债现象存在，地方政府存在债务风险”出现3年，“部门决算编报不规范”出现3年。辽宁的“预算执行进度较慢，结转资金较多，绩效管理水平不高”年年出现，“预算编制存在问题”出现4年、“地方政府债务风险”出现4年。从预算关键词的分布来看，2013～2017年各省（市）针对出现的问题，持续推进了预算领域的相关改革，各省（市）的进度、强度和侧重点有所不同。例如，辽宁2013年以来，特别是2017年强力推进预算编制工作的改进，2015年则全面推动预算的编制、执行和公开制度建设，近两年注重加强监督、执行和审计整改落实工作（见表18－17、表18－18、表18－19）。

表18－17　　北京决算草案的初步审查报告预算关键词分布

关键词		2013年市级决算草案的初步审查报告	2014年市级决算草案的初步审查报告	2015年市级决算草案的初步审查报告	2016年市级决算草案的初步审查报告	2017年市级决算草案的初步审查报告
预算	改革	2	2	1	0	0
	管理	5	4	3	3	2
	编制	8	2	2	1	1
	监督	2	2	2	7	5
	执行	4	2	3	1	1
	公开	4	2	0	1	0
	约束	1	1	1	0	1
绩效	管理	2	1	1	1	1
	评价	4	1	2	3	0
审计	整改	1	2	3	3	4
	问责	1	2	2	3	1

表 18－18　　四川决算草案的初步审查报告预算关键词分布

关键词		2013 年省级决算草案的初步审查报告	2014 年省级决算草案的初步审查报告	2015 年省级决算草案的初步审查报告	2016 年省级决算草案的初步审查报告	2017 年省级决算草案的初步审查报告
预算	改革	2	0	0	0	0
	管理	4	1	1	0	2
	编制	3	1	1	0	0
	监督	8	5	1	2	2
	执行	3	3	6	0	4
	公开	3	0	0	0	0
	约束	0	0	1	0	1
绩效	管理	1	0	1	0	2
	评价	1	1	4	0	0
审计	整改	3	2	5	2	7
	问责	0	1	1	1	0

表 18－19　　辽宁决算草案的初步审查报告预算关键词分布

关键词		2013 年省级决算草案的初步审查报告	2014 年省级决算草案的初步审查报告	2015 年省级决算草案的初步审查报告	2016 年省级决算草案的初步审查报告	2017 年省级决算草案的初步审查报告
预算	改革	0	1	0	0	0
	管理	1	2	0	0	3
	编制	4	2	4	9	3
	监督	2	2	3	9	6
	执行	3	2	5	4	4
	公开	3	0	0	0	0
	约束	0	0	0	0	0
绩效	管理	2	1	2	1	0
	评价	0	1	2	3	0
审计	整改	0	3	4	3	3
	问责	0	0	0	1	1

三、评估结论和政策建议

（一）评估结论

通过对17个省（区、市）17份预算审查监督条例、4个省6年24份预算执行情况和预算草案的审查结果报告、3个省（市）15份决算草案的初步审查报告的文本评估，可以看到，党的十八大以来，尽管在改革的步骤、力度、侧重点上有所不同，但各省份都在着力推进预算领域的相关改革，并在预算审查监督的法律完善、监督机构的职能建设和能力提升，预算监督审查程序的规范和健全，预算编制的规范化、科学化，审计整改落实情况的追踪与问责等方面，都有了长足的发展。同时，各地从预算监督的制度设计到具体落实方面，都有不同形式的创新和探索。但综合来看，近年来改革大多属于技术性、操作层面的改革，省级人大预算监督效力的提升则成效不大。人大及其常委会对预算审查监督仍然只是程序性的，在预算周期的规划阶段和实施阶段提供的监督作用依然较弱。

衡量立法机构预算监督审查效力大小的核心指标是“立法机构对预算有没有实际控制权”，主要体现在预算驳回率、预算修正率及预算问责率。从24份预算执行情况和预算草案的审查结果报告、15份决算草案的初步审查报告中，预算审查监督机构对预算执行、预算草案、决算执行的评价均为“较好”，文本中关于成绩的内容表述显著高于存在问题的表述。虽然有3个省份在新预算审查监督条例中提及预算修正的有关内容，但只是停留在纸面上，并无一例付诸实施。总的来说，2013年以来，预算审查监督机构的预算驳回率、预算修正率均为零。通过对广东、青海、浙江、江苏、北京、四川、辽宁7个省

（市）预算、决算审查结果报告文本的评估，可以看出，在相对较少篇幅的预决算执行存在问题的表述中，每年问题的重复率都很高，一方面长期存在的体制性机制性问题难以有效解决，另一方面短期性操作层面的建议也没有及时、切实地整改和落实。虽然17个省（区、市）在新的预算审查监督条例中大多提及对预算绩效的考察以及审计结果的追踪和问责，但现实操作层面因预算执行出现问题而被问责的案例非常鲜见，立法部门的预算决策仍然缺乏严格、有效的责任追究机制。综合来看，目前我国各级人大及其常委会对于预算监督仍然只是程序性的操作，意见也都是建议性的，预算的主动权和控制权仍掌握在行政部门手中。

（二）政策建议

1. 以地方试点推动预算监督实质性改革

中国改革开放取得成功的主要经验之一就是地方改革的试错机制。各省份预算监督审查机构对历年预算、决算的审查结果均为“通过”，无一例驳回，与我国的预算决策表决机制采取一揽子计划、一次性表决的方式密切相关，即使对个别部门预算草案存有质疑，也往往选择总体通过，预算通过“搭便车”的现象普遍存在。建议尽快在省级及以下人大层面，开展预算分项表决的试点工作，对个别问题较大的预算案予以驳回。新的预算监督条例中已有重庆、云南、湖北3省（市）提出预算修正的相关条款，建议鼓励支持3省（市）进一步细化预算修正条例，并积极开展预算修正的实践，总结经验教训，及时向全国推广。同时，在即将推出的预算法实施条例中，在预算修正方面给予地方更大的立法空间，鼓励更多的省份制定预算修正相关条款。贵州、辽宁、内蒙古、四川、云南5省（区）在新的预算监督条例中，明确将审计结果及整改情况作为考核、奖惩、问责及预算安排的重要依据，建议在这5个省（区）陆续开展预算责任追究机制的试点，将预算绩效考核结果、审计整改问题作为奖惩、问责的主要依据，提升立法部门在预算决策方面的影响力。

2. 以技术手段拓展预算监督的深度与广度

在预算联网监督系统的推广和使用方面，广东已取得一定成效。预算联网监督系统一方面为相关机构和人大代表审查预算草案提供便利，改变过去“集中在人代会那几天，即便发现问题，要大改也来不及了，只能提一些原则性意见，或者小修小补的建议”的现象；另一方面具备分析和预警功能的预算联网监督系统，实现了人大、审计、纪检部门在线查询监督财政预算资金的每一笔支出，堵住不少漏洞，“预算收支失衡、项目资金安排失当、结转结余过大、无预算或超预算拨款、挪用预算资金、违规提供担保或举借债务等问题，一有苗头就会被系统及时‘揪出’”①，对政府财政信息公开，强化预算约束，帮助人大拓展预算审查范围的广度与深度都发挥了积极作用。

在已经新出台预算审查监督条例的17个省份中，天津、上海、贵州、北京、重庆、安徽、四川、内蒙古、辽宁、吉林、河北11个省（区、市）提出在全省（区、市）范围内推进预算联网，逐步与本级人民政府财政、收入征管、社会保险、国资和审计等部门建立信息联网系统，实现政府预算决算全口径审查和预算执行全过程监督。建议在全国范围内全面推广预算联网监督系统，并高度重视系统的开发工作，持续加大投入力度，推动系统定期升级。在已推广预算监督审查系统的地区，进一步提高系统使用范围，横向逐步扩展到本级政府其

① 《预算联网监督系统成广东地方人大预算监督“标配”》，http：//www. gdjct. gd. gov. cn/mtzl/5266. jbtml。

他收入征管和监督部门，纵向逐步完善省与市、市与县的联网，实现全省“一张网”的架构，并逐渐实现中央与地方，各省际的监督联网。同时，加快手机客户端的开发和升级，将预算联网监督系统向社会公众开放部分功能，进一步提升预算监督的广度、深度和社会参与度。

3. 加强预算审查监督队伍建设，全面提升执行能力

加强预算审查监督队伍建设是加快人大预算监督从形式向实质转变的重要基础条件，需要内外发力。在评估的17份预算审查监督条例中，9个省份有涉及人力建设的条款，总体侧重于加大引入外部力量的支持。只有云南吸收了立法调研中“有的常委会组成人员提出，预算审查监督在实际工作中落实不到位，各级人大预算审查监督机构不健全、队伍薄弱，建议加强”的建议，增加“各级人民代表大会、人大常委会应当依法履行预算审查监督职责，加强预算审查监督机构队伍建设”条款。而安徽、北京、浙江、辽宁、宁夏、上海、天津、云南8个省（区、市）的监督条例中明确了吸引外部力量加入，包括丰富组织形式，吸收具备一定专业知识的人大代表参与预算审查工作、聘请预算审查专家协助开展预算审查监督工作，以及引入第三方机构提供咨询和技术服务。建议在加强预算审查监督队伍建设方面内外兼修，双管齐下，一方面积极引入多种外部力量，提高监督工作的科学性、客观性、丰富性，另一方面也应注重预算审查监督机构人才队伍的稳定性，探索在基层人大常委会层面大幅增加专职化、专业化人员，切实、有效履行宪法赋予的询问、质询等职责，从根本上提升预算监督质量。

执笔人：王莹莹

专题报告十九

城镇职工基本养老保险制度改革研究

一、城镇职工基本养老保险是我国养老事业的核心制度安排

根据国家统计局公布的数据，截至2018年底，我国人口总量为13.95亿人。其中，劳动人口（15～59岁）8.97亿人，占64.3%；老龄人口（60岁以上）2.49亿人，占17.9%。国际上通常把60岁以上人口占总人口比重超过10%或65岁以上人口占总人口比重超过7%作为国家或地区进入老龄化社会的标准。如果按此标准，我国早在2000年就已步入老龄化社会。

老龄化社会的核心问题是养老问题，或者说是养老保险资金的筹集和分配问题。由于历史原因，我国基础性的养老保险制度大致被分割成三块：一是城镇（企业）职工参加的基本养老保险制度[①]；二是城乡居民参加的基本养老保险制度；三是机关企事业单位（公务员和

---

① 城镇职工基本养老保险和企业职工基本养老保险的区别是，前者指参加“基本养老保险”的不仅包括企业职工，而且包括无雇工的个体工商户、未在用人单位参加基本养老保险的非全日制从业人员以及其他灵活就业人员，而后者仅包括企业职工。企业职工参加基本养老保险，社会统筹部分由企业缴纳，个人账户部分由个人缴纳；无雇工的个体工商户、未在用人单位参加基本养老保险的非全日制从业人员以及其他灵活就业人员参加基本养老保险，全部保费（包括社会统筹部分和个人账户部分）均由个人缴纳。

参公人员）参加的基本养老保险制度。截至2018年底，我国城镇职工基本养老保险参保人数41848万人，当年基金收入5.01万亿元，支出4.42万亿元，基金累计结存4.99万亿元；城乡居民基本养老保险参保人数52392万人，当年基金收入3809亿元，支出2920亿元，基金累计结存7207亿元。另外，截至2016年底，我国机关事业单位城镇职工养老保险参保人数3666万人，当年基金收入6365亿元，支出5989亿元，基金累计结存1610亿元。由于城镇职工参加的基本养老保险制度的可持续性是我国现阶段养老制度体系的主要矛盾，本文重点研究城镇职工基本养老保险基金的可持续问题。

社会统筹加个人账户（即所谓“统账结合”）是我国城镇职工养老保险筹集资金的基本制度安排。参加城镇职工基本养老保险，通常规定用人单位按照工资总额的14%～20%缴纳基本养老保险费，计入基本养老保险统筹基金；个人按照工资总额的8%缴纳基本养老保险费，计入个人账户。由于历史原因，基本养老保险基金并未真正做到“分账管理”，目前基本还是“并账管理”，即城镇职工基本养老保险的社会统筹账户资金和个人账户资金大多混合使用。

二、城镇职工基本养老保险基金收支现状

（一）城镇职工基本养老保险基金收入来源

我国城镇职工基本养老保险基金主要有三大收入来源（见图19－1）：保险费征缴收入；中央和地方财政补贴；投资收益和其他收入。2017年，我国城镇职工养老保险基金收入合计4.33万亿元。其中，保险费征缴收入3.34万亿元，占77.1%；财政补贴8004亿元，占18.5%；投资收益和其他收入1903亿元，占4.4%。

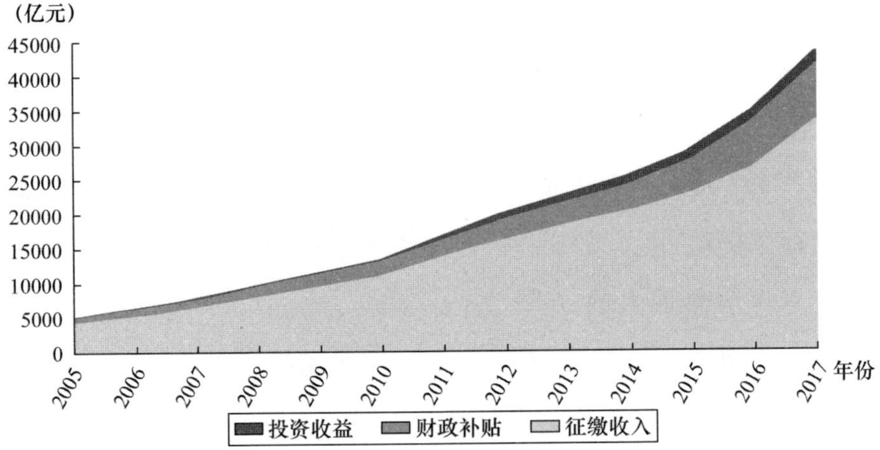

图 19－1　城镇职工基本养老保险基金收入来源情况

资料来源：人力资源和社会保障部。

从三项收入占比变化看，保险费征缴收入占比逐年减少，由 2005 年的 84.7% 下降至 2017 年的 77.1%；中央和地方财政补贴占比逐年上升，由 2005 年的 12.8% 上升至 2017 年的 18.5%；投资收益和其他收入占比保持相对稳定，近几年基本上是围绕 5.0% 上下波动。

如上文所述，我国城镇职工实行社会统筹加个人账户（“统账结合”）的部分积累制的养老制度：统筹账户现收现付，实现互助共济和代际供养；个人账户完全积累，实现存钱防老和自我供养；收支不足部分由财政兜底。但实际情况是，我国统筹账户和个人账户资金普遍混合使用，大量个人账户“空账”运行。在这种情况下，如果承担“兜底”责任的财政补贴资金在城镇职工基本养老保险基金收入中的比重不断攀升，势必导致城镇职工养老金的支付风险不断加大。

（二）城镇职工基本养老保险基金收支缺口

根据人力资源和社会保障部公布的数据，2018 年，我国城镇职工基本养老保险基金总收入 5.01 万亿元，总支出 4.42 万亿元，当年收支结余 5982 亿元，累计滚存结余近 5.0 万亿元，较上年增长 13.6%。如果仅看上面这组数据，似乎我国城镇职工基本养老保险基金收支不存在缺口。但若考虑财政补贴资金的"兜底"性质，将政府财政补贴剔除在外，即用城镇职工基本养老保险基金年度征缴收入 + 年度投资收益及其他收入，减去城镇职工基本养老保险基金的年度支出，会发现，我国城镇职工养老保险基金自 2015 年起，已出现明显的资金缺口，而且资金缺口还有逐渐扩大趋势（见图 19 - 2）。如果再考虑个人账户普遍"空账"运行的情况，我国城镇职工基本养老保险基金的收支缺口更大。

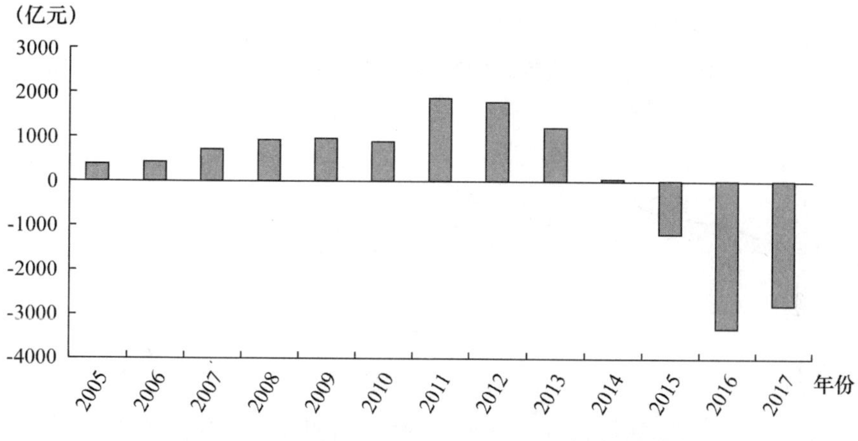

图 19 - 2　我国城镇职工基本养老保险基金年度收支缺口

资料来源：人力资源和社会保障部。

（三）城镇职工基本养老保险制度面临"供养比"不断下降的压力

近年来，由于参保离退休人数增速一直明显高于参保职工人数增速（见图 19 - 3），导致参保职工人数与参保离退休人数之比（即"供养比"）呈明显下降趋势（见图 19 - 4）。2011 年之前，我国城镇职工基本养老保险的"供养比"大致稳定在3.0∶1和3.2∶1之间。但自

2012 年起，城镇职工基本养老保险“供养比”快速下滑，至 2017 年，已降至2.65∶1的极低水平，而且还有进一步下降的趋势。

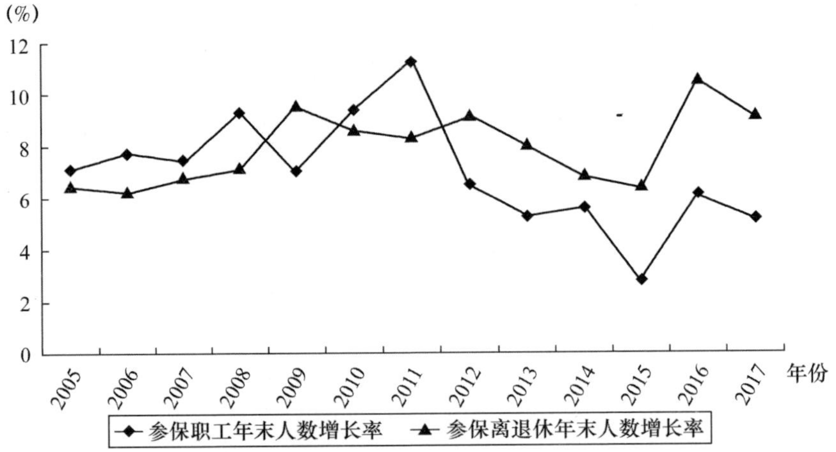

图 19－3　参保城镇职工人数增速与参保离退休人数增速比较

资料来源：人力资源和社会保障部。

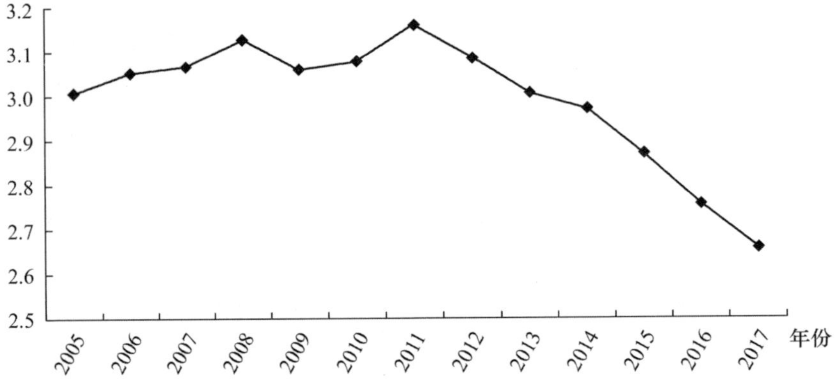

图 19－4　城镇职工基本养老保险“供养比”年度走势

资料来源：人力资源和社会保障部。

城镇职工基本养老保险“供养比”不断下降，一方面说明我国人口老龄化在加速，达到退休年龄的人群快速增长；另一方面也说明我国城镇职工基本养老保险制度的覆盖面亟待扩大。只有让更多的城镇职工参加到基本养老保险制度中来，才能有效抑制“供养比”不断下降的趋势，我国城镇职工养老保险制度的可持续性才会有可靠的保障。

（四）城镇职工基本养老保险基金收入增速多数年份低于支出增速

根据人力资源和社会保障部的统计数据，2005～2018年，我国城镇职工基本养老保险基金收入增速的算术平均值为19.3%，而同期基金支出增速的算术平均值为21.4%，多数年份基金收入增速低于支出增速（见图19－5），结果导致近几年基金累计结余能够满足即期支付的月数不断减少（见图19－6）。

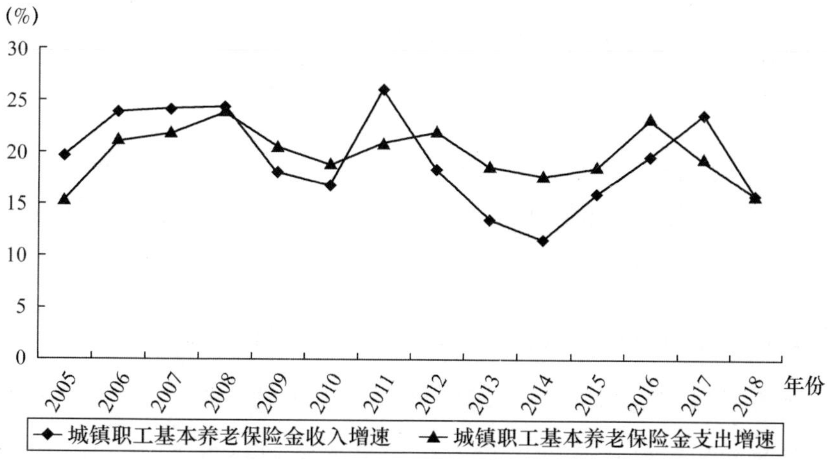

图19－5　城镇职工基本养老保险基金收入增速和支出增速

资料来源：人力资源和社会保障部。

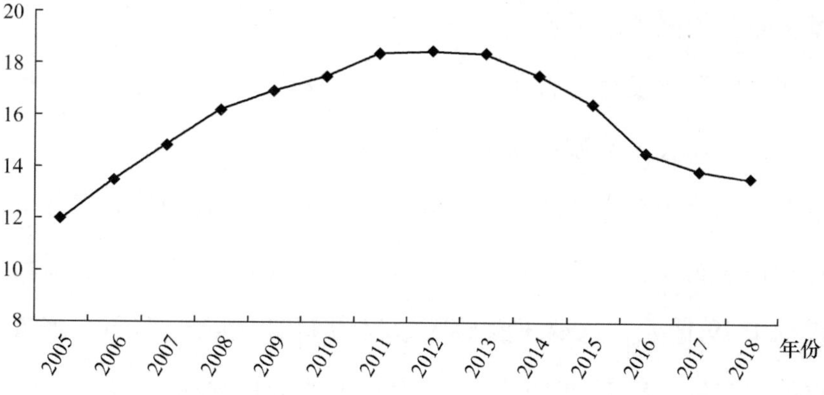

图19－6　城镇职工养老保险基金各年累计结余满足即期支付的月数

资料来源：人力资源和社会保障部。

2005 年，我国城镇职工基本养老保险基金累计结余能够满足即期支付的月数为 12 个月，之后逐年上升，至 2012 年上升至最高点，当年基金累计结余最多能满足 18.5 个月的即期支付，随后开始逐年下降，至 2018 年底，基金累计结余仅能满足 13.6 个月的即期支付。这说明，我国城镇职工基本养老保险结余资金抵御未来养老金支付风险的能力在逐年弱化。

三、影响城镇职工基本养老保险制度可持续性的主要因素

（一）地区间城镇职工基本养老保险基金收支状况不均衡

我国现阶段的基本养老保险实行省级统筹。虽然自 1992 年起国家就开始探索基本养老保险的省级统筹问题，但直到 2009 年底，才基本建立了养老保险省级统筹的制度框架。由于地区间经济发展不平衡，人口数量和年龄结构存在差异，历史养老负担轻重不均，加上真正实现省级统筹的时间较短，结果导致我国各地区间城镇职工基本养老保险基金收支状况苦乐不均。

在一些经济发达的省市，养老资金相对充裕，养老制度可持续性强。例如，在农民工数量众多的广东省，虽然其 2016 年参加城镇职工基本养老保险的总人数高达约 4868 万人，但由于其中的大多数为年龄较轻的在职农民工，“供养比”高，其结果是广东当年养老保险金支出仅约 1679 亿元，远低于参保人数仅约 1121 万人、但历史养老负担较重的辽宁省，后者 2016 年的城镇职工养老保险金支出高达约 1930 亿元（见表 19－1）。

表 19 - 1　　　2016 年各省（区、市）城镇职工基本养老保险情况

省（区、市）	参保职工年末人数（万人）	参保离退休人员年末人数（万人）	基金收入（亿元）	基金支出（亿元）	基金累计结余（亿元）
全　国	27826.3	10103.4	35057.5	31853.8	38580.0
北　京	1271.2	275.4	2249.0	1479.4	3566.2
天　津	430.4	208.6	751.4	750.1	397.7
河　北	1011.8	391.3	1221.3	1269.4	707.6
山　西	543.6	216.6	788.0	746.9	1305.6
内蒙古	418.6	236.5	612.5	627.8	458.9
辽　宁	1120.5	679.7	1676.1	1930.3	916.6
吉　林	420.1	286.7	636.0	676.3	342.8
黑龙江	655.6	488.5	1005.7	1332.7	-196.1
上　海	1050.9	476.3	2579.7	2158.2	1872.5
江　苏	2137.3	724.2	2324.5	2085.6	3402.7
浙　江	1843.0	663.9	2358.4	2157.4	3293.5
安　徽	634.3	257.9	815.9	673.1	1185.2
福　建	805.7	174.0	689.7	586.0	701.1
江　西	672.7	284.6	695.9	668.2	526.7
山　东	1969.0	607.4	2242.5	2090.3	2385.7
河　南	1398.1	450.3	1145.2	1092.2	1050.5
湖　北	897.1	458.0	1196.9	1225.1	822.3
湖　南	823.8	362.9	1086.7	1019.0	1007.0
广　东	4867.9	524.6	2818.7	1678.7	7652.6
广　西	511.2	240.7	852.8	849.0	460.4
海　南	158.5	66.5	198.0	177.8	134.3
重　庆	605.9	346.3	819.9	740.5	834.8
四　川	1379.8	777.8	2739.9	2679.9	2226.3
贵　州	323.9	99.6	331.3	283.9	527.8
云　南	413.8	168.0	664.3	501.1	813.7
西　藏	15.1	6.0	79.5	51.8	77.5
陕　西	577.3	213.6	691.1	678.3	474.5
甘　肃	200.9	114.1	341.8	331.7	376.0

续表

省（区、市）	参保职工年末人数（万人）	参保离退休人员年末人数（万人）	基金收入（亿元）	基金支出（亿元）	基金累计结余（亿元）
青　海	90.9	41.4	174.5	187.8	63.0
宁　夏	131.5	57.8	205.8	181.9	196.1
新　疆	428.5	196.5	1052.4	934.4	979.5

资料来源：人力资源和社会保障部。

如果我们分别对2016年各省（区、市）的“参保离退休年末人数”“基金收入”“基金支出”“基金累计结余”以及“基金累计结余可支付即期养老金月数”进行排名，并按排名对各省（区、市）的相关项进行打分（排名即分数），然后将各项打分加总，可得出各省（区、市）有关城镇职工基本养老保险可持续性的综合得分，综合得分高者代表该省（区、市）城镇职工基本养老保险可持续性强。由表19－2可以看出，我国城镇职工基本养老保险可持续性较强的省（区、市）前三名分别是：北京、广东和安徽；而可持续性较弱的省（区、市）前三名则分别是：黑龙江、吉林和辽宁。

目前地区性不平衡已成为影响我国城镇职工基本养老保险制度可持续性的首要问题。许多省（区、市）的城镇职工基本养老保险基金账户已入不敷出，个别省份（如黑龙江）甚至出现了赤字。

表19－2　　各省（区、市）城镇职工基本养老保险可持续性排名

城镇职工养老保险可持续性排名	省（区、市）	参保离退休年末人数得分	基金收入得分	基金支出得分	基金累计结余得分	基金累计结余可支付月份得分	总得分
1	北　京	16	26	8	30	30	110
2	广　东	6	31	7	31	31	106
3	安　徽	17	15	21	23	28	104

续表

城镇职工养老保险可持续性排名	省（区、市）	参保离退休年末人数得分	基金收入得分	基金支出得分	基金累计结余得分	基金累计结余可支付月份得分	总得分
4	山　西	20	14	17	24	27	102
5	贵　州	27	5	27	13	29	101
6	云　南	25	9	25	16	25	100
7	福　建	24	10	24	14	22	94
8	新　疆	23	19	14	20	17	93
9	江　苏	2	27	5	29	26	89
10	西　藏	31	1	31	3	23	89
11	浙　江	4	28	3	28	24	87
12	甘　肃	26	6	26	7	20	85
13	宁　夏	29	4	29	5	18	85
14	重　庆	13	16	18	18	19	84
15	山　东	5	25	4	27	21	82
16	湖　南	12	20	13	21	16	82
17	河　南	10	21	12	22	15	80
18	上　海	8	29	2	25	14	78
19	海　南	28	3	30	4	11	76
20	江　西	15	12	22	12	12	73
21	四　川	1	30	1	26	13	71
22	陕　西	21	11	19	11	9	71
23	内蒙古	19	7	23	9	10	68
24	湖　北	9	22	11	17	8	67
25	河　北	11	23	10	15	7	66
26	广　西	18	17	15	10	6	66
27	天　津	22	13	16	8	5	64
28	青　海	30	2	28	2	2	64
29	辽　宁	3	24	6	19	3	55
30	吉　林	14	8	20	6	4	52
31	黑龙江	7	18	9	1	1	36

（二）城镇职工基本养老保险制度覆盖面有待进一步拓宽

我国城镇职工基本养老保险制度可持续性面临挑战，一个重要的原因是我国城镇职工基本养老保险的“供养比”过低，而提高“供养比”的最有效的途径是扩大养老保险制度的覆盖面，即提高城镇职工养老保险的参保率。根据人力资源和社会保障部的统计数据，2017年，我国城镇就业人数为42462万人，但参加城镇职工基本养老保险的人数仅有29268万人，参保率为68.9%[①]，尽管较2016年提高了1.8个百分点，但是离90%以上的参保率目标还有相当大的距离（见图19－7）。

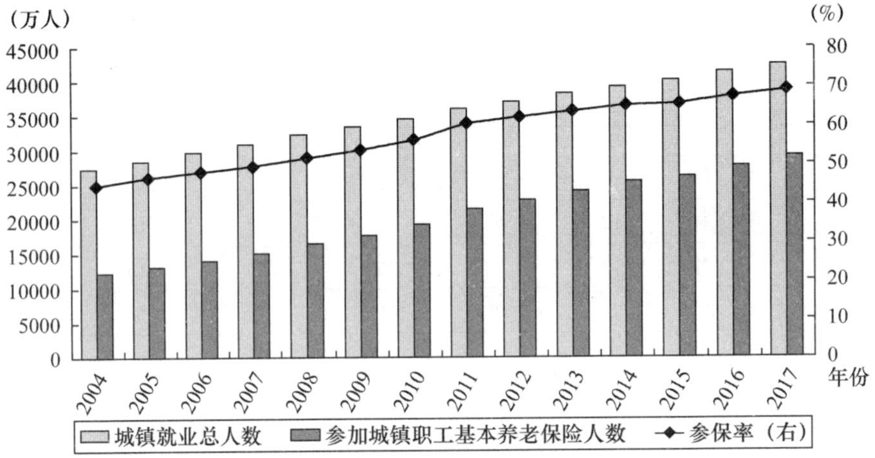

图19－7　我国城镇职工基本养老保险参保率走势

资料来源：人力资源和社会保障部。

我国城镇职工参保率不高，主要体现在以下三个方面：一是大企业职工参保率高，而中小企业参保率低；二是企业职工参保率高，而个体工商户和灵活就业者参保率低；三是城镇农民工参保率低。

---

① 由于文中29268万参保人员中没有包括2800万左右的机关事业单位参保人员，且42462万城镇就业人数中包含少量非在岗就业人员（应当予以剔除），因此，这里计算出的参保率要比实际参保率略低一些，但这并不影响本文结论。

（三）"参而不缴"问题严重

根据《中国社会保险年度报告》披露的数据，2009～2016年，随着参保人数的扩大，企业职工基本养老保险的实缴费人数占参保人数的比例一直处于下降状态（见图19－8），这严重影响我国城镇职工基本养老保险基金征缴收入的增长，给城镇职工基本养老保险制度的可持续发展带来危害。2017年，企业职工养老保险缴费人数占参保人数比例首次出现回升。

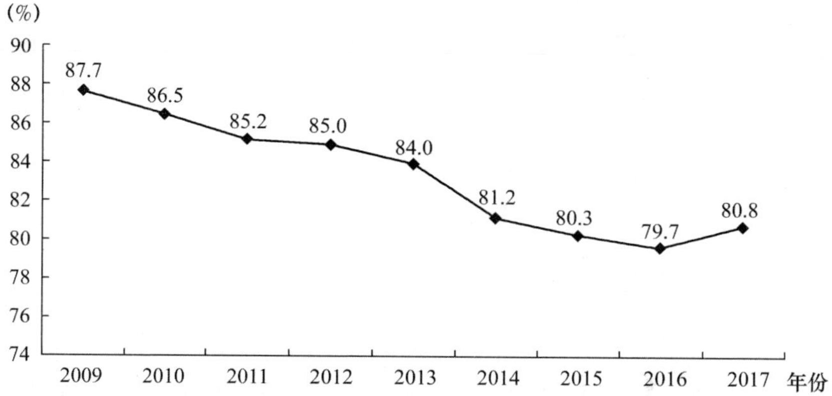

图19－8　2009～2017年我国企业职工基本养老保险费实缴率

资料来源：《中国社会保险发展年度报告（2017）》。

（四）城镇职工养老保险费率偏高

我国城镇职工基本养老保险费率偏高，特别是由企业负担的社会统筹部分，多数省（区、市）规定费率为工资收入的20%，基本属于世界最高水平，企业为此负担沉重。当前国内经济面临下行压力，国际上美中贸易摩擦导致企业出口竞争力下降，因此，为企业减税降费已是大势所趋，其中重要的一项就是下调企业的养老保险费率。降低企业养老保险费率虽然在短期内可能会给养老保险基金的收支带来一定压力，但也应看到，降低养老保险缴费率有利于提高企业和个人参保的积极性，提高养老保险的覆盖面和征缴率；再者，降低保险费率，还有助于促进就业和提高企业活力，从而扩大保险费的征缴基数。

（五）城镇职工养老保险缴费基数偏高且不实

我国城镇职工基本养老保险缴费工资基数通常按以下原则确定：一是企业职工工资收入高于当地上年度城镇单位职工平均工资300%的，以当地上年度城镇单位职工平均工资的300%为缴费基数；二是企业职工工资收入低于当地上年度城镇单位职工平均工资60%的，以当地上年度城镇单位职工平均工资的60%为缴费基数；三是企业职工工资在当地上年度城镇单位职工平均工资60%～300%的，按实际工资申报；四是工资收入无法确定的参保人员，缴费基数按当地社会保险部门公布的上年度城镇单位职工平均工资计算；五是每年各省（区、市）社会保险部门都会在固定时间（3月或者7月，各地有所不同）核定缴费基数，即根据各地城镇单位职工上年度月平均工资确定新的缴费基数。

由于各地社会保险部门在统计本地城镇单位职工平均工资水平时，并没有把就业人数占比大且平均工资水平偏低的私营企业和个体工商户的雇员工资统计在内，造成各地城镇职工养老保险核定的缴费工资基数普遍偏高。根据国家统计局发布的数据，2017年，我国城镇总就业人数为42462万人，其中，城镇单位就业人数17354万人（略高于城镇单位在岗职工人数），年平均工资74318元；城镇私营和个体就业人数22675万人，年平均工资45761元。从人数上看，城镇单位就业人数占城镇总就业人数的40.9%，而城镇私营和个体就业人数占城镇总就业人数的53.4%；从工资水平看，后者仅是前者的61.6%。

由于各地社会保险部门在核定征缴基数时，通常是按照本地区城镇单位在岗职工上年度的平均工资水平（比城镇单位就业人员平均工资还要略高一些）来核定缴费基数的，其结果是：大多数城镇私营企业和个体工商户的平均工资水平低于征缴下限，致使其参保和缴费意愿不强，客观上将大量私营企业和个体工商户排除在城镇职工基本养老保险制度之外；即使那些工资水平较低的私营企业和个体工商户按60%的下限基数参保，对于盈利能力本身就不强的它们来说，也是一项沉重的负担，这非常不利于发挥它们在吸纳新增就业方面的主力军作用。

我国城镇职工基本养老保险缴费基数的另一个大问题是“不实”。许多企业的实际平均工资高于本地区平均工资的60%（即征缴下限），但为了节省成本，这些企业仍按60%的征缴下限为其职工申报缴费，结果导致缴费收入大量流失。据测算，目前我国城镇职工养老保险的实际缴费基数仅为上年度全国城镇单位平均工资的65%左右。另据2018年《中国企业社会保险白皮书》的调查结果，我国企业社会保险缴费基数合规比率仅为27%，按最低缴费标准缴费的企业数占总企业数的31.7%。

（六）城镇职工基本养老保险基金投资收益率偏低

我国养老保险基金的年平均投资收益率通常在5%左右，而全国社会保险基金的年平均投资收益率则在8%以上（见图19－9）。收益率偏低是影响我国城镇职工养老保险制度可持续性的重要方面。2018年，我国城镇职工基本养老保险基金结余额约为5万亿元，如果投资收益率提高一个百分点，保险基金年收入将增加500亿元。

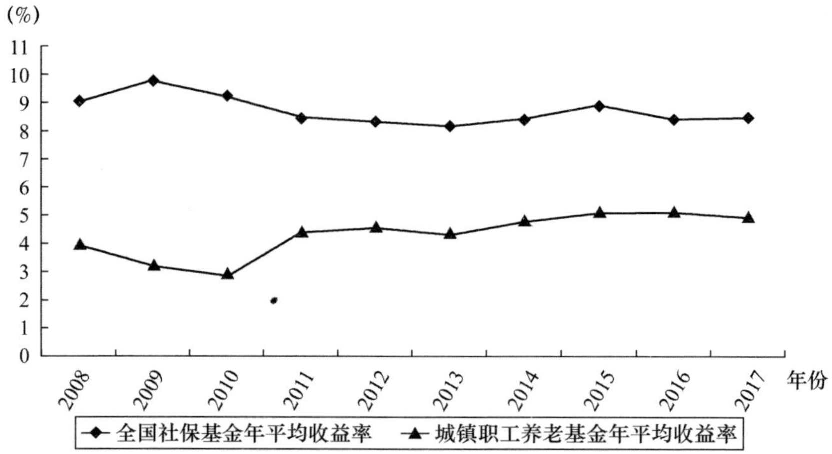

图 19－9　全国社会保险基金和城镇职工养老基金年平均收益率比较

资料来源：人力资源和社会保障部、全国社会保险基金理事会。

四、提高城镇职工基本养老保险制度可持续性的政策建议

（一）促进经济增长

讨论提高城镇职工基本养老保险制度的可持续性，不仅要从“怎样分蛋糕”的角度着眼，更要从“怎样把蛋糕做大”的角度着眼。具体地说，政府要在保持价格基本稳定和风险基本可控的前提下，最大化实际经济增速。

影响实际经济增速的因素既包括需求侧因素（短期因素），也包括供给侧因素（长期因素）。从需求侧看，影响实际经济增速的主要变量是货币，政府实施总量政策（或者说总需求调控政策，包括货币政策和财政政策）的目的是，在保证物价不发生大的波动的前提下，使经济的实际增速长期保持在最大潜在增速水平上。而决定一国经济最大潜在增速的因素在供给侧，包括：物质资本的潜在增速；人力资本的潜在增速；劳动力的潜在增速；全要素生产率的潜在增速。政府

实施供给侧调控政策（或者说总供给调控政策）的目标是，在充分抑制经济增长的负外部性（如环境污染）的前提下，最大化经济的潜在增速，调控的核心指标是储蓄率以及储蓄在物质资本、人力资本、技术资本、制度资本以及各行业投资中的分配比例。在我国，供给侧调控政策还应包括人口生育政策以及如何保障劳动力在城乡间和地区间自由流动的政策。通过需求侧和供给侧相关政策的实施，将我国城镇职工基本养老保险制度建立在坚实的物质基础之上。

（二）多举措推动全民参保，扩大基本养老保险覆盖面

要通过改革和完善养老保险缴费基数以及缴费基数上下限、适当降低养老保险费率、建立养老账户跨地区和跨制度的转移接续机制、改进基本养老金发放的调整机制等政策措施，推动全民参保，扩大城镇职工基本养老保险的覆盖面和实缴率。

第一，城镇基本养老保险缴费基数有较大下调空间。建议社会保险部门在核定缴费基数标准时，不仅要将城镇单位在岗职工工资纳入统计样本，而且应将城镇私营企业和个体工商户雇员工资也纳入统计样本，只有这样，才能比较客观地反映我国城镇就业人员的真实平均工资水平。据测算，如果按上述方法核定我国城镇职工养老保险的缴费基数，则缴费基数较目前水平可降低22%。

第二，可适度放宽养老保险缴费工资基数的上下限。如果改用新的城镇平均工资核定方法，将会使城镇职工养老保险缴费工资基数上下限区间整体下移，从而导致缴费收入在短期内出现下降。为了降低调低缴费基数对缴费收入的冲击，可考虑将缴费工资基数的上下限适度放宽：将缴费工资基数下限调整为上年度城镇就业人员平均工资的50%；将缴费工资基数上限调整为上年度城镇就业人员平均工资的4

倍。这样做，不仅可进一步强化我国城镇职工养老保险制度的“互济性”和“代际供养”，而且还可进一步强化高收入人群的“自我供养”。

第三，适当降低养老保险费率。2005 年底，国务院发布的《国务院关于完善企业职工基本养老保险制度的决定》，将灵活就业人员的社会统筹账户、个人账户费率设定为 12% 和 8%。2009 年 2 月，人力资源和社会保障部发布的《农民工参加基本养老保险办法》，将农民工的社会统筹账户、个人账户费率设定为 12% 和 4% ~8%。2016 年 4 月，国务院常务会议决定阶段性降低企业社会保险缴费费率，对企业缴费费率超过 20% 的省份，将费率降至 20%；企业缴费费率为 20% 且 2015 年底基金累计结余可支付月数超过 9 个月的省份，可以阶段性将费率降低至 19%。[①] 2019 年“两会”期间，国务院再次宣布，自 2019 年 5 月 1 日起，将企业缴费的最高费率统一下调至 16%。以上这些政策措施都是为进一步推动全民参保、扩大基本养老保险覆盖面而采取的有效措施。

第四，进一步完善养老账户跨统筹区域、跨制度的转移接续机制。2009 年底，由国务院转发的人力资源和社会保障部与财政部联合制定的《城镇企业职工基本养老保险关系转移接续暂行办法》（自 2010 年 1 月 1 日起执行），基本解决了流动就业人口（主要是农民工）的城镇企业职工养老保险跨统筹区域转移接续的问题；2014 年 2 月，人力资源和社会保障部印发《城乡养老保险制度衔接暂行办法》，基本解决了城镇职工基本养老保险和城乡居民养老保险之间的制度衔接问题。但是，上述转移接续政策在具体执行过程中，也存在转移接续手续烦琐、办理成本高、转出地和接收地利益分配不均、对不同年龄段转移人群的制度歧视以及跨地区和跨制度的养老套利等问题。这些问题的存在，不利于

① 据测算，此次下调养老保险单位缴费率能够降低企业成本约 380 亿元。

调动个人、企业乃至地方政府的参保积极性，需要通过建立覆盖全国的养老保险信息网络、进一步提高养老保险的统筹层次以及推动城乡基本养老保险制度并轨等更为终极性的制度变革来彻底加以解决。

第五，改进基本养老金发放的调整机制。要综合考虑工资增长、物价指数和地区差异等因素，完善城镇职工退休人员的基本养老金调整机制，以此吸引更多城镇就业人群参加城镇职工基本养老保险制度。

（三）通过实施市场化、多元化和专业化投资，推动城镇职工基本养老保险基金保值增值

2018 年底，城镇职工基本养老金累计结余资金达到 5 万亿元的规模，如何实现这一大块资金的保值增值一直是社会保险部门和财政部门非常关心的问题。2015 年 8 月，国务院正式印发《基本养老保险基金投资管理办法》（以下简称《办法》），从而拉开了我国养老保险基金投资运营的序幕。《办法》要求通过实施市场化、多元化和专业化的投资，推动城镇职工基本养老保险基金保值增值。

（四）渐进延长城镇职工的退休年龄

我国目前的退休政策是 20 世纪 50 年代初确定的，当时人口的预期寿命不到 50 岁。新中国成立 70 多年后的今天，全国人口的平均预期寿命已达 76 岁，城镇职工的预期寿命已超过 78 岁。尽管人口预期寿命发生巨大变化，但我国的退休政策却未作出大的调整。截至 2017 年底，我国参加城镇职工养老保险的退休人数已达 11026 万人，但平均退休年龄不足 55 岁。可以说，我国是平均退休年龄最低的国家。平均退休年龄过低是导致我国“供养比”不断下降，城镇职工基本养老保险基金收支缺口不断扩大的重要原因，因此渐进延迟退休年龄势在必行。但是，考虑到我国当前就业形势并不乐观，新增就业压力依然

较大，加上近几年化解过剩产能，职工安置任务繁重，因此，在制定延长退休年龄政策时，也应充分考虑我国当前国情和社会各界的可接受程度，从长计议，增进共识，稳妥推进。

（五）适时提高城镇职工领取基本养老金的最低缴费年限

《中华人民共和国社会保险法》规定，城镇职工有资格领取养老金的最低缴费年限为15年。由于我国城镇职工预期寿命不断提高，实际工作年限不断延长，现行15年的法定最低缴费年限明显过低。据社会保险部门统计，目前我国退休人员平均缴费年限（含视同缴费年限）不到26年，其中缴费年限15年的约占1/4，20年以下的占比超过40%。法定缴费年限过低，将客观上削弱参保人员缴费的“积极性”，不利于城镇养老保险基金的积累和可持续发展。从国际上看，英国、西班牙、日本等发达国家基本养老金的最低缴费年限大都在20年以上，法国和德国的最低缴费年限甚至超过40年。从提高我国城镇职工基本养老保险制度的可持续性出发，建议立法部门适时修订城镇职工领取养老金的最低缴费年限，初期可由目前的15年上调至20年，之后可根据预期寿命的变化进行动态调整。

（六）建立社会保险费统一由税务部门征缴的制度

在2018年社会保险费征收体制并轨之前，社会保险费征收主要有三种模式，即“社会保险经办机构独立征收”“社会保险核定、税务征收”“地税机关全权负责征收”。2018年3月，中共中央印发《深化党和国家机构改革方案》，决定社会保险费统一由税务部门征收。由于税务部门对企业工资信息掌握得更为清楚，征收手段更为先进，所以社会保险费统一由税务部门征收，不仅可简化流程、降低征收成本，而且还可大幅提高征缴率和征缴基数的合规率。

（七）提高统筹层次，逐步实现基本养老保险的全国统筹

我国城镇基本养老保险基金的运行特点是：就全国而言，总体上收大于支，基金结余也比较多，制度运行基本平稳；但是，由于各统筹地区基金收支状况不平衡，如果不借助财政补助，一些统筹地区当期征缴已经收不抵支，特别是东北三省尤其困难。党的十九大报告明确提出，完善城镇职工基本养老保险制度，尽快实现养老保险全国统筹。2018 年 12 月中央经济工作会议进一步指出，2019 年政府的主要工作任务之一，就是深化社会保障制度改革，在加快省级统筹的基础上推进养老保险全国统筹。地区间养老基金失衡可能引发地方财政的支付风险，终极化解之道还在于实现城镇职工基本养老保险基金的全国统筹。从近期情况看，似乎远水救不了近火，个别省（区、市）的城镇职工养老保险基金已经出现赤字，因此，为确保困难省份养老金的持续发放，国家2018 年及时出台了“企业职工基本养老保险基金中央调剂制度”。因此，中央和地方在积极推动基本养老保险全国统筹的同时，还需通过进一步完善养老金的中央调剂制度，化解困难省份养老金的持续支付难题。

（八）建立国有企业利润上缴、国有资本划转和国有资产变现等多种社会保险基金补充机制

建立健全国有资本补充社会保险基金的有效机制。2017 年 11 月，国务院印发了《划转部分国有资本充实社会保险基金实施方案》，明确按照试点先行、分级组织、稳步推进的原则完成国有资本划转工作，充实社会保险基金，提升基金的抗风险能力。继续深化国有企业改革、推进国有企业发展、强化国有资产监管，提高国有资本回报，多途径建立国有资本补充我国社会保险的战略储备机制。各省（区、市）也可结合本地实际，因地制宜地建立地方性的社会保险战略储备机制，

以地方财政补贴、土地出让金部分划拨、地方国资利润上缴、资本变现和资本划转等多种方式，充实地方社会保险战略储备基金。

（九）建立养老保险的多支柱保障体系

建立基本养老保险、企业（职业）年金、个人储蓄性和商业性养老保险多层次养老保险体系，是国际上通行的做法。2004 年我国开始建立企业年金制度，采取个人账户方式管理，基金实行市场化运行。2015 年，国务院下发《关于机关事业单位工作人员养老保险制度改革的决定》，明确规定在参加基本养老保险的基础上，机关事业单位应为其工作人员建立职业年金。2017 年 12 月，人力资源和社会保障部会同财政部修订出台了《企业年金办法》，进一步完善了企业年金相关政策。截至 2017 年底，全国建立企业年金的用人单位 8 万户，参加职工 2331 万人，积累基金 12880 亿元，当年平均收益率 5%。在积极推进企业年金和职业年金工作的同时，拓展第三支柱个人储蓄性和商业性养老保险体系。2018 年财政部印发了《关于开展个人税收递延型商业养老保险试点的通知》，在上海、福建和苏州工业园区开展为期一年的试点，为第三支柱养老保险开展了有益的探索和尝试。

（十）制定全面放开并鼓励生育的政策

2015 年，我国全面放开二孩政策，2016 年出生人口增长率由 -1.9% 提高至 7.9%。但最近两年，我国出生人数连续下降，2018 年降幅更是达到 11.6%。因此，从应对老龄化加速，保证城镇基本养老保险制度长期可持续发展角度出发，建议国家尽早制定全面放开并鼓励生育的政策。

执笔人：范建军

参考文献

[1] Blum, U., Buscher, H. S., Gabrisch, H., Günther, J., Heimpold, G., Lang, C., …& Schneider, L. (2010). Ostdeutschlands Transformation seit 1990 im Spiegel wirtschaftlicher und sozialer Indikatoren. 2 (No. 1/2009). IWH-Sonderheft. P. 9.

[2] Fernάndez Pradales, D. (2017). Compendium of Economic and Industrial History of the German Democratic Republic, P. 27.

[3] Hepp, Ralf & von Hagen, Jürgen. (2009). Fiscal Federalism in Germany: Stabilization and Redistribution Before and After Unification. ZEI-Center for European Integration Studies, University of Bonn, ZEI Working Papers. 42. 10. 2307/41441081.

[4] Ragnitz, J. (2013). Wie funktioniert eigentlich der Länderfinanzausgleich?. ifo Dresden berichtet, 20 (6), 5 – 19. P. 6.

[5] Steiner, A. (2006). Statistische Übersichten zur Sozialpolitik in Deutschland seit 1945. p. 63.

[6] Vortmann, H. (1981). Staatshaushalt. In DDR und Osteuropa (pp. 136 – 142). VS Verlag für Sozialwissenschaften, Wiesbaden. P. 139.

[7] 池上岳彦 . 2015：現代財政を学ぶ. 有斐閣

[8] 宇波弘贵 . 2019：図説日本の財政 . 財経詳報社

[9] 毕井泉 . 行政事业性收费改革思路 . 价格理论与实践，1996（11）

[10] 财政部 . 2010 年、2011 年、2012 年、2013 年全国财政收入决算表 . 财政部官网

[11] 财政部 . 2014 年全国预算执行情况与 2015 年全国预算 . 财政部官网

[12] “财政部”赋税改革委员会编 . 赋税改革总报告书 . 行政院赋税改革委员会，1989

[13] 陈昌盛，李承健，江宇 . 面向国家治理体系和治理能力现代化的财税改革框架研究 . 管理世界，2019，35（7）

[14] 陈贺菁 . 台湾与大陆增值税的比较 . 涉外税务，2001（2）

[15] 程行云，吴晓宁，支玉强 . 改革完善我国政府税费管理制度的思路 . 价格理论与实践，2014（9）

[16] 冯俏彬，郑朝阳 . 进一步规范政府性基金的使用管理 . 中国财政，2013（2）

[17] 冯俏彬，郑朝阳 . 规范我国政府性基金的运行管理研究 . 财经科学，2013（4）

[18] 冯俏彬 . 供给侧改革视角下的我国收费制度研究 . 中共中央党校学报，2016（3）

[19] 冯曦明，蒋忆宁 . 地方税体系完善研析 . 税务研究，2019（1）

[20] 高惺惟 . 强化宏观政策逆周期调节的理论与实践 . 理论视野，2019（7）

[21] 国家税务总局税收科学研究所，朱广俊，张林海等 . 税收现代化目标体系建设研究 . 税收经济研究，2015，20（3）

[22] 郭玉清，连晨浩，蒋冉．中国最优宏观税负规模的估算．统计与决策，2007（19）
[23] 贾小雷．论我国行政事业性收费清理的法治化．中国矿业大学学报（社会科学版），2017（5）
[24] 蒋金法．台湾地区所得税制度及其启示．涉外税务，2007（1）
[25] 经庭如，崔志坤．大陆与台湾个人所得税制比较与借鉴．地方财政研究，2011（7）
[26] 李秋锦．1990 年代后德国经济表现与改革．*Economic Research*，2007（7）
[27] 李素素．日本财政社会保障支出结构及对我国的启示．当代经济，2016（28）
[28] 联邦统计局．教育财务报告 2016，威斯巴登 2016
[29] 林恭正，姚名鸿，翁仁甫．各国规费制度之研究及我国规费征收项目之检讨．财税研究，2017（8）
[30] 林慕华．重塑人大的预算权力——基于某省的调研．公共行政评论，2008（4）
[31] 林雪玲，陈咏华．“中央”行政机关非营业特种基金设置与管理情形之审计．政府审计季刊，2018（2）
[32] 林颖．我国宏观税负水平评析：基于 IMF 和 OECD 税收收入口径．涉外税务，2009（11）
[33] 柳华平．税收现代化的逻辑——目标框架与实现路径．税收经济研究，2015，20（4）
[34] 刘普照．宏观税负与经济增长相关性研究．北京：经济科学出版社，2004
[35] 刘彦．我国财政支出结构演进研究．重庆大学，2003
[36] 刘植才．台湾地区营利事业所得税“蓝色申报”制度评价及借鉴．涉外税务，2005（2）
[37] 刘佐．新中国税制 60 年．北京：中国财政经济出版社，2009
[38] 罗顺霞．探讨行政事业性收费改革现状．财会学习，2017（4）
[39] 吕建德，叶崇扬，张馨文．台湾国民年金为何走向小整合体系？——一个历史制度论的分析．公共行政评论，2013，6（6）
[40] 马海涛，郝晓婧．现代化经济体系建设与税制改革．税务研究，2018（2）
[41] 马海涛，任强．新中国 70 年财政发展的路径与经验．中国财政，2020（2）
[42] 裴世安．“非税”思想的传播、讨论及其影响．当代经济科学，1986（2）
[43] 施文泼．新时代社会主要矛盾对税制改革的新要求．中国税务报，2017－11－09
[44] 孙克难等．赋税改革方案的整体评估．“行政院”赋税改革委员会，2009
[45] 唐滔．我国养老金体系改革和养老金融发展．金融纵横，2019（12）
[46] 汪文安．现行行政事业性收费管理制度的局限性与改革设想．价格与市场，2007（7）
[47] 王璟谛．广西政府性基金预算管理问题研究．经济研究参考，2010（71）
[48] 王琨，闫伟．从贫困到富裕的跨越——经济发展阶段理论的研究进展．当代经济管理，2017，39（12）
[49] 王利娜．公共品定价理论评述．东岳论丛，2012，33（1）
[50] 王绍光，马骏．走向“预算国家”——财政转型与国家建设．公共行政评论，2008（1）
[51] 王秀芝．税收能力提升的必由之路：税收征管现代化建设．中国人民大学学报，2015，29（6）
[52] 小野太一，黄莎，华颖．日本社会保障的历史发展与当前问题．社会保障评论，2019，3（3）
[53] “行政院”赋税改革委员会编．“行政院”赋税改革委员会报告书·综合报告．行政院赋税改革委员会，1970
[54] 许建国．税收负担量度的指标体系及其分析．税务研究，1988（2）
[55] 许建国，刘源．关于宏观税负问题研究的文献述评．财贸经济，2009（1）
[56] 许昆林．行政事业性收费及其管理现状．北京：中国物价，1993（1）

[57] 闫坤．建立与现代化经济体系相适应的现代财政制度．经济研究参考，2017，2839（63）
[58] 杨全社，王文静．我国公共定价机制优化研究——基于公共定价理论前沿的探讨．国家行政学院学报，2012（3）
[59] 叶少群．台湾土地税对大陆土地税制建设的启示．发展研究，2006（11）
[60] 于彬．财政支出结构固化问题研究．中国财政科学研究院，2018
[61] 岳树民．中国税制优化的理论分析．中国人民大学出版社，2003
[62] 张冰，刘德强，金戈．日本税制改革的脉络及其对中国的启示．经济社会体制比较，2018（6）
[63] 章彩云，赵小平．行政事业性收费管理存在的问题及对策．财政与发展，2006（10）
[64] 张娟．浅谈行政事业性收费管理．经济视角（中旬刊），2011（9）
[65] 张乐川，钟仁耀．日本介护保险制度变革的理念、路径与效果分析——基于财政压力缓解的视角．社会保障研究，2019（5）
[66] 张雷宝．税收治理现代化：从现实到实现．税务研究，2015（10）
[67] 赵晓．台湾房地产税的样本意义．宁波经济（财经视点），2016（5）
[68] 赵志耘，夏杰长，李勇坚．我国宏观税负的定量分析与政策取向．数量经济技术经济研究，2001，18（4）
[69] 郑如孜．提升“中央政府”非营业特种基金资金运用效能之研究．“财政部国库署”，2013
[70]“中央研究院”．赋税改革政策建议书．“中央研究院”报告，2014（12）
[71] 周恺．台湾财政预算制度的特点及其启示．学术界，2014（1）
[72] 朱琴．新时期行政事业性收费管理体制改革．低碳世界，2016（25）
[73] 诸素雅．规范行政事业性收费管理的思考．中国财政，2013（9）